주희

시
역주

지은이 **주희**(朱熹, 1130~1200)

자는 원회(元晦) 또는 중회(仲晦)이며, 호는 회암(晦庵), 회옹(晦翁), 운곡산인(雲谷山人), 창주병수(滄洲病叟), 둔옹(遯翁) 등이 있는데 회암으로 가장 널리 알려졌다. 복건성(福建省) 우계(尤溪)에서 출생했다. 14세 때 부친이 죽자 유언에 따라 적계(籍溪) 호헌(胡憲), 백수(白水) 유면지(劉勉之), 병산(屛山) 유자휘(劉子翬)를 사사하였으며, 24세 때 연평(延平) 이동(李侗)을 사사하면서 정자(程子)와 양시(楊時), 나종언(羅從彥)과 이동의 학맥을 잇는 정자의 사전제자(四傳弟子)가 되었다. 19세에 진사시에 급제하여 71세에 생애를 마칠 때까지 여러 관직을 거쳤으나, 약 9년 정도만 현직에 근무하였을 뿐, 그 밖의 관직은 학자에 대한 일종의 예우로서 반드시 현지에 부임할 필요가 없는 명예직이었기 때문에 학문에 전념할 수 있었다. 서원운동을 펼쳐 강서성(江西省) 남강(南康)의 관리로 근무할 때 백록동서원(白鹿洞書院) 등을 수복하기도 했다. 주요 저서로는『사서집주(四書集注)』,『주역본의(周易本義)』,『시집전(詩集傳)』,『근사록(近思錄)』,『초사집주(楚辭集注)』,『자치통감(資治通鑑)』,『이락연원록(伊洛淵源錄)』외에 다수가 있다. 이외에 그가 남긴 글은 문인들에 의해『주문공문집(朱文公文集)』과『주자어류(朱子語類)』등으로 편찬되었다.

옮긴이 **장세후**(張世厚)

경북 상주에서 태어나 영남대학교 중어중문학과를 졸업하고, 같은 대학 대학원에서 석사학위와 박사학위(《주희 시 연구》)를 취득하였다. 영남대학교 겸임교수와 경북대학교 연구초빙교수를 거쳐 지금은 경북대학교 퇴계연구소의 전임연구원으로 재직하고 있다. 2003년 대구매일신문에서 선정한 대구·경북지역 인문사회 분야의 뉴리더 10인에 포함된 바 있다.

저서로는《이미지로 읽는 한자》(연암서가, 2015),《이미지로 읽는 한자 2》(연암서가, 2016)가 있고, 역서로는《한학 연구의 길잡이(古籍導讀)》(이회문화사, 1998),《초당시(初唐詩 *The Poetry of the Early T'ang*)》(Stephen Owen, 中文出版社, 2000),《퇴계 시 풀이·1~6》(이장우 공역, 영남대학교 출판부, 2006~2011),《고문진보·전집》(황견 편, 공역, 을유문화사, 2001),《퇴계잡영》(공역, 연암서가, 2009),《唐宋八大家文抄·蘇洵》(공역, 전통문화연구회, 2012),《춘추좌전·상》(을유문화사, 2012),《춘추좌전·중》(을유문화사, 2013),《춘추좌전·하》(을유문화사, 2013),《도산잡영》(공역, 연암서가, 2013),《주자시 100선》(연암서가, 2013),《국역 송계선생문집(竦溪先生文集)》(공역, 보고사, 2015),《사기·열전 상·중·하》(연암서가, 2017)등이 있다.

朱熹 詩 譯註 제7권·제8권

초판 발행 2018년 1월 30일

지은이 주희
옮긴이 장세후
펴낸이 서길수
펴낸곳 영남대학교출판부

출판등록 1975년 9월 5일 경산 제16-1호
주소 경북 경산시 대학로 280
전화 053) 810-1801~3
FAX 053) 810-4722
홈페이지 book.yu.ac.kr

ISBN 978-89-7581-544-7 94820

값은 표지 뒷면에 있습니다.
잘못 만들어진 책은 바꾸어 드립니다.

주희
朱熹

詩 시 譯 역 注 주

7권 8권

주희 지음
장세후 옮김

영남대학교출판부

머리말

중국 문학을 전공으로 하여 공부한 지가 어언 35년째 접어들었다. 더구나 석사과정에서 시를 전공으로 논문을 제출하였으니 무려 30년 이상을 시에 매달려 온 셈이다. 석사 때 제출한 논문의 주제는 초당사걸初唐四傑 중의 하나인 왕발王勃의 시였다. 그러나 박사과정에 진학하고 나서는 초당의 시인을 가지고 계속 논문을 쓰기에는 한계가 있어 보였다. 아직 논문의 주제도 결정하지 못한 상태에서 박사과정을 수료한 시점에 당시 지도교수였던 이장우 선생님께서는 역자에게 《퇴계학보》에 연재하던 퇴계시의 역주를 함께 해보지 않겠느냐고 제안하셨다. 아울러 차제에 퇴계에게 절대적인 영향을 끼친 주희朱熹, 朱子의 시를 가지고 박사학위 논문을 준비하면 어떻겠느냐고 말씀하셨다. 달리 뾰족한 대안이 없었던 나로서는 선생님의 말씀을 수용할 수밖에 없었다.

불과 2년 만에 전공의 시대적 범위가 약 500년을 뛰어넘게 된 결정이었다. 이때부터 주희의 시에 관한 국내외의 자료를 모으기 시작하였다. 그 결과 논문을 나름대로 준비하여 1996년에 《주희 시 연구》라는 제목으로 박사학위를 제출하게 되었다. 그로부터 약 4년이 지난 시점인 2000년 가을부터는 영남대학교 중문학과에서 발간하는 《중국어문학역총》(제13집)에 주희의 시를 역주하여 연재하기 시작하였다. 이렇게 시작한 주희의 시는 보유에 해당하는 부분을 빼면 작년 봄호에서 연재가 끝이 났다. 무려 15년에 걸친 대장정이었다. 이번에 출간하게 된 이 책은 그간 연재한 것을 처음부터 다시 손을 보아 엮은 것이다.

15년은 결코 짧은 세월이 아니다. 우리의 속담으로 친다면 강산이 한 번 반 바뀔 정도의 시간이다. 그 기간 동안 연재를 하는 과정에서 많은 일이 있었다. 연재를 시작한 지 얼마 되지 않은 2002년부터 3년간은 경북대학교 퇴계연구소에서 연구초빙교수라는 직함으로 활동했다. 그 과정에서 학술진흥재단(지금의 한국연구재단)에 '주희 시 역주'라는 주제로 연구비를 타서 이미 2권까지의 책을 그 결과물로 제출한 적이 있다. 이듬해부터는 대구한의대와 전남대학교에서 공동으로 진행했던 '주자대전 번역'팀에 참여하였다. 거기서 4년간 연구원으로 종사하면서 한 일도 번역이었다. 이 기간에 역자는 다른 2명의 연구원과 함께 시 부분의 번역을 모두 마무리 지었다. 그때는 이미 3권까지는 번역이 완료된 상태였고 4권의 번역에 들어간 상태였다. 그 뒷부분에서는 권5와 권10에 이어 나머지 부분의 시를 모두 맡아서 번역을 하였다. 늘 그렇듯이 연구비를 타서 하는 작업은 '시간'을 요구하는 작업이어서 거의 《주자대전차의집보》의 주석만을 참고로 하여 기간 내에 마치도록 하는데 주력하였다. 질보다는 양에 초점을 맞춰야 했고, 공동연구원들끼리 각자 작업한 분량을 제대로 돌려 읽을 시간적 여유조차 없었다. 이런 과정에서 번역의 편차가 발생하는 것은 불가피하였다. 기존에 연재를 하면서 완성한 원고들은 분량이 너무 많다는 이유로 오히려 일부 내용을 덜어내기까지 하였다. 반면에 전역全譯 과정에서 부수적인 작업으로 먼저 주희의 대표적인 시 100수만을 뽑아서 선역본을 내기도 하였다. (《주자시 100선》, 연암서가, 2013) 돌아보면 아쉬움이 많이 남는 시간이었지만, 다행히 그 뒤에도 내가 해

오던 방식을 고수하며 계속 일관성을 유지하여 연재를 하여 무사히 역주 작업을 끝낼 수가 있었다.

주희朱熹는 1130년에 태어나서 1200년에 생을 마감하였다. 자는 원회元晦 또는 중회仲晦라고 하였으며, 호는 회암晦庵이 가장 널리 알려졌다. 우리에게는 주희라는 본명보다는 주자朱子라는 호칭으로 더 친숙하다. 이는 그의 정체성이 문학가로서보다는 철학가로서 더 확고한 지위를 차지하고 있다는 것을 보여주는 것이다. 그의 사후 얼마 되지 않아 고려조의 안향安珦이 그의 학문을 '주자학'이라는 이름으로 들여온 이래 《사서집주四書集注》와 《시집전詩集傳》, 《역학계몽易學啓蒙》 등과 같은 우리나라에서 절대적인 영향력을 발휘한 그의 저작들을 보면 이는 당연한 평가라고 할 수 있다. 우리나라에 주자학을 들여온 안향 같은 사람만 해도 주희를 흠모하여 그의 자호에서 호를 따서 회헌晦軒이라고 하지 않았는가? 그러나 주희는 문학가이자 문학평론가로서도 활발한 활동을 펼쳐 《한문고이韓文考異》와 《초사집주楚辭集注》 같은 저작을 탄생시키기도 하였다. 이와 함께 남송사대가로 꼽히는 양만리楊萬里와 육유陸游, 범성대范成大, 우무尤袤 등과 동시대를 살아가면서 그들과 활발한 교류를 하기도 하였다. 뿐만 아니라 그는 담암澹菴 호전胡銓에 의해 조정에 추천된 10인의 시인에 들 정도로 당시에 시재를 인정받기도 하였다. 사실 역자는 중국의 문인들을 어느 한 방면의 성취만 가지고 한정해서는 안 된다고 생각한다. 송대 뿐만 아니라 중국의 많은 문인들은 모두 지금의 시각으로 보면 인문학에 해당하는 문사철文史哲에 두루 뛰어난 사람들이었다. 지금의 문인(이를테면 蘇軾)이니, 도학자니(이를테면 北宋五子), 사학가니(이를테면 司馬光) 하는 것은 모두 그 사람들의 가장 뛰어난 업적 하나만을 들어서 그렇게 말할 뿐이다.

주희가 시가 방면에서 거둔 성취도 결코 수준이 낮은 편이 아니었지만 다만 그의 도학적道學的 성취에 가려서 그런 평가를 받고 있을 따름이라는 말이다.

주희의 문집인 《주문공집》에는 내집 10권까지, 그리고 별집과 외집 등에 걸쳐 그가 지은 시가 수록되어 있다. 수록된 시는 내집 권1에 166수, 권2에 171수, 권3에 134수, 권4에 79수, 권5에 156수, 권6에 195수, 권7에 93수, 권8에 66수, 권9에 89수, 권10에 79수, 별집 권7에 23수, 유집에 11수, 외집에 174수 등 도합 1436수의 시가 수록되어 있다. 옛 판본에 의하면 별집까지만 시가 수록되어 있다. 여기서 말한 유집 이하는 꿔치郭齊 등이 편집한 사천교육출판사의 것을 기준으로 한 것이다. 그리고 북경대 출판부에서 간행한 《전송시全宋詩》도 참고하였다. 《전송시》에는 제목에서 알 수 있듯이 시만 수록하여 놓았다. 그러나 여기서는 권10까지 수록된 사詞까지도 광의의 시로 보고 모두 포함하였다. 전체적으로 보면 중복 수록된 시도 있고 또 위에서 말한 것처럼 사도 모두 수록하였다. 문집의 원주에 "이 시는 한 수로 보아야 할 것 같다"는 설명이 붙은 곳도 있고, 또한 서한書翰 등 문집의 다른 부분에 수록된 시도 있고, 구절만 전하는 것도 있다. 뿐만 아니라 수징난束景南 같은 사람은 계속적인 연구를 통하여 또한 문집에서 누락된 많은 주희의 시를 찾아내어 《주희일문집고朱熹佚文輯考》(江蘇古籍出版社, 1991) 같은 책을 출간하기도 하였으므로 위의 수치는 절대적이고 또 확정된 것이라고는 할 수 없다. 수징난의 연구 결과는 이미 《전송시》 같은 데 모두 반영되었지만 그 뒤로도 각종 서적에서 주희의 것으로 보이는 시가 계속 발견되고 있다. 송나라 때는 서적의 보급이 보편화되어 웬만한 문인이면 문집을 남길 정도였고 1만 수에 가까운 시를 지은 육유 같은 시인도 있지만 약 1500수에 달하는 주희의 시도 전체적으로 보면 적은 편은 아니다. 특히 그의 도학 방면에서의 성취를 고려하면 더욱 그렇게 느껴진다. 이번에 출간하는 역서는 내집을 2권씩 한 책으로 묶고, 별집 이하는 마지막 권에 모두 함께 수록하였다.

주희는 《시경》과 《초사》를 비롯하여 《문선》, 진나라의 도연명陶淵明, 당나라의 위응물韋應物 등의 영향을 많이 받았다. 말하자면 고체시의 영향을 많이 받았다는 말인데, 그 때문인지 형식적으로는 동시대에 활약한 시인들에 비해 5언시의 비율이 많은 편이다. 내용적인 측면에서 주희는 서정이나 서경, 영물시 등 거의 모든 방면의 시를 두루 써내었지만 가장 장기를 발휘한 방면은 설리시說理詩라고 할 수 있다. 설리시가 차지하는 비율이 다른 방면의 시들에 비해 많은 편은 아니지만 〈관서유감觀書有感〉이나 〈춘일春日〉 같은 시는 7언절구라는 짧은 시의 형식을 빌려서 이취理趣를 유감없이 발휘하였다. 반면에 평가가 극도로 엇갈리는 〈재거감흥齋居感興〉시 같은 경우도 설리시이다. 뿐만 아니라 압운한 강의어록이라는 달갑지 않은 평가를 받는 〈훈몽訓蒙〉시 같은 경우도 넓게 보면 또한 설리시라고 할 수 있다.

송대, 특히 남송에 이르면 시는 형식적으로 더 이상 발전의 여지가 없어지게 되었고, 이런 면 때문에 문인들에게 거의 일상생활을 기록하는 일기와 가까운 역할을 겸하게 된다. 이런 경향은 생애 연구에 시들이 많이 인용되고 있는 것으로 알 수 있으며, 주희 시의 경우는 여기서 한걸음 더 나아가 사상 연구에도 많이 인용되고 있다. 최근에 우리나라에 번역 소개된 수징난의 《주자평전》(원제는 《朱子大傳》, 福建教育出版社, 1992) 같은 책을 보면 곳곳에 그의 시가 생애와 사상 등을 입증하기 위한 자료로 소개되고 있을 정도이다. 굳이 이런 예를 들지 않더라도 주희의 시가 우리나라에 끼친 영향은 막대하다. 〈무이도가武夷櫂歌〉 같은 시는 조선사회에 일종의 문화적 신드롬 현상을 일으켰을 정도였다. 퇴계의 도산구곡, 우암尤庵의 화양구곡, 한강寒岡의 무흘구곡, 훈수壎叟 지수篪叟 형제의 횡계구곡, 회헌晦軒의 죽계구곡 등 무이구곡은 이 땅의 선비들이라면 모두 한번은 꿈꿨을 유학의 이상향으로 무의식의 근저에 자리 잡게 되었다. 이런 현상을 유발시킨 모든 원천이 바로 〈무이도가〉였던 것이다. 주자학이 도입된 이래 그 학문의 텍스트가 되는 1차 자료인 《주문공집》은 우리나라 지식인들에게는 거의 바이블처럼 떠받들려졌다. 《주문공집》이 우리나라에서 《주자대전朱子大全》으로 불리는 것만 봐도 이런 현상을 알 수 있다. 그래서인지 주자의 연구가 우리나라만큼 활발한 곳이 없는 것 같다. 우암尤庵 송시열宋時烈이 주도한 주석서 《주자대전차의朱子大全箚疑》와 후대에 이를 보완하기 위해 나온 각종 주석서를 조선 말기에 이항로李恒老 등이 모아 필사한 《주자대전차의집보朱子大全箚疑輯輔》는 세계 어디에 내놓아도 손색이 없을 정도로 성취도가 높은 주석서라고 할 수 있다. 《주자대전차의집보》에 수록된 것 외에도 밀암密庵 이재李栽의 《주전집람朱全集覽》 및 기타 〈재거감흥〉이나 〈무이도가〉 등에 주해를 가하여 별도로 출간한 책도 다수 있다. 본 역주는 가능한 모든 자료를 다 모아서 반영하는데 최대한의 노력을 기울였음을 밝혀둔다.

주희의 시(내집 10권까지)는 역자가 참여한 주자대전번역연구단에서 1차로 발간한 《주자대전》(2010년)에 이미 수록되어 있다. 역자가 번역한 부분도 절반이 조금 넘는 분량을 차지하고 있지만 위에서 잠깐 언급한 것과 같이 아쉬운 부분이 많다. '시간'을 다투는 연구과제였다는 점에서 꼼꼼하고 일관적인 역주가 행하여지지 않았다. 무엇보다도 비매품 한정판으로 출판되어 일반 독자들을 만날 수가 없었다는 점이 가장 아쉬웠다. 이제 연구과제가 끝나고 10년 만에 전반적으로 다시 일관성을 가지고 그간의 오류를 바로잡고 꼼꼼히 역주를 가한 이 책을 세상에 내놓는다. 거의 8백 년을 우리나라에서 떠받든 주희의 문집 가운데 시로나마 처음 번역과 주석을 달아서 모든 사람 앞에 나오는 것이다. 나름대로 심혈을 기울여 역주에 임한다고 하였지만 언제나 그렇듯이 늘 부족함이 많이 느껴진다. 이에 대한 책임은 오롯이 역자의 몫이 될 것이다.

이 번역본이 나오기까지 도움을 주신 분이 참 많았다. 먼저 주희의 시 세계로 나를 끌어주시고 주자대전번역연구단의 《주자대전》 시 부분을 보시고 오역 등을 많이 지적해주신 은사이신 이장우 선생님께 가장 큰 감사의 말씀을 전한다. 연구가 끝난 지 이미 10년이 지났지만 한의대학교에서 함께 번역하느라 고민했던 이장휘, 김숭호 선생의 도움도 적지 않았다. 그리고 무려 16년이나 주희 시의 역주를 연재하도록 지면을 할애해준 영남대학교 중국어중국문학과의 여러 선생님 및 《중국어문학역총》 편집진에게도 고마움을 전한다. 요즈음 어려운 출판 여건 속에서도 방대한 원고를 선뜻 맡아 멋진 책으로 만들어준 영남대학교출판부, 특히 부장님인 김영수 교수님과 이종백 실장께도 심심한 감사의 뜻을 전하는 바이다. 사실 이런 수익성 없는 전집류의 책은 일반 출판사가 거의 외면하는 실정을 감안해보면 정말로 뭐라 감사의 말을 하여야 할지 모르겠다. 또 하나, 무엇보다도 학자의 길을 가는 동안 묵묵히 지켜봐준 식구들에게는 이 책이 그간 가장으로서의 역할을 제대로 못한 나로서는 또 하나의 부끄러움을 씻는 조그만 역할을 하리라 믿는다.

2017년 만추에

매호동에서 장세후

차례

제7권

제8권

일러두기

1. 이 책은 주희의 문집인 《주문공집》에서 시와 사(詞)만 번역하고 주석을 달았다.
2. 저본이 된 판본은 사부총간본 《회암선생주문공문집(晦菴先生朱文公文集)》(1980, 대만상무인서관 영인)이며, 《주희집(朱熹集)》(1996, 四川教育出版社),《전송시(全宋詩)》(1991, 北京大學出版部)와 《주자전서(朱子全書)》(2002, 上海古籍, 安徽教育出版社), 《주희시사편년전주(朱熹詩詞編年箋注)》(郭齊, 2000, 巴蜀書社) 등을 참고하여 교감하였다.
3. 시의 번역은 축자역(逐字譯)을 원칙으로 하였다.
4. 주석은 최대한 한글로 풀고 필요하다고 생각될 경우 한자를 병기하였다. 인용된 자료는 원문을 모두 달았으며, 앞뒤 연관 관계를 고려하여 인용하였다.
5. 이미 나온 주석 항목은 같은 권일 경우 시 번호만 표기하였다.[예: 1번 시의 주 2)를 보라.] 다른 권일 경우는 권까지 표기하였다.[예: 권1 2번 시의 주 3)을 보라.]

朱熹 詩 譯註

제7권

1~3. 崇壽客舍, 夜聞子規得三絶句, 寫呈平父兄, 煩爲轉寄彥集兄及兩縣間諸親友[1]

숭수의 객사에서 밤에 두견새 울음소리를 듣고 세 편의 절구시를 지었는데 이를 써서 평보 형에게 보내드리고, 번거로이 언집 형 및 두 현 사이의 여러 친우들에게도 돌려가며 부치기를 바라다

1

空山初夜子規鳴[2]	빈 산 초저녁에 두견새 우는데,
靜對琴書百慮清[3]	조용히 금과 책 마주하니 온갖 생각 맑아진다네.
喚得形神兩超越[4]	육신과 정신 환기시켜 둘 다 뛰어오르니,
不知底是斷腸聲[5]	어찌하여 애간장 끊는 소리인줄 모르는가?

1 이 시의 제목은 순희(淳熙)본에는 〈재계에서 두견새 소리를 듣다. 세 수. 여러 벗들에게 부친다(梓溪聽子規, 三首, 寄諸友)〉로 되어 있다.
평보(平父): 병산 유자휘의 아들인 유평(劉玶: 1138~1185)의 자. 유평에 대해서는 권1 2번 시의 주 13)을 보라.
언집(彥集): 유자상(劉子翔)의 자. 유자상은 건안 사람으로 유온(劉韞)의 아들이며, 주희의 매서(妹婿)이다.
숭수객사(崇壽客舍): 강서성(江西省) 신주(信州)의 연산(鉛山)에 있다. 《연보》 순희(淳熙) 6년(1179) 정월 조에 의하면 주희는 다시 봉사(奉祠)직을 청하여 「25일 집을 떠나 신주의 연산에 이르러 명을 기다리며 숭수의 승사에 머물렀다.」(二十五日離家, 行至信州鉛山候命, 寓止崇壽僧舍)라 하였다.
양현(兩縣): 《차의》 「평보와 언집이 거처하는 두 현이다.」(平父彥集所居兩縣) 곧 숭안(崇安)과 건양(建陽)을 말한다.

2 초야(初夜): 하룻밤은 5경(更: 저녁 7시부터 새벽 5시까지 매 2시간이 1경)으로 나누는데 초경(初更)은 갑경(甲更)이라고도 하고 초야라고도 한다.

3 백려청(百慮清): 당나라 장열(張說)의 〈이것저것 생각이 나서(雜詩)〉 제4수 「잠자코 생각하니 뭇 의심 일고, 오묘함 통하니 온갖 생각 맑아지네.」(默念羣疑起, 玄通百慮清)

4 형신(形神): 육체와 정신을 말한다.
초월(超越): 여기서는 도약(跳躍), 도동(跳動)의 의미로 쓰였다.

5 환득~장성(喚得~腸聲): 저(底)는 시어로 쓰이면 이것[此]이라는 뜻으로도 쓰이나 여기서는 어찌[何]의 뜻으로 쓰였다. 《차의》 「두견새 소리 때문에 육신과 정신을 초월할 수 있게 하여 그것이 애간장을 끊는 소리임을 알

2

空山中夜子規啼　　빈 산 한밤중에
　　두견새 울부짖는데,
病怯餘寒覓故衣　　병들어 늦추위
　　겁나 옛 옷 찾네.
不爲明時堪眷戀　　밝은 때
　　그리워 할 만해서가 아니라,
久知岐路不如歸[6]　　갈림 길에서 돌아감만 못함
　　진작에 알았기 때문이라네.

3

空山後夜子規號　　빈 산 늦밤에
　　두견새 울어대는데,
斗轉星移月尙高[7]　　북두성 돌고 별자리 옮겼으나
　　달은 아직 높이 떠 있네.
夢裏不知歸未得[8]　　꿈속에 돌아갈 수
　　없다는 것 모르니,
已驅黃犢度寒皐[9]　　이미 누런 송아지 몰아
　　차가운 물가 언덕 지났다네.

지 못한다는 것이다. 저(底)는 어찌라는 뜻이다.」(爲子規之聲, 能使形神超越, 不知其爲斷腸之聲也. 底, 何也)

6 불위~여귀(不爲~如歸): 《차의》「밝을 때라서 그리워 할 만하다는 것이 아니라 오래전부터 갈림길에서는 돌아감만 못하다는 것을 알았다는 것이다.」(不爲明時而堪爲眷戀者, 久知岐路之不如歸也) 《차보》「본뜻 및 《차의》가 해석한 뜻 모두 미상이다.」(本旨及箚疑所釋俱未詳) 《주자가문시집(朱子可聞詩集)》 권5 「어쩔 수없이 산을 나서게 된 까닭을 말하였으니 금언(새의 울음소리를 소재로 삼은 시) 〈불여귀〉를 압운으로 삼았는데, 새로운 의취가 있다.」(述其不得已而出山之故, 卽以禽言不如歸押韻, 有新趣) 송나라 매요신(梅堯臣)의 〈두견새(杜鵑)〉「촉나라 임금 어느 해에 혼백 되어, 천추에 봄에 두견새 되었는가? 돌아감만 못하리란 말, 또한 예로부터 전해온다네.」(蜀帝何年魄, 千春化杜鵑. 不如歸去語, 亦自古來傳)

7 상(尙): 순희본과 《고이》에는 상(上)으로 되어 있다.

8 귀미득(歸未得): 《고이》에서는 「몸 나그네라네」(身是客)로 되어 있다.

9 이구~한고(已驅~寒皐): 고(皐)는 물가의 높은 곳, 언덕이다. 《차의》「이는 꿈 속의 일이다.」(此夢中之事)

4. 寄雲谷瑞泉菴主

운곡의 서천암 주인에게 부치다

憶昔誅茅日[1]	지난날 생각해보니 띠 베던 날,
山房我自名[2]	산방에 내 스스로 이름 지었다네.
風埃猶俗累	먼지바람 오히려 속세에 얽매여,
煙雨負巖耕[3]	안개와 비는 바위 입구에서 밭 갊 저버렸다네.
多謝空門侶[4]	공문의 승려들 거의 사양해야,
能同物外情[5]	사물 바깥의 정 함께 할 수 있다네.
肯來分半壑[6]	기꺼이 와서 골짝 반으로 나누어,

1 주모(誅茅): 초나라 굴원(屈原)의 〈살 곳을 정하다(卜居)〉「차라리 풀이나 띠를 베고 김매어, 힘껏 농사나 지을까?」(寧誅鋤草茅, 以力耕乎) 당나라 두보(杜甫)의 〈녹나무가 바람에 뽑힘을 탄식하다(柟樹爲風雨所拔歎)〉「띠 베고 살 곳 정함 모두 이(녹나무) 때문인데, 5월에도 쓰르라미소리 듣는 듯하네.」(誅茅卜居總為此, 五月髣髴聞寒蟬)

2 산방(山房): 운곡(雲谷)의 회암(晦庵)을 가리킨다.

3 연우(煙雨): 세우(細雨)와 같은 뜻. 권1의 138번 시 〈매화(梅花)〉의 주 4)를 보라.

암경(巖耕): 곡구(谷口)의 정자진(鄭子眞)에게서 나온 말이다. 상세한 것은 권2 22번 시의 주 12)를 보라.

이상 두 구절은 속세의 일에 몸이 얽매여 운곡에 은거하고자 하는 뜻을 이루지 못하였음을 말하였다.

4 공문(空門): 당나라 유종원(柳宗元)의 〈손공원 오영·정토당(巽公院五詠·淨土堂)〉「흐르는 형체 이 세상에 미쳐, 비로소 삼공의 문 깨닫는다네.」(流形及兹世, 始悟三空門) 삼공(三空)은 곧 삼해탈문(三解脫門)으로, 해탈을 얻는 세 가지 방법을 말한다. 공해탈문(空解脫門)·무상해탈문(無相解脫門)·무작해탈문(無作解脫門)이다.

5 물외(物外): 《구당서(舊唐書)》 권190의 하 〈문원(文苑) 하·원덕수(元德秀)〉「해마다 흉년이 들어 굶주리고 부엌에서는 불을 때지 않았지만 거문고를 타고 책을 읽으면서 느긋하게 자득하였다. 호사자가 술과 안주를 싣고 지나가면 현·불초를 가리지 않고 그와 대작을 하였는데 즐겁게 몸을 사물의 바깥에 두었다.」(歲屬饑歉, 庖厨不爨, 而彈琴讀書, 怡然自得. 好事者載酒餚過之, 不擇賢不肖與之對酌, 陶陶然遺身物外)

6 반분학(半分壑): 송나라 호자(胡仔)의 《초계어은총화(苕溪漁隱叢話)》 후집(後集) 권19 〈장복지(張復之)〉「채관부의 《시화》에서는 말하였다. 『괴애(이름은 詠, 자는 復之)는 젊어서 임협을 좋아하여 격검을 배웠으며 신선의 일을 듣는 것을 더욱 즐겼다. 거자일 때 늘 진희이(陳摶)를 좇았으며 화산의 절반을 나누어주었으면 하였다. 진희이는 그에게 지필과 촉전을 주었는데, 공이 웃으면서 말하기를 "저는 선생의 뜻을 압니다. 아마 저를 시끄러운 곳에 몰아넣으려는 것이겠지요!"』」(蔡寬夫詩話云, 乖崖少喜任俠, 學擊劍, 尤樂聞神仙事, 爲舉子時, 常從陳希夷, 欲分華山一半. 希夷以紙筆蜀牋贈之, 公笑曰, 吾知先生之旨矣, 殆欲驅我入鬧處乎)

聊爾度平生	애오라지 평소와 같이 보낸다네.
少待淸秋日	맑은 가을날 조금 기다려,
閑尋遠嶽盟[7]	한가로이 먼 산의 맹세 다지네.
不知誰是客[8]	누가 나그네인지 모르겠으니,
一笑絶塵纓[9]	한번 웃으며 속세의 갓끈 끊는다네.

7 한심원악맹(閑尋遠嶽盟): 권3의 57번 시 〈가산당(家山堂)〉에 보인다. 그곳의 주 21)을 보라. 심맹(尋盟)은 《좌전》에 나오는 말로 옛 우호를 계속하여 이어 닦는다는 뜻이다. 권5 152번 시의 주 1)을 보라.

8 수시객(誰是客): 회암(晦庵)의 주인은 주희 자신이며 서천(瑞泉)은 객인데, 늘 이곳에 머물다 잠깐씩 가보니 서천이 주인이고 자신은 객이 되고 말았다는 말이다. 《삼국지·촉지·방통전(蜀志·龐統傳)》의 주석에서 배송지(裴松之)가 인용한 《양양기(襄陽記)》「사마덕조(司馬德操: 곧 司馬徽)가 일찍이 방덕공을 찾았는데 마침 그는 면수를 건너 선조의 묘에 올라 제사를 지내고 있었는데 덕조가 지름길로 그의 집에 들어가 덕공의 처자를 불러 속히 기장밥을 짓게 하고는『서원직(곧 徐庶)이 저번에 말하기를 어떤 손님이 올 것인데 나와 방덕공과 이야기하려는 것이다.』라 하였다. 그의 처자들이 모두 대청 아래에 나열하여 절하고 분주히 함께 음식을 차렸다. 조금 후 덕공이 돌아오더니 곧장 들어가 서로 만났는데 누가 손님인지 알지 못했다.」(德操嘗造德公, 値其渡沔, 上祀先人墓, 德操徑入其室, 呼德公妻子, 使速作黍, 徐元直向云有客當來就我與龐公譚. 其妻子皆羅列拜於堂下, 奔走供設. 須臾, 德公還, 直入相就, 不知何者是客也)

9 일소절진영(一笑絶塵纓): 《사기·골계열전(滑稽列傳)》「위왕 8년에 초나라는 크게 군사를 일으켜 제나라를 압박하였다. 제나라 왕이 순우곤을 조나라에 가게 하여 구원병을 청하게 하고 금 백 근과 거마 10사(네 마리가 끄는 수레를 세는 단위)를 주었다. 순우곤이 하늘을 우러러보며 크게 웃으니 갓끈이 끊어졌다.」(威王八年, 楚大發兵加齊. 齊王使淳于v之趙請救兵, 齎金百斤, 車馬十駟. 淳于髡仰天大笑, 冠纓索絶)

5. 入南康界, 閱圖經, 感陶公李渤劉凝之事, 戲作[1]

남강의 경계로 들어가《도경》을 보고 도공과 이발, 유응지의 일에 느낌이 있어 장난삼아 짓다

長官定笑歸來晚[2]	장관 정녕코 돌아옴 늦음 웃었고,
中允應嫌去却回[3]	중윤은 떠났다가 도리어 돌아옴 싫어하였으리.

1 도경(圖經): 군(郡)의 지도(地圖), 지지(地志)이다.

도공(陶公): 곧 도연명(陶淵明)으로 심양(潯陽) 사람이며 일찍이 팽택령(彭澤令)이 되었으나 〈귀거래사(歸去來辭)〉를 읊고 인수(印綬)를 풀고 떠났다.

이발(李渤):《신당서·이발전(李渤傳)》「이발은 자가 준지이다. …… 부친인 이균은 전중시어사로 어머니를 봉양할 수 없어서 세상의 버림을 받았다. 이발은 이것을 부끄럽게 여겨 벼슬을 하지 않으려 했으며, 학문에 각고의 뜻을 두어 중형인 이섭과 함께 여산에 은거하였다. …… 한참 있다가 다시 소실로 옮겼다. 원화 초년에 …… 조칙으로 우습유로 불렀다. 이때 하남윤 윤두겸이 관리를 보내어 조서와 폐백을 지니게 하여 곧장 산으로 가서 재촉하였으나 이발은 글을 올려 사퇴하였다. …… 낙양령 한유가 편지를 보내니 …… 이발은 속으로 그 말을 좋게 여겨 비로소 동도(낙양)로 나섰다.」(李渤, 字濬之……父鈞, 殿中侍御史, 以不能養母廢于世. 渤耻之, 不肯仕, 刻志於學, 與仲兄涉偕隱廬山……久之, 更徙少室. 元和初……詔以右拾遺召. 於是河南少尹杜兼遣吏持詔幣即山敦促, 渤上書謝……洛陽令韓愈遺書……渤心善其言, 始出家東都)

유응지(劉凝之): 송나라 축목(祝穆)의《고금사문유취·후집(古今事文類聚·後集)》권39「진순유(陳舜俞, 자는 仲擧)는 현량하였으나 희령 연간에 신법이 불편하다고 말하여 남강 주세로 폄적되었다. 누런 송아지 두 마리를 키우며 이따금 유환(劉渙, 자는 凝之)와 함께 타고 여산을 유람하였다. 유응지는 갓을 걸어놓고 은거하면서 일찍이 〈기우가〉를 지어 말하였다.『내 소 타고 다님, 그대 비웃지 마소, 이 세상 모든 일 내 좋아함 따른다오.』」(陳仲擧賢良, 熙寧中言新法不便, 謫南康酒稅. 豢兩黃犢, 時與劉凝之跨之, 游廬山. 凝之挂冠隱居, 嘗作騎牛歌曰, 我騎牛, 君莫笑, 世間萬事從吾好)

2 장관(長官):《차의》에서는「독우를 가리킨다.」(謂督郵)라 하였는데, 도연명을 가리킨다.《윤씨수초》「도령(곧 도연명)을 가리킨다. 지주의 관직을 장관이라고 한다.」(指陶令. 以知州官爲長官)

정소귀래만(定笑歸來晚): 당나라 전기(錢起)의 〈장릉령을 그만 두고 산에 거처하다가 중봉의 도자에게 들르다(罷章陵令山居過中峰道者)〉「무심한 구름 만난 것에 힘입으니, 늦게 돌아온 것 웃지 말게나.」(賴遇無心雲, 不笑歸來晚)

3 중윤(中允):《차의》「곧 유환이다.」(卽凝之) 중윤은 처음에 동한(東漢)의 태자(太子)의 속관(屬官)이었는데 북송 때의 관계(官階)는 정5품 하(下)였다. 주희는 처음 지남강군의 명을 받았을 때 굳이 사퇴하였었는데, 남강

惟有山人莫相笑[4]	오직 산사람은 웃지 마소,
也曾還俗做官來	또한 일찍이 세속으로 돌아가 관직을 살았던 적 있다오.

에 이르기 전에 영접하러 온 병사들을 돌려보내어 취임하지 않겠다는 결의를 보여주었다. 이때는 엄명 때문에 다시 남강에 이르게 되었으므로 떠났다가 돌아온다는 표현을 하였다.

4 산인(山人): 《차의》「이발을 가리킨다. ○ 이 시의 뜻은 아마 이럴 것이다. 도연명이 관장이 이른다는 것을 듣고 허리를 굽히려하지 않아 돌아갔는데 관장이 반드시 그가 떠난 것이 늦은 것을 비웃었을 것이다. 중윤 또한 스스로 떠났다가 관직을 한 후에 돌아간 것을 싫어하였을 것이다. 오직 이발은 두 사람의 거취에 대하여 절대 웃지 말라. 그 또한 일찍이 환속하여 벼슬을 살다가 돌아왔으니 또한 남을 보고 웃지 못 할 것이다.」(謂李渤. ○ 此詩之意, 蓋謂淵明聞官長至, 不肯折腰而歸, 官長必笑其去之晚也. 中允亦應自嫌旣去做官而後歸也. 惟李渤莫笑兩人之去就. 渠亦曾還俗做官而來, 則亦不可笑人也) 여기서도 장관을 독우로 보았으나 이는 틀렸다. 《차보》「이 시는 선생이 군에 부임한 것을 스스로 조롱한 것이므로 장난삼아 지었다고 하였다. 장관과 중윤이 모두 천년토록 남의 비웃음을 사고 있지만 이발만은 처음에 은거하였다가 나중에는 출사하였으니 선생이 출사한 것을 비웃을 수 없다는 것을 말한다.」(此詩先生自嘲赴郡, 故曰戲作也. 言長官中允皆應笑人於千載之上, 而惟李渤始隱終仕, 不可笑先生出仕也)

6. 屢游廬阜, 欲賦一篇, 而不能就, 六月中休, 董役臥龍, 偶成此詩[1]

여러 차례 여산의 언덕을 유람하였는데 시를 한 편 짓고자 하였으나 이룰 수가 없다가 6월 중순에 와룡암의 일을 감독하던 중에 우연히 이 시를 이루다

登車閩嶺徼[2]	민령의 경계 수레 타고 가다가,
息駕康山陽[3]	강산의 남쪽에서 말 쉬게 하네.
康山高不極	강산 높아 끝 없으며,
連峰鬱蒼蒼[4]	이어진 봉우리 울울창창하네.
金輪西嵯峨[5]	금륜봉 서쪽에서 삐죽삐죽하고,
五老東昻藏[6]	오로봉은 동쪽에서 울쑥불쑥하네.

1 중휴(中休): 《차의》「《별집》 권7의 서현원에서 지은 시에 『4월 상휴일』이란 말이 있다. 상휴니 중휴니 하는 것은 모두 휴목(쉬면서 목욕하는 날)하는 날인 것 같다.」(別集卷之七題栖賢有四月上休日之語. 上休中休疑皆指休沐之日也)
와룡(臥龍): 《차의》「〈와룡암기〉가 권79에 보인다.」(臥龍庵記見七十九卷) 기문에 의하면 와룡암(臥龍菴)은 여산(廬山)의 남쪽, 오유봉(五乳峰) 아래에 있으며, 와룡(臥龍) 유군(劉君)이 은거하였기 때문에 그런 이름을 얻게 되었다고 한다.
우(偶)는 순희본(淳熙本)에는 「써 이」(以)자로 되어 있다.
2 교(徼): 《차의》「음은 교이며, 경계라는 뜻이다. 나무와 돌, 물로 경계를 삼는 것을 이른다. 또 새(塞)를 말한다. 동북쪽을 새라 하고, 서남쪽을 교라 한다.」(吉吊切, 境也. 謂以木石水爲界. 又塞也. 東北謂之塞, 西南謂之徼)
3 강산(康山): 《차의》「곧 여산이다. 혹 강이라고도 하고 광이라고도 한다.」(卽廬山. 或作羌, 或作匡) 《차보》「곧 광산이다. 태조의 휘(趙匡胤)를 피하여 강이라고 하였다.」(卽匡山. 避太祖諱改作康)
고불극(高不極): 권5 54번 시의 주 7)을 보라.
4 련(連): 순희본에는 「멀 원」(遠)자로 되어 있다.
울창창(鬱蒼蒼): 삼국시대 위나라 조식(曹植)의 〈백마왕 표에게 드림(贈白馬王彪)〉「태곡 얼마나 휑뎅그렁한가? 산의 나무 울울창창하다네.」(太谷何寥廓, 山樹鬱蒼蒼)
5 금륜(金輪): 《차의》「봉우리 이름으로 남강부의 서쪽에 있다.」(峰名, 在南康府西) 송나라 이팽(李彭)의 〈석경계에서 놀다(遊石鏡溪)〉「석경계의 가에 나무 있고, 금륜봉 위에 구름 있다네.」(石鏡溪邊樹, 金輪峯上雲)
6 오로(五老): 당나라 이백의 〈여산의 오로봉에 오르다(登廬山五老峯)〉「여산 동남쪽의 오로봉, 푸른 하늘에 금 부용 깎아내었네.」(廬山東南五老峯, 青天削出金芙蓉) 송나라 양제현(楊齊賢)의 주석 「〈심양기〉에 의하면 산 북쪽에 다섯 봉우리가 있는데 여산에서 가장 험준하며, 그 형상이 하중 우경현 앞의 오로의 형태와 같아서 그렇게 부른다.」(潯陽記, 山北有五峯, 於廬山最為峻極, 其形如河中虞卿縣前五老之形, 故名)

想象仙聖集　　신선과 성인 모이는 것 상상해보니,
似聞笙鶴翔[7]　　생황소리에 학 빙빙 날아다니는 것 들리는 듯.
林谷下凄迷　　숲 골짜기 낮아 쓸쓸하고 아득한데,
雲關杳相望　　구름 관문 아득히 서로 바라본다네.
千巖雖競秀[8]　　천 개의 암석 비록 수려함 다투지만,
二勝終莫量[9]　　두 빼어난 경치 끝내 헤아릴 수 없다네.
仰瞻銀河翻[10]　　우러러 은하 뒤치는 것 보고,

앙장(昂藏): 기개 있고 당당한 모양. 또는 빼어난 모양을 나타내는 의태어. 당나라 이백의 〈상산사호(商山四皓)〉「백발의 네 노인, 당당하게 남산 기슭에 있다네.」(白髮四老人, 昂藏南山側)

7 생학상(笙鶴翔): 왕자교의 고사를 말한다. 《열선전(列仙傳)》「왕자 교라는 사람은 주나라 영왕의 태자이다. 생을 불기를 좋아하여 〈봉황명〉이란 곡조를 지었다. 이수와 낙수 사이에서 노닐다가 도사인 부구공을 만나서 숭산에 올라 30여 년을 지냈다. 나중에 산에서 그를 찾으니 (그 집안사람인) 환량을 보고 말하기를 『우리 집에다 칠월 칠석에 구지산 입구에서 나를 기다리라고 일러라.』 하였다. 과연 흰 학을 타고 산마루에 머물러 있었다.」(王子喬者, 周靈王太子也. 好吹笙, 作鳳凰鳴. 遊伊洛之間, 道士浮邱公接以上嵩山三十餘年. 後求之於山, 見桓良曰, 告我家, 七月七日待我於緱氏山頭. 果乘白鶴駐山嶺) 《태평광기》에서 재인용. 송나라 진여의(陳與義)의 〈유로의 선의에 있는 풍월당에 짓다(題劉路宣義風月堂)〉「서리와 눈 뜰뿐만 아니라, 생황 불며 학 타고 빙빙 도는 소리 들리는 듯.」(不獨挹霜雪, 似聞笙鶴翔) 주희의 〈도가의 책을 읽고 짓다(讀道書作)〉(권1) 여섯 수 중 여섯째 시에서도「왕자교는 피리 불며 떠나갔고, 열자는 바람을 몰고 돌아왔네.」(王喬吹笙去, 列子御風還)라 읊은 구절이 있다.

8 천암수경수(千巖雖競秀): 남조 송나라 유의경(劉義慶)의 《세설신어·언어(言語)》「고장강이 회계에서 돌아오니 사람들이 산천의 아름다움에 대하여 물었다. 고장강이 말하기를 『천 개의 봉우리가 빼어남을 다투고, 만 개의 골짜기에서 물줄기가 흐름을 다투더라.』라 하였다.」(顧長康從會稽還, 人問山川之美, 顧云, 千巖競秀, 萬壑爭流)

9 이승(二勝): 〈와룡암기〉「진순유 영거의 〈여산기〉를 얻어서 읽어보았는데, 다음과 같이 말하였다. 『여산이 천하에 저명한 이유는 개선의 폭포가 서응과 이백의 시에 보이고, 강왕 계곡의 수렴이 육우의 《다경》에 보이기 때문이다. …… 여기가 산수의 가장 아름다운 곳이다.』」(得陳舜俞令擧廬山記者讀之, 其言曰, 凡廬山之所以著於天下, 蓋有開先之瀑布見於徐凝李白之詩, 康王之水簾見於陸羽之茶經……此山水之特勝處也) 송나라 소식은 〈여산의 두 승경(廬山二勝)〉이란 시를 지었는데, 〈개선 수옥정(開元漱玉亭)〉과 〈서현 삼협교(棲賢三峽橋)〉이다. 그 서문에서는「내 여산의 남북을 유람하면서 열대여섯 곳의 빼어난 승경을 얻었는데 거의 다 기록할 수가 없으며 게을러 시를 짓지 못하고 다만 그 가운데 뛰어난 것을 택하여 두 수를 짓는다.」(余游廬山南北, 得十五六奇勝, 殆不可勝紀, 而懶不作詩, 獨擇其尤者作二首)라 하였다.

10 은하번(銀河翻): 은하는 여기서 여산의 폭포를 말한다. 〈와룡암기〉「와룡암의 서쪽으로는 푸른 낭떠러지가 넷 서 있는데, 성난 듯한 가운데로 쏟아지고 큰 골짜기와 깊은 못은 오싹하여 두려울 정도이다.」(此菴之西, 蒼崖四立, 怒瀑中瀉, 大壑淵深, 凜然可畏) 당나라 이백의 〈여산의 폭포를 바라보다(望廬山瀑布)〉 두 번째 시「나는 물줄기 곧장 삼천 자나 떨어지는데, 은하수가 구천에서 떨어지는 것이나 아닌지.」(飛流直下三千尺, 疑是銀河落九天) 역시 이백의 〈여산의 노래. 시어사이신 노허주께 부침(廬山謠寄盧侍御虛舟)〉「은하수 거꾸로 세 돌다리에 걸려 있고, 향로봉의 폭포 멀리서 서로 바라보네.」(銀河倒挂三石梁, 香爐瀑布遥相望)

俯看交龍驤[11] 숙여서는 교룡 머리 쳐듦 본다네.
長吟謫仙句[12] 귀양 온 신선의 시구 길게 읊조리고,
和以玉局章[13] 옥국의 글로 화답하네.
疇昔勞夢思[14] 지난날 수고로이 꿈에서도 그렸는데,
玆今幸徜徉 지금은 다행히 자유롭게 노닌다네.
尙恨忝符竹[15] 그래도 대나무 부절 더럽힌 것 한스러워하여,
未愜棲雲房[16] 운방에 깃듦 아직 마음에 쏙 들지 않는다네.
已尋兩峰間 이미 두 봉우리 사이 찾아다니며,

11 교룡양(交龍驤): 〈와룡암기〉「몇 길이나 되는 황석이 있어 그림자를 따라 이어져 격한 물결 속에 있는데 보는 사람의 눈을 아찔하게 하고 마치 구불구불 꿈틀거리면서 춤추며 날아갈듯 하기 때문에 와룡이라 했다.」(有黃石數丈, 隨映連屬, 在激浪中, 視者眩轉, 若欲蜿蜒飛舞, 故名臥龍) 송나라 소식의 〈개선 수옥정(開元漱玉亭)〉「한 쌍 옥 골짜기 쪼개어 여니, 두 마리 흰 용 날아오르네.」(劈開雙玉峽, 飛出兩白龍)

12 적선구(謫仙句): 적선은 이백을 말한다. 당나라 때 하지장(賀知章)이 이백(李白)을 보고서「그대는 사람이 아니라, 하늘나라에서 땅으로 잠시 귀양 온 신선[謫仙人]일세」라고 한 이야기는 너무나 유명하다. 이 고사는 당나라 이백의 〈술을 앞에 놓고 하지장을 생각하며 지은 시의 서문(對酒憶賀監詩序)〉에 보인다. 당나라 두보의 〈이씨네 종형제 중 열 두 번째인 백에게 40구로 지어 부치다(寄李十二白二十韻)〉「옛날 사명산의 미친 나그네가, 그대를 귀양 온 신선이라 불렀다네.」(昔年有狂客, 號爾謫仙人) 광객은 하지장을 일컫는 말로, 그는 스스로 호를 사명광객(四明狂客)이라 하였다. 이백이 지은 시구는 위 주석 8)을 보라.

13 옥국장(玉局章): 옥국은 원래 성도에 있는 도관의 이름이다. 송나라 축목(祝穆)의 《고금사문유취》 권34 〈성도의 옥국관(成都玉局觀)〉「후한 영수 원년에 이노군과 장도릉이 이곳에 이르렀는데 굽은 다리가 달린 옥으로 된 상이 땅에서 올라왔다. 이노군이 올라가 앉아 장도릉에게 남북두경을 말해주었는데, 그들이 떠나자 자리가 사라지고 땅속에서는 이 때문에 동혈이 생겼기 때문에 옥국이라 하였다.」(後漢永壽元年, 李老君與張道陵至此, 有局脚玉床自地而出. 老君昇坐, 為道陵說南北斗經, 既去而座隱, 地中因成洞穴, 故以玉局名之) 여기서는 송나라 소식을 말한다. 일찍이 소식이 옥국관제거(提擧)를 지낸 적이 있으므로 이렇게 부른다. 소식의 〈영화 청도관의 도사는 동안에 머리숱이 많아 그 나이를 물었더니 병자년에 났다고 하니 거의 나와 같으며, 이 시를 구하였다(永和清都觀道士童顏鬒髮, 問其年, 生於丙子, 盖與予同, 求此詩)〉「경호 칙령으로 늙은 강동에게 내림이, 서쪽으로 돌아가 옥국관의 늙은이 됨만 못한 듯하네.」(鏡湖勅賜老江東, 未似西歸玉局翁)

14 사(思): 순희본에는「생각할 상」(想)자로 되어 있다.

15 부죽(符竹): 곧 죽사부(竹使符)를 말한다. 《진서·육기전(陸機傳)》「들어가면 휘장 안에서 모셨고, 나가면 부절 대나무를 쪼개었다.」(入侍帷幄, 出剖符竹) 나중에는 군수직을 일컫는 말로 쓰이게 되었다. 당나라 위응물(韋應物)의 〈상서랑에서 저주자사로 나가며 벗들 및 여러 아우들을 남기고 떠나다(自尚書郎出為滁州刺史, 留別朋友兼示諸弟)〉「평소에 관각의 자태 적음 부끄럽거늘, 하물며 죽사부의 영예 더럽힘이겠는가?」(素慙省閣姿, 况忝符竹榮)

16 운방(雲房): 《차의》「옥황상제가 운방에 거처한다.」(玉皇君居於雲房) 여기서는 주희가 지남강군에 임명된 것을 말한다.

結屋依陽岡[17]	양지 바른 언덕에 집 얽었다네.
上有飛瀑駛	위로는 나는 폭포 빠르고,
下有淸流長	아래로는 맑은 물줄기 길게 흐른다네.
循名協心期[18]	이름 좇아 마음속 기약 도우나,
弔古增悲凉	옛 일 위로하니 슬픔 더하여지네.
壯齒乏奇節	한창 때에도 기이한 절개 모자랐는데,
頹年矧昏荒	나이 쇠하여 하물며 어둡고 거칠어졌음에랴.
誓將塵土蹤	맹세컨대 속세의 자취,
暫寄雲水鄕	구름과 물의 고을에 잠시 맡기려네.
封章儻從欲[19]	인장 봉하고 하고자함 따른다면,
歸哉濯滄浪[20]	돌아가리라, 창랑에서 씻으러.

17 의(依): 순희본에는「살 거」(居)자로 되어 있다.

18 순명(循名): 〈와룡암기〉「조금 있다가 또 못의 이름(와룡)의 뜻에 따라 한나라의 승상 제갈공명의 초상을 그려 대청에 걸고, 친구인 장경부가 일찍이 시를 지어 그 일을 기록해두었다.」(旣又緣名潭之義, 畫漢丞相諸葛公之象寘之堂中, 而故友張敬夫嘗爲賦詩以紀其事)《차의》「위 구절의 나는 폭포와 맑은 물줄기는 모두 와룡암을 이른다. 와룡이라는 이름에 따라 무후의 일이 선생의 마음속 기약을 돕는 것이다. 옛일을 위로하는 것 또한 무후를 가리켜 말하였다.」(上句飛瀑淸流, 皆謂臥龍潭也. 循臥龍之名而武侯事協於先生心期也. 吊古亦指武侯而言)

19 봉장(封章): 〈와룡암기〉「당시 이미 남강 군수직에서 물러나게 해 달라는 상소를 올리고 …… 그 옛터에 서까래 몇 개를 엮어 집을 만들어놓고 (남강군에서 풀려나는) 명이 내려와 그곳으로 옮겨 살 것을 기다리고 있었다.」(時已上章乞解郡紱……因其舊址, 縛屋數椽, 以俟命下而徙居焉)

20 조창랑(濯滄浪): 창랑은《맹자·이루(離婁) 상》에 보인다. 권2 163번 시의 주 9)를 보라. 주희는「창랑은 곧 한수의 하류이다.」(滄浪之水, 卽漢水之下流也)라 하였다.

7. 讀李賓老玉澗詩偶成[1]

이려(李呂)의 「옥간」이라는 시를 읽고서 우연히 지음

獨抱瑤琴過玉溪　　홀로 구슬 장식한 거문고 끼고
　　옥계를 찾았더니,
琅然淸夜月明時[2]　　옥 같이 맑은 밤에
　　달 밝을 때라네.
祗今已是無心久[3]　　오직 지금 이미
　　마음 비운지 오랜데,
却怕山前荷簣知[4]　　도리어 겁나네, 산 앞의
　　삼태기 진 은자 알까봐.

1 《차의》「이빈로는 이름이 여이다. 옥간은 남강부 북쪽 10리 지점에 있다.」(李賓老, 名呂. 玉澗, 在南康府北十里) 《차보》「이 시는 선생이 친필로 조우경에게 주어 돌에 새겼는데 세상에 행해진다. 옥간은 성자현 옥경산에 있다.」(此詩先生有親筆贈趙愚卿勒石, 行于世. 玉澗在星子縣玉京山) 이려(李呂)는 소무군(邵武軍) 광택현(光澤縣) 사람으로 주희와는 강학을 함께 한 벗이며, 주희의 제자인 이굉조(李閎祖), 이상조(李相祖), 이장조(李壯祖)의 부친이다.

2 낭연(琅然): 《차보》「빛이 있는 모양이다.」(有光景皃)

3 무심(無心): 속된 마음이 없는 것을 말한다.

4 하궤지(荷簣知): 은자를 말한다. 《논어·헌문(憲問)》「공자가 위(衛)나라에 계실 적에 우연히 경쇠를 치셨더니, 마침 삼태기를 멘 자가 그 문을 지나치다가 말하기를 『이 무심히 들리는 경쇠소리에도 세상을 근심하는 마음이 숨었구나!』 하더니, 이윽고 또 말하기를 『비루하고도 고집스럽구나, 저 경쇠 소리여! 남이 자기를 알아주지 않을 때에는 그만 둘지니 마치 물이 깊으면 옷을 벗을 것이며, 물이 얕으면 옷을 걷고 건너감과 같을지니라.』라 하였다. 공자께서 들으시고 말씀하시되 『너무나 지나치게 세상을 잊었구나! 만사를 모두 그렇게 생각한다면 어려울 일이 없겠지.』라 하셨다.」(子擊磬於衛, 有荷簣而過孔氏之門者曰, 有心哉, 擊磬乎! 旣而, 曰, 鄙哉, 硜硜乎! 莫己知也, 斯已而已矣, 深則厲, 淺則揭. 子曰, 果哉, 未之難矣) 주희의 주석[集註] 「이 삼태기를 맨 자도 또한 은사이다. 성인의 마음은 일찍이 천하를 잊은 적이 없는데 , 이 사람이 그 경쇠 소리를 듣고 그 마음을 알았으니, 역시 범상한 자가 아니다. ……삼태기를 맨 자의 말을 듣고서 그 세상을 잊음이 과감함을 탄식하셨으며, 또 사람의 출처를 이와 같이 한다면 또한 어려울 것이 없다고 말씀하신 것이다.」(此荷蕢者亦隱士也. 聖人之心未嘗忘天下, 此人聞其磬聲而知之則亦非常人矣……聞荷簣之言, 而嘆其果於忘世, 且言人之出處若但如此, 則亦無所難矣) 《차의》「선생이 내가 마음을 비운 지 이미 오래 되었는데도 오히려 삼태기를 맨 자가 앎이 있을까 두렵다고 스스로 말한 것이다.」(先生自謂我之無心已久而猶懼荷簣者之有所知也)

[여설] 《주문공집》 권91에 〈특주명 이공의 묘지명(特奏名李公墓誌銘)〉이 있는데 「순희 6년(1179) 이려가 처음 여부의 남쪽으로 나를 보러 왔는데 마치 예전부터 서로 알았던 것 같았다.」(淳熙六年, 吕始見予廬阜之陽, 如舊相識)라 하였다. 일찍이 주희가 옥간에서 함께 노닐며 시를 주고받았는데, 이때 이려가 〈회옹을 모시고 옥간에서 놀다(陪晦翁遊玉澗)〉라는 시를 지었으며 그 내용은 다음과 같다. 「밤에 거문고 빈 산에 울리는데, 흐르는 물 굽어보며 바야흐로 꺾이었다네. 늙은 신선 어디서 왔는가? 기쁘게 감상하며 맑고 빼어남 함께 하네. 노동의 집 알지 못하나, 또한 얼마나 많은 바람과 달 있는가?」(夜琴響空山, 臨流水方折. 老仙何處來, 欣賞共淸絶. 不知盧仝家, 還有許風月) 이 시는 이려의 문집인 《담헌집(澹軒集)》 권1에 수록되어 있다.

8. 立秋日, 同子澄寺簿及僉判·教授二同寮·星子令尹約·周君·段君同遊三峽過山房, 登折桂, 分韻賦詩, 得萬字, 輒成十韻, 呈諸同遊[1]

입추날 자징 시부 및 첨판과 교수의 두 동료·성자 영윤 약·주군·단군과 함께 삼협에서 놀고 신방을 지나 절계원에 올라 운자를 나누어 시를 짓는데 「만」자를 얻어 문득 10운으로 지어 여러 함께 노닌 사람들에게 드리다

抗塵幾何時[2]	속세의 얼굴 든 지 얼마나 되었던가?
猿鶴共悲怨[3]	원숭이와 학 함께 슬퍼하고 원망하네.
豈知朱墨暇[4]	어찌 알았으리, 공문서 처리하는 틈틈이,
乃適山水願	곧 산수의 바람 이루게 될 줄을.

1 자징시부(子澄寺簿): 유청지(劉淸之: 1139~1189)의 자이다. 길주(吉州) 여릉현(廬陵縣) 사람으로, 정춘선생(靜春先生)이라 불렸다. 처음에는 형인 유정지(劉靖之)에게서 배우다가 주희를 찾아보고 문하에 들었다. 관직은 지주(知州)이다. 시부는 유청지가 순희 초에 태상주부(太常主簿)를 지낸 적이 있기 때문에 이렇게 부른 것이다.

첨판(僉判): 양왕휴(楊王休)로 자는 자미(子美)이다. 이때 남강군 판관으로 있었다.

교수(敎授): 양대법(楊大法)으로 자는 원범(元範)이며, 이때 남강군학교수로 있었다.

성자영윤(星子令尹): 《차의》「성자는 남강의 속현이다. 영윤은 왕지재이다.」(星子南康屬縣. 令尹王之才也) 왕지재는 《별집》 권7 〈성자현위 청사의 사정에 적다(題星子縣尉廨射亭)〉에 보이며, 《주문공집》 권99 〈권농문(勸農文)〉에서는 성자지현이 왕문림(王文林)이라 하였다.

주군(周君): 《차의》「자는 사온이다.」(字師溫) 염계(濂溪) 사람이다.

단군(段君): 단균(段鈞)을 말하며, 자는 중형(仲衡)으로, 한단(邯鄲) 사람이다.

삼협산방절계(三峽山房折桂): 산방은 이씨산방이고 절계는 절계원을 말한다. 이 세 곳은 모두 여산의 명승지로 성의 동북쪽 20여리 지점에 있으며, 아래에 보인다.

2 항진(抗塵): 남조 제나라 공치규(孔稚圭)의 〈북산의 산신령에게 띄우는 공문(北山移文)〉「연꽃으로 만든 처사의 옷을 불태우고 연꽃으로 만든 은사의 옷을 찢어버리고는 속세의 얼굴을 쳐들고 세속의 형상을 하고 달음박질하였다.」(焚芰製而裂荷衣, 抗塵容而走俗狀)

3 원학공비원(猿鶴共悲怨): 위와 같은 글. 「향기로운 장막 텅 빔이여 밤 학 놀라고, 산 사람 떠남이여 새벽 원숭이 놀란다네.」(蕙帳空兮夜鶴怨, 山人去兮曉猿驚)

4 주묵(朱墨): 공문서를 말한다. 관청에서 붉은 먹과 검은 먹으로 공문서를 작성하였기 때문에 이렇게 말한다. 《후주서·소작전(後周書·蘇綽傳)》「태행대좌승에 임명하여 기밀을 맡는 일에 참여하였다. 이로부터 총애가

茲晨秋令初[5]	이 새벽에 가을의 시령 처음 시작되니,
休沐謹邦憲[6]	휴가 나라의 법에 삼가네.
佳賓忽四來	훌륭한 손님들 갑자기 사방에서 오고,
英僚亦三勸[7]	영명한 동료 또한 세 번 권하네.
駕言北郭門[8]	멍에 지우고 북쪽 바깥 성문 나가는데,
謝此旟隼建[9]	이에 새매 깃발 세움 사양한다네.
散目山崔嵬[10]	눈길 닿는 대로 산꼭대기 마음껏 보고,
縱轡路脩蔓	가는대로 고삐 맡겨두니 길 길게 뻗어 있네.
凭欄快倒峽	난간에 기대니 거꾸로 비친 협곡 상쾌하고,

더욱 높아졌다. 소작은 처음으로 문안을 작성하는 방식을 제정하여 지출은 붉은 글씨로 수입은 검은 글씨로 하였는데 장부와 호적의 법에까지 미쳤다.」(拜大行臺左丞, 參典機密. 自是寵遇日隆. 綽始制文案程式, 朱出墨入, 及計帳戶籍之法) 송나라 황정견(黃庭堅)의 〈진적용에게 부침(寄陳適用)〉「공문서 다룸 본래 주밀하지 못한데, 나라의 일은 거의 한가할 겨를 없다네.」(朱墨本非工, 王事少閒暇) 주희의 부친인 주송(朱松)의 〈있던 일을 써서 원성과 여우, 기화 세 형에게 드리다(書事呈元聲如愚起華三兄)〉「몸 숨긴 관리 공문서 처리하는 틈틈이, 북쪽 창에서 바람 맞으며 실컷 잔다네.」(隱吏朱墨暇, 飽眠北窓風)

5 신(晨): 순희본에는「때 신」(辰)자로 되어 있다.

추령(秋令): 《예기·월령(月令)》「【음력 1월】가을의 시령을 행하면 그 백성들에게 돌림병이 크게 돌고 회오리바람과 폭우가 한꺼번에 닥치며 명아주와 강아지풀, 쑥대 같은 것들이 한꺼번에 무성해질 것이다.」(【孟春】行秋令, 則其民大疫, 猋風暴雨總至, 藜莠蓬蒿並興)

6 휴목(休沐): 벼슬아치들에게 내리던 휴가로 한대에는 닷새에 한번, 당대에는 열흘에 한 번씩 내렸다. 집에서 쉬면서 목욕을 하라고 하였으므로 이렇게 불렀다. 《한서·장안세전(張安世傳)》「장안세는 자가 자유인데 젊어서 부친 덕에 낭에 임용되었다. 글씨를 잘 써서 상서에서 일하게 되었는데 맡은 일에 정력을 다하여 휴가 때도 나간 적이 없었다.」(安世, 字子孺, 少以父任為郎. 用善書給事尚書, 精力於職, 休沐未嘗出)

방헌(邦憲): 《시경·소아·유월(小雅·六月)》「문무 겸비한 길보, 만방이 법으로 삼네.」(文武吉甫, 萬邦爲憲)

7 삼권(三勸): 진(晉)나라의 승려 지둔(支遁)의 〈팔관재시(八關齋詩)〉「법고 세 가지 권함 올리고, 적절함 훈계 맑게 흐르네.」(法鼓進三勸, 激切清訓流)

8 가언북곽문(駕言北郭門): 가언(駕言)은 수레에 멍에를 지우는 것을 말한다. 곧 길 떠날 채비를 하는 것. 언(言)은 별다른 뜻이 없는 조사로 쓰였다. 권6 80번 시의 주 2)를 참조하라. 삼국시대 위나라 완우(阮瑀)의 〈가출북곽문행(駕出北郭門行)〉「멍에 지워 북쪽 바깥 성문 나서려는데, 말 울타리에서 달리려 하지 않네.」(駕出北郭門, 馬樊不肯馳)

9 여준(旟隼): 여(旟)는 기(旗)와 같다. 곧 준기(隼旗)를 말한다. 《시경·용풍·간모(鄘風·干旄)》「펄럭펄럭 새매 깃발, 준의 도읍에 있네.」(孑孑干旟, 在浚之都) 주희의 주석「여는 주리에 세우는 새와 새매를 그린 깃발이다. 위에는 정모를 설치하고 그 아래에는 깃발을 달고 깃발 아래에는 술을 달았는데, 모두 새와 새매를 그렸다.」(旟, 州里所建鳥隼之旗也. 上設旌旄, 其下繫斿, 斿下屬縿, 皆畫鳥隼也)

10 산목(散目): 눈길 닿는 대로 마음껏 보는 것을 말한다.

산최외(山崔嵬): 《시경·소아·곡풍(谷風)》「산들산들 봄바람, 산꼭대기에서 불어오네.」(習習谷風, 維山崔嵬) 주희는「최외는 산꼭대기이다.」(崔嵬, 山巔也)라고 주석을 달았다.

躋壑困脫輓[11]	골짜기 오르니 피곤하여 수레 끌채 끌렀다네.
追攀林樾深	숲 그늘 깊은 곳 좇아 기어오르니,
歡喜脚力健[12]	다리 힘 굳셈 기뻐한다네.
登高眺遠浦	높은 곳 올라 먼 포구 바라보니,
衆景爭自獻	뭇 경치 다투어 스스로 바치네.
何必仍丹丘[13]	하필이면 단구로 나아가,
徑欲淩九萬[14]	질러 구만 리 넘으려 하는가?

11 탈만(脫輓): 《사기·유경전(劉敬傳)》「유경은 제나라 사람이다. 한나라 5년에 농서로 수자리를 서러 가면서 낙양에 잠시 들렀는데, 그때 고제가 낙양에 머물러 있었다. 누경은 수레를 끌렀다.」(劉敬者, 齊人也. 漢五年戍隴西過洛陽, 高帝在焉, 婁敬脫輓輅) 유경의 본래 성은 누(婁)인데 나중에 유(劉)씨 성을 하사 받았으며, 《한서(漢書)》에는 누경(婁敬)으로 되어 있다. 만(輓)은 《사기》의 주석서인 《색은(索隱)》에서 끄는 것이다(牽也)고 하였다.

12 각력건(脚力健): 송나라 소식의 〈다시 화답하다(再和)〉「바위 뚫고 고대 건너니 다리 힘 굳세고, 산과 물 서로 얽혀 있음 싫증나지 않네.」(穿巖渡嶺脚力健, 未厭山水相縈紆)

13 잉단구(仍丹丘): 잉(仍)은 무슨 일이 계기가 되어 그리로 나아가는 것(因就)을 말한다. 권1 154번 시의 주 11)을 보라.

14 구만(九萬): 하늘을 말한다. 《장자·소요유(逍遙遊)》「붕이 남해로 옮겨갈 때에는 물이 삼천리나 튀며, 회오리바람을 휘몰아서 올라가기를 9만 리나 한다. 그래서 6월의 큰 바람을 타고 날아가는 것이다.」(鵬之徙於南冥也, 水擊三千里, 搏扶搖而上者九萬里. 去以六月息者也) 송나라 임희일(林希逸)의 주「붕이 하늘에 있으면 땅 아래와의 거리가 9만 리이다.」(鵬在天上去地下九萬里) 서정(徐整)의 《삼오력기(三五歷紀)》「수는 1에서 시작되고, 3에서 서며, 5에서 이루어지고, 7에서 성하여지며, 9에서 처하므로 하늘과 땅의 거리가 9만 리라 하는 것이다.」(數起于一, 立于三, 成于五, 盛于七, 處于九, 故天去地九萬里) 《천중기(天中記)》에서 재인용.

9. 和子澄白鹿之句[1]

자징이 백록동에서 지은 시구에 화답하다

經旬不到鹿場陰[2]	열흘 넘게 사슴 기르던 북쪽 이르지 못하여,
夢想飛馳不自禁	꿈에서 날아 치닫는 생각 스스로 금하지 못하네.
幸有高軒同勝賞[3]	다행히 높은 헌거 빼어난 감상 함께 하니,
何妨折屐共幽尋[4]	나막신 굽 떼어내고 그윽한 곳 찾음 함께함 무엇 방해되리오?
徘徊未厭詩書樂	이리저리 거니니 시서의 즐거움 싫증나지 않는데,
感慨難忘忠孝心	감개 충효의 마음 잊기 어렵네.

1 백록(白鹿): 여산의 백록동을 말한다.

2 녹장음(鹿場陰): 녹장은 백록동의 사슴을 기르던 터를 말한다. 당나라의 이발(李渤)이 여산에서 은거하며 독서할 때 흰 사람을 길들여 키우던 곳이다. 음(陰)은 산의 남쪽으로, 여기서는 백록동의 옛터, 이발이 독서하던 곳을 가리킨다.

3 고헌(高軒): 고관이 타는 수레를 말한다. 여기서는 높으신 분, 곧 유청지를 높여서 부른 말이다. 《신당서》 권203 〈문예 하·이하전(文藝下·李賀傳)〉「이하는 자가 장길이며, 세계가 정왕의 후손이다. 7세 때 사장을 지을 수 있었는데 한유와 황보식이 처음에 믿지 못하여 그의 집을 지나면서 이하에게 시를 지어보게 하였더니 붓을 당겨 문득 이루었는데 평상시에 지어놓은 것 같았으며, 스스로 제목을 붙이기를 〈고헌과〉라 하였다.」(李賀, 字長吉, 系出鄭王後. 七歲能辭章, 韓愈皇甫湜始聞未信, 過其家, 使賀賦詩, 援筆輒就如素構, 自目曰高軒過)

4 절극(折屐): 나막신의 굽을 떼어내는 것을 말한다. 남조 송나라 사령운(謝靈運)은 등산을 하면서, 올라갈 때는 앞굽을 떼어내고 내려갈 때는 뒷굽을 떼어내었다. 권6 98번 시의 주 5) 사공극(謝公屐)을 보라.

공유심(共幽尋): 당나라 왕유(王維)의 〈권씨네 둘째를 송별하다(送權二)〉「한후 오래도록 손 잡고, 내와 산 함께 그윽이 찾았다네.」(韓侯久攜手, 河嶽共幽尋)

更對豐鐫哦伐木[5]	다시 큰 비석 마주하고 〈벌목〉시 중얼거리니,
風泉雲壑助淸吟	바람 부는 샘 구름낀 골짜기 맑게 읊조림 돕네.

5 풍전(豐鐫): 《차의》「큰 비석을 말한다. 다만 누구의 비석인지는 알지 못한다.」(謂大碑也. 但未知何人之碑) 꿔치(郭齊)는 유청지가 주희를 위해 지은 〈염계사기(濂溪祠記)〉의 비각이라고 하였다.
벌목(伐木): 《시경·소아(小雅)》의 시 제목이다. 그 가운데 「나무 베는 소리는 쩌렁쩌렁, 새 우는 소리는 지지배배, …… 저 새들을 보아도 오히려 벗 찾는 소리 내네.」(伐木丁丁, 鳥鳴嚶嚶……相彼鳥矣, 猶求于聲)라는 구절이 있으며, 이로부터 벗들간의 깊은 우의를 표현하는 말로 쓰이게 되었다. 남헌(南軒) 장식(張栻)의 〈성남을 스무 수로 읊다·이택(城南二十詠·麗澤)〉「오래도록 〈벌목〉편 중얼거리며, 우두커니 서서 그대 바란다네.」(長哦伐木篇, 佇立以望子)

10. 暇日侍法曹叔父, 陪諸名勝. 爲落星之遊, 分韻得往字, 率爾賦呈, 聊發一笑[1]

한가한 날 법조 숙부를 모셨는데 여러 명승지를 모시고 다녔다. 낙성사의 유람에서 운자를 나누었는데 「갈 왕」자를 얻어 대충 지어 드리고 에오라지 한번 웃음을 유발하였다

長江西委輸[2]	장강 서쪽에서 몰려들고,
匯澤東滉瀁[3]	회택 동쪽 넓고 깊다네.
中川屹孤嶼	내 가운데 외로운 섬 우뚝 솟아 있고,
佛屋寄幽賞	부처의 집 그윽한 감상 부치네.
我來此何日	내 이곳에 온 것 어느 날인가?
秋氣欲蕭爽	가을 기운 상쾌해지려 하네.
共載得高儔	함께 탄 이 고상한 짝 얻었으니,
良辰豈孤往[4]	좋은 때에 어찌 홀로 가겠는가?

1 《차의》「법조 숙부는 《별집》 권7의 〈제낙성사〉에 주공영이 있는데 아마 곧 이 사람일 것이다. 그 아래에 『주모가 처사 숙부를 모셨다』라는 말이 있으며, 이 권의 10판에 또 사십 숙부가 있는데 모두 이 사람이다. 낙성은 금산의 낙성사이다. 별이 물에 떨어져 돌이 되었으므로 그런 이름을 얻었다. ○ 남강부 남쪽 5리 지점에 낙성호가 있다. 호수에는 작은 산이 있는데 전하기로는 별이 물에 떨어져 변한 것이라 한다.」(法曹叔父, 別集卷之七題落星寺有朱公永, 疑卽此人. 其下有朱某奉處士叔父之語, 此卷十板又有四十叔父, 皆此人也. 落星, 金山落星寺. 星墜水化爲石, 因名焉. ○ 南康府南五里有落星湖. 湖有小山, 相傳星墜水所化) 궈치(郭齊)는 이 숙부의 자가 공윤(公允)이라 하였다.

2 위수(委輸): 모여듦. 또는 화물을 수송한다는 뜻이다. 《사기·평준서(平準書)》「경사에 평준관을 설치하여 각 군국에서 운반되어오는 화물을 총관리하였다.」(置平準于京師, 都受天下委輸)

3 회택(匯澤): 팽려호(彭蠡湖), 곧 파양호(鄱陽湖)를 가리킨다. 《상서·우공(禹貢)》에 「팽려호의 물을 잘 막아 놓으니 철새들이 그곳에 모여 살게 되었다.」(彭蠡其豬, 陽鳥攸居)라는 말이 있는데, 한나라 공씨의 주석에서는 「산에 부딪쳐 돌아 남쪽으로 장강의 동쪽으로 들어가는데, 못이 돌아 팽려호가 되었다. 회(匯)는 돈다는 뜻이다.」(觸山廻, 南入江東, 匯澤為彭蠡. 匯, 廻也)라 하였다.

4 양신고왕(良晨孤往): 《차의》「『晨』자는 『辰』자가 되어야 한다.」(晨當作辰) 진나라 도연명의 〈돌아가자꾸나(歸去來辭)〉「좋은 때 품고 홀로 나가서, 지팡이 꽂아놓고 김매기도 하네.」(懷良辰以孤往, 或植杖而芸耔)

酒酣淸嘯發	술 얼근하니 맑은 휘파람 나오고,
浪湧初月上	물결 끓어오르는 듯하더니 달 막 떠오르네.
疊鼓喚歸艎[5]	겹친 북소리 돌아가는 배 부르는데,
陳迹眞俯仰[6]	묵은 자취 실로 잠깐만이라네.

5 첩고(疊鼓): 당나라 왕유(王維)의 〈연지행(燕支行)〉「겹친 북소리 멀리서 넓은 바다 물결 뒤집고, 우는 갈대피리 어지러이 하늘에 닿은 산의 달 움직이네.」(疊鼓遙翻瀚海波, 鳴笳亂動天山月) 이 구절은 송나라 왕안석의 〈호가십팔박(胡笳十八拍)〉 두 번째 시에서도 그대로 갖다 썼다.

황(艎): 곧 여황(艅艎)을 말한다. 《좌전·소공(召公) 17년》「장안에서 싸웠는데 자어가 먼저 죽자 초나라 군사가 그를 이어 오나라 군사를 크게 무찔렀다. 그들이 타던 배인 여황을 노획하였다.」(戰于長岸, 子魚先死, 楚師繼之, 大敗吳師, 獲其乘舟餘皇) 진나라의 두예는 「여황은 배의 이름이다.」(艅皇, 舟名)라 하였다.

6 진적진부앙(陳迹眞俯仰): 권6의 59 〈규보의 장군암에서 놀다라는 시의 각운자를 써서 짓다(次圭父游將軍巖)〉 두 번째 시에 「묵은 자취 실로 고개 숙였다 드는 사이에 이루어지네」(陳迹眞成俯仰間)라는 구절이 있는데, 진나라 왕희지의 〈난장집서(蘭亭集序)〉에서 나온 말이다. 그곳의 주 10)을 참조하기 바란다.

11. 九日，奉陪高州史君，莆陽別駕，會稽丞公，善化明府，仲衡詩伯，幷屈子美，元範二兄及郡中諸文武，同登紫霄絶頂，南望江湖，北眺淮甸，少快心目．旣歸，又得仲衡佳篇，句法淸麗，情致悽惋，三復，不勝起予之歎．謹次韻呈，請皆賦之，以紀一時之盛，甚惠甚望[1]

9월 9일에 삼가 고주사군과 보양별가, 회계승공, 선화명부, 중형시백을 모시고 굴자미와 원범 두 형 및 군의 여러 문무관들과 함께 자소봉의 꼭대기에 올라 남쪽으로는 강호를 바라보고 북쪽으로는 회전을 살펴보았더니 마음과 눈이 조금이나마 상쾌해졌다. 돌아와서는 또 중형이 지은 아름다운 시편을 얻었는데 구법이 청려하고 정치가 구슬퍼 세 번을 반복하여 읽으니 나를 일깨우는 탄식을 이기지 못하였다. 삼가 같은 각운자를 써서 지어 드리고 모두 읊게끔 청하여 일시의 성함을 기록하고자하니 매우 은혜롭고 매우 바라는 바이다

1 고주사군(高州史君): 곧 지고주(知高州)로 성은 소(蘇)이다.
보양별가(莆陽別駕): 별가는 통판(通判)의 별칭이다. 보양별가는 곧 흥화군(興化軍) 통판으로성은 첨(詹)이다.
회계승공(會稽丞公): 곧 회계 현승(縣丞)으로, 성은 방(方)이다.
선화명부(善化明府): 곧 지선화현으로, 성은 진(陳)이다.
중형시백(仲衡詩伯): 단균(段鈞)이다.
자미(子美): 양왕휴(楊王休)의 자.
원범(元範): 양대법(楊大法)의 자. 주희의 문인으로 무주(婺州) 사람이며, 주희가 백록동서원을 창건할 때 그 일을 감독하게 하였다. 이상은 모두 《별집》 권7의 〈성자현위 청사의 사정에 적다(題星子縣尉解射亭)〉와 〈서현의 마애에 적다(題棲賢磨崖)〉에 보인다.
자소(紫霄): 여산의 서북쪽 탑원(塔院) 뒤쪽에 있는 봉우리이며, 송나라 축목(祝穆)의 《방여승람(方輿勝覽)》 권17 〈남강군(南康軍)〉 조에 보면 하우(夏禹)의 석각이 있다고 한다.
강호(江湖): 곧 파양호(鄱陽湖)를 가리킨다.
회전(淮甸): 회하(淮河)의 유역이다.

此日登高處[2]	이날 높은 곳에 오르니,
千巖錦樹稠	온갖 봉우리에 비단 같은 나무 빽빽하네.
無人嘲落帽[3]	모자 떨어뜨렸다 놀리는 사람 없고,
有客賦悲秋[4]	가을 슬퍼함 읊조리는 나그네 있다네.
忽忽塵中老	갑작스레 세속에서 늙어,
悤悤物外遊	총망하게 사물 밖에서 논다네.
江湖空極目	강호에 부질없이 눈길 다하니,
不盡古今愁	예와 지금의 근심 다하지 못하네.

2 등고처(登高處): 음력 9월 9일 중양절이 되면 고향을 떠난 사람은 머리에 산수유를 꽂고 높은 곳에 올라 고향을 바라보며 술을 마시는 풍습이 있었다. 당나라 왕유의 〈음력 9월 9일 산동의 형제들을 생각하다(九月九日憶山東兄弟)〉「까마득히 알리니 형제들 높은 곳 올라, 온 머리에 수유 꽂은 사람 하나 모자람을.」(遙知兄弟登高處, 偏插茱萸少一人)

3 낙모(落帽): 진나라 맹가(孟嘉)에게서 나온 전고로 중양절에 높은 곳에 올라간다는 뜻이다. 상세한 것은 권5 154번 시의 주 4)를 보라.

4 부비추(賦悲秋): 굴원(屈原)의 제자라고 하는 초(楚)나라 대부(大夫) 송옥(宋玉)의 〈구변(九辯)〉「슬프구나! 가을 날씨여, 쓸쓸하구나 초목 빙글빙글 떨어지고 쇠퇴하니, 섧구나 먼 길 가고 있는 듯하네.」(悲哉! 秋之爲氣也, 蕭瑟兮, 草木搖落而變衰. 憀慄兮, 若在遠行)

12. 下元節假行視陂塘，因與賓友挈兒甥出郭登山，歸賦二詩，示子直春卿及折桂雲谷，并寫呈郡中諸寮友[1]

하원절 휴가로 피당에 가서 구경하였는데, 내친 김에 손님과 벗과 함께 아이와 생질을 거느리고 성을 나서 산에 올랐다가 돌아와 시 두 수를 지어 자직과 춘경 및 절계원의 운공에게 보여주고 아울러 군의 여러 동료와 벗들에게도 써서 부친다

廬阜東北際	여부의 동북쪽에,
岧嶤五峰尊[2]	다섯 봉우리 우뚝하니 높네.
中巖穹林繞	가운데 봉우리는 큰 숲 두르고 있는데,
靑天白雲屯[3]	푸른 하늘에는 흰 구름더미 진치고 있네.
郡閣有佳眺	군청에는 훌륭한 볼거리 있어,
徙倚空朝昏[4]	왔다갔다하며 부질없이 아침저녁 보낸다네.

1 하원절(下元節): 《차의》「한 해에는 삼원이 있는데, 정월 15일이 상원이며, 7월 15일이 중원, 10월 15일이 하원이다.」(一歲有三元, 正月十五日爲上元, 七月十五日爲中元, 十月十五日爲下元)
가(假): 《차의》「휴가이다.」(休假也)
아생(兒甥): 《차의》「위유(魏愉)이다. 아(兒)는 나이가 어린 것을 일컫는다.」(魏愉. 兒, 年幼之稱) 《차보》「아는 곧 막내 아들 재이다.」(兒卽季子在)
자직춘경(子直春卿): 《차의》「양자직과 왕춘경은 《별집》 권7에 보인다.」(楊子直王春卿見別集卷之七) 《표보》「자직은 이미 권1의 2판의 주에 보인다. 춘경은 이름이 조인데 모두 선생의 문인이다.」(子直已見一卷二板註. 春卿, 名朝, 皆先生門人)
절계운곡(折桂雲谷): 《차보》「『谷』자는 곧 『公』자의 오자이다.」(谷, 公字之誤)

2 오봉존(五峯尊): 당나라 두보의 〈남악을 바라다(望岳)〉「축융봉 다섯 봉우리 높은데, 봉우리마다 차례로 숙였다 쳐들었다 하네.」(祝融五峯尊, 峯峯次低昂)

3 운둔(雲屯): 《열자·주목왕(周穆王)》「구름과 비오는 곳의 위로 나와 있어서 그 아래쪽은 어디에 의거하고 있는지 알지 못하였으며 그것을 바라보면 마치 구름더미 같았다.」(出雲雨之上而不知下之據, 望之若屯雲焉) 당나라 한유의 〈진사 유사복이 동쪽으로 돌아감에 송별하다(送進士劉師服東歸)〉「진흙 비 성 동쪽 길에 내리고, 여름 홰나무에서는 구름 진친 듯 일어나네.」(泥雨城東路, 夏槐作雲屯)

4 사의공조혼(徙倚空朝昏): 사의(徙倚)는 배회(徘徊)와 같은 뜻. 남조 양(梁)나라 하손(何遜)의 〈부양의 포구에서 낭상인에게 화답하다(富陽浦口和朗上人)〉「나그네 마음 해 저무는 것 근심하여, 왔다갔다하며 공연히 돌

今晨幸休假[5]　　오늘 새벽 다행히 휴가라,
發軔北郭門　　북쪽 성문으로 수레 몰아나갔네.
牽蘿出林端　　담쟁이덩굴 끌고 숲 끝 나서,
躡屐躋雲根[6]　　나막신 신고 구름 이는 곳 오른다네.
高尋却深宦[7]　　고상하게 찾음 깊은 관식 눌리치고,
小憩欣潺湲　　잠깐 쉬면서 졸졸 물소리 기뻐하네.
古殿宿寒靄　　옛 집엔 차가운 안개 묵고,
新甍麗朝暾　　새 기와는 아침 해에 곱네.
扶藜陟東岡　　청려장에 부지하여 동쪽 언덕 오르니,
夙昔規曾軒[8]　　지난날 층진 헌함 본받았다네.
却倚千尋峭　　물러나 천 길 가파른 데 의지하고,
前窺百泉奔　　앞으로 온갖 샘 달아남 살핀다네.
長風卷浮埃　　긴 바람 뜬 먼지 말아올리고,
江湖渺相呑　　강호 까마득히 서로 삼킨다네.
結架雖未諧[9]　　시렁 얽음 비록 잘 어울리지 않으나,
雄瓌已難論　　뛰어난 구슬 이미 논하기 어렵다네.
同來俱勝流　　같이 온 사람 모두가 빼어난 무리,

아갈 것 바라네.」(客心愁日暮, 徙倚空望歸)

5 가(假): 가(暇)로 된 판본도 있다.

6 운근(雲根): 당나라 가도(賈島)의 〈이응의 은거지를 제목으로 삼아 짓다(題李凝幽居)〉「다리 건너니 들판의 경치 달라지고, 돌 옮기니 구름 이는 곳 움직이네.」(過橋分野色, 移石動雲根)

7 각심환(却深宦): 「심」(深)은 「청」(淸)으로 되어 있는 판본도 있다. 《차의》「『宦』은 『宧』자의 오자인 것 같다. 『宧』는 《운회》에서 음이 『이』이며 방의 동북쪽 모서리라는 뜻이라고 하였다.」(宦, 疑宧字之誤. 宧, 韻會, 盈之切, 室東北偶也)

8 층헌(曾軒): 층(曾)은 층(層)자와 같은 뜻으로 통하여 쓴다. 한나라 사마상여(司馬相如)의 〈2세를 슬퍼하다(哀二世賦)〉「저 비탈진 곳 긴 비탈 오름이여, 먼지 층진 궁전 울쑥불쑥한 곳에 드네.」(登陂阤之長阪兮, 坌入曾宮之嵯峩) 당나라 장구령(張九齡)의 〈연초에 속현을 순행하다가 높이 안남루에 올라 마음을 말하다(歲初巡屬縣, 登高安南樓言懷)〉「산성 본래 홀로 외로운데, 높은 곳에 기대어 층진 집 얽었다네.」(山城本孤峻, 憑高結層軒)

9 결가수미해(結架雖未諧): 《차의》「황운관을 지으려 하였으나 미처 이루지 못한 것을 말한다.」(謂欲作黃雲觀而未就也)

晤語仍王孫[10]	이야기 나눔 곧 왕손이라네.
已踐支許諾[11]	이미 지둔과 허순 인정함 실천하였으니,
不慙夙尙魂[12]	숙상의 혼에 부끄럽지 않다네.
賦詩紀玆日	시 지어 이날 기념하니,
歲晩期相敦	세밑에 돈독히 만날 것 기약하네.

[참고] 題折桂院行記[13]
절계원에 가서 지은 기문에 적음

처음에 내가 절계원의 서헌에 이르렀을 때 그 강산의 빼어난 경치를 사랑하였다. 도인인 운공이 내게 말하기를 이것은 볼 만하지 않으며 조금만 올라가면 더욱 기이하다며 나를 이끌고 깊은 대나무 속으로 들어갔다. 대나무가 다하자 큰 언덕이 나타났는데 등에는 오로봉을 지고 곧장 강호를 바라보고 있었으며 동서 수백리가 구름 낀 산 안개 낀 물이 아득하게 얽히어 그 빼어난 경치를 묘사할 수가 없었다. 이에 그곳에다 정

10 오어(晤語): 오(晤)는 우(遇) 또는 대(對)와 뜻이 통한다. 마주 대하고 이야기하다, 서로 터놓고 이야기하다. 권1 34번 시의 주 9)를 보라.
왕손(王孫): 《차의》「〈절계원의 기문에 적음〉에 『도인 운공의 여러 왕손으로 관직을 버리고 부처의 법도를 배웠다.』고 하였는데, 아마 곧 이 사람인 것 같다.」(題折桂院記, 道人雲公諸王孫, 棄官學浮屠法, 疑卽此人也) 〈題折桂院記〉는 《별집》 권7에 수록되어 있으며, 그곳에는 〈題折桂院行記〉로 되어 있다.

11 지허락(支許諾): 지허는 곧 지둔(支遁: 자는 道林)과 허순(許詢: 자는 玄度)을 말한다. 《세설신어·문학(文學)》「지도림과 허연[許詢] 등이 함께 회계왕의 재두[齋會]에 참석했다. 지도림이 법사가 되고 허연이 도강이 되었다. 지도림이 하나의 해석을 하면 온 좌중이 만족해하지 않음이 없었고, 허연이 하나의 논박을 하면 뭇 사람들이 손뼉을 치며 춤추듯 기뻐하지 않는 사람이 없었다.」(支道林·許掾諸人, 共在會稽王齋頭. 支爲法師, 許爲都講. 支通一義, 四坐莫不厭心;許送一難, 衆人莫不抃舞)

12 불참숙상혼(不慙夙尙魂): 《차의》「옛 뜻을 실천한 것을 이른다. 하원절에서 이곳까지는 《별집》의 〈제절계원기〉에 상세하게 보인다.」(謂踐舊志也. 自下元節至此, 詳見別集題折桂院記) 《차보》「『夙』자는 『禽』자의 오자인 것 같다. 후한의 상장은 자가 자평인데, 은거하여 출사하지 않고 아들딸의 혼사가 다 끝나자 취미를 함께 하는 금경 및 자하와 함께 오악의 명산을 유람하였다.」(夙, 疑禽字之誤. 後漢尙長, 字子平, 隱居不仕, 男女婚嫁旣畢, 與同好禽慶子夏俱遊五岳名山) 《차보》의 설대로라면 이 구절은 「금경과 숙상의 혼에 부끄럽지 않다네.」가 되어야 한다. 《윤씨수초》「숙상이 구이다.」(夙尙, 句)

13 《주문공집·별집》 권7에 수록되어 있다.

자를 짓기로 하고 이한림의 〈여산요〉에 나오는 말을 취하여 「황운관」이라 명명하였다. 마침 운공이 떠나서 실행을 하지 못하였다. 올봄에 지을 수 있게 되었으나 공사를 끝내기도 전에 내가 대신 떠나게 되었다. 윤달 그믐날에 청강의 유자징과 장락의 임택지, 개봉의 조자명, 온릉의 허경양, 건안의 왕춘경, 장락의 여점지와 진언충, 임회의 장치원, 장락의 황직경이 함께 와서 그 일을 기록하였다. 운공은 여러 왕손으로 관직을 버리고 불교의 법도를 배워 대홍산의 나그네가 되게 하였다한다. 순희 8년(1181) 신축년에 주 아무개 중회보가 적다.

始予至折桂院之西軒, 愛其江山之勝. 道人雲公爲予言, 此未足觀, 少上當益奇, 因道予行深竹中. 竹盡, 得大阜, 背負五老, 面直江湖, 東西數百里, 雲山煙水渺莽縈帶, 勝絶不可名狀. 乃規作亭其處, 取李翰林廬山謠中語, 命以爲黃雲觀. 會雲公去, 不果爲. 今年春乃克爲之, 未訖工而余代去. 閏月晦日, 與淸江劉子澄、長樂林擇之、開封趙子明、溫陵許景陽、建安王春卿、長樂余占之、陳彦忠、臨淮張致遠、長樂黃直卿俱來, 因記其事. 雲公諸王孫, 棄官學浮圖法, 令客大洪山云. 淳熙八年辛丑歲, 朱某仲晦父題.

13. 臥龍之遊, 得秋字賦詩紀事, 呈同遊諸明勝, 聊發一笑

와룡암의 유람에서 「가을 추」자를 얻어서 시를 지어 일을 기록하고 명승지에서 함께 유람한 사람들에게 드리고 애오라지 한번 웃는다

躡石度急澗[1]	돌 밟고 물살 빠른 시내 건너,
窮源得靈湫[2]	근원 다하여 신령스런 소(沼) 얻었다네.
谽谺兩對立[3]	휑뎅그렁한 골짜기 양쪽에 마주 서서,
噴薄中怒投	진동하는 가운데 노하여 던지네.
何年避人世[4]	어느 해에 인간 세상 피하여,
結屋棲巖陬	서암 모퉁이에 집 지었던가?
嘉名信有託[5]	아름다운 이름 실로 의탁함 있으니,
故迹誰能求[6]	옛 자취 누가 구할 수 있겠는가?
我來一經行	내 한번 지나가 보니,

1 섭석도급간(躡石度急澗): 당나라 위응물(韋應物)의 〈간적관의 폭포를 찾다(尋簡寂觀瀑布)〉「돌 밟고 위태로운 곳 탐식하며 물살 급한 시내 건너, 벼랑 부여잡고 아득히 기어올라 달린 샘 가지고 노네.」(躡石欹危過急澗, 攀崖迢遞弄懸泉)

2 추(湫): 폭포처럼 높은 곳에서 물이 떨어져 생긴 웅덩이를 말함.

3 함하(谽谺): 골짜기가 텅 비고 넓은 모양.

4 피인세(避人世): 〈와룡암기〉「내가 어렸을 적에 귀산양선생의 시를 읽었는데, 『와룡 유군이 숨어살면서 곡식은 먹지 않고 나무와 계곡의 물만 먹고 마시며 살았는데, 이미 백 살이 넘었는데도 정신은 맑고 눈은 푸른 빛을 띠어 손님이 오면 먼저 알아차렸다.』는 기록을 보고, 이미 이 암자가 있음을 알았다.」(予自少讀龜山先生楊公詩, 見其記臥龍劉君隱居辟穀, 木食澗飮, 蓋已度百歲而神淸眼碧, 客至輒先知之, 則固已知有是菴矣) 여기서 말한 세상을 피한 사람은 바로 이 〈와룡암기〉의 유군을 가리키는 것 같다. 진나라 도연명의 〈도화원 시(桃花源詩)〉「영씨가 천기 어지럽혀, 현자 그 세상 피하였다네.」(嬴氏亂天紀, 賢者避其世)

5 가명(嘉名): 《차의》「못의 이름이 와룡인 것을 말한다.」(謂潭名臥龍也)

6 고적수능구(故迹誰能求): 송나라 소철(蘇轍)의 〈자첨이 도연명의 의고시에 화답한 시의 각운자를 써서 짓다(次韻子瞻和淵明擬古)〉「관윤 희를 만나지 못하였으니, 밟은 지취 누가 구할 수 있겠는가?」(不遇關尹喜, 履迹誰能求)

凄其仰前脩[7] 쓸쓸히 앞의 빼어난 이 우러른다네.
隣翁識此意[8] 이웃 늙은이 이 뜻 알아,
伐木南山幽 남산 그윽한 곳 나무 베었다네.
爲我立精舍 나 위해 정사 세워서,
開軒俯淸流 헌함 열고 맑은 흐름 굽어본다네.
多岐諒匪安[9] 갈래 많으니 실로 편안하지 않고,
一壑眞良謀[10] 한 골짜기만이 실로 훌륭한 계책이라네.
解組云未遂[11] 인끈 끄르는 일 아직 이루지 못하여,
驅車且來遊 수레 몰고 또 와서 논다네.
嘉賓頗蟬聯[12] 아름다운 손님 줄줄이 이어져,

---

7 처기앙전수(凄其仰前修): 처기(凄其)는 쓸쓸하고 마음이 쓰라리다는 뜻이다. 당나라 두보(杜甫)의 〈저녁에 양산당에 오르다(晩登瀼上堂)〉「처연히 여망과 제갈 바라보니, 더 이상 주공과 공자 꿈에 보지 못한다네.」(凄其望呂葛, 不復夢周孔)

8 인옹(隣翁): 《차의》「〈와룡암기〉와 〈서원암기〉로 살펴보건대 최가언을 가리킬 것이다. (두 기문은) 모두 권79에 보인다.」(以臥龍庵西原庵記觀之, 當指崔嘉彦. 並見七十九卷)

9 다기(多岐): 《열자·설부(說符)》「양자(곧 楊朱)의 이웃에 사는 사람이 양을 잃어버렸는데 온 일가를 다 모아놓고 또 양자의 아이종에게도 함께 쫓아갈 것을 청하였다. 양자가 말했다. 『히야! 양 한 마리를 잃어버렸는데 어찌하여 쫓는 사람이 이다지도 많은가?』 그러자 이웃 사람이 말했다. 『갈림길이 많아서입니다.』 돌아옴에 물었다. 『양은 찾았는가?』 『잃어버렸습니다.』 『어쩌다 잃어버렸는가?』 『갈림길 속에 또 갈림길이 있어서 제가 그 간 곳을 몰라 돌아오는 길입니다.』 심도자가 말했다. 『큰 길에 갈래가 많아서 양을 잃는다면 배우는 자들은 방법이 많으면 방향을 잃는다.』」(楊子之隣人亡羊, 旣率其堂, 又請楊子之竪追之. 楊子曰, 嘻, 亡一羊何追者衆. 隣人曰, 多岐路. 旣反, 問, 獲羊乎. 曰, 亡之矣. 曰, 奚亡之. 曰, 岐路之中, 又有岐焉, 吾不知所之, 所以反也. 心都子曰, 大道以多岐亡羊, 學者以多方喪生) 곧 갈림길에 서서 망설이다가 아무런 성취도 없음을 비유하는 말로 쓰인다

10 일학(一壑): 은퇴하여 재야에 파묻혀 지내면서 산수와 자연을 맘대로 즐기는 것을 비유하는 말. 권2 3번 시의 수 3)을 보라.

11 해조(解組): 당나라 현종(玄宗)의 〈하지장이 사명산으로 돌아감에 송별하다(送賀知章歸四明)〉의 서문「천보 3년(744) 태자빈객 하지장이 만족을 알고 머무른다는 분수를 본받아 늙어서 은퇴한다는 소장을 올렸는데 인끈을 풀고 영화를 사양하고 도에 들어갈 것을 기약하는데 뜻을 두었다.」(天寶三年, 太子賓客賀知章, 鑒止足之分, 抗歸老之疏, 解組辭榮, 志期入道)

12 선련(蟬聯): 계속 이어져서 끊어지지 않는 것을 나타내는 의태어. 남조 송나라 유의경(劉義慶)의 《세설신어·식감(識鑑)》「(王恭이) 10여 일만에야 비로소 돌아오니 부친이 묻기를 『어찌하여 이렇게 여러 날이나 걸렸느냐?』라 물었다. 대답하여 말하기를 『아대[王忱]와 이야기를 하다 계속 이어져서 돌아올 수가 없었습니다.』라 하였다.」(十餘日方還, 父問恭何故多日? 對曰, 與阿大語, 蟬連不得歸) 《남사·왕균전(王筠傳)》「개벽한 이래 작위가 끊임없이 이어지고 문제가 서로 이어져서 왕씨처럼 성한 적이 없었다.」(自開闢以来, 未有爵位蟬聯文才相繼如王氏之盛也)

野蔌更獻酬　　들의 푸성귀 다시 바치며 보답하네.
飮罷不知晩　　술자리 끝났으나 늦은 줄 알지 못하여,
欲去還淹留[13]　　떠나려다 다시 눌러 앉았다네.
躋攀已別峰　　잡고 기어오르니 이미 다른 봉우리인데,
窺臨忽滄洲[14]　　엿보며 내려다보니 홀연 창주라네.
下集西澗底[15]　　내려가 서쪽 시내 바닥에 모여,
沈吟樹相樛　　나무 서로 얽힌 것 낮게 읊조리네.
玉淵茗飮餘[16]　　옥연에서 차 마신 뒤에,
三峽空尊愁[17]　　삼협에서 술잔 빌까 근심하네.
懷賢旣伊鬱[18]　　어진 이 그리워하나 이미 우울해지고,
感事增綢繆　　일 느끼니 더욱 심사 얽히네.
前旌向城郭　　앞선 깃발 성곽 향하니,
回首千峰秋　　고개 가을의 모든 봉우리로 돌리네.

13 욕거환엄류(欲去還淹留): 송나라 소식의 〈해남의 여민표와 헤어지다(別海南黎民表)〉「그대 다시 보지 못함 알아, 떠나려다 또 잠시 머무네.」(知君不再見, 欲去且少留)

14 창주(滄洲): 원래의 의미는 물가의 지역을 가리키며, 또 바다 가운데 있다는 전설상의 열 섬[十洲] 가운데 첫 번째 섬이라고도 하는데, 주로 은자의 거처라는 뜻으로 많이 쓰인다. 권1 52번 시의 주 14)를 보라.

15 서간(西澗): 《차보》「곧 유응의 옛 거처이다. 아래에 보인다.」(卽劉凝之舊居. 見下)

16 옥연(玉淵): 《차의》에서 「『王』은 『玉』자의 오자인 것 같다. 남강부 서북쪽 시내에는 (옥 같은) 흰 돌이 헤아릴 수 없이 많다.」(王, 疑玉字之誤. 在南康府西北澗中, 白石不可數計)라 한 것으로 보아 「王」으로 된 판본도 있는 것 같다. 《차보》「남강군 북쪽 20리 지점에 송나라 장효상이 옥연이란 두 글자를 써놓았다.」(在南康軍北二十里, 宋張孝祥書玉淵二字)

17 공준수(空尊愁): 당나라 두보(杜甫)의 〈그믐날 최즙과 이봉을 찾다(晦日尋崔戢李封)〉「최후 첫 자리의 안색, 이미 술잔 비는 근심 두려워하네.」(崔候初筵色, 已畏空樽愁)

18 회현(懷賢): 《차의》「현자는 제갈공명을 말한다.」(賢謂孔明)

이울(伊鬱): 당나라 유종원(柳宗元)의 〈조양암에서 놀다가 마침내 서정에 올라 스무 운으로 짓는다(遊朝陽巖遂登西亭二十韻)〉「품은 것 우울한 것 푸는 것이니, 어찌 백이 소보와 견주려 하겠는가?」(所懷緩伊鬱, 詎欲肩夷巢)

14. 臥龍之遊, 錢通守得江字, 不及賦詩, 已解維矣. 焘用其韻紀事以贈幷附卷末[1]

와룡암의 유람에서 전통수가 「강」자를 운자로 얻었는데 미처 시를 짓지도 못하여 닻줄을 풀고 배가 떠났다. 내가 그 운자를 써서 일을 기록하여 드리고 아울러 권말에 부친다

君行安所適[2] 그대 떠나면 어디로 가는가?
衝風泝濤江 바람 뚫고 물결치는 강 거슬러 올라가겠지.
傳聞閬州好[3] 전해 듣기에 낭주 좋다고 하던데,
未見心已降[4] 보지 못하여 마음 크게 가라앉았네.
邀君康山遊[5] 강산 유람에 그대 초청하여,
聽此巨壑淙 이 큰 골짜기 물소리 들었다네.
班坐酌溪石[6] 줄지어 앉아 시내 바위에서 술 마시고,
幽尋憩雲窓[7] 그윽이 찾아 구름 낀 창에서 쉬었다네.
勸君盡此杯 그대에게 이 술잔 다 비우도록 권했는데,

1 전통수(錢通守): 《윤씨수초》「전은 시로 알려졌다.」(錢聞詩) 낭주통판(閬州通判)으로 부임한 사람이다. 《별집》 권7 〈서현의 마애에 적다(題棲縣磨崖)〉에 보인다.

2 안소적(安所適): 남조 송나라 포조(鮑照)의 〈부대농에게 화답하고 옛 동료들과 헤어지다(和傅大農與僚故別)〉「이 사람 어디로 가는가? 나는 바야흐로 옛 봉우리에 깃들었다네.」(之子安所適, 我方栖舊岑)

3 낭주(閬州): 이주(利州) 동로(東路)의 속주로, 치소(治所)는 지금의 사천성 낭중(閬中) 동북쪽에 있다.

4 심이항(心已降): 《차의》「고시에 『선의 마음 이미 항복하였다네.』라는 말이 있다.」(古詩, 禪心久已降) 《시경·소남·풀벌레(召南·草蟲)》「또한 이미 그를 보며, 또한 이미 만나면, 내 마음 가라앉으리로다.」(亦既見止, 亦既覯止, 我心則降) 주희는 「강은 내림이다.」(降, 下也)라 하였다.

5 강산(康山): 곧 여산(廬山)이다. 위 6번 시의 주 3)을 보라.

6 반좌(班坐): 《차의》「나누어 분포시킨다는 뜻이다.」(班分布之意) 서열대로 나누어 앉는 것을 말한다.

7 게운창(憩雲窓): 당나라 이백의 〈안륙 백조산의 도화암에서 시어사이신 유관에게 부치다(安陸白兆山桃花巖寄劉侍御綰)〉「도화암으로 돌아와, 구름 낀 창에서 쉬면서 잠잘 수 있었다네.」(歸來桃花巖, 得憩雲窓眠)

錦帆已稠杠[8]	비단 돛 이미 깃대에 빽빽하였다네.
明年儻來東	이듬해 동쪽으로 온다면,
鳴鐃建高幢[9]	징 울리고 높은 기 세우리.
訪我深澗底	나 깊은 시내로 찾아와,
晤言絶紛嚨[10]	주고받는 말 어지러운 말은 없었다네.
城南且細說	성 남쪽에서 또한 세밀하게 말하면서,
慰我心悾悾[11]	내 마음 성실하도록 위로하였다네.

8 조강(稠杠): 《차의》「강은 장대이다. 돛을 다는 장대를 말한다.」(杠, 竿也. 謂懸帆杠也) 《차보》「『稠』자는 『綢』자의 오자인 것 같다. 《예기》에 『소면과 주강』이라는 말이 있다.」(稠, 疑綢字之誤. 禮記, 素綿綢杠)

9 명뇨건고당(鳴鐃建高幢): 《차의》「『鐃』는 작은 징이다. 『幢』은 번당이다.」(鐃, 小鉦. 幢, 幡幢)

10 분롱(紛嚨): 《차의》「『嚨』(롱)은 동운에 속한 글자이며, 『哤』(방)의 오자이다. 『哤』은 《운회》에서 난잡하고 다른 말이라고 하였다. 잡어라고도 한다. 서서히 사방의 백성이 모여 섞인 곳에는 그 말이 난잡하다. 방은 다른 것이 섞인 것이다.」(嚨, 東韻, 哤字之誤. 哤, 韻會, 哤異之言. 一曰, 雜語. 徐集四民雜處, 則其言哤. 哤, 雜異)

11 공공(悾悾): 《차의》「음은 강이며 성실하다는 듯이다. 또 동운도 있다.」(枯江切, 慤也. 又東韻)

15~16. 分韻得眠意二字, 賦醉石簡寂各一篇, 呈同遊諸兄[1]

운자를 나누어 「면」자와 「의」자 두 자를 얻어서 취석과 간적이라는 시를 각각 한 편씩 지어 함께 놀러온 여러 형씨들에게 드린다

15

驅車何所適[2]	수레 몰아 어디로 가는가?
往至秋雲邊	가을 구름 가까지 간다네.
企彼澗中石[3]	저 시내 중간의 바위 바라,
擧觴酹飛泉[4]	술잔 들어 나는 샘에 붓네.
懷哉千載人[5]	천 년에 한번 날 사람 생각함이여,

1 이 시의 제목이 순희본에는 〈도연명의 취석 아래서 운자를 나누었는데 면자와 의자 두 자를 얻다(陶淵明醉石下分韻得眠意二字)〉로 되어 있다.
취석간적(醉石簡寂): 《차의》「모두 아래에 보인다.」(幷見下) 《주자어류(朱子語類)》 권138 〈잡류(雜類)〉「여산에 도연명의 옛 자취가 있는데, 상경이라 한다. 《연명집》에는 경사의 『경』이라 하였는데, 지금 토착민들은 형주의 『형』이라고 생각한다. 강 가운데 편편한 바위가 하나 있으며, 바위 위에는 흔적이 있는데, 도연명이 취하여 그 바위에 누웠으므로 『도연명이 취해 누운 바위』라고 이름 하였다. 내가 군수가 되었을 때 작은 정자를 지었는데, 아래로 이 바위가 내려다 보여서 『귀거래관』이라는 편액을 붙였다. 또 서산 유응지의 암자를 취하였는데 노직의 시를 취하여 『청정퇴암』이라 명명하니 이것과 마주하였다.」(廬山有淵明古迹處曰上京. 淵明集作京師之京, 今土人以爲荊楚之荊. 江中有一盤石, 石上有痕, 云淵明醉臥於其石上, 名淵明醉石. 某爲守時, 架小亭, 下瞰此石, 榜歸去來館. 又取西山劉凝之菴, 用魯直詩, 名曰淸靜退菴, 與此相對) 노직은 황정견(黃庭堅)의 자이며, 청정퇴란 말은 〈유응지의 화상을 참배하다(拜劉凝之畫像)〉에 나오는 말이다.

2 구거하소적(驅車何所適): 송나라 곽상정(郭祥正)의 〈홀로 약주를 유람하며 영숙 수찬을 그리워하다(獨遊藥洲懷潁叔修撰)〉「수레 몰아 어디로 가는가? 홀로 약주 보러 간다네.」(驅車何所適, 獨往觀藥洲)

3 간중석(澗中石): 〈고시십구수·청청릉상백(靑靑陵上柏)〉「푸릇푸릇 무덤 위 측백나무, 울퉁불퉁 시내의 바위.」(靑靑陵上柏, 磊磊澗中石)

4 거상뢰(擧觴酹): 뇌(酹)는 술(곧 祭酒)을 땅에 붓고 신에게 제사를 지내는 것을 말한다. 송나라 소식의 〈여지를 한탄하노라(荔枝歎)〉「지금 사람들 이임보의 고기 먹겠다 하면서도, 술잔 들어 당강(唐羌)에게 술 따라 바치는 이 없네.」(至今欲食林甫肉, 無人擧觴酹伯游) 여기서는 그냥 술을 붓는 것을 말한다.

5 천재인(千載人): 천년에 한번 나올까말까 한 사람을 말한다. 여기서는 도연명을 가리켜 말한 것이다. 또한 도연명은 남조 진·송(晉·宋) 시대의 사람이므로 주희와는 근 천 년의 시간적 거리가 있다.

矯首辭世喧[6]　　고개 들고 세상 시끄러움 하직하였다네.

淒涼義熙後[7]　　쓸쓸하네 의희 연간 후로,

日醉向此眠[8]　　날마다 취하여 이곳 향하여 잤다네.

仰視但青冥[9]　　우러러 보니 다만 푸른 하늘이요,

俯聽驚潺湲　　숙이어 들으니 졸졸 하는 소리에 놀란다네.

起坐三太息　　일어나 앉아 세 번 크게 탄식하니,

涕泗如奔川　　눈물과 콧물 달리는 내와 같네.

神馳北闕陰[10]　　정신 북쪽 궁궐의 북쪽 달리고,

思屬東海壖[11]　　생각은 동해의 빈터에 있다네.

丹衷竟莫展　　붉은 마음 끝내 펼치지 못하고,

素節空復全　　깨끗한 절개 부질없이 다시 온전히 하네.

低徊萬古情　　만고의 정 고개 숙이고 배회하니,

惻愴顏公篇[12]　　안공의 시편 처량하네.

6 사세훤(辭世喧): 당나라 왕유의 〈읊어서 또 배적에게 보이다(口號又示裴廸)〉「어떡하면 속세의 그물 버리고, 옷 떨며 세상 시끄러움 하직할까? 유연히 청려장 짚고서, 돌아가 도화원 향하리.」(安得捨塵網, 拂衣辭世喧. 悠然策藜杖, 歸向桃花源)

7 의희후(義熙後): 의희는 진(晉)나라 안제(安帝)의 연호(405년에서 418년까지 사용)이다. 《남사·도잠전(陶潛傳)》「스스로 증조부(陶侃)가 진의 재상이 된 것으로 다시 후대에 몸을 구부리는 것을 부끄러이 여겼기 때문에 송무제의 왕업이 차츰 융성하여지자 다시는 벼슬을 하려고 하지 않았다. 지은 문장에는 모두 연월을 적어 놓았다. 의희 이전에는 진나라의 연호를 분명히 적어 놓았는데 영초 이래로는 다만 간지(干支)만 일러 놓았을 뿐이었다.」(自以曾祖晉世宰輔, 恥復屈身後代, 自宋武帝王業漸隆, 不復肯仕. 所著文章, 皆題其年月. 義熙以前, 明書晉代年號, 自永初以來, 唯云甲子而已)

8 일취(日醉): 당나라 이백(李白)의 〈장난삼아 정율양에게 드림(戱贈鄭溧陽)〉「도현령 날마다 취하여, 오류의 봄 몰랐다네.」(陶令日日醉, 不知五柳春)

9 시(視): 순희본에는 두(頭)자로 되어 있다.

10 북궐음(北闕陰): 북송의 궁정(宮庭)을 가리킨다. 음(陰)은 북쪽. 북궐음은 송나라가 함락당한 북방의 광대한 실지를 말한다.

11 동해연(東海壖): 《차의》「『壖』은 음이 연으로, 『堧』이라고도 하며 강가의 땅이다. ○ 동해는 노중련이 바다를 밟은 고사를 쓴 것 같다.」(壖, 而宣切, 或作堧, 江河邊地. ○ 東海, 疑用魯仲連蹈海事) 《사기·노중련(魯仲連) 열전》「노중련이 (新垣衍에게) 말했다. ……『저(秦나라)가 곧 제멋대로 황제가 되어 잘못 천하에서 정사를 행하게 된다면 저는 동해로 뛰어가 죽을 따름입니다.」(魯仲連曰……彼卽肆然而爲帝, 過而爲政於天下, 則連有蹈東海而死耳) 송나라가 남천하여 임안(臨安)에다 도읍을 세운 것을 말한다. 임안은 지금의 절강성 항주(杭州)로 동해에 가깝기 때문에 이렇게 말한 것이다.

12 안공편(顏公篇): 안공은 안진경(顏眞卿)을 말한다. 문집 권81 〈안노공의 율리시 발문(跋顏魯公栗里詩)〉「당나라 노군 안문충공의 〈율리시〉는 진영거의 〈여산기〉에 보이는데, 그 전편은 얻지 못했다. 그렇지만, 이

爲君結茅屋[13]	그대 위해 띠집 지어주노니,
歲暮當來還[14]	해 저물면 돌아와야 하리.

醉石	취석

16

天秋山氣深	계절 가을이라 산 기운 깊고,
日落林景翠	해 저무니 숲 경치 파랗다네.
亦知後騎迫[15]	또한 뒤에서 말 탄 이 닥쳐옴 알겠으나,
且復一流憩	잠시 다시 한 시내에서 쉰다네.
環瞻峰列屏	봉우리 병풍 늘어놓은 듯함 둘러보고,
逈矚泉下濞[16]	멀리 샘 아래 물소리 살핀다네.
永懷仙陸子[17]	신선 육자 영원히 그리워하고,
久挹浮丘袂[18]	오래도록 부구의 소매 당긴다네.
于今知幾載	지금까지 몇 년이나 되었는가?
故宇日荒廢[19]	옛집 날로 황폐해 가네.

를 읽는 이는 안공과 도공의 마음이 군신의 의리에 분명히 드러남을 충분히 알 것이다. 율리는 지금 남강군 관할의 서북쪽 50리에 있고, 계곡에 커다란 바위가 있는데, 도공이 취해 잠든 곳이라고 전해온다. 내가 전에 놀러 갔다가 비탄에 잠겨, 그 옆에 귀거래관을 짓고 세시에 도울 것을 권면했는데 간간이 한 번씩 갔었다. 숲과 샘을 둘러보고 술잔을 들어 손님에게 권하면서 이 시를 읊지 않은 적이 없다.」(右唐魯郡顔文忠公栗里詩, 見陳令擧廬山記, 而不得其全篇. 雖然, 讀之者亦足以識二公之心而著於君臣之義矣. 栗里在今南康軍治西北五十里, 谷中有巨石, 相傳是陶公醉眠處. 予嘗往遊而悲之, 爲作歸去來館於其側, 歲時勸相, 間一至焉. 俯仰林泉, 擧酒屬客, 蓋未嘗不賦是詩也)

13 결모옥(結茅屋): 위의 주에서 인용한 글의 「귀거래관을 지었다」라는 것을 말한다.

14 모(暮): 순희본에는 만(晩)자로 되어 있다.

15 후기박(後騎迫): 《차의》「나중에 온 사람이 이미 다그치는 것을 말한다.」(謂後來者已迫)

16 형(逈): 《고이》에서는 부(俯)자로 된 판본도 있다고 하였다.

17 선륙자(仙陸子): 《차의》「육수정이다.」(陸修靜) 육수정에 대해서는 권6 76번 시의 주 2)를 보라.

18 구읍부구메(久挹浮丘袂): 왕자교(王子喬)를 맞아 숭산(嵩山)으로 올라갔다고 하는 신선. 진(晉)나라 곽박(郭璞)의 〈신선 세계에 놀다(遊仙詩)〉 셋째 시 「왼쪽으로는 부구의 소매 당기고, 오른쪽으로는 홍애의 어깨 치네.」(左挹浮丘袂, 右拍洪崖肩) 메(袂)는 수(袖)로 된 판본도 있다. 홍애도 신선이다.

19 일황폐(日荒廢): 송나라 소식의 〈유경조[敵]의 석림정 시의 각운자를 써서 짓다. 돌은 본래 당나라 원유에

空餘醮壇石[20]	부질없이 재계하고 제사지내던 단만 남았으니,
香火誰復繼[21]	향불 누가 다시 잇겠는가?
更憐韋刺史	위자사 더욱 아리따우니,
五字有眞意[22]	다섯 자에 참된 뜻 있다네.
虎竹付歸人[23]	동호부와 죽사부 돌아가는 사람에게 맡기니,
悲風起橫吹[24]	슬픈 바람 횡취곡에서 일어난다네.
沈吟向絶迹	낮게 읊조리며 끊어진 자취 향하니,
浩蕩發幽寄	호탕하여 그윽한 기탁 발하네.
來者知爲誰	오는 이 누구인지 알리니,
念我儻三喟	나 생각하여 갑자기 세 번 탄식한다네.

簡寂 간적

있던 것으로 민간에 흩어져 돌아다니던 것인데 유경조가 돈을 주고 사서 얻었다(次韻劉京兆石林亭之作. 石本唐苑中物, 散流民間, 劉購得之)〉「도성 날로 황폐해지는데, 지난 일 돌이킬 수 없다네.」(都城日荒廢, 往事不可還)

20 초단(醮壇): 《차의》「도사가 재계하고 제사를 지내는 단을 이를 것이다.」(蓋謂道士齋醮之壇)

21 수부(誰復): 순희본과 《고이》에는 「復誰」로 되어 있다.

22 위자사오자(韋刺史五字): 위응물(韋應物)은 당나라의 시인으로 시풍이 도연명과 흡사하여 도위(陶韋)로 병칭되었으며, 주희 또한 그의 시풍에서 적지 않은 영향을 받았다. 《차의》「위응물은 강주자사가 되어 간적관 서쪽 시내 아래서 지은 5언 시가 있는데 『애오라지 피리 비껴 불으려하니, 한번 산수 읊조림 쏟아내네.』라 하였다. 선생의 뜻은 아마 이것을 가리키는 것 같다.」(韋應物爲江州刺史, 有簡寂觀西澗下所作五言詩, 末句云, 聊將橫吹笛, 一寫山水吟. 先生詩意恐指此也) 인용 시의 적(笛)자는 《위소주집(韋蘇州集)》에는 곡(曲)자로 되어 있다.

23 호죽부귀인(虎竹付歸人): 《차의》「위자사는 또한 〈간적관폭포〉시를 지었는데, 『오히려 동호부며 죽사부가 몸에 누가 된다 여겨, 돌아가는 사람에게 맡기고 세상의 인연 끊으려 하네.』라 하였다.」(韋刺史又有尋簡寂觀瀑布詩云, 猶將虎竹爲身累, 欲付歸人絶世緣)

24 횡취(橫吹): 《차의》「위응물의 시에서 『피리를 비껴 분다』라는 말을 써서 옛 일을 느끼는 뜻을 기탁하였다.」(用韋詩橫吹笛之語以寓感舊之意) 위응물의 시는 위 주 22)번을 보라.

17. 尋白鹿洞故址, 愛其幽邃, 議復興建, 感歎有作

백록동 옛터를 찾았는데 그 그윽하고 깊숙함을 사랑하여 다시 세울 것을 의논하고 감탄하여 짓는다

淸泠寒澗水	차가운 시냇물 맑기 그지없고,
窈窕靑山阿[1]	푸른 산 언덕은 그윽하다네.
昔賢有幽尙[2]	옛 현자 그윽이 숭상하니,
眷言此婆娑	이 산란하게 흩어짐 돌아본다네.
事往今幾時	일 가버린 지 지금 얼마인가?
高軒絶來過	높은 수레 왕래 끊기고,
學館空廢址	학관은 텅 비어 부서진 터만 남았다네.
鳴絃息遺歌[3]	현악 울리던 곳 남은 노래 사라지고,
我來勸相餘[4]	내 와서 돕도록 권면하던 끝에,
杖策搴綠蘿	지팡이 짚고 푸른 넝쿨 걷는다네.
謀野欣有獲[5]	들에서 도모함 얻음 있음 기뻐하고,
披圖知匪訛	그림 펼쳐보고 틀리지 않았음 안다네.
永懷當年盛	당시의 성함 영원히 생각하니,

1 요조청산아(窈窕靑山阿): 똑같은 구절이 권1의 12번 시 〈사소경의 약농장에서 짓다(題謝少卿藥園)〉 첫 번째 시에도 있다.

2 석현(昔賢): 《차의》「이발이다.」(李渤)

3 명현식유가(鳴絃息遺歌): 현가(絃歌)는 음악과 노래로써 다스리는 것으로, 태평성세의 다스림을 말한다. 《논어·양화(陽貨)》에서 「공자가 무성에 가셨는데, 악기와 노래 소리를 들으셨다.」(子之武成, 聞絃歌之聲)라 한 말에서 나왔다.

4 권상(勸相): 《주역·정괘(井卦)》의 상사(象辭) 「나무 위에 물이 있는 것이 정괘이다. 군자는 그것으로써 백성을 수고롭게 하여 돕는 것을 권한다.」(木上有水, 井. 君子以勞民勸相) 《차의》「역사를 돕도록 권하는 것을 이른다.」(謂勸相役事) 《차보》「전묘를 행하고 농사를 시키는 것을 말한다.」(謂行田畝課農事)

5 모야(謀野): 《좌전·양공(襄公) 31년》「(北宮文子가) 위후에게 말하였다. …… 비심은 계책에 뛰어났는데 들판에서 계책을 세우면 타당함을 얻었고 읍에서 계책을 세우면 그렇지 못했다.」(言於衛侯曰……裨諶能謀, 謀於野則獲, 謀於邑則否) 〈백록동부(白鹿洞賦)〉의 자주(自註)「처음 찾아갔을 때 나무꾼이 그 곳을 알려 주었다.」(尋訪之初, 得樵者指告其處)

莘莘衿佩多[6]	학생들 빽빽하였다네.
博約感明恩[7]	박문약례 밝으신 성은에 감동하고,
涵濡熙泰和[8]	푹 젖으니 큰 조화 빛나네.
凄涼忽荒榛	쓸쓸하게도 갑자기 거친 가시나무 우거져,
俯仰驚頹波	고개 들었다 숙였다 스러진 물결에 놀라네.
發教逮綱紀[9]	교령 발하여 아전들에게 미치니,
喟然心靡它	아아! 마음 다른 뜻 없다네.
伐木循陰岡	북쪽 언덕 따라 나무 베어내고,
結屋依陽坡	남쪽 언덕에 집 지었다네.
一朝謝塵濁	하루 아침에 속세의 탁함 떠나서,
歸哉碩人薖[10]	돌아가리라, 대인의 마음 큰 곳으로.

時已疏上尙書乞洞主矣 이때 이미 상서에 소장을 올려 동주를 청하였다

6 신신금패(莘莘衿佩): 한나라 반고(班固)의 〈동쪽 서울(東都賦)〉「술을 진헌하고 보답하는 예의가 서로 오고 가며 조두와 같은 예기가 많이 벌여 있습니다.」(獻酬交錯, 俎豆莘莘)《문선》에 주를 단 이선(李善)의 주「신신은 많은 것이다.」(莘莘, 衆多也)《시경·정풍·자금(鄭風·子衿)》「푸르고 푸른 그대의 옷깃 …… 푸르고 푸른 그대의 패옥.」(靑靑子衿……靑靑子佩)

7 박약감명은(博約感明恩): 박약은 곧 박문약례(博文約禮)를 말하는데, 여기서는 유가 경전을 가리키는 말로 쓰였다.《차의》「태종이《구경》을 백록동에 나누어 주어 여러 학생들이 강송하여 박문약례의 학문을 알게 되어 밝은 성은을 느끼게 되었다는 말이다.」(謂太宗班九經於此洞, 諸生講誦以知博約之學, 而感明恩也)

8 함유희태화(涵濡熙泰和):《차의》「함유는 적시어 교화하는 것이다. 희는 밝은 것이다.〈정몽〉에『태화는 이른바 도이다』라 하였다. 주에서는『태화는 음양이 충화의 기운을 모아서 합하였으므로 태화를 가리켜 도체를 밝힌다.』라 하였다.」(涵濡謂涵濡敎化也. 熙, 明也. 正蒙, 太和所謂道. 註, 太和陰陽會合冲和之氣, 故指太和以明道體)

9 발교체강기(發敎逮綱紀):《차의》「발교는 교수 양원범을 가리키는 것일 것이다. 송나라 때는 아전들을 강기라고 하였다. 다만 교수를 발교라고 한 것은 고찰해 본 적이 없다.」(發敎, 疑指敎授楊元範. 宋時吏胥謂之綱紀. 但謂敎授爲發敎, 未有考)《표보》「발교는 아마 명령을 내는 것을 이를 것이다.《한서·설선전》에『출교』라는 말이 있다.《촉지·제갈무후전》에『처음에 익주목이 되었다가 뭇 부하들에게 명령을 내렸다』는 말이 있는데, 아마 목과 태수는 명령을 교라 하였을 것이다.『발교체강기』는 일으켜 세우는 일을 말한다. 명령을 내어 아래로 아전[綱紀]들에게 미쳐 그들로 하여금 함께 그 일을 이루게 하는 것이다.」(發敎, 恐謂出令也. 漢書薛宣傳有出敎之語. 蜀志諸葛武侯傳, 初領益州牧, 發敎與羣下, 盖牧守以令爲敎也. 發敎逮綱紀, 言以興建之事. 出令下逮綱紀, 使之共成其事也)《차보》「강기는 요속과 승위 따위를 가리키며 또한《한서·헌제기》에 보인다.」(綱紀謂寮屬丞尉之類, 亦見漢獻紀)

10 석인과(碩人薖):《시경·위풍·고반(衛風·考槃)》「악기를 두드리며 산 모퉁이에 있으니, 대인의 마음 큼이여!」(考槃在阿, 碩人之薖) 주희의 주「과는 혹자는 또한 관대하다는 뜻이라고 한다.」(薖, 或云, 亦寬大之意也)

18. 遊白鹿洞, 熹得謝字, 賦呈元範伯起之才三兄, 幷示諸同遊者[1]

백록동에서 노닐다가 나는 「사」자를 운자로 얻어 시를 지어 원범과 백기, 지재 세 형에게 드리고 아울러 여러 함께 노닌 사람들에게 보인다

歲月有環周[2]	세월 두루 순환하여,
窮臘忽受謝[3]	섣달 다하고 홀연히 떠남 받았네.
眷眷山水心	산수 좋아하는 마음 못 잊어 돌아보는데,
幸此朱墨暇[4]	다행히 이번에 공무의 겨를 생겼네.
招呼得良友	좋은 벗들 불러 얻어,
邂逅成夙駕[5]	뜻밖에 만나 일찍 멍에 지우게 되었네.
深尋故轍迹	옛 수레 자취 깊숙이 찾아,
喜見新結架	새로 시렁 얽음 기쁘게 보네.
永懷拾遺公[6]	습유공 영원히 생각하리니,
藏器此待價[7]	기물 감추고 이곳에서 값 기다렸다네.

1 백기지재(伯起之才): 《차의》「백기는 동시에 오백기와 임백기 두 사람이 있는데 누구인지 알지 못하겠다. 지재는 왕중걸의 자이다.」(伯起, 同時有吳伯起任伯起兩人, 未知誰是. 之才, 王仲傑字) 《차보》「일설에는 양백기라고 한다.」(一說楊伯起)

2 세월유환주(歲月有環周): 진나라 도연명의 〈잡시(雜詩)〉 제3수 「해와 달은 순환함이 있으나, 나는 가면 다시 되살아나지 않는다네.」(日月有環周, 我去不再陽)

3 수사(受謝): 《초사·대초(大招)》「봄 (겨울) 떠남 받으니, 밝은 해 빛나네.」(靑春受謝, 白日昭只) 주희의 주석 「사는 떠나는 것이다. 겨울이 떠나고 봄이 그것을 받는 것이다.」(謝, 去也. 言玄冬謝去, 而靑春受之也)

4 주묵가(朱墨暇): 위 8번 시의 주 4)를 보라.

5 숙가(夙駕): 《시경·용풍·정성이 한 중간에(鄘風·定之方中)》「저 수레꾼에게 명하여, 별 보고 일찍 멍에 지우네.」(命彼倌人, 星言夙駕)

6 습유공(拾遺公): 《차의》「이발은 좌습유였다.」(李渤爲左拾遺)

7 장기대가(藏器待價): 《주역·계사(繫辭) 하》「군자가 기물을 몸에 간직해두었다가 때를 기다려 움직이면 무엇이 이롭지 않음이 있겠는가?」(君子藏器於身, 待時而動, 何不利之有) 《논어·자한(子罕)》「자공이 말하였다. 『여기에 아름다운 옥이 있는데 궤짝에 싸서 간직해야 할까요? 좋은 값을 구하여 팔아야 할까요?』 공자가 말

橫流詩書澤	《시》·《서》의 못 가로질러 흐르다가,
下及楊李霸[8]	아래로 양행밀과 이승이 패권을 잡기에 미치게 되었네.
炎神撫興運[9]	염제의 신 홍기하는 운 어루만져,
制作流大化	법도 만들어 큰 교화 흘렀다네.
石室萬卷藏[10]	석실에 책 만 권 갈무리하니,
綸言九天下[11]	임금님 말씀 온 천하에 넘치네.
規模未云遠	규범 아직 오래되었다고는 못하지만,
荒茀良可詫[12]	거칠게 우거짐 실로 탄식할 만하다네.
自非賢邑宰[13]	실로 어진 현재 아니라면,
誰復此精舍	누가 이 정사 다시 지었으리!
會當求勑賜[14]	마침 칙령 구하여 내려진다면,
畢願老耕稼	늙어 농사짓는 소원 이루리.

씀하셨다. 『팔아야지! 팔아야지! 나는 제값을 쳐줄 사람을 기다리겠다.』」(子貢曰, 有美玉於斯, 韞匵而藏諸? 求善賈而沽諸? 子曰, 沽之哉! 沽之哉! 我待賈者也)

8 양리(楊李): 《차의》「당나라 말에 양행밀과 이승이 잇달아 강남에 의거하였다.」(唐末, 楊行密李昇相繼據江南) 〈백록동부(白鹿洞賦)〉의 자주 「〈여산기〉에 『남당 승원 연간에 백록동에 학관을 세우고 전답을 설치하여 여러 학생들을 먹이니 배우는 자들이 많이 모여들었다.』라 하였다.」(廬山記又云 南唐昇元中 因洞建學館 置田以給諸生 學者大集)

9 염신(炎神): 《차의》「송나라는 화덕으로 왕업을 일으켰기 때문에 이렇게 말한 것이다.」(宋以火德王故云)

10 만권장(萬卷藏): 《한서·고조본기(高祖本紀) 하》「(한 고조는) 또한 공신들과 더불어 서로 맹서하는 부호를 나타내는 대나무 쪽을 쪼개어 맹서를 하고, 그 맹서하는 말을 붉은 글씨로 적은 책과 그 내용을 담은 쇠로써 표지를 만든 책을 금으로 봉하고 돌로 방을 만들어 종묘에 보관하게 하였다.」([漢高祖]又與功臣, 剖符作誓, 丹書鐵劵, 金匱石室, 藏之祖廟) 주희의 〈백록동부(白鹿洞賦)〉「역 설치하여 서적 반포하여 푸른 옷 입는 학사들의 의문 풀어주었다네.」(盼黃卷而置郵, 廣靑衿之疑問)

11 윤언(綸言): 《예기·치의(緇衣)》「공자께서 말씀하셨다. 『왕의 말이 실과 같으면 그 나오는 것은 윤과 같다. 왕의 말이 윤과 같으면 그 나오는 것은 발과 같다.』」(子曰, 王言如絲, 其出如綸. 王言如綸, 其出如綍) 주석에서 「윤은 끈이다.」(綸, 綬也)라고 하였다.

12 황불량가타(荒茀良可詫): 《차의》「『茀』은 풀이 많은 모양이다. 《국어》(〈周語 中〉)에 『진나라는 길에 풀이 우거져 갈 수가 없었다』는 말이 있다. 『咤』는 매우 안타까운 것이다. 또한 『詫』라고도 한다.」(茀, 草多貌. 國語, 陳道茀不可行也. 咤, 痛惜. 亦作詫) 〈백록동부〉「희령 연간에는 폐허가 되어 풀만 무성한 것을 슬퍼하였으니 오히려 지금이야 무엇을 논할 수 있으랴!」(悵茂草於熙寧, 尙茲今其奚論)

13 현읍재(賢邑宰): 《차의》「왕중걸이다.」(王仲傑也)

14 구칙사(求勅賜): 《당재자전(唐才子傳)》 권1 〈하지장(賀知章)〉「천보 3년에 병으로 상제가 사는 곳을 꿈꾸었는데 깨어서 표를 올려 도사가 되어 고향으로 돌아갈 것을 구하고 즉시 살던 집을 버리고 천경관으로 삼기를 청하였다. 임금이 그것을 허락하고는 조칙으로 경호의 섬계의 한 구비를 내렸다.」(天寶三年, 因病夢遊帝居, 及寤, 表請爲道士求還鄉里, 卽舍住宅爲千秋觀. 上許之,

更與盡心期	다시 마음속 기약 다하여,
臨流抗風榭[15]	물 굽어보며 바람 부는 정자 높인다네.

詔賜鏡湖剡溪一曲)《차의》「이때 선생은 바야흐로 조정에 동주가 될 것을 청하였으므로 이렇게 말하였다.」(此時先生方乞爲洞主於朝故云)

15 항풍사(抗風榭): 당나라 한유(韓愈)의 〈현 청사에서 느낌이 있어(縣齋有懷)〉「숭산 찍어 구름 빗장 열고, 영수 눌러 바람 정자 높이네.」(斸嵩開雲扃, 壓潁抗風榭)

19~28. 元範尊兄示及十梅詩, 風格淸新, 意寄深遠, 吟玩累日, 欲和不能, 昨夕自白鹿玉澗歸, 偶得數語[1]

원범 존형이 매화시 10수를 보여주고 말하는데 풍격이 청신하고 기탁한 뜻이 깊고 멀어 여러 날이나 읊조리고 감상하면서 화답하고자 하였으나 할 수 없다가 어젯밤 백록동의 옥간에서 돌아와 우연히 여러 시어를 얻다

19 江梅	강매
大雪天地閉[2]	큰 눈 하늘과 땅 닫아버렸는데,
窮陰渺寒濱[3]	겨울의 끝 차가운 물가에 아득하네.
誰知江南信[4]	누가 알리오, 강남의 소식,
已作明年春	이미 이듬해 봄이 되었음을.

1 원범(元範)은 양대법(楊大法)으로 무주(婺州) 사람이며 당시 남강군(南康軍) 교수로 있었다. 위에 보인다.

2 대설천지폐(大雪天地閉): 천지폐(天地閉)는 하늘은 춥고 땅은 얼어 온 세계가 응고된 것 같다는 말이다. 당나라 위응물의 〈영호수가 은양의 읍재로 감에 송별하다(送令狐岫宰恩陽)〉「큰 눈 하늘과 땅 닫아버렸는데, 뭇 산들 밤 되니 개었다네.」(大雪天地閉, 羣山夜來晴)

3 궁음(窮陰): 궁동(窮冬)과 같은 말이다. 남조 송나라 포조(鮑照)의 〈춤추는 학(舞鶴賦)〉에 「이에 엄동설한 조락의 계절, 빠른 시간 훌쩍 흘러 한 해 저문다네.」(於是窮陰殺節, 急景凋年)라는 구절이 있는데, 《문선》에 주석을 단 당나라 이선(李善)은 「《신농본초경》에서는 가을과 겨울을 음이라고 하였다.」(神農本草經曰秋冬為陰)라 하였다.

4 강남신(江南信): 《형주기(荊州記)》「육개는 범엽과 친구였는데 강남에서 매화 한 가지를 범엽에게 부쳐 장안에 이르러 범엽에게 주고 아울러 시를 지어 주고 말했다. 『매화 꺾어 역리를 만나, 농두의 사람에게 부쳐 주네. 강의 매화가 무엇을 지니고 있는가? 애오라지 한 가지의 봄 보내네.』」(陸凱與范曄為友, 在江南寄梅花一枝, 詣長安與曄, 并贈詩云, 折梅逢驛使, 寄與隴頭人. 江南何所有, 聊贈一枝春) 《태평어람(太平御覽)》 권19 〈시서·춘(時序·春) 중〉에서 재인용. 같은 책 권409에도 인용되어 있음. 《형주기》라는 책은 미상이며, 《전송시(全宋詩)》에도 이 시가 수록되어 있는데, 〈범엽에게 주다(贈范曄詩)〉로 되어 있다.

20 嶺梅[5]	영매
梅花破萼時	매화 꽃받침 터뜨릴 때,
瘴雨吹成雪	습한 비 불어와 눈 되었다네.
驛使忽相逢	역의 관리 불현듯 서로 만났으나,
無言似愁絶[6]	말 없어 매우 근심스러운 것 같네.

21 野梅	야매
野風吹孤芳[7]	들판의 바람 외로운 꽃에 부는데,
逈立正愁絶[8]	멀리 서 있어 아주 근심스럽네.
皂蓋莫徘徊[9]	검은 덮개 한 수레 서성거리지 말라,
堪看不堪折[10]	볼만은 해도 꺾을 만하지 않다네.

5 《차보》「시화에서 말하기를 영주는 사구(司寇)가 매화 3천 그루를 심어 대유령의 봉우리는 이때부터 매화가 길을 끼고 있다고 하였다.」(詩話, 英州, 因寇植梅三千株, 大庾岑自此梅夾道) 송나라 완열(阮閱)의 《시화총귀(詩話總龜)》 권20「대유령 위에 불탑묘가 있는데, 왕래하는 사람들이 지은 시가 많다. 어떤 부인이 글을 지어 말하였다.『내가 어렸을 때 아버지께서 영주 사구로 부임하는 것을 모셨다. 이미 임기가 다하여 돌아올 때 아버지께서 대유령은 본래 매령이라는 이름이 있었는데, 도리어 매화가 없었기 때문에 드디어 길 오른쪽에 서른 그루의 매화를 심고 내친 김에 시를 지어서 벽에 쓰셨다. 지금 남편이 단계로 부임함을 따라 다시 이 절에 이르게 되었는데, 이전의 시는 이미 더럽혀지고 문드러졌다. 이에 다시 쓰기를 "영강에서 오늘 형회 맡게 되어, 매산에 올라보니 매화는 보이지 않네. 봉급 털어 서른 그루를 사서 심으니, 맑은 향기 머물러 눈 속에서 피어나네."라 하였다.』 일을 좋아하는 사람이 인하여 도로를 끼고 매화를 심었다.」(大庾嶺上有佛塔廟, 往來題詩多矣. 有婦人題云, 妾幼年, 侍父任英州司寇. 旣代歸, 父以大庾本有梅嶺之名, 而反無梅, 遂植三十株于道之右, 因題詩于壁. 今隨夫之任端溪, 復至此寺, 前詩已汚漫矣. 因再書之云, 英江今日掌刑回, 上得梅山不見梅. 輟俸買將三十本, 淸香留與雪中開. 好事者, 因以夾道植梅矣) 당나라 두보의 〈강매(江梅)〉 시에 대한 조언림(趙彦林)의 주석「고개에 있으면 영매라 하고, 들에 있으면 야매라 한다.」(在嶺曰嶺梅, 在野曰野梅)

6 사(似): 《고이》에서는「단」(但)자로 된 판본도 있다고 하였다.

7 취(吹): 《고이》에서는「파」(破)자로 된 판본도 있다고 하였다.

8 수(愁): 《고이》에서는「유」(幽)자로 된 판본도 있다고 하였다.

9 조개~감절(皂蓋~堪折): 조개는 사군(使君)을 말한다. 당나라 두보(杜甫)의 〈왕씨네 열일곱째 시어사 윤이 술을 가지고 초당에 이르는 것을 허락하여 삼가 이 시를 부치고 즉시 고씨네 서른다섯째 사군이 함께 이르게끔 청하다(王十七侍御掄許携酒至草堂, 奉寄此詩, 便請邀高三十五使君同到)〉「수놓은 옷 입은 분 여러 차례나 집에서 빚은 술 지님 허락하시어, 검은 수레 덮개 한 분 들의 매화 꺾음 잊을 만하네.」(繡衣屢許携家醞, 皂蓋能忘折野梅) 조씨의 주석「《후한서》에서 말하기를 2천 석 이상은 검은 수레 덮개에 양쪽 수레 흙받이를 붉게 하였다.」(後漢書, 二千石皂蓋, 朱兩幡也)라 하였다.

10 감(堪): 능(能)과 같은 뜻으로 쓰였다.

22 早梅	조매
霜風殊未高	서리와 바람 아주 높지 않아,
杖策荒園裏	지팡이 짚고 거친 동산 속 거니네.
仙子別經年[11]	신선 헤어지고 해 지나,
相看共驚喜	서로 쳐다보며 함께 놀라 기뻐한다네.

23 寒梅	한매
白玉堂前樹[12]	백옥당 앞의 나무,
風淸月影殘	바람 맑은데 달 그림자 남아 있네.
無情三弄笛[13]	무정한 〈삼롱곡〉 피리 곡조,
遙夜不勝寒	아득한 밤에 추움 이기지 못하네.

24 小梅[14]	작은 매화
且喜梅花開	잠시 매화 핌 기뻐하였으니,
莫嗟梅花小[15]	매화 작다고 탄식하지 말라.

11 선자(仙子): 《차의》「매화를 이른다. 호사자들은 매화를 신선에 비긴다.」(謂梅花也. 好事者以梅比之仙人)

12 백옥당전수(白玉堂前樹): 당나라 두보(杜甫)의 〈고우복야 상국 장구령공(故右僕射相國張公九齡)〉「임금의 백옥당에 오르고, 임금의 금화성에 기대었다네.」(上君白玉堂, 倚君金華省) 황희(黃希)의 주석「옥당과 금화는 모두 전각의 이름이다.」(玉堂金華, 皆殿名) 조차공(趙次公)의 주석「이는 장구령이 교서랑이 되고 중서사인이 되고 집현전학사가 된 것을 말한다.」(此言九齡為校書郎, 為中書舍人, 為集賢院學士也) 당나라 장유한(蔣維翰: 장은 일설에는 薛이라고도 함)의 〈봄날 여인의 원망(春女怨)〉「백옥당 앞의 한 그루 매화, 오늘 아침에 별안간 몇 송이 꽃 핌 보이네.」(白玉堂前一樹梅, 今朝忽見數花開) 송나라 왕안석의 〈매화(梅花)〉에도「백옥당 앞의 한 그루 매화, 누구를 위해 졌다가 누구를 위해 피는가?」(白玉堂前一樹梅, 爲誰零落爲誰開)라는 구절이 있다.

13 삼롱적(三弄笛): 삼롱(三弄)은 옛 곡조 이름으로 곧 〈매화삼롱(梅花三弄)〉을 가리킨다. 권2 51번 시의 주 11)을 보라.

14 송나라 범성대(范成大)의 《범촌매보(范村梅譜)》「백엽상매는 또한 황향매라고도 하며 또한 천엽향매라고도 한다. 꽃잎이 20개 남짓 되면 꽃잎의 복판 색이 조금 노란빛을 띠며, 꽃 머리는 조금 작으면서 무성하다. 별도로 다른 종이 하나 있는데 꽃과 향기가 일반 매화에 비하여 더욱 짙고 아름다우나 열매를 맺지 못한다.」(百葉緗梅, 亦名黃香梅, 亦名千葉香梅. 花葉至二十餘, 瓣心色微黃, 花頭差小而繁密. 別有一種, 芳香比常梅, 尤穠美, 不結實)

15 차(嗟): 《고이》에서는「탄」(嘆)자로 된 판본도 있다고 하였다.

花小風味深　　꽃 작으나 풍미 깊으니,
此意君已了　　이 뜻 그대 이미 알리라.

25 疎梅　　성근 매화
玉笛未黃昏　　옥 피리 아직 황혼 아닌데,
氷灘已淸淺[16]　　얼음 여울 이미 맑고 얕아졌다네.
疎影不勝姸[17]　　성긴 그림자 고움 이기지 못하는데,
愁心爲誰遠　　근심스런 마음 누구 때문에 멀리 가는가?

26 枯梅　　마른 매화
樛枝臥龍蛇[18]　　휜 가지에 용과 뱀 누워 있고,
冷蘂綴氷雪　　차가운 꽃술은 얼음과 눈 꿰었네.
千里故人心　　천리 먼 옛 친구의 마음,
今年爲誰折　　올해는 누가 꺾어 주셨는가?

予家居時, 劉平甫折此枝爲贈[19]
내가 집에 있을 때 유평보가 이 가지를 꺾어서 보내주었다

27 落梅　　매화가 지다
花開已凄凉　　꽃 필 때도 이미 처량했는데,
花落更愁寂　　꽃 지니 더욱 슬프고 쓸쓸하네.

16 황혼~청천(黃昏~淸淺): 송나라 임포(林逋)의 〈산동산의 소매(山園小梅)〉「성긴 그림자 맑고 얕은 물 위로 가로 비꼈고, 그윽한 향기는 황혼의 달빛 아래 둥둥 떠다니네.」(疎影橫斜水淸淺, 暗香浮動月黃昏)
17 승(勝): 《고이》에서는 「성」(成)자로 된 판본도 있다고 하였다.
18 와룡사(臥龍蛇): 용과 뱀이 똬리를 튼 것처럼 비스듬히 누워 있는 것을 말한다. 송나라 여응지(呂凝之)의 〈매화 숲에서 운을 나누는데 화자를 얻다(梅林分韻得花字)〉「새 가지에 옥 눈 피었고, 늙은 나무에는 용과 뱀 누워 있네.」(新枝開玉雪, 老樹臥龍蛇)
19 송나라 민본(閩本)과 절본(浙本)에는 「劉平甫每折此枝爲贈」으로 되어 있다.

來歲煙雨時[20]　내년 안개비 내릴 무렵에는,
爲君和鼎實[21]　그대 위해 솥에 매실로 간 맞추리.

28 賦梅　매화를 읊다

君欲賦梅花　그대 매화 읊고 싶어하나,
梅花若爲賦　매화 읊겠는가?
繞樹百千回　매화나무 백번 천번 맴돌아도,
句在無言處　시구는 말 없는 곳에 있다네.

20 연우시(煙雨時): 《차보》「매실이 익을 때이다.」(梅子熟時)

21 화정실(和鼎實): 《서경·열명(說命) 하》「술이나 단술을 만들려거든 그대가 곧 누룩이 되어주고, 양념을 맞춘 국을 만들려거든 그대가 곧 소금과 매실이 되어 주시오.」(若作酒醴, 爾惟麴蘖, 若作和羹, 爾惟鹽梅) 나중에는 국의 간을 맞추는 양념이라는 뜻으로 쓰이게 되었다. 송나라 황정견(黃庭堅)의 〈옛 시체 두 수. 소자첨에게 올림(古風二首. 上蘇子瞻)〉「강의 매화 아름다운 열매 달렸는데, 뿌리 복숭아나무와 오얏나무 마당에 기탁하네. …… 예로부터 솥의 간 맞추는 매실, 이것 묘랑에 올랐다네.」(江梅有佳實, 託根桃李場……古來和鼎實, 此物升廟廊)

29. 觀梅小集以齋禁不得奉陪因寄小詩

매화가 조금 모여 있는 것을 보았으나 재계하느라 금하여 삼가 함께 할 수가 없었다. 이에 짧은 시를 부친다

梅花年後欲離披[1]	매화 해 지난 후에 무성해지리니,
恰是先生變食時[2]	흡사 선생이 음식 바꾸실 때와 같구나.
送與西樓一尊酒	서루에 술 한 동이 보내주노니,
諸君莫負可憐枝[3]	제군들은 가련한 가지 저버리지 말세나.

1 매화연후(梅花年後): 당나라 두보(杜甫)의 〈강매(江梅)〉「매화 꽃술 섣달 전에 터뜨리니, 매화 해 지나면 많아지리.」(梅蘂臘前破, 梅花年後多)
이피(離披): 많은 모양을 나타내는 의태어. 당나라 곽진(郭震)의 〈꽃을 안타까워하다(惜花)〉「봄바람 온 눈에 도리어 슬프기만 한데, 반은 무성해지려 하고 반은 아직 피지 않았다네.」(春風滿目還惆悵, 半欲離披半未開)

2 선생변식시(先生變食時): 《논어·향당(鄉黨)》「재계하실 때는 반드시 음식을 바꾸셨으며, 거처하실 때는 반드시 자리를 옮기셨다.」(齊必變食, 居必遷坐齊) 주희의 주석「변식은 술을 마시지 않고 마늘을 먹지 않는 것을 말한다.」(變食, 謂不飮酒不茹葷)《차의》「선생은 아마 선생이 자신을 이르는 것일 것이다.」(先生, 蓋先生自謂也)

3 막부가련지(莫負可憐枝): 송나라 진여의(陳與義)의 사(詞) 〈우미인(虞美人)〉「심정은 비록 다만 시 읊조리는데 있지만, 백발의 유랑(劉禹錫) 홀로 가련한 가지 저버렸다네.」(心情雖在只吟詩, 白髮劉郎孤負可憐枝)

30~31. 元範別後, 寄惠佳篇, 淸叟次韻見示, 格律俱高, 詠歎不置, 因亦用韻寫呈二兄, 聊發一笑[1]

원범이 헤어진 후에 시를 부쳐오고, 청수가 이를 차운한 것을 보여주는데 그 격률이 모두 높아 수없이 읊조리고, 나도 이 운으로 시를 써서 두 형에게 드려 웃음을 유발하려한다

30

故人別我去	친구 나와 헤어져 떠나서,
一月曠音驛[2]	한 달 되도록 소식 뜸하다네.
今朝得新詩	오늘 아침 새 시 받아보니,
開卷意已適	펴자마자 뜻 이미 맞다네.
知君到里門	그대 고향에 이르렀음 알리니,
征騎聊一息	바쁜 걸음 잠깐 쉬겠구나.
行復敞天閽[3]	가서 다시 궁궐 문 활짝 열고,
從容正朝幘	조용히 조정의 관모 바로 잡겠네.
自今九霄路	지금부터는 임금님 계시는 길,
不復兩塵隔[4]	다시는 두 이단에 막히지 않겠네.

1 청수(淸叟): 장양경(張揚卿)의 자. 온주(溫州) 영가(永嘉) 사람이다. 이때 양대법(楊大法)을 대신하여 남강군 학교수가 되었다.

2 음역(音驛): 《차의》「역은 명령을 전한다는 뜻이다.」(驛, 傳命之意)

3 행부창천혼(行復敞天閽): 《차의》「이 아래는 원범의 지난 일을 이른다.」(此下謂元範前頭事)

4 양진격(兩塵隔): 불교(佛敎)와 도교(道敎)를 지칭하는 말. 인간세상이라는 말을 불교에서는 겁(劫)이라 하고, 도교에서는 진(塵)이라 한다. 《차의》 송나라 축목의 《고금사문유취(古今事文類聚)》 권34 〈선불부·격양진(仙佛部·隔兩塵)〉「위자위는 정약을 사사하였는데 하루는 하직을 하고 떠나자 자위에게 말하였다. 『그대는 득도를 하였지만 여전히 양진에 막혀 있다네.』 유가에서는 세라고 하고, 불가에서는 겁이라고 하며, 도가에서는 진이라고 한다.」(韋子威師事丁約, 一日辭去, 謂子威曰, 郎君得道, 尚隔兩塵. 儒謂之世, 釋謂之刼, 道謂之塵也)

容與日華東[5]　　일화문 동쪽 함께 함 용납하고,
翱翔禁扉北　　문 북쪽 빙빙 돎 금하네.
回頭五峰下　　오봉 아래로 고개 돌리고서는,
寂漠笑孤客[6]　　쓸쓸하다고 외로운 나그네 보고 웃겠지.
不賦歸去來　　〈귀거래사〉 짓지 못하니,
心形謾相役[7]　　마음과 몸 함부로 서로 부리네.

右呈元範　위의 시는 원범에게 드림

31

五十行過二[8]　　오십에서 두 해 지나고 보니,
雙鬢颯秋草[9]　　양쪽 귀밑머리 쇠잔하여 가을 풀 같다네.
平生素心人[10]　　평생 소박한 마음으로 살아온 사람,
誰與共玆抱　　누구와 더불어 이 회포 함께 할까?

5 일화동(日華東): 당나라 두보(杜甫)의 〈삼가 잠삼 보궐이 보내온 시에 답하다(奉答岑參補闕見贈)〉「그대 승상 따른 뒤로, 나 일화문 동쪽으로 간다네.」(君隨丞相後, 我往日華東)

6 소고객(笑孤客): 《차의》「고객은 선생 자신을 이른다. 선생이 바야흐로 남강에 있기 때문에 이렇게 말하였다. 끝 구절은 원범이 선생을 보고 웃는다고 한 말이다.」(孤客先生自謂. 先生方在南康故云. 末句元範笑先生語也)

7 불부~만상역(不賦~謾相役): 진나라 도연명의 〈돌아가자꾸나(歸去來辭)〉「돌아가자꾸나, 들과 동산이 황폐해지려는데 어찌 돌아가지 않으리? 지금껏 마음은 육체의 노예였음이여, 어찌 상심하여 홀로 슬퍼할 것인가?」(歸去來兮, 田園將蕪胡不歸? 旣自以心爲形役兮, 奚惆悵而獨悲) 주희의 부친인 위재(韋齋) 주송(朱松)의 〈갑진년 7월 2일 영화사에서 묵으며 옛 시의 각운자를 써서 짓다(甲辰七月二日, 宿永和寺用舊詩韻)〉「내 오문 지킨다고 웃으리니, 마음과 육체 서로 부림과 같다네.」(笑我守吳門, 心形等相役)

8 오십과이(五十過二): 《문선》 공융(孔融)의 〈성효장을 논한 편지(論盛孝章書)〉「50년이 어느덧 이미 이르렀습니다. 공은 비로소 채우게 되었는데 저는 또 2년을 지났습니다.」(五十之年, 忽焉已至. 公爲始滿, 融又過二) 《차의》「이 해는 신축년으로 선생의 나이가 52세였다.」(是歲辛丑, 先生年五十二)

9 쌍빈삽(雙鬢颯): 당나라 잠삼(岑參)의 〈적원외랑님을 모시고 초가을에 부의 서쪽 누대에 올랐는데 이로 인하여 원중의 여러 공들에게 드리다(陪狄員外早秋登府西樓, 因呈院中諸公)〉「알아줌에 아직 보답도 하지 못하였는데, 귀밑머리 쇠잔하여 이미 어슴푸레하게 되었다네.」(知己猶未報, 鬢毛颯已蒼)

10 평생소심인(平生素心人): 주희의 부친인 위재 주송의 〈장난삼아 호여능에게 답하다(戲答胡汝能)〉「평생 소박한 마음 지닌 사람, 염려되어 마음 채우지 못하네.」(平生素心人, 耿耿不滿懷)

今年廬山下	올해는 여산 아래서,
得子恨不早	그대 만남 이르지 못함 한스럽네.
歲月幸同庚[11]	세월 다행스레 같은 해에 태어났고,
詩書復同道	시와 서 또한 길 같이하였다네.
惟應山南北	다만 산의 남북으로 갈라져,
雲母夜堪擣[12]	밤새워 선약을 찧을 만하네.
獨生有先期[13]	홀로 나섬 앞선 기약 있어서인데,
廻崖詎難到	구비 진 낭떠러지 얼마나 이르기 힘들던지.
丹經不我誑	단경 나 속이지 않고,
白髮須一掃	백발 말끔히 없애려나.
看公鬚眉蒼[14]	그대 보아하니 수염과 눈썹 새까만 것이,
杖鉞督征討	도끼 잡고 전쟁터에라도 나가겠네.

右呈淸叟 위의 시는 청수에게 드림

11 동경(同庚): 동갑, 곧 같은 해에 태어난 것을 말한다. 《차의》「선생과 청수는 함께 경술년(1130) 생이다.」(先生與淸叟同是庚戌生)

12 운모(雲母): 명나라 팽대익(彭大翼)의 《산당사고(山堂肆考)》 권150 〈선인(仙人)〉「《태평광기》에서 말하였다. 화음산인이 유근에게 말하기를 …… 선약의 약에는 상하(의 등급)가 있다. …… (상급의) 그 다음으로는 운모와 자황 따위가 있는데 구름을 타지는 못하지만 또한 귀신을 부릴 수 있다.」(太平廣記, 華陰山人告劉根曰……仙藥藥有上下……其次有雲母雌黃之屬, 雖不乘雲亦可役使鬼神)

13 독생유선기(獨生有先期): 《차의》「『생』(生)자는 『왕』(往)자의 오자인 듯하다.」(生疑往字之誤) 선(先)자는 《사고전서》에는 선(仙)으로 되어 있다.

14 수미창(鬚眉蒼): 당나라 두보(杜甫)의 〈전쟁 말을 씻기다(洗兵馬)〉「장공은 일생을 강해로 돌아다녔는데, 신장은 아홉 척이나 되고 수염과 눈썹은 새까맣다네.」(張公一生江海客, 身長九尺髮眉蒼) 《차의》「청수가 장씨 성이므로 이렇게 말하였다.」(淸叟是張姓故云)

32. 次卜掌書, 落成白鹿佳句[1]

복장서의 백록동을 낙성하다라는 훌륭한 구절의 각운자를 쓰다

重營舊館喜初成	옛 서원 다시 지어 막 낙성됨 기뻐하니,
要共群賢聽鹿鳴[2]	뭇 현자들과 함께 사슴 우는 소리 듣고자 하네.
三爵何妨奠蘋藻[3]	석 잔 술 무엇 거리끼리오, 네가래와 마름 올리는데.

1 《차의》「복장서는 《별집·성자사정의 발문》에 『남강 복은군』이라는 글이 있는 것으로 보아 이 사람인 것 같다.」(卜掌書按別集星子射亭跋, 有南康卜隱君之文, 疑此人)
낙성(落成): 《좌전·소공(昭公) 7년》「초자가 장화지대를 낙성하자 제후들과 낙성식을 하기를 원하였다.」(楚子成章華之臺, 願與諸侯落之) 진나라 두예(杜預)의 주석 「궁실이 막 완공되어 제사를 올리는 것을 낙이라 한다.」(宮室始成祭之為落)

2 청록명(聽鹿鳴): 《예기·학기(學記)》「태학에서 (교관이 학생들을) 처음 가르치면서 피변 차림으로 나물을 바쳐 제사를 지내는 것은 도를 공경함을 나타내 보이는 것이다. (그 제사 때는 학생들에게) 〈소아〉 세 편을 익히게 한다.」(大學始敎, 皮弁祭菜, 示敬道也. 宵雅肄三) 한나라 정현(鄭玄)의 주석[注] 「『제채』는 선성과 선사에게 예를 표하는 것이며, 나물은 미나리나 마름 같은 것이다. 『宵雅』의 『宵』라는 말은 작다는 것, 『肄』는 익힌다는 것이다. 〈소아〉의 세 편, 〈녹명〉·〈사모〉·〈황황자화〉를 익히는 것이다.」(祭菜禮先聖先師, 菜謂芹藻之屬. 宵雅宵之言小也, 肄言習也. 習小雅之三, 謂鹿鳴四牡皇皇者華也) 《차보》「당시 군의 요속들을 거느리고 선성에게 석채의 제사를 올려 낙성식을 하였으므로 이렇게 이른 것이다.」(時率郡僚釋菜於先聖以落之故云)

3 전빈조(奠蘋藻): 빈조(蘋藻)는 모두 수초(水草)로 옛날의 제사에 쓰는 제수품이었다. 《시경·소남·채빈(召南·采蘋)》「이에 네가래 뜯기를 남간의 물가에서 하도다. 이에 마름 뜯기를 저 흐르는 물가에서 하도다.」(于以采蘋, 南澗之濱. 于以采藻, 于彼行潦) 주희의 주석 「빈은 물 위에 떠 있는 마름이다. 강동 사람들은 그것을 개구리밥이라 한다. 조는 마름이다. 물 밑에서 자라며 줄기는 비녀의 다리와 같고 잎은 쑥과 같다.」(蘋, 水上浮萍也. 江東人謂之薸. 藻, 聚藻也. 生水底, 莖如釵股, 葉如蓬蒿) 당나라 한유의 〈상중(湘中)〉「네가래와 마름 소반에 가득해도 올릴 곳 없고, 어부 뱃전 두드리며 노래하는 소리만 부질없이 들리네.」(蘋藻滿盤無處奠, 空聞漁父叩舷歌) 《차의》「세 선생 및 오현에게 제사를 바친 것을 이른다.」(謂薦祀於三先生及五賢也) 《차보》「선성에게 석채의 제사를 올린 것을 가리킨다.」(指釋菜於先聖)

一編詎敢議明誠[4]	한 편 글 어찌 감히 명과 성 논하겠는가?
深源定自閑中得	깊은 근원 정녕코 한가한 가운데서 얻어지고,
妙用元從樂處生	묘한 쓰임 원래부터 즐거운 곳에서 생겨난다네.
莫問無窮菴外事	암자 밖의 일 끝 없다 묻지 말게나,
此心聊與此山盟	이 마음 애오라지 이 산과 맹약 맺는다네.

4 일편~명성(一編~明誠): 《차의》「일편은 〈백록동부〉이다. 그 끝에 명성양진이라는 말이 있다.」(一編白鹿洞賦也. 其末有明誠兩進之語) 〈백록동부〉「밝힘과 성실함이 둘 다 발전하고, 또한 경과 의도 모두 확고하네.」(曰明誠其兩進, 抑敬義其偕立) 명성이란 말은 《중용》 21장의 「성실함으로 말미암아 밝은 것을 『성』(性)이라 하고, 밝힘으로 말미암아 성실한 것을 『교』(敎)라고 하니, 성실하면 밝게 되고 밝히면 성실하게 된다.」(自誠明謂之性, 自明誠謂之敎. 誠則明矣, 明則誠矣)라 한 데서 따온 것이다.

33. 白鹿講會次卜丈韻

백록동의 강회에서 복장이 지은 시의 각운자를 써서 짓다

宮墻蕪沒幾經年[1]　궁궐의 담장 잡초에 덮인 지
　　몇 년이나 지났던가?
祇有寒煙鎖澗泉　차가운 연무만이
　　시내와 샘 잠그고 있네.
結屋幸容追舊觀　집 지어 다행히
　　옛 누관 따름은 용납되었지만,
題名未許續遺編[2]　이름 적어도 옛 글
　　이음은 허락받지 못하였다네.
請爲洞主不報　동주가 되기를 청하였으나 통보를 받지 못하였다
青雲白石聊同趣[3]　푸른 구름 흰 돌은
　　애오라지 취미 같으나,
謂西澗劉公　서간 유공을 이른다

1 궁장무몰(宮墻蕪沒): 궁장은 공자의 학문을 비유한다. 《논어·자장(子張)》「자공이 말하였다. 『그것을 궁성의 담에 비유하자면 나의 담장은 어깨 높이에 미쳐서 집안의 좋음을 엿볼 수 있는데, 선생님의 담장은 여러 길이나 되어 그 문으로 들어갈 수 없다면 종묘의 아름다움과 백관의 부유함을 보지 못하는 것과 같아서 그 문에 든 자가 적다.』」(子貢曰, 譬之宮墻, 賜之墻也, 及肩, 窺見室家之好, 夫子之墻, 數仞, 不得其門而入, 不見宗廟之美, 百官之富, 得其門者, 或寡矣)

2 제명(題名): 《윤씨수초》「이름을 적는다는 것은 전임자의 성명을 기록하는 것이다.」(題名, 記前任人姓名)
유편(遺編): 《차보》「곧 제명기로 지금 이른바 선생안이다.」(卽題名記, 如今所謂先生案也)

3 청운백석(青雲白石): 《차보》「서간 유공은 벼슬을 버리고 여산에 은거하였다. 구양공이 〈여산은 높고〉라는 시를 지어 그 일을 찬미하였는데, 『푸른 구름 흰 돌에 깊은 취미 있네.』라는 구절이 있다. 西澗劉公棄官隱廬山. 歐陽公作廬山高詩以美之, 有青雲白石有深趣之句) 구양수 시의 원제목은 〈여산은 높고. 과거 동기생인 유중윤이 남강으로 돌아감에 지어드리다(廬山高. 贈同年劉中允歸南康)〉이며, 인용된 구절을 다 인용하면 다음과 같다. 「푸른 구름과 흰 돌에 깊은 취미 없다면, 그 뜻 우뚝 솟음 어디서 내려 왔으리?」(自非青雲白石有深趣, 其意矹硉何由降)

霽月光風更別傳[4]　　비 갠 뒤의 달과 바람이야
　　더욱이 따로 전해야 하리.

謂濂溪夫子　염계부자를 이른다

珍重箇中無限樂　　진중하게나 그 가운데
　　즐거움 무한하니,

諸郎莫苦羨騰騫[5]　　여러분들은 괴로이
　　날아오름 부러워 말게나.

4 제월~별전(霽月~別傳): 송나라 황정견(黃庭堅)의 〈염계 주돈이의 시집 서문(濂溪詩序)〉「용릉의 주무숙(주돈이의 자)은 마음속이 깨끗하고 맑아 세속을 초탈하기가 비가 개인 후의 달과 바람 같았다.」(周茂叔胸中灑落, 如光風霽月) 《송사·주돈이전(周敦頤傳)》「황정견은 그를 칭찬하여『인품이 매우 고결하고 가슴이 맑고 깨끗하여 세속을 초탈한 것이 마치 비 온 뒤의 달과 바람 같았다.』고 하였다.」(黃庭堅稱其人品甚高, 胸懷灑落, 如光風霽月) 보통 인품의 비유에 많이 쓰이는데 마음이 세속을 초탈하여 맑고 깨끗함을 형용한다. 《윤씨수초》「염계의 학문은 마땅히 따로 전수할 곳이 있어야 하는 것이지 자기가 간여할 수 있는 것이 아니라는 것이다. 아마 선생이 스스로 겸사한 것일 것이다.」(濂溪之學則自宜有別傳授處, 非已所可與. 盖先生自謙也)

5 등건(騰騫): 《차의》「《운회》에는『鶱』과『騫』2자는 음과 훈이 같지 않다.『鶱』은 음이 헌이며『새 조』(鳥)부이다. 주석에서는 나는 모양이라고 하였다.『騫』은 음이 건이며『말 마』(馬)부이다. 주석에서는 말이 병든 것이라 하였다. 문인들이 서로 전승하면서『騫』자를『掀』자로 생각하였는데 든다는 뜻이다.『먼저 선』(先)자로 압운하여 넣었으니 운자가 아니다.」(韻會, 鶱騫二字, 音訓不同. 鶱音掀, 從鳥. 註, 飛貌. 騫音愆, 從馬. 註, 馬病. 門人相承, 以騫爲掀擧之義. 押入先非韻也) 당나라 한유의 〈후협률의 죽순을 읊다라는 시에 화답하다(和侯協律詠筍)〉「때 얻어 바야흐로 흥성하여, 기세 끼고 훨훨 날아오르려 하네.」(得時方張王, 挾勢欲騰騫)

34. 再用前韻示諸同遊

다시 앞 시의 각운자를 써서 여러 함께 노닌 사람들에게 보여주다

幽臥寒巖不記年	차가운 바위 동굴에 몸 숨기고 누운 것 해 기억하지 못하나,
飽看山月聽風泉	산의 달 실컷 보고 바람에 날리는 샘 소리 들었다네.
舒憂正得琴三疊	근심 풀 때 마침 거문고 세 번 거듭 얻어 들었고,
玩意惟憑易一編[1]	뜻 완상함 오로지 《역》 한 편에 의지하네.
誤落塵中乖夙尙[2]	잘못 속세에 떨어져 평상시 숭상함 어그러졌고,
却思洞裏付眞傳[3]	오히려 동리 생각에 참된 전함 부쳤다네.
封章倘幸天從欲	기밀 상소 혹 천자께서 원하는 대로 따르게 하신다면,
便解銅符謝縶騫[4]	동호부 풀고 매인 고삐 사양하리.

1 역일편(易一編): 《차의》「이 위로는 선생이 담계에 있었을 때를 스스로 말하였고, 아래로는 남강에 온 일을 말하였다.」(此以上先生自說在潭溪時, 以下說來南康事)

2 오락진중(誤落塵中): 진(晉)나라 도잠(陶潛)의 〈전원으로 돌아가다(歸園田居)〉 제1수 「잘못 속세의 그물로 떨어져, 한번 떠난 지 30년이나 되었네.」(誤落塵網中, 一去三十年)

3 진전(眞傳): 《차의》「이발의 일을 가리켜 말하였다.」(指李渤事而言) 《차보》「아마 후학에게 도를 전하는 것을 가리켜 말한 것일 것이다.」(疑指傳道後學而言)

4 사집건(謝縶騫): 《차의》「《운회》에서 『騫』은 말의 배열이라고 하였다. 옛 운의 주석에서 말고삐라고 한 것은 (모양이 비슷하여) 틀렸다.」(韻會, 騫, 馬腹熱也. 舊韻註, 馬縶, 誤也)

35. 次韻四十叔父白鹿之作[1]

사십 숙부가 지은 백록이란 작품의 각운자를 써서 짓다

誅茅結屋想前賢[2]	띠풀 베어 집 지으며 선현 생각하니,
千載遺蹤尙宛然	천년 세월 남겨진 발자취 아직도 완연하다네.
故作軒窓挹蒼翠	일부러 헌함의 창 지어 푸르름 뜨고,
要將絃誦答潺湲[3]	현악기며 외는 소리로 졸졸 물소리에 답하리.
諸郎有志須精學	제생들 뜻 가지고 모름지기 학문에 정진해야 하니,
老子無能但欲眠[4]	늙은이는 무능하여 다만 잠만 자려하네.

1 사십숙부(四十叔父): 위 10번 시에 보이는 법조숙부(法曹叔父)이다.

2 주모결옥(誅茅結屋): 송나라 귀산(龜山) 양시(楊時)의 〈환취루에 지어부치다(寄題環翠樓)〉「띠풀 베어내고 집 지으니 겨우 서까래 몇 개인데, 벽라 옷 입고 난초 엮어 찼다네.」(誅茅結屋纔數椽, 薜衣雜佩紉蘭荃)

3 현송(絃誦): 현가(絃歌)과 같다. 음악과 노래로써 다스리는 것으로, 태평성세의 다스림을 말한다. 《논어·양화(陽貨)》「공자가 무성에 가셨는데, 악기와 노래 소리를 들으셨다.」(子之武城, 聞弦歌之聲)

4 단욕면(但欲眠): 《후한서·변소전(邊韶傳)》「변소는 자가 효선이다. …… 일찍이 한낮에 잠깐 누워있었던 적이 있는데 제자들이 몰래 놀리면서 말했다. 『변효선은 뱃살이 피둥피둥하네. 책 읽기는 게을리 하고 다만 잠만 자려한다네.』 변소가 가만히 그것을 듣고 있다가 때에 맞춰 대답하였다. 『변은 성이요, 효는 자라네. 뱃살이 피둥피둥한 것은 《오경》이 든 궤짝이라네. 다만 잠만 자려 하는 것은 경전의 일을 생각하는 것이라네. 잠들어 주공과 꿈속에서 통하고, 고요히 공자와 뜻 함께 하네.』」(邊韶字孝先……曾晝日假臥, 弟子私嘲之曰, 邊孝先, 腹便便. 嬾讀書, 但欲眠. 韶潛聞之, 應時對曰, 邊爲姓, 孝爲字. 腹便便, 五經笥. 但欲眠. 思經事. 寐與周公通夢, 靜與孔子同意)

多少箇中名敎樂[5]	그중에 얼마나 인륜의 가르침 즐거워할지,
莫談空諦莫求仙[6]	삼공(三空) 살핌 논하지 말고 신선 구하지 말기를.

5 명교락(名敎樂): 《자치통감·진기(晉紀) 4》「필탁은 일찍이 이부랑이 되었었는데 이웃 낭의 술이 익자 필탁이 취한 김에 밤에 술독 사이로 가서 몰래 마시다가 술을 관리하는 사람에게 포박 당하였는데 다음날 보니 바로 필이부였다. 악광이 듣고는 웃으면서 말하였다.『명교 안에 절로 즐거운 곳이 있는데 하필이면 이렇게 한단 말인가?』」(畢卓嘗為吏部郎, 比舍郎釀熟, 卓因醉, 夜至甕間盜飮之, 為掌酒者所縛, 明旦視之, 乃畢吏部也. 樂廣聞而笑之曰, 名敎内自有樂地, 何必乃爾比?)

6 공체(空諦): 공은 곧 삼공(三空)으로 위 4번 시의 주 4)에 보인다. 《차의》「체는 네 가지 살피는 것을 말한다. 고(苦)를 보고 집(集)을 끊으며 멸(滅)에 인하여 도(道)를 닦는 것이다. 고는 생로병사를 말하며, 집은 골육과 재산을 모으는 따위를 말하고, 멸은 괴멸을 말하며, 도는 수행을 말한다. 그 이치는 마땅히 살펴 깨달아야 하며 다만 말로만 하는 것이 아님을 말한다.」(諦謂四諦, 見苦斷集, 因滅修道也. 苦謂生老病死, 集謂聚集骨肉財帛之類. 滅謂壞滅, 道謂修行. 謂其理當審諦, 非徒說也)

36. 送四十叔父

사십 숙부를 보내드리다

吾家從昔號淸門[1]	우리 집안 예로부터 청고한 가문으로 불렸는데,
叔父于今道更尊	숙부께선 지금 도 더욱 높다네.
客路艱難空自惜	나그네 길 어려움 공연히 스스로 안타까워하나,
遺經終始向誰論[2]	성현이 남긴 경전 처음부터 끝까지 누구와 논하나?
獨尋雲嶠逢孤姪[3]	홀로 구름 봉우리 찾아 외로운 조카 만나,
共愛春江接故園[4]	함께 봄 강 고향 동산과 이어짐 사랑하였고,
細說刈葵休放手	아욱 벨 때 손 놓지 말라 세세히 일러주셨는데,

1 청문(淸門): 원래는 청한(淸寒), 청빈(淸貧)한 집안이라는 뜻이나, 여기서는 청고(淸高)한 가문·명문(名門) 등의 뜻을 포함하고 있다. 당나라 두보의 〈채색 그림을 노래함(丹靑引)〉「장군은 위 무제의 자손으로, 지금은 서민이 되어있으나 본래는 청고한 가문이라네.」(將軍魏武之子孫, 於今爲庶爲淸門)

2 유경종시(遺經終始): 유경(遺經)은 고대로부터 전해 내려 온 성현이 남긴 경서. 당나라 한유의 〈노동에게 부치다(寄盧仝)〉「《춘추》의 세 주석서 묶어 다락 높이 두고, 홀로 경서 안고서 한결같이 연구하네.」(春秋三傳束高閣, 獨抱遺經究終始)

3 독심·봉고(獨尋·逢孤): 《고이》에서는 「독유」(獨遊)와 「심고」(尋孤)로 된 판본도 있다고 하였다. 《고이》대로 하면 「홀로 구름 봉우리 유람하며 외로운 조카 찾으셨다네.」(獨遊雲嶠尋孤姪)가 된다.

운교(雲嶠): 구름에 싸인 높은 산을 말하는데, 곧 백록동을 말한다.

고질(孤姪): 《차의》「선생 자신을 이른다.」(先生自謂)

4 춘강접고원(春江接故園): 《차보》「남강은 팽려호의 물가에 있다. 동남쪽의 한 갈래 물줄기가 미주와 신주

此來眞不爲盤餐[5]　　이번에는 실로

밥상의 반찬 되지 않겠네.

사이에서 발원하므로 접하였다고 하였다.」(南康在彭蠡之濱. 東南一泒, 發源於徵信之間, 故云接也) 미(徵)는 휘(徽)가 되어야 할 것 같다.

5 예규~반찬(刈葵~盤餐): 《차의》「『餐』(찬)자는 『飧』(손)자가 되어야 할 것 같다.」(餐, 恐當作飧) 당나라 두보의 〈종손자인 제에게 보이다(示從孫濟)〉「아욱 벨 때 손 놓지 말지니, 손 놓으면 아욱 뿌리 다친다네. …… 온 것 종족 위해서인데, 또한 밥상의 반찬 되지 못한다네.」(刈葵莫放手, 放手傷葵根……所來為宗族, 亦不為盤飧)

37. 伏蒙秘閣張丈寵顧下邑, 幷以長篇爲貺, 降歎之餘, 牽勉繼韻, 仰求斤削, 僭率皇恐[1]

엎드려 비각이신 장씨 어르신께서 보잘 것 없는 고을을 돌아봐주시고 아울러 장편시를 주심에 감탄하던 끝에 억지로 운자를 이어 짓고 첨삭해주실 것을 바라니 참람하고 경솔한 것 같아 황공하다

向來滅迹東山東[2]	여태까지 동쪽 산 동쪽 자취 없어졌는데,
閉門不問烏雌雄[3]	문 닫고 묻지 않네, 까마귀 암컷인지 수컷인지.
門前有路向塵土	문 앞에 길 있는데 티끌 세상 향해 있고,

1 비각(秘閣): 송대의 장서(藏書) 기구. 태종 단공(端拱) 원년에 설치하였으며 판비각(判秘閣), 직비각(直秘閣), 비각교리(秘閣校理) 등의 직관을 두었다. 모두 비서성에 귀속되었다. 장동(張棟)이 구체적으로 어떤 비각인지는 모르겠다.

장장(張丈): 장동(張棟)으로 자는 언보(彦輔)이며, 권2 151번 시에 보인다.

강탄(降嘆): 《차보》「『降嘆』의 강은 『降』은 거성이다. 흠탄한다는 뜻이다.」(降嘆之降, 去聲. 歆嘆之意)

근삭(斤削): 《장자·서무귀(西无鬼)》「영땅의 사람이 그의 코 끝에 흰 흙을 발랐는데 (그 두께가) 마치 파리 날개 같았다. 목수로 하여금 그것을 깎게 하였는데, 목수는 도끼를 움직여 바람을 일으키며 아무렇게나 그것을 깎았다. 흰 흙이 다 없어졌는데도 코는 조금도 다치지 않았고 영땅의 사람도 선 채로 본래의 모습을 잃지 않았다.」(郢人堊漫其鼻端, 若蠅翼, 使匠石斲之. 匠石運斤成風, 聽而斲之, 盡堊而鼻不傷, 郢人立不失容) 여기서는 그냥 시문을 고친다는 뜻으로 쓰였다. 《윤씨수초》「근삭은 바르게 고친다는 뜻이다. 옛날에는 글자를 깎고 새겼다. 한나라에 이르러 비록 종이와 붓이 있었지만 여전히 (글자를 깎아내는) 서도가 있었는데 이는 옛 유법이었다.」(斤削, 改正之意, 古者以削刻字. 至漢雖有紙筆, 仍有書刀, 古之遺法也)

2 멸적(滅跡): 당나라 두보의 〈도죽 지팡이 노래(桃竹杖引)〉「내 너의 부축 받지 못하게 하면, 군산 호수가 푸른 봉우리에서 자취 사라지게 되리라.」(使我不得爾之扶持, 滅跡於君山湖上之靑峯) 남조 송나라 사령운(謝靈運)의 〈종제인 혜련에게 답하다(酬從弟惠連)〉「병져 누워 사람들과 왕래 끊고, 자취 지우고 구름 덮인 산으로 들어갔다네.」(寢瘵謝人徒, 滅迹入雲峯)

3 오자웅(烏雌雄): 《시경·소아·정월(小雅·正月)》「모두들 내가 성인이라 하니, 누가 까마귀가 암컷인지 수컷인지 알겠는가?」(具曰予聖, 誰知烏之雌雄) 주희의 주석「까마귀의 암수컷은 서로 비슷하여 구별하기가 어렵다.」(烏之雌雄相似而難辨者也) 여기서는 세상사의 시비를 따지지 않겠다는 뜻으로 쓰였다.

兩足未擧心先慵　　두 발 채 들지도 않았는데
마음 먼저 게을러졌다네.

當時亦有車馬客[4]　　그때도 또한 수레와
말 탄 손님 있었는데,

此意欲說嗟誰同　　이 뜻 말하고 싶으나
아! 누가 함께 하리오?

窮居聊復追仲蔚[5]　　궁벽한 거처 애오라지 다시
장중위 좇고,

篤論何必須劉龔[6]　　독실한 논의 하필이면
유공 필요하겠는가?

平生故人子張子[7]　　평생의 친구는
그대 장자이니,

相思安得長相從[8]　　어떡하면 오래도록
서로 좇게 될 지 생각하였다네.

每勞書疏問生死　　늘 수고로이 편지 써서
생사 물었는데,

4 거마객(車馬客): 당나라 두보의 〈낭주 동쪽 누대의 자리에서 열한 번째 외삼촌이 청성현으로 감에 송별해드리고 혼자를 운자로 얻어 짓다(閬州東樓筵奉送十一舅往青城縣, 得昏字)〉「수레와 말 타고 오는 손님 있으나, 인간 세상의 시끄러움은 없다네.」(雖有車馬客, 而無人世喧)

5 중위(仲蔚): 《예문유취》 권82 〈초부 하·쑥(草部下·蓬)〉「《삼보결록》에서는 말하였다. 장중위는 평릉 사람이다. 같은 군의 위경경과 함께 몸을 숨기고 출사하지 않았는데 거처에는 쑥이 사람을 덮었다.」(三輔决錄曰, 張仲蔚, 平陵人也. 與同郡魏景卿俱隱身不仕, 所居蓬蒿沒人) 진나라 도연명(陶淵明)의 〈가난한 선비들을 노래하다(詠貧士)〉 제6수 「중위는 궁벽한 거처 사랑했으나, 집을 두르고 쑥대 돋아났다네. …… 온 세상에 알아주는 이 없었고, 다만 유공 한 사람 있었다네.」(仲蔚愛窮居, 遶宅生蓬蒿……擧世無知者, 只有一劉龔)

6 유공(劉龔): 《한서·동중서전(董仲舒傳)》의 찬 「유향(劉向)의 증손자 유공은 독실하게 논의를 펼친 군자였다.」(向曾孫龔篤論君子也)

7 자장자(子張子): 앞의 자(子)자는 상대방을 높여서 부른 것이다. 장자는 장동을 가리킨다.

8 장상종(長相從): 진나라 도연명(陶淵明)의 〈가난한 선비들을 노래하다(詠貧士)〉「사람의 일에는 실로 서툴렀지만, 애오라지 늘 따라갈 수 있었다네.」(人事固以拙, 聊得長相從)

坐想星宿羅心胸[9] 마침 별자리 생각하여
　마음속 흉회 늘어놓았다네.
幾年持節漢水上 몇 년이나 절개 지니고
　한수 가에 있었던가?
木牛流馬旌旗紅[10] 목우와 유마에
　깃발 붉었다네.
君王輟饋思頗牧[11] 임금 먹던 일 그만두고
　염파와 이목 생각하고,
外庸且訖來朝宗[12] 외직의 공덕 또한 끝내고
　와서 임금 뵈었다네.
因能過我紫霄下[13] 이에 나 자소봉 아래로
　찾을 수 있었는데,
後乘載得珠簾櫳[14] 나중에 창에 구슬 발 장식한 수레
　탈 수 있었다네.

9 좌상(坐想): 좌(坐)는 시어로 쓰이면 많은 뜻이 있지만 여기서는 마침[正, 適]이라는 뜻으로 쓰였다.
성수라심흉(星宿羅心胸): 당나라 이하(李賀)의 〈높은 분의 수레가 들르다(高軒過)〉「스물여덟 별 자리 가슴속에 늘어서 있고, 으뜸가는 정기 번쩍번쩍 한 중간을 꿰뚫고 있네.」(二十八宿羅心胸, 九精照耀貫當中) 송나라 호치륭(胡致隆)의 〈산곡의 좌중에서 제목을 나누어 연을 읊다(山谷坐上分題賦藕)〉「평생토록 얼음과 눈 같은 자태로, 일곱 별 가슴속에 늘어놓았네.」(平生冰雪姿, 七星羅心膂)

10 목우유마(木牛流馬): 《삼국지·촉지·제갈량전(諸葛亮傳)》「목우와 유마는 모두 그의 뜻에서 나왔다.」(木牛流馬皆出其意) 목우와 유마는 모두 군량을 실어 나르는 기계로, 여기서는 군량을 운반한다는 뜻으로 쓰였다.

11 사파목(思頗牧): 사(思)자는 《고이》에서 「생각 념」(念)자로 된 판본도 있다고 하였다. 파목은 염파(廉頗)와 이목(李牧)을 말한다. 《사기·장석지 풍당 열전(張釋之馮唐列傳)》「상[文帝]이 이미 염파와 이목의 사람됨을 이야기하는 것을 듣고는 매우 기뻐하여 넓적다리를 치면서 말하였다.『아아! 나만 염파와 이목을 얻어서 내 장수로 삼을 수 없구나, (그렇다면) 내 어찌 흉노를 근심하겠는가!』」(上旣聞廉頗李牧爲人, 良說, 而搏髀曰, 嗟乎! 吾獨不得廉頗李牧時爲吾將, 吾豈憂匈奴哉)

12 외용차흘(外庸且訖): 용(庸)은 공(功)이라는 뜻으로 쓰였다. 당나라 한유의 〈위박절도관찰사 기국공의 선조를 모신 사당의 비명(魏博節度觀察使沂國公先廟碑銘)〉「바깥에서 공 세우는 일 끝내면 승상의 보좌 될 수 있겠네.」(訖其外庸, 可作丞輔) 주희의 주석「그만두면 조정에 들어가서 재상이 될 것이라는 말이다.」(訖則當入為輔相)

13 자소(紫霄): 여산의 봉우리 이름. 상소(上霄)라고도 한다. 위에 자소봉에 올라 지은 시가 있다. 위 11번 시의 주 1)을 참고하여 보라.

14 주렴롱(珠簾櫳): 당나라 이백의 〈난리를 겪은 후 천은에서 야랑으로 떠돌다가 옛날 놀던 때를 생각하고 마음 속의 감회를 써서 위 현관(賢官)께 드림(經亂離後,

蒼顔白髮應笑我[15]	창백한 얼굴 흰 머리카락 날 보고 웃겠지,
曷不飽臥陶窓風[16]	어찌 도연명의 창문 아래서 바람 쐬며 실컷 누워있지 않느냐고.
開樽鵝池水淸激[17]	아지에서 술동이 여니 물 맑게 부딪치고,
下馬醮石烟空濛[18]	초석에서 말 내리니 안개 자욱하다네.
須臾路轉山更好	잠깐 만에 길 바뀌니 산 더욱 아름다운데,
摩天巨刃排雙峰[19]	하늘까지 닿는 큰 칼 두 봉우리 늘어놓았다네.

天恩流夜郎, 憶舊遊, 書懷贈江夏韋太守良宰)〉「오나라 미인과 월나라 고운 여인, 아리땁게 분과 연지 자랑하였다네. 구름사다리 오르라 불러내니, 웃음 머금고 구슬발 나오네.」(吳娃與越艷, 窈窕誇鉛紅. 呼來上雲梯, 含笑出簾櫳)《차의》「장동(張棟)이 여러 기생을 태우고 온 것 같다.」(疑張載諸妓而來)

15 창안~응소아(蒼顔~應笑我): 송나라 구양수의 〈취옹정의 기문(醉翁亭記)〉「창백한 얼굴에 흰 머리카락을 하고 그 사이에서 스르르 쓰러지는 것은 태수가 취한 것이다.」(蒼顔白髮, 頹然乎其間者, 太守醉也) 송나라 소식의 사 〈염노교·적벽에서의 일을 회고함(念奴嬌·赤壁懷古)〉「마음은 고향으로 가지만 다정한 이들은 내 머리가 일찍 센 것을 비웃으리.」(故國神遊, 多情應笑我早生華髮)

16 포와도창풍(飽臥陶窓風): 진나라 도연명의 〈아들 엄 등에게 주는 글(與子儼等疏)〉「숲과 나무에 녹음에 우거지고 철 따라 새소리 바뀌는 것을 보면 또한 즐거워하고 기뻐하였다. 항상 말하기를 오뉴월에 북쪽 창 아래 누워 있는데 때마침 시원한 바람이 한 차례 불어오면 스스로를 복희씨 시대의 사람이라 하였다.」(見樹木交蔭, 時鳥變聲, 亦復歡然有喜. 常言, 五六月中, 北窗下臥, 遇涼風暫至, 自謂是羲皇上人)

17 아지(鵝池): 《차의》「남강부 서쪽에는 묵지가 있는데, 왕희지가 이곳에서 먹을 씻었으므로 이렇게 불렀다. 왕희지는 필체가 뛰어났으며 성격이 또 거위를 좋아하여 그가 있는 곳에는 못을 뚫어 먹을 씻었으며, 그 곁에는 반드시 거위를 기르는 곳이 있었다. 이곳에서 이른바 아지는 아마 이를 가리킬 것이다.」(南康府西有墨池, 王羲之洗墨於此故名. 羲之善筆札, 性復好鵝, 所在穿池滌墨, 旁必有牧鵝之所. 此所謂鵝池, 恐指此也)

18 초석(醮石): 《차의》「아마 위 6판의 초단석을 가리킬 것이다.」(疑指上六板醮壇石) 위 15번 시의 주 20)을 보라.

연공몽(烟空濛): 「空濛」이라고도 한다. 이슬비가 보얗게 내리거나 짙은 안개로 어두침침한 모양을 나타내는 의태어. 송나라 소식의 〈서현의 삼협교(棲賢三峽橋)〉「연무 속에서 흐릿한데, 악기 연주 끊이지 않네.」(空濛煙靄間, 澒洞金石奏)

19 거인배쌍봉(巨刃排雙峰): 《차의》「쌍검봉은 여산에 있는데 향로봉과 마주하고 있다.」(雙劒峰在廬山, 與香爐峰相對)

少看銀河忽倒掛[20]	잠깐 은하수 별안간 거꾸로 걸린 것 보고,
直欲跳下清泠中[21]	곧장 맑고 깨끗한 속으로 뛰어 내려가고 싶네.
南臨匯澤共指點[22]	남으로 회택 굽어보며 함께 손가락으로 가리키니,
縹緲貝闕浮珠宮[23]	아득히 자패 대궐 주궁 위에 떠 있다네.
公言平日愛登覽	그대 말하기를 평상시에 올라 둘러보는 것 좋아한다 하였는데,
到此一洗群山空[24]	이곳에 이르러 뭇 산들 깨끗하게 씻어버렸네.
坐間爲我出奇句	앉은 자리 사이에서 나 위해 기이한 구절 써내니,
不用遠寄南飛鴻[25]	멀리 부칠 남쪽으로 나는 기러기도 필요 없다네.
上言雲泉足奇賞	위에서는 구름 덮인 샘 기이한 감상 될 만함 말하였고,

20 은하홀도괘(銀河忽倒掛): 당나라 이백의 〈여산요를 지어 전중시어사(殿中侍御史)이신 노유진(盧幼眞)에게 부침(廬山謠寄盧侍御虛舟)〉「은하수 삼석량에 거꾸로 걸려 있는데, 향로봉 폭포 아득히 바라보이네.」(銀河倒挂三石梁, 香爐瀑布遥相望)

21 도하청령중(跳下清泠中): 송나라 소식(蘇軾)의 〈개선의 수옥정(開先漱玉亭)〉「손으로 흰 연꽃 쥐고서, 맑고 깨끗한 속으로 뛰어 내려가네.」(手持白芙蕖, 跳下清泠中)

22 회택(匯澤): 팽려호(彭蠡湖), 곧 파양호(鄱陽湖)를 가리킨다. 위 10번 시의 주 3)을 보라.

23 패궐부주궁(貝闕浮珠宮): 《초사·구가·하백(九歌·河伯)》「물고기 비늘 무늬 같은 집에 용 그린 대청, 자패 대궐에 붉은 궁전이라네.」(魚鱗屋兮龍堂, 紫貝闕兮朱宮)

24 군산공(群山空): 《윤씨수초》「말 뜻이 두보의 〈단청인〉에서 『한꺼번에 만고의 평범한 말 깨끗하게 씻어버렸네.』라 한 것과 비슷하다.」(語意似杜少陵丹靑引一洗萬古凡馬空之云)

25 원기남비홍(遠寄南飛鴻): 기러기[雁]는 옛날에 소식을 전해주는 새로 생각하였다. 흉노에게 사신으로 갔다가 억류된 소무(蘇武)의 소식을 전한 것 때문에 이렇게 부른다. 남조 송나라 사조(謝朓)가 형주로 갈 때 소침(蕭琛)이 지어준 전별시「그리움 어디로 부쳐야 할까? 슬피 남쪽으로 나는 기러기 바라본다네.」(相思將安寄, 悵望南飛鴻)

下歎契闊歡相逢[26]　아래에서는 오래 떨어졌다
서로 만남 기뻐함 감탄하였다네.

紛吾失脚墮世網[27]　어지러이 내 발 잘못 디뎌
세속의 그물에 떨어졌으나,

乃有此會寧天窮[28]　이제 이 모임 가졌으니 어찌
하늘이 궁하게 하겠는가?

流光過眼驚昨夢[29]　흐르는 세월 눈 스쳐지나니
어젯밤 꿈 놀라고,

舊約回首羞塵容[30]　옛 약속 고개 돌려보니
속세의 모습에 부끄럽다네.

明朝却上煙艇去　내일 아침 다시
안개 낀 배에 올라 떠나면,

滅沒萬頃追鳧翁[31]　만 이랑 사라져 없어지고
오리 털 따르리.

26 결활(契濶): 오랫동안 멀리 떨어져 헤어져 있다는 듯이다. 권2 1번 시의 주 4)를 보라.

27 실각타세망(失脚墮世網): 송나라 육유(陸游)의 〈옛 시체로 짓다(古風)〉「발 헛디뎌 세속의 그물로 떨어져, 쇠하여 병 갑자기 찾아들었다네.」(失腳墮世網, 衰病忽侵尋) 또 위 34번 시의 주 2)를 보라.

28 차화녕천궁(此會寧天窮): 《차의》「이 모임은 장상과의 모임을 말한다. 영천궁은 하늘이 나를 궁하게 하지 않게 할 것이라는 말이다.」(此會, 謂與張相會也. 寧天窮, 謂天不使我窮也)

29 유광과안(流光過眼): 송나라 하송(夏竦)의 〈강주의 비파정에 적다(題江州琵琶亭)〉「흐르는 세월 눈 스쳐지나감 수레바퀴와 같고, 각박한 벼슬살이 사람 얽어맴 말 재갈과 같다네.」(流光過眼如車轂, 薄宦拘人似馬銜)

30 경작몽~수진용(驚昨夢~羞塵容): 위 8번 시의 주 2)와 3)을 참조하라.

31 부옹(鳧翁): 당나라 두보(杜甫)의 〈흰 오리의 노래(白鳧行)〉「그대는 보지 못하였는가? 다섯 척 동자보다 더 큰 누런 고니, 흰 오리로 변하여 늙은이와 흡사함.」(君不見黃鵠高于五尺童, 化爲白鳧似老翁) 송나라 황정견(黃庭堅)의 〈다시 면중에게 답하다(再答勉仲)〉「소도원 입구에 성한 붉은 비 내리는데, 봄 시내에는 부들 이삭에 오리 털 없다네.」(小桃源口雨繁紅, 春溪蒲稗沒鳧翁) 《표보》「《옥편》에서는 옹은 새의 목 아래에 있는 털이라 하였다.」(玉篇, 翁鳥頸下毛) 《차보》「(한나라) 사유의 《급취편》의 부옹의 주에서는 옹은 목 위의 털이라 하였다. 산곡의 시도 바로 이 뜻을 썼다.」(史游急就章鳧翁注, 翁頸上毛. 山谷詩正用此意)

38. 和張彦輔初到南康之句

장언보가 처음으로 남강에 이르러 지은 시구에 화답하다

十年不共賦陽春[1]	10년이나 함께 양춘 읊지 않아서,
正有胸中萬斛塵[2]	마침 가슴 속에 만 휘의 티끌 끼었다네.
失喜淸詩還入手[3]	맑은 시 다시 손에 들어와 기쁨 주체하지 못하겠는데,
細看佳句轉驚人	아름다운 구절 꼼꼼히 보니 갈수록 사람 놀라게 한다네.
知公近覺靑山好	그대 요즘 들어 청산 좋아함 알겠는데,
顧我頻嗟白髮新	나 돌아보고 자주 흰 머리 새로 난다고 탄식하네.
肯過寒齋共尊酒	기꺼이 보잘 것 없는 서재에 들러 동이 술 함께 기울이며,
向來心事請深陳	지금까지의 심사 청컨대 깊이 늘어놓으세나.

1 양춘(陽春): 초나라 송옥(宋玉)의 〈초나라 임금의 물음에 답하다(對楚王問)〉에 나오는 격조가 높은 곡조의 이름. 권1 9번 시의 주 67)을 보라.

2 흉중만곡진(胸中萬斛塵): 곡(斛)은 도량형의 단위로 열 말[十斗]을 일 곡이라 한다. 송나라 소식의 〈반곡에게 드림(贈潘谷)〉「말발굽 아래서 바라보며 절할 줄이야 어찌 알았으리오? 가슴 속에는 한 휘의 진흙과 먼지 있다네.」(那知望拜馬蹄下, 胸中一斛泥與塵)

3 실희(失喜): 실(失)《고이》에서는 「승」(勝)으로 된 판본도 있다고 하였다. 실희는 너무 기뻐서 스스로 억제하지 못한다는 뜻.

청(淸): 순희본에는 「신」(新)자로 되어 있다.

39~40. 奉同都運直閣張丈哭敬夫張兄, 張丈有詩, 敢次元韻, 悲悼之極情見乎詞, 伏幸采覽, 二首[1]

삼가 도운직각이신 장장과 함께 경부 장형의 영전에 곡하였는데, 장장께서 시를 지어 감히 원운시를 써서 슬픔이 극에 달한 마음을 시에 드러내고 엎드려 봐주시기를 바란다. 두 수

39

秀翁威略憺華戎[2]	빼어난 늙은이 위엄과 책략 중국과 오랑캐 움직였으나,
遺恨車書久未同[3]	남은 한 수레와 글자 오래도록 같게 하지 못한 것이라네.
喜有象賢堪嗣事[4]	기쁘게도 어짊 본받아 일 잘 이었고,

1 《차보》「경부의 영전에 곡한 것은 순희 경자년(1180)이다. 남헌은 강릉의 부치에서 죽었다.」(哭敬夫淳熙庚子. 南軒卒于江陵府治)

2 수옹(秀翁): 《차의》「장위공이다.」(張魏公) 위공은 장식의 부친 장준(張浚)을 말한다.

담(憺): 《차의》「음은 담이고 움직인다는 뜻이다.」(徒濫切, 動也) 《한서·이광전(李廣傳)》「사마법이 말하기를 『이런 까닭으로 명성이 오랑캐에게 드러났으며, 위광이 이웃나라를 움직였다.』라 하였다.」(司馬法曰……是以名聲暴於夷貉, 威稜憺乎鄰國) 《한서》에 주석을 단 안사고(顏師古)는「음은 담이다.」(音徒濫反)라 하였고, 이기(李奇)는「담은 움직인다는 뜻과 같다.」(憺猶動也)라 하였다.

3 거서(車書): 《중용》 제28장「지금 천하는 수레는 차폭을 같이 하고, 글은 문자를 같이 하며, 행동은 차례를 같이 한다.」(今天下, 車同軌, 書同文, 行同倫) 주희의 주석「궤는 수레 바퀴의 칫수이고, 윤은 차서의 체이다. 세 가지가 모두 같다는 것은 천하가 통일되었음을 말한다.」(軌轍迹之度, 倫次序之體. 三者皆同, 言天下一統也) 이 말은 《사기·진시황본기》에도 인용되어 있다.

4 상현(象賢): 《서경·미자지명(微子之命)》「오직 옛날을 생각하고 덕을 높이며 어짊을 배우시오.」(惟稽古崇德象賢) 당나라 한유의 〈흥원 소윤 방군의 묘지(興元少尹房君墓誌)〉「종족의 자제들이 모두 그 어짊을 본받았다.」(宗族子弟皆法象其賢) 《차의》「여기서는 남헌을 가리킨다.」(此指南軒)

故知鴻業自無窮　　예로부터 큰 사업
　　절로 무궁함 알았다네.
蕃宣合奏三年最[5]　　변방 다스림에 함께 상주하니
　　삼년 만의 상책이었으며,
風采俄驚一旦空　　풍채 잠깐 놀라게 하였으나
　　하루아침에 없어졌다네.
根本平生有深計[6]　　근본 평소에도
　　깊은 계책 있었으니,
遺書不但子囊忠[7]　　유서 남기었으니 단지
　　자낭만 충성스러운 것 아니라네.

40

不應世道卽漂淪　　세상의 도 곧
　　표류하지 않아야 하거늘,
何事今年失此人　　무슨 일로 올해
　　이 사람 잃었는가?

5 번선(蕃宣): 《시경·대아·숭고(大雅·崧高)》「사방의 나라가 번병인데, 사방에 덕을 베풀도다.」(四國于蕃, 四方于宣) 《차의》「여기서는 남헌이 남방으로 출진하여 진압한 일을 가리킨다.」(此指南軒出鎭南方事)

삼년최(三年最): 《한서·엄조전(嚴助傳)》「폐하께서 차마 벌을 가하지 못하신다면 원컨대 3년간의 계책 중 가장 중요한 것을 받들겠습니다.」(陛下不忍加誅, 願奉三年計最) 진작(晉灼)의 주석 「최는 무릇 중요한 것이다.」(最, 凡要也) 《차의》「《운회》에서는 상공을 최라고 한다라 하였다.」(韻會, 上功曰最)

6 근본계(根本計): 《차의》「임금의 덕을 이른다.」(謂君德)

7 유서(遺書): 《차의》「유소를 말한다.」(謂遺疏) 《주문공집》 권89 〈우문전수찬 장공 신도비(右文殿修撰張公神道碑)〉「병세가 위독하여 장차 죽게 되었는데도 공은 여전히 직접 상소문을 작성하여 주상께 권면하여 『군자를 가까이 하고 소인을 멀리 할 것』과 『대신을 신임하고 군주 일신(一身)의 치우친 견해를 막을 것』, 그리고 『호오를 천하의 이치에 따라 공평히 하게끔』 하였다.」(病亟且死. 猶手疏勸上以親君子·遠小人, 信任防一己之偏, 好惡公天下之理)

자낭(子囊): 《좌전·양공(襄公) 14년》「초나라 자낭이 오나라를 치고 돌아오는 길에 죽었다. 죽으려할 때 자경에게 유언을 남겼다. 『반드시 영에 성을 쌓으라!』 군자가 말하였다. 『자낭은 충성스럽다. 임금이 돌아가심에 그 이름을 잊지 않았고, 죽으려 할 때 위나라의 사직을 잊지 않았으니 충성스럽다 하지 않을 수 있겠는가?』」(卒. 將死, 遺言謂子庚, 必城郢! 君子謂, 子囊忠. 君薨, 不忘增其名, 將死, 不忘衛社稷, 可不謂忠乎) 남헌 장식의 〈고 관문 건안 유공을 애도함(故觀文建安劉公挽詩)〉 제3수 「문장 전하고 남긴 상주문 간절하여, 자낭의 충성보다 더욱 뛰어나네.」(文傳遺奏切, 更過子囊忠)

禮樂端能懷益友[8] 예와 음악 바로
이로운 벗 품을 수 있게 하나,
琴笙忍遽樂嘉賓[9] 거문고며 생황 차마
갑작스레 훌륭한 벗 즐겁게 하겠는가?
亦知遊好曾通譜[10] 또한 종유하던 좋은 벗
일찍이 족보 통함 알았는데,
却記登臨喚卜隣[11] 도리어 높은 곳 올라 내려다보며
이웃에 살도록 부름 기억하네.
兩首悲詩數行淚 두 수 슬픈 시에
눈물 몇 줄기 흐르고,
感傷那復鬪淸新 슬픔 느끼니 어찌 다시
맑고 새로움 다투리오?

張丈垂顧, 適聞訃音, 爲罷郡宴. 敬夫向嘗約熹徙居湖之上, 蓋相語於裴公臺上云

상상께서 찾아주셨을 때 마침 부음을 들었는지라 군의 연회를 그만두었다. 경부는 저번에 일찍이 나와 호숫가로 옮겨서 살도록 약속을 한 적이 있는데 대개 배공대에서 말하였기 때문에 이렇게 말하였다

8 예악~익우(禮樂~益友): 《논어·계씨(季氏)》「공자께서 말씀하셨다. 『유익한 좋아함이 세 가지인데 …… 예와 악을 따르기 좋아하며 남의 선함을 말하기 좋아하며 어진 벗이 많음을 좋아하면 유익하다.』」(孔子曰, 益者三樂……樂節禮樂, 樂道人之善, 樂多賢友, 益矣)

9 금생~가빈(琴笙~嘉賓): 《시경·소아·녹명(鹿鳴)》「내 아름다운 손님 있는데, 슬을 타고 생을 부네. …… 금 타고 슬 타서 …… 아름다운 손님 마음 편안하게 한다네.」(我有嘉賓, 鼓瑟吹笙. 吹笙鼓簧……鼓瑟鼓琴……以燕樂嘉賓之心) 《윤씨수초》「이때 남강에서 남헌의 부음을 듣고 연회를 그만두고 곡을 하였다.」(時在南康聞南軒訃罷宴哭之)

10 통보(通譜): 《차의》「장장과 남헌이 같은 성이기 때문에 이렇게 말하였다.」(張丈與南軒同姓故云)

11 환(喚): 《고이》에서는 「요」(要)로 된 판본도 있다고 하였다.

복린(卜隣): 《좌전·소공(昭公) 3년》「속담에서 말하기를 『집을 점치는 것이 아니라 오직 이웃을 점 본다네.』라 하였으니 그대들이 먼저 이웃을 점 본 것이오.」(諺曰, 非宅是卜, 唯鄰是卜, 二三子先卜鄰矣)

41. 秘閣張丈簡寂之篇, 韻高難繼, 別賦五字以謝來貺[1]

비각장공의 간적을 읊은 글이 품격이 높아 잇기가 어려워 따로 오언시로써 보내주신 글에 보답하다

勞農會稽宅[2]	회계에서 농사짓는 사람,
息駕丹元鄉[3]	신선의 고을에서 수레 쉬어가네.
丹元不可見	신선은 볼 수 없고,
翠壁空雲房[4]	벽은 푸른데 구름 드는 방은 비어 있네.
是時中春月	때는 바야흐로 봄 한창인 달이라,
暄風發新陽	따뜻한 바람에 햇살 새롭게 비치네.
白水注幽壑	맑은 물은 깊은 골짜기로 쏟아지고,
綠樹敷崇岡	푸른 나무는 높은 언덕에 우거졌네.
俯聽足怡悅	몸 숙여 들으니 즐겁기 한량없어,
仰觀共徜徉	우러러 보고 함께 거니네.
班坐得瑤草[5]	향기로운 풀 가운데 함께 앉아,
傾壺出瓊漿[6]	병 기울여 맛좋은 술을 따르네.

1 간적(簡寂): 간적관은 여산(廬山)의 귀종사(歸宗寺) 동쪽에 있는 도관을 말한다. 남조 송나라 때 육수정(陸修靜)이 이곳에서 거처하다가 죽었는데, 시호를 간적이라 하였으므로 이렇게 이름을 붙였다.

2 회계택(會稽宅): 《차의》「왕희지는 회계내사와 우군참군이 되었다. 불교 승려 태야가 서쪽에서 오자 왕희지는 집을 주어 절로 삼았다.」(王羲之爲會稽內史, 右軍將軍. 僧佛馱耶自西來, 羲之施宅爲寺」

3 단원향(丹元鄉): 단원은 도교어로 심신(心神)을 가리키나, 여기서는 도사나 신선을 가리켜 한 말로 보인다. 당나라 장적(張籍)의 〈창포를 부침(寄菖蒲)〉「그대 능히 와서 놀 짝 삼아 깃들 수 있으니, 그대 더불어 함께 단현의 고을에 들어가리라.」(君能来作棲霞侶, 與君同入丹玄鄉) 현(玄)은 원(元)과 뜻이 통함다.

4 운방(雲房): 중이나 도사, 혹은 은자가 은거하는 집을 말한다.

5 요초(瑤草): 전설 중 향초. 진귀하고 아름다운 풀을 두루 가리킨다. 권4 70번 시의 주 1)에 보인다.

6 경장(瓊漿): 미주(美酒)와 같은 뜻이다.

長吟遊仙詩[7] 〈유선시〉 하염없이 읊조리고,
亂以招隱章[8] 〈초은장〉으로 끝맺는다네.
忽忽林景西 어느덧 숲의 해 서쪽으로 기우는데,
躊躇申慨慷 머뭇거리며 복받치는 울분 펴내네.
坐上江海客 좌중에 있는 강해의 나그네,
兀傲鬢眉蒼[9] 우뚝 오만하게 수염과 눈썹 푸르구나.
逸氣邁霄漢 빼어난 기운은 하늘로 달리고,
英詞吐琳琅 꽃다운 말 구슬처럼 토해내네.
思與泉石勝 생각은 천석 더불어 뛰어나고,
韻隨笙鶴翔[10] 운은 생황소리 따라 나는 학 따르네.
追遊不敢及 좇아 놀긴 하나 감히 미치지 못하니,
咏歎可能忘 탄식하며 어찌 잊을 수가 있으리?

俗傳歸宗是王右軍故宅, 陸脩靜封丹元眞人

세속에 전하기를 귀종사는 왕우군의 고택이며, 육수정이 단원진인에 봉해진 곳이라 한다

7 유선시(遊仙詩): 신선세계를 노는 상상을 시로 표현한 작품을 말한다. 《차의》「하소(何劭)와 곽박(郭璞)이 〈유선시〉를 지었다.」(何敬祖郭景純作游仙詩) 하소와 곽박의 〈유선시〉는 모두 《문선》에 보인다.

8 난(亂): 《논어·태백(泰伯)》에 「〈관저〉의 난」(關雎之亂)이라는 말이 나오는데, 주희는 「난은 악의 졸장이다.」(亂, 樂之卒章)라 하였다.

초은장(招隱章): 한나라 때의 회남왕(淮南王) 유안(劉安)이 이러한 제목으로 지은 초사체(楚辭體)의 작품이 있고, 뒤에 진(晉)나라 때 좌사(左思)와 육기(陸機), 주희도 비슷한 작품을 쓴 적이 있다. 《진서·왕휘지전(晉書·王徽之傳)》「(왕휘지가) 일찍이 산음에 거처할 때 밤에 눈이 내리다가 갓 개어 달빛이 맑고 환한 것이 사방을 돌아보니 휘영청하여 홀로 술을 따르며 좌사의 〈은자를 부르다〉라는 시를 읊조렸다.」(嘗居山陰, 夜雪初霽, 月色淸朗, 四望皓然, 獨酌酒詠左思招隱士詩)

9 강해객·수미창(江海客·鬢眉蒼): 위 31번 시의 주 14)를 보라.

10 생학상(笙鶴翔): 위 6번 시의 주 7)을 참조하라.

42. 和張彦輔落星寺之作[1]

장언보의 낙성사라는 시작에 화답하다

嵌空奇石戰驚濤[2]	기이한 바위 움푹 꺼져 놀란 파도 두려워하고,
樓殿崢嶸勢自高	누대와 전각 우뚝하니 형세 절로 높다네.
四面眞成開玉鑑[3]	사면 실로 옥거울 열어놓은 것 같으니,
三山應是失金鰲[4]	세 산 응당 금자라 잃으리.

1 낙성사는 지금의 강서성(江西省) 성자현(星子縣) 남호(南湖) 안에 있다. 송나라 축목(祝穆)의 《방여승람(方輿勝覽)》 권17 〈남강군·낙성사(南康軍·落星寺)〉 「《여지광기》 옛날에 어떤 중이 물을 떨어뜨렸는데 돌이 되었다. 여름과 가을에 갈릴 때 호수의 물이 바야흐로 불어나면 성석이 물결 위로 떠오르고, 한겨울이 되어 물이 마르면 걸어서 건널 수 있었다. 절은 그 위에 있으며, 법안원에는 청휘각과 옥경헌, 남의헌이 있었다 한다.」(輿地廣記, 昔有僧墜水, 化爲石. 夏秋之交, 湖水方漲, 則星石汎于波瀾之上, 至隆冬水涸, 則可以步涉. 寺居其上, 曰法安院有清輝閣·玉京軒·嵐漪軒)

2 감공기석(嵌空奇石): 기석(奇石)은 낙성석(落星石)을 가리킨다. 전설에 의하면 하늘에서 떨어진 운석이라고 하는데, 둘레가 백 보나 되고 높이가 약 다섯 길로 낙성사는 그 위에 지어졌다고 한다. 파양호 서쪽 성자군 남쪽에 있다. 감공(嵌空)은 여러 가지 의미가 있으나 여기서는 기석인 낙성석을 꾸미므로 움푹 들어간 모양을 가리키는 뜻으로 쓰인 것 같다.

3 옥감(玉鑑): 원래는 달을 가리키는 말이나 여기서는 거울 같은 호수면을 가리킨다. 《윤씨수초》 「호수를 가리킨다.」(指湖水)

4 삼산(三山): 전설상의 신선이 산다고 하는 삼신산인 봉래(蓬萊), 방장(方丈), 영주(瀛洲)를 말한다.

실금오(失金鰲): 《열자·탕문(湯問)》 「다섯 개의 산이 처음에는 우뚝 솟아 움직이지 않았는데 용백국의 거인이 발을 들어 걸음에 몇 걸음 가지 않아서 다섯 산이 있는 곳에 이르렀다. 한 번 낚시를 하여 자라 여섯 마리를 연달아 잡아 모두 매고 바로 그 나라로 돌아가 그 뼈를 지져서 점을 쳤다. 이에 대여와 원교 두 산은 북해로 흘러가 큰 바다에 빠지고 말았다.」(五山始峙而不動, 而龍伯之國有大人, 擧足不盈數步而曁五山之所. 一釣而連六鼇, 合負而趣歸其國, 灼其骨以數焉. 於是岱輿員嶠二山流於北極, 沈於大海) 《차의》 「파도에 떨며 놀랐으므로 금자라를 잃고 빠진다는 것을 말한다.」(謂戰驚濤故失金鰲而淪沒也) 《차보》 「금자라가 세 산으로 옮겨오면 세 산을 잃는다는 것이다.」(金鰲移來三山則失之也)

題詩正爾難搜句[5]	시 지으려니 마침 구절 찾기 어렵고,
擧酒何妨共作豪	술 드니 함께 호탕해짐 어찌 거리끼리오?
倚遍欄十更愁絶[6]	난간에 기대니 더욱 슬퍼지고,
歸來白盡鬢邊毛[7]	돌아오니 귀밑머리 곁 털 모두 하얗게 세었다네.

5 정이(正爾): 바로[正是]라는 뜻과 같다. 이(爾)는 별 의미가 없는 접미어로 쓰였다.

6 의편란간(倚遍欄干): 송나라 소옹(邵雍)의 〈천궁의 작은 누각에서 난간에 기대다(天宮小閣倚欄)〉「이 맘 저녁에 서풍 불 때 낡은데, 난간에 기대어 있으니 사람들 알아주지 않네.」(此情牢落西風暮, 倚遍欄干人不知)

7 빈변모(鬢邊毛): 당나라 서인(西夤)의 〈절에서 우연히 짓다(寺中偶題)〉「명리 마음속의 불 꺼뜨리고, 눈 서리 귀밑머리 털 유독 물들였네.」(名利罷消心内火, 雪霜偏垢鬢邊毛)

43. 和張彥輔白鹿洞之作

장언보의 백록동이란 시작의 각운자를 써서 짓다

邃谷新華館	깊은 골짜기에 화려한 집 새로운데,
風煙再吐呑[1]	바람과 연무 거듭 뱉었다 삼켰다 하네.
舊眠聞野鹿[2]	옛날 잠잘 때 들판의 사슴소리 들었으나,
遺恨響驚猿[3]	남은 한 놀란 원숭이 울리는 소리라네.

李拾遺自此徙居少室乃被徵故有此句[4]

이습유가 이곳에서 소실로 옮겨와 살면서 이에 부름을 받았으므로 이 구절을 지었다

共賞忻同趣	함께 감상하니 취미 같음 기쁘고,
分携愴別魂	손 놓으니 넋 헤어짐 슬프네.
徘徊空日夕[5]	어정거리다보니 헛되이 날 저물어,
無策駐行軒	가는 수레 머무를 대책 없다네.

1 재(再): 《고이》에서는 「자」(自)자로 된 판본도 있다고 하였다.

2 구면문야록(舊眠聞夜鹿): 《차의》 「이발은 여산에서 은거하면서 흰 사슴 한 마리를 길렀다.」(李渤隱廬山養一白鹿)

3 향경원(響驚猿): 위 8번 시의 주 3)번을 보라.

4 이습유(李拾遺): 이발을 가리킨다. 이발이 당나라 헌종(憲宗) 원년(806)에 우습유로 출사한 적이 있으므로 이렇게 부른 것이다.

5 배회공일석(徘徊空日夕): 당나라 왕유(王維)의 〈백발을 탄식하다(歎白髮)〉 「옛 산의 구름 슬퍼서, 어정거리다보니 헛되이 해 저문다네.」(悵惘故山雲, 徘徊空日夕)

44. 次張彦輔西原之作[1]

장언보의 서원암이라는 시작의 각운자를 써서 짓다

無處堪投跡	자취 둘 만한 곳 없어,
空山寄一椽[2]	빈 산에 서까래 하나 기탁하였다네.
懸門窺絶壁	달린 문으로 절벽 엿보고,
繚徑上層巓	얽힌 지름길로 층진 산꼭대기 오르네.
檻闊呑江浪	헌함 넓어 강 물결 삼키고,
窓虛響谷泉	창 비어 계곡의 샘소리 울리네.
丹經閑自讀	《단경》 한가로이 절로 읽으면서도,
不爲學神仙[3]	신선 되는 법 배우지 않는다네.

1 《차의》「서원은 암자의 이름으로, 기문이 있는데 권 79에 보인다.」(西原庵名, 有記, 見七十九卷)

2 기일연(寄一椽): 송나라 주자지(周紫芝)의 〈왕계공의 봉재에 적다(題王季共蓬齋)〉「띠 오두막 조그맣게 지어 서끼레 히니 기탁히여, 밤에 등 밝혀 손님과 주선한다네.」(小結茅廬寄一椽, 夜燈聊與客周旋)

3 불위학신선(不爲學神仙): 송나라 소옹(邵雍)의 〈우객음(右客吟)〉「고요함 좋아하여 자연 잊지 않을 수 있었고, 한가함 즐겨 신선 배우는 것 하지 않았네.」(好靜未能忘水石, 樂閒非爲學神仙)

45. 張彦輔臥龍之作[1]

장언보의 와룡암이라는 시작의 각운자를 써서 짓다

瀑水源何處	폭포수 근원 어느 곳인가?
高疑雲漢通	높기가 은하수와도 통할 것 같네.
瀉時垂練直	쏟아질 때는 비단 곧장 드리운 것 같고,
落處古潭空[2]	떨어지는 곳 옛 못 비었다네.
客寄詩能好	나그네살이 시 잘 지을 수 있고,
龍蟠意自雄[3]	용 서렸으니 뜻 절로 씩씩하네.
知君來峴首[4]	그대 현수에 왔음 아니,
爲我說隆中[5]	내게 융중 이야기해주게나.

1 와룡(臥龍): 여산(廬山) 용담(龍潭) 근처에 있다. 이곳의 폭포가 용이 누운 것처럼 보여서 그렇게 부르며, 이백의 유명한 〈여산의 폭포를 바라보다(望廬山瀑布)〉는 바로 이곳의 경치를 읊은 것이다. 지금 이곳에는 관폭정(觀瀑亭), 청도정(聽濤亭), 와룡교(臥龍橋), 와룡사(臥龍寺)가 있고 산 아래쪽에는 용담(龍潭)이 있다.

2 고담(古潭): 곧 용담(龍潭)을 말한다.

3 용반(龍蟠): 호걸이 몸을 숨기고 때를 기다리는 것을 비유한다.

4 현수(峴首): 호북성(湖北省) 양양(襄陽)에 있는 현산(峴山)을 가리킨다. 서진(西晉)의 양호(羊祜)가 양양을 지킬 때 늘 이곳에 올라 술상을 차려놓고 음영하였다고 한다.

5 융중(隆中): 호북성 양양현 서쪽에 있는 산으로 후한 말에 제갈량이 이곳에 오두막을 짓고 살았다. 전하는 바에 의하면 유비가 일찍이 삼고초려한 곳이 바로 이곳이라고 한다. 이상 두 구절은 장언보가 호북 양양에서 왔는데 융중과 가깝기 때문에 시의 작자에게 제갈량과 관련된 이야기를 많이 해줄 수 있을 것이라는 말이다. 《차의》「모두 양양에 있다. 아마 언보가 양양에서 왔고 선생이 여산에 막 와룡암을 지었기 때문에 이렇게 말하였을 것이다.」(皆在襄陽. 蓋彦輔自襄陽來, 而先生方營臥龍庵於廬山故云)

46. 次張彦輔棲賢之作[1]

장언보가 서현원에서 지은 시의 각운자를 써서 짓다

融冶何年事[2]	융합되고 맺힘 어느 해의 일인가?
停杯莫問天[3]	술잔 멈추고 하늘에 묻지 말게나.
祇今從痼疾[4]	지금 연하고질 좇음,
疇昔似因緣[5]	옛날의 인연 있는 듯.
傾耳眞三峽[6]	귀 기울이니 실로 삼협이고,

1 《차의》「서현은 아래에 보인다.」(栖賢見下)

2 융야(融冶): 야(冶)는 《고이》에서는 「맺을 결」(結)자로 된 판본도 있다고 하였다. 융결(融結), 곧 융합하고 맺힌다는 뜻이다. 당나라 한유(韓愈)의 〈원화성덕시(元和聖德詩)〉「여러 음악 놀랍게 연주되니, 크고 웅장하고 흡족스럽게 조화를 이루었습니다.」(衆樂驚作, 轟豗融冶) 융야(融冶)에 대하여 《한문고이(韓文考異)》와 《오백가주(五百家注)》, 《동아당주(東雅堂注)》 등에서는 모두 「음악 소리」(樂聲)이라고 하였다. 《차의》「이 시에서 말한 것은 아마 음악 소리가 아닐 것이며, 융은 시내를 말하고 결은 산을 말할 것이다.」(此詩所云, 恐非樂聲, 恐是融謂川, 結謂山) 진(晉)나라 육기(陸機)의 〈언덕을 보고 느낀 바가 있어서(感丘賦)〉「음양을 따라 융합하여 맺히고, 산 언덕에 청하여 이랑 삼네.」(隨陰陽以融冶, 託山原以爲疇) 진(晉)나라 손작(孫綽)의 〈천태산에서 놀다(游天台山賦)〉「융합되어 시내와 도랑이 되고, 맺혀서 산과 언덕이 되었다.」(融而爲川瀆, 結而爲山阜)

3 정배막문천(停杯莫問天): 《차의》「어느 해의 일인가 물은 것이다.」(問何年事也) 당나라 이백(李白)의 〈술잔을 잡고 달에 묻다(把酒問月)〉「파란 하늘에 달 있은 지 얼마나 되었나? 내 이제 술잔 멈추고 한번 물어본다네.」(靑天有月来幾時, 我今停杯一問之)

4 고질(痼疾): 천석고황(泉石膏肓) 또는 연하고질(煙霞痼疾)을 말한다. 권3 98번 시의 주 3)을 보라.

5 인연(因緣): 송나라 소식의 〈진사중 주부에게 답하는 편지(答陳師仲主簿書)〉「저 또한 한 해에 늘 너덧 차례는 꿈에 서호 가에 이르는데, 이것이 아마 세속에서 이른바 전세의 인연이 있다는 것입니다.」(軾亦一歲率常四五夢至西湖上, 此殆世俗所謂前緣者) 이상 두 구절은 지금 천하의 산천을 유력하며 올라 내려다보는 성벽을 갖게 된 것이 마치 전세(前世)의 인연이 있는 것 같다는 말이다.

6 경이진삼협(傾耳眞三峽): 경(傾)자는 《고이》에서 「홍」(澒)자로 되어 있는 판본도 있다고 하였다. 《차의》「파릉에는 명월협과 무산협, 그리고 광택협이 있다. ○ 서현원에는 삼협교가 있기 때문에 귀를 기울여 파도 소리를 들으면 진짜 파릉의 삼협과 비슷하다고 말한 것이다.」(巴陵有明月峡巫山峡廣澤峡. ○ 栖賢院有三峡橋, 故言傾耳聽波濤, 眞似巴陵之三峡也) 송나라 소식의 〈서현원의 삼협교(棲賢三峽橋)〉「깊이 구천의 바닥까지 가고, 험하게 삼협의 오른쪽으로 솟았네.」(深行九地底, 險出三峽右) 정연(程縯)은「삼협은 구당협과 무산협, 황우협이다.」(三峽, 瞿塘巫山黃牛也)라 하였다. 송나라 소철(蘇轍)의 〈서현원 승당의 기문(棲賢僧堂記)〉「(元豐 3年: 1080) 내가 여산에 들르는 길에 서현곡에 들어갔는데 골짜기에는 큰 돌이 많이 있었으며 높고 험하게 서로 기대어 있었다. 물이 돌 사이로 흘러가는데 그 소리가 우레 같았으며, 또한 천 승의 마차가 가는 것

投文沕九淵[7]	글 던지니 흐릿하여 구연이라네.
蘭亭那得此	난정 어찌 이것 얻으리오?
猶足致羣賢[8]	오히려 여러 현인들 부르기에 족하다네.

과 같아 놀라 스스로 몸을 가눌 수 없었는데, 비록 삼협의 험함이라 하더라도 더하지 못하였을 것이므로 다리를 삼협교라고 하였다.」(余過廬山, 入棲賢谷, 谷中多大石, 岌嶪相倚. 水行石間, 其聲如雷霆, 又如千乘車行者, 震掉不能自持, 雖三峽之險不過也, 故橋曰三峽)

7 투문물구연(投文沕九淵): 《차의》「물은 분명하지 않은 모양이다. 또한 음을 매라고도 하는데, 잠기어 감춘다는 뜻이다.」(沕, 不分明貌. 又音昧, 潛藏也) 한나라 사마상여(司馬相如)의 〈대인(大人賦)〉「서쪽으로 곤륜산의 모호한 형체 바라봄이여, 곧장 삼위산으로 달려간다네.」(西望崑崙之軋沕洸忽兮, 直徑馳乎三危) 한나라 가의(賈誼)의 〈굴원을 위로하다(弔屈原賦)〉「깊은 못에 잠겨 있는 신룡이여, 아득히 깊이 숨어 자중한다네.」(襲九淵之神龍兮, 沕深潛而自珍) 《장자·열어구(列禦寇)》「천금이나 나가는 구슬은 반드시 깊은 못 검은 용의 턱밑에 있다.」(千金之珠, 必在九重之淵而驪龍頷下)

8 난정~군현(蘭亭~羣賢): 난정은 지금의 절강성(浙江省) 소흥시(紹興市) 서남쪽의 난저산(蘭渚山)에 있다. 동진 영화(永和) 9년(353)에 왕희지가 사안(謝安) 등 41명의 명사들과 이곳에 모여 시를 지었으며, 왕희지는 이 시집의 서문인 〈난정집의 서문(蘭亭集序)〉를 지었다. 《차의》「난정에는 이 삼협과 구연이 없으며, 여러 현인들을 초치할 수 있음을 이른다.」(謂蘭亭無此三峽九淵, 而能致群賢也) 왕희지의 〈난정집서〉「여러 어진 이들이 모두 이르렀고, 젊은이와 나이 든 사람들도 다 모였다.」(羣賢畢至, 少長咸集)

47. 和張彦輔雪後棲賢之作

장언보의 눈 온 뒤 서현원에서 짓다라는 시에 화답하다

夜來春雪遍林丘[1] 　밤 되어 봄눈
온 숲과 언덕에 내렸는데,

却喜風威曉便收 　오히려 기뻐하네, 바람 위세
새벽되자 곧 거두어 짐을.

好上籃輿閑縱目[2] 　기꺼이 남여에 올라
한가로이 눈 마음껏 보고,

莫將衲被苦蒙頭[3] 　기운 이불 가지고
괴로이 머리에 뒤집어쓰지 말게나.

微官正愧逍遙社[4] 　보잘 것 없는 관직 마침
소요사 부끄럽고,

1 야래춘설(夜来春雪): 당나라 허혼(許渾)의 〈강서의 노단공이 남구에서 바람에 막혀 부쳐온 시에 답하다(酬江西盧端公藍ㅁ阻風見寄之作)〉「도리어 영에서 노래 한곡 부르는 것 같이, 밤 되니 봄눈 서쪽 누대 비추네.」(還似郢中歌一曲, 夜来春雪照西樓)

2 남여(籃輿): 대나무를 엮어서 만든 가마. 권2 170번 시의 주 1)에 보인다.

3 납피몽두(衲被蒙頭): 《신당서·왕발전(王勃傳)》「왕발은 글을 짓는데 처음에는 깊이 생각하지 않고 먼저 먹을 몇 되나 갈아놓은 후에 술이 거나하게 취하면 이불을 당겨 얼굴까지 덮고 누워 있다가 깨어나서는 붓을 휘둘러 문장을 짓는데 한 글자도 고치지 않아서 당시 사람들은 왕발을 일러 뱃속에 원고가 들어 있다고 하였다.」(勃屬文, 初不精思, 先磨墨數升, 則酣飮, 引被覆面卧, 及寤, 援筆成篇, 不易一字, 時人謂勃爲腹稿) 송나라 축목(祝穆)의 《고금사문유취·별집(古今事文類聚·別集)》 권5〈문장부(文章部)〉「양문공[楊億]은 문장을 지을 때 사용하는 고사를 항상 아들이나 조카들에게 출처를 찾아내어 매 단락마다 작은 종이 조각을 가지고 기록하게 하고, 기록한 것은 이어 붙여 보관하였다. 당시 사람들은 그것을 납피라 하였다.」(楊文公為文章, 所用故事, 常令子姪檢出處, 每段用小片紙録之, 綴粘所録而蓄之. 時人謂之衲被焉) 《여씨가숙기(吕氏家塾記)》라고 출처를 밝혀 놓았다. 송나라 소철(蘇轍)의 〈상원절에 눈이 내리다(上元雪)〉「이불 머리까지 뒤집어 씀 실로 오래된 병인데, 깁 등롱 부처 비춤 본래 무심하다네.」(衲被蒙頭真老病, 紗籠照佛本無心)

4 소요사(逍遙社): 《진서(晉書)》 권94 〈은일전·동경(隱逸傳·董京)〉「동경은 자가 위련이며 어디 사람인지 모른다. 처음에 농서 계리와 함께 낙양에 이르러 머리를 풀어헤치고 소요하며 읊조렸는데, 늘 백사에서 묵었다.」(董京, 字威輦, 不知何郡人也. 初與隴西計吏俱至洛陽, 被髮而行, 逍遥吟詠, 常宿白社中) 《차보》「염계의 소요사를 가리킬 것이다.」(恐指濂溪之逍遙社)

勝日猶堪汗漫遊[5] 승일에 오히려
질펀하게 놀만 하네.
欲出林關戀瑤草[6] 숲의 관문 나서려다
구슬 같은 풀 그리우면,
不妨尊酒更淹留[7] 동이 술에 다시
오래 머묾 무방하리.

5 승일(勝日): 권2 74번 시의 주 1)에 보인다.
한만유(汗漫遊): 마음 내키는 대로 멀리 가서 노는 것을 말한다. 《회남자·도응훈(道應訓)》「(진나라의 박사인) 노오가 북해에서 노닐다가 …… 몽곡산 꼭대기에 이르렀다. 그곳에 한 선비가 보였는데 …… 노오가 가서 보니 거북 껍데기를 말아서 조개를 먹고 있었다. 노오가 그에게 말했다. ……『이제 마침내 여기서 그대를 보았는데, 그대는 나와 더불어 친구가 될 만하오.』그 선비가 이를 드러내고 웃으면서 말하였다. ……『나는 한만과 함께 구해의 바깥에 노닐기로 기약하였으므로 내 오래 머무를 수 없소.』그 선비는 팔을 들고 몸을 솟구쳐 마침내 구름 속으로 들어갔는데, 노오가 우러러 보아도 보이지를 않았다. …… 말하기를『내 그대에 비하면 누런 고니와 연가시 벌레와 같구려.』」(盧敖游乎北海……至於蒙穀之上, 見一士焉……盧敖就而視之, 方倦龜殼而食蛤蚌. 盧敖與之語曰……今卒睹夫子於是, 子殆可與敖爲友乎. 若士者齤然而笑曰……吾與汗漫, 期于九垓之外, 吾不可以久駐. 若士擧臂而竦身, 遂入雲中. 盧敖仰而視之弗見……曰, 吾比夫子, 猶黃鵠與壤蟲也) 당나라 이백의 〈여산요를 지어 노시어 허주에게 부치다(廬山謠, 寄盧侍御虛舟)〉「먼저 한만과 구해 위에서 놀기로 기약하였으니, 원컨대 노오 맞아 하늘에서 놀기를.」(先期汗漫九垓上, 願接盧敖遊太淸) 당나라 두보의 〈왕 신주 음이 북쪽으로 돌아감에 삼가 전송하다(奉送王信州崟北歸)〉「도당[堯] 다스림 다시 보리니, 달갑게 내키는 대로 놀리라.」(復見陶唐理, 甘爲汗漫遊)

6 요초(瑤草): 전설 중 향초. 진귀하고 아름다운 풀을 두루 가리킨다. 권4 70번 시의 주 1)에 보인다.

7 준주·엄류(尊酒·淹留): 준(尊)은 준(樽)과 같다. 엄류(淹留)는 체류(滯留), 구류(久留)와 같은 뜻이다.

48. 謝張彥輔留別之作

장언보가 떠나면서 지은 시에 감사하다

一別屢更歲	한번 헤어진 후 여러 번 해 바뀌었는데,
思君無已時	그대 생각 그만 둔 때 없었다네.
知君亦念我	그대 또한 나 생각함 아니,
相望平兩嗟咨[1]	서로 바라며 모두 탄식한다네.
「望」은 평성이다	
我病臥田間	나는 밭 사이에 병져 누웠고,
君行護疆陲[2]	그대는 변경 지키러 갔다네.
隱顯旣殊跡[3]	숨고 드러냄 이미 자취 다르니,
會合安可期[4]	만남이야 어찌 기약하겠는가?
今年定何年	올해 정녕 어떤 해인가?
有此一段奇[5]	이 기이한 글 한 단락 있다네.
我來五峰陽	내 오봉 남쪽으로 왔는데,
君歸九江湄	그대는 구강의 물가로 돌아갔다네.
聞君肯來辱	그대 기꺼이 와주리란 말 듣고,

1 역념아~상망(亦念我~相望): 송나라 진사도(陳師道)의 〈작은 아들을 생각하다(憶少子)〉「내 어머니도 나 생각하리니, 너와 어찌 서로 바라겠는가?」(吾母亦念我, 與爾寧相望)

2 강수(疆陲): 변경, 국경의 뜻이다.

3 은현수적(隱顯殊跡): 당나라 이덕유(李德裕)의 〈그칠 줄을 앎(知止賦)〉 서문「선현들은 취사가 마음을 달리하고 숨고 드러남이 자취가 다른 것을 아마 겸하고 있는 자는 드물 것이다.」(先哲所以趣舍異懷, 隱顯殊迹, 蓋兼之者鮮矣)

4 회합안가기(會合安可期): 송나라 구양수(歐陽脩)의 〈매요신(梅堯臣)에게 답하다(答聖俞)〉「늙은이 남방에 살고 나는 북쪽으로 달리니, 세상살이 헤어지고 만남 어찌 기약하겠는가?」(翁居南方我北走, 世路離合安可期)

5 유차일단기(有此一段奇): 송나라 소식(蘇軾)의 〈왕공의 남기고 떠나다라는 시의 각운자를 써서 짓다(次韻王鞏留別)〉「천리 멂 사양하지 않고, 이 기이한 글 한 단락 이루었다네.」(不辭千里遠, 成此一段奇)

歡喜不自持	기쁨에 스스로 주체하지 못한다네.
迎君紫霄峰	그대 자소봉에서 맞아,
擧觴白鵝池[6]	술잔 백아지에서 들었다네.
强健初共欣	강하고 굳셈 처음에 함께 기뻐하였고,
艱棘旋相悲[7]	어려움 곧 서로 슬퍼하였다네.
相顧出危涕[8]	서로 돌아보니 마음 위태로워 눈물 쏟으며,
薄言首東岐[9]	황급히 동쪽 갈래 길로 고개 돌렸다네.
留連十日飮[10]	연이어 열흘이나 머물며 마시면서,
愴恨八哀詩[11]	〈팔애시〉 슬퍼하였다네.
散懷水石幽	마음 그윽한 수석에 흩으니,

6 백아지(白鵝池): 아마 아지(鵝池)를 말할 것이다. 《명일통지(明一統志)》 권45 〈소흥부·아지(紹興府·鵝池)〉「즙산 계주사 앞에 있다. 진나라 왕희지는 붓글씨를 잘 썼으며 성품이 또한 거위를 좋아하였다. 있는 곳에는 못을 파서 먹물로 썼으며 그 곁에는 반드시 거위를 기른 곳이 있었는데 이 못이 그곳이다.」(在蕺山戒珠寺前. 晉王羲之善筆札, 性復好鵝, 所在穿池滴墨, 其旁必有牧鵝之所, 此池是也)

7 간극(艱棘): 《차의》「시사가 어려움을 말한다.」(謂時事艱爲也)

8 위체(危涕): 슬퍼 눈물을 흘리는 것을 말한다. 《문선(文選)》 남조 양(梁)나라 강엄(江淹)의 〈한(恨賦)〉「혹은 버림받은 신하가 눈물을 흘리고, 불우한 서자가 낙심하기도 했다네.」(或有孤臣危涕, 孽子墜心) 당나라 이선(李善)의 주석. 「《맹자》(〈盡心上〉)에서는 『외로운 신하들과 서자들은 그 마음을 잡음이 위태하고 그 근심을 걱정함이 깊다.』라 하였다. (王粲의) 〈등루부〉에서는 『눈물 마구 떨어져 금할 수 없네.』……라 하였으니 마음이 위태롭다 해야 하고, 눈물이 떨어진다고 하여야 한다.」(孟子曰, 孤臣孽子, 其操心也危, 其慮患也深. 登樓賦曰, 涕橫墜而弗禁……然心當云危, 涕當云墜)

9 박언(薄言): 황망한 것을 말한다. 언(言)은 부사형 어미로 아무런 뜻이 없다. 언(焉) 또는 연(然)으로도 쓴다. 《시경·주남·부이(周南·芣苡)》「부이 캐고 캠에 다급하게 캔다네.」(采采芣苡, 薄言采之) 고형(高亨)의 주석 「『薄』은 다급하고 바쁘다는 뜻이다.」(薄, 急急忙忙)

10 십일음(十日飮): 《사기·범수열전(范雎列傳)》「과인이 듣건대 그대는 고상하고 정의롭다 하니 원컨대 그대와 포의의 벗이 되었으면 하오. 그대가 다행히 과인에게 들른다면 과인은 그대와 열흘간 술을 마셨으면 하오.」(寡人聞君之高義, 願與君爲布衣之友, 君幸過寡人, 寡人願與君爲十日之飮) 남조(南朝) 제(齊)나라 육궐(陸厥)의 〈삼가 처남인 고힐(顧肹)에게 답함(奉答內兄希叔)〉「평원군은 열흘간 술을 마셨고, 혜강은 천리 주유하였다네.」(平原十日飮, 中散千里遊)

11 팔애시(八哀詩): 당나라 두보가 지었다. 왕사례(王思禮), 이광필(李廣弼) 등 여덟 명을 읊은 시이다. 그 서문에서는 이렇게 말하였다. 「때가 도적이 그치지 않음을 마음 아파하여 왕공과 이공을 떠올렸고, 옛 친구를 탄식하고 현자를 그리워하였으며, 장상국님으로 마쳤다. 여덟 공께서는 전후로 살다 죽었으며, 마침내 (죽은 순서대로) 차례를 갖추지 않았다.」(傷時盜賊未息, 興起王公李公, 歎舊懷賢, 終于張相國. 八公前後存沒, 遂不詮次焉) 모두 도망시(悼亡詩)로 죽은 이를 애도하는 시를 두루 말한다. 송나라 소식(蘇軾)의 〈고 이성지 대제 여섯째 어르신을 애도함(故李誠之待制六丈挽詞)〉「(顏延年의) 〈오군영〉 처량하고, 〈팔애시〉 침통하다네.」(淒涼五君詠, 沉痛八哀詩)

遂忘筋力疲[12] 마침내 근력 피로함도 잊어버렸네.
雄篇旣鼎來[13] 씩씩한 글 때마침 와서,
逸韻方窮追[14] 빼어난 운 바야흐로 끝까지 좇는다네.
云胡遽告別 어찌하여 갑자기 고별하는가?
牙纛風披披[15] 깃발 바람에 펄럭펄럭하네.
攬袪不得留 소매 잡고 만류하지 못하여,
酌酒前致辭[16] 술 따라 나서서 말씀 바치네.
願君酬此觴 원컨대 그대 이 술잔 따라주고,
去上白玉墀[17] 떠나서 흰 옥 섬돌 오르시게나.
國論罄忠益[18] 국론 충성과 도움 비었으니,
廟謨參設施 묘당의 계책 베풂에 참여하시네.
一請正紀綱 먼저 기강 바로 잡음 청하고,
再請誅羌夷 다시 오랑캐 칠 것 청한다네.
及時樹勳業 때 맞춰 공훈 세워서,

12 근력피(筋力疲): 송나라 소식의 〈천선장관에게 화답하여 부침(和寄天選長官)〉「근력 피곤함 거듭 생각하여, 더 이상 믿고 뛰지 않는다네.」(翻思筋力疲, 不復恃踴跳)

13 정래(鼎來): 《한서·광형전(匡衡傳)》「여러 유생들이 말하기를 『《시경》을 말하지 말라, 광형이 바야흐로 온다.』라 하였다.」(諸儒爲之語曰, 無說詩, 匡鼎來) 당나라 안사고(顔師古)의 주 「복건은 『"鼎"은 당(當)과 같다. 광형이 곧 오게 될 것이라는 말과 같다.』라 하였다. 응소는 『정은 바야흐로라는 뜻이다.』라 하였다.」(服虔曰, 鼎猶言當也, 若言匡且來也. 應劭曰, 鼎, 方也)

14 궁추(窮追): 끝까지 철저히 추구하는 것을 말한다.

15 아독(牙纛): 기(旗) 이름. 아기(牙旗)와 같은 말이다. 독(纛)은 큰 기로 소꼬리나 꿩 깃 등으로 장식을 한다. 당나라 한유(韓愈)의 〈산남의 정상공과 번원외께서 수답하시어 시를 지었는데 그 끝에 모두 만나게 될 것이라는 말이 있었다. 번원외께서 봉하여 나에게 보여주었다. 14운자를 써서 지어 바친다(山南鄭相公樊員外酬答為詩, 其末咸有見及語. 樊封以示愈. 依賦十四韻以獻)〉「임금께서 『그대 나 위해 가게나』 하시어, 이에 아기 앞세우고 먼지 날리며 갔다네.」(帝咨女予往, 牙纛前坌坲) 풍피피(風披披): 당나라 한유(韓愈)의 〈장도사를 보내다(送張道士)〉「어찌 답장 기다리지 않는가? 돌아가는 옷소매 바람만 펄럭이네.」(寧當不俟報, 歸袖風披披)

16 남거~치사(攬袪~致辭): 초나라 송옥(宋玉)의 〈등도자가 여색을 좋아함(登徒子好色賦)〉「큰길 따라감이여 그대 옷자락 잡고, 향기로운 꽃 주면서 묘한 말 한다네.」(遵大路兮攬子袪, 贈以芳華辭甚妙)

17 백옥지(白玉墀): 궁전 앞의 흰 옥돌로 만든 계단. 조정을 가리키는 말로 쓰인다. 권1 15번 시의 주 8)을 보라.

18 경(罄): 원래는 그릇이 비었다는 뜻인데 나중에 인신(引伸)되어 다하다의 의미로 쓰이게 되었다. 《시경·소아·더부룩한 다북쑥(蓼莪)》에 「술병 텅 빔이여, 술항아리에 부끄럽네.」(缾之罄矣, 維罍之恥)라는 말이 있다.

慰我空山飢　　　　나 빈 산에서 굶주림 위로하시길.

時聞張荊州訃, 張丈有詩哭之, 故有八哀之句

이때 장형주의 부고를 들었는데 장 어르신이 시를 지어 곡하였으므로 「팔애」의 구절이 있게 되었다

49. 奉答張彦輔戲贈之句

삼가 장언보가 장난삼아 지어준 구절에 답하다

已驅送客車	이미 손님 보내는 수레 몰고,
復著登山屐[1]	다시 산 오르는 나막신 신는다네.
未論窺臨快	아직 굽어보는 상쾌함 엿봄 논하지 못했는데,
且脫詩酒厄	잠시 시와 술 곤경에서 벗어나겠네.
從今謹出入	지금부터는 드나듦 삼가,
保此頤正吉[2]	이 〈이괘〉 바르면 길하다는 뜻 지키려네.
不柰歲寒心[3]	해 차가워진 뒤의 마음 어쩌지 못하니,
於公有深憶[4]	그대에게 깊은 생각 있다네.

1 착등산극(著登山屐): 극(屐)은 등산할 때 신는 신발로, 요즘으로 치면 등산화를 말함. 《남사·사령운전(謝靈運傳)》「산을 찾고 고개를 오를 때면 반드시 깊고 험준한 곳까지 이르렀는데, 험한 바위 봉우리가 몇 십 겹으로 되어 있어도 끝까지 가보지 않은 곳이 없었다. 산을 올라갈 때는 항상 나무로 만든 나막신을 신었는데 산을 올라갈 때는 신발의 앞굽을 떼어 냈으며, 산을 내려올 때는 뒷굽을 떼어 냈다.」(尋山陟嶺, 必造幽峻, 巖嶂數十重, 莫不備盡. 登躡常着木屐, 上山則去其前齒, 下山去其後齒) 송나라 석 도잠(釋 道潛)의 〈자유의 팽려호에서 눈바람을 만나다라는 시에 화답하다(和子由彭蠡湖遇風雪)〉「잠시 시끌벅적 상앗대와 노 젓는 소리 멈추고, 오히려 산 오르는 나막신 신는다네.」(暫停篙櫓喧, 却着登山屐)

2 이정길(頤正吉): 《주역·이괘(頤卦)》「이괘는 바르면 길하다. 이괘를 관찰하니 스스로 입이 차기를 바란다.」(頤, 貞吉, 觀頤, 自求口實) 〈단전(彖傳)〉「이괘는 바르면 길하다는 것은 바름을 기르면 길하다는 것이다. 이괘를 관찰한다는 것은 그 기름을 관찰하는 것이다. 스스로 입이 차기를 구한다는 것은 그 스스로 기름을 관찰하는 것이다.」(頤, 貞吉, 養正則吉也. 觀頤, 觀其所養也, 自求口實, 觀其自養也)

3 세한(歲寒): 《논어·자한(子罕)》「해가 차가워진 뒤에야 소나무와 잣나무가 늦게 시듦을 안다.」(歲寒然後知松柏之後凋也) 당나라 유종원(柳宗元)의 〈감우(感遇)〉「약한 서리 뭇사람들 밟는데, 누가 해 차가워진 뒤에도 시들지 않는 마음 알겠는가?」(微霜衆所踐, 誰念歲寒心)

4 심억(深憶): 《차의》에는 억(憶)이 의(意)로 되어 있으며「《운회》에서는『억(億)은 혹 "意"라고도 하는데, 음은 억이다. 억(臆)은 의(意)자와 통하여 쓴다. 가의의 〈복부〉(곧 〈鵩鳥賦〉)에서는『마음으로 대답하고자 청하였다』(請對以臆)라 하였고, 또한『좋고 싫어함 많이 쌓아두었다』(好惡積億)라 하였다. 모두 억(億)과 협음(叶音)을 이룬다.」(韻會, 億或作意, 音抑. 臆, 通作意. 賈誼服賦, 請對以意. 又好惡積意. 幷叶音億)라 하였다. 송시열이 본 판본에는 억(憶)이 의(意)로 되어 있는 것 같다. 《차의》의 주석대로라면「그대에게 깊은 뜻 많이 쌓여 있다네」로 해석된다.

王輔嗣注[5]頤卦大象云, 禍從口出, 病從口入[6]

왕필은 〈이괘〉의「대상」에 주를 달고「화는 입에서 나오고, 병은 입으로 들어온다.」라 하였다

5 왕보사(王輔嗣): 《차의》「이름은 필이다.」(名弼). 곧 삼국시대 위나라 왕필(王弼)의 자. 왕필은 《주역주(周易注)》와 《주역약례(周易略例)》를 지었다.

6 화종~구입(禍從~口入): 《주자어류》 권71 〈역(易) 7〉「혹자가 말하였다.『속담에 "화는 입에서 나오고, 병은 입으로 들어온다."라는 말이 있는데, 매우 좋습니다.』 대답하셨다.『이 말은 전배가 일찍이 〈이괘〉의 상을 풀이할 때 쓴 것으로, 말을 신중히 하고 음식을 절제하라는 것이다.』」(或云, 諺有禍從口出病從口入, 甚好. 曰, 此語前輩曾用以解頤之象, 慎言語節飮食)

50. 奉答張彦輔解嘲

삼가 장언보의 비웃는 말을 해명하다라는 시에 답하다

康俗遺居萬疊山[1] 광읍의 풍속 남은 거처
만 겹 산에 있는데,
高垂鐵鏁詎容攀[2] 높이 드리운 쇠사슬
어찌 잡고 오름 용납하리?
青鞋布韈非公事[3] 푸른 짚신 베 버선
공적인 일 아닌데,
古木寒泉要我閑 오래된 나무 차가운 샘
나 한가로이 맞네.

1 강속유거(康俗遺居): 《차의》「송나라에서 남강군의 이름을 내리는 조서에 『남방의 풍속은 아마 강읍에 있을 것이다.』라는 말이 있는데, 강속이라는 명칭은 어찌 여기에서 기인하지 않았겠는가?」(宋賜南康郡名詔, 南方之俗, 其在康哉! 康俗之名豈由於此耶) 《표보》「강은 혹 광이라고도 한다. 광속의 유거를 이른다.」(康, 或作匡. 謂匡俗之遺居也) 《문집》 권20 〈남강군의 치소를 옮기지 말아 달라는 장계(申免移軍治狀)〉에 「태종황제가 그 말을 가납하고 말하기를 『그렇다. 남방의 풍속이 강읍에 있구나. 남강군이라는 명칭을 내릴만하다.』」(太宗皇帝嘉其言曰, 兪, 南方之俗, 其在康哉, 可賜名南康軍)라는 말이 있다.

2 고수~용반(高垂~容攀): 당나라 두보(杜甫)의 〈현도단을 노래함. 원일인에게 드림(玄都壇歌寄元逸人)〉「쇠사슬 높이 드리워 기어오를 수 없고, 몸 복된 땅에 바치니 얼마나 상쾌한가?」(鐵鎖高垂不可攀, 致身福地何蕭爽)

3 청혜포말(青鞋布韈): 권5 38번 시의 주 5)를 보라.

51. 伏蒙某官寵示和陶見寄舊作, 伏讀歎仰. 又感知待期許之意, 蓋非一日率易次韻. 少見謝臆, 伏惟矜憐有以敎之[1]

엎디어 모 관리께서 도연명의 시에 화운하여 보내주신 옛 시작을 보여주시어 엎드려 읽어보고 탄식하며 우러렀다. 또한 알아주시고 인정해주신 뜻에 느낀 것이 있었으니 대개 하루 만에 경솔하게 차운할 것이 아니었다. 조금이나마 감사하는 마음을 드러내니 엎드려 생각건대 불쌍히 여기시어 가르쳐주시기 바란다

吾公抱經濟[2]	이 분 경세제민의 포부 안았으니,
軒冕非所欣[3]	수레와 면관(冕冠) 기뻐함 아니었다네.
向來淸禁闥[4]	이제까지 궁궐 맑게 하셨으나,

1 이 시는 도연명의 〈주속지와 조기, 사경이 세 젊은이에게 보이다(示周續之祖企謝景夷三郎)〉의 운자를 써서 지은 것이다.
모관(某官): 오불(吳芾: 1104~1183)을 말한다. 자는 명가(明可)이고 자호를 호산거사(湖山居士)라 하였으며, 대주(台州)사람이다. 소흥(紹興) 2년(1132)에 진사가 되었고 예부시랑까지 역임하고 용도각직학사(龍圖閣直學士)로 치사하였다. 오불이 죽은 후 주희는 그의 신도비를 지어주었는데 바로 〈용도각직학사 오공의 신도비(龍圖閣直學士吳公神道碑)〉이며 《주문공집》 권88에 수록되어 있다. 〈신도비〉에 의하면 화도시(和陶詩) 3권이 전한다고 하였는데, 그의 《호산집》에는 1권만이 전하며 제1권이 모두 화도시로 되어 있다. 오불의 원운시는 [참고]로 붙여둔다.

2 오공(吾公): 《사고전서》에는 「오심」(吾心)으로 되어 있다.

3 헌면비소흔(軒冕非所欣): 헌면은 옛날의 대부(大夫) 이상의 고관이 쓰던 헌거(軒車)와 면복(冕服)을 말하는데, 나중에는 인신되어 그냥 고관을 가리키는 말로 쓰이게 되었다. 《장자·선성(繕性)》「옛날의 이른바 뜻을 얻었다는 것은 헌면을 이르는 것이 아니라 그 즐거움에 보탤 것이 없는 것을 말할 따름일 뿐이었다. 지금의 이른바 뜻을 얻었다는 것은 헌면을 이른다. 헌면이 몸에 있는 것은 성명이 아니라 사물이 어쩌다 갑자기 찾아와서 기탁하는 것이다.」(古之所謂得志者, 非軒冕之謂也, 謂其无以益其樂而已矣. 今之所謂得志者, 軒冕之謂也. 軒冕在身, 非性命也, 物之儻來, 寄者也) 진나라 도연명의 〈선비가 때를 만나지 못함을 슬퍼함(感士不遇賦)〉「이미 헌거와 면복 영예롭지 않게 여기는데, 헤진 솜옷 어찌 부끄럽게 여기겠는가?」(既軒冕之非榮, 豈縕袍之爲恥)

4 청금달(淸禁闥): 《사기·급암열전(汲黯列傳)》「신은 늘 천한 지병이 있어 능력이 군을 맡아 다스릴 수가 없습니다. 신은 바라옵건대 중랑이 되어 궁궐을 드나들며 과오를 보충하고 빠뜨린 것이나 줍게하여 주십시오. 이것이 신의 바람입니다.」(臣常有狗馬病, 力不能任郡事.

本自山林人[5]	본래부터 산림의 사람이라네.
浩歌歸去來	호방한 노래 부르며 돌아가시니,
神交邈何因[6]	정신의 사귐 아득하여 어떻게 따를까?
一朝脫冠去	하루 아침에 관모 벗어 던지니,
妙境聊同臻	오묘한 경지 애오라지 함께 이르네.
謂予雖後來[7]	나더러 비록 뒤에 온 사람이라 하시지만,
臭味亦有聞[8]	같은 향기 또한 풍겼다네.
賡詞久見屬[9]	화답하신 시 오래도록 지으셨는데,
重以告語勤	거듭 부지런히 말씀해주셨기 때문이라네.
荒寒想高風	거칠고 보잘 것 없는 나 고아한 풍모 가진 이 생각하니,
令人思無隣[10]	사람으로 하여금 이웃 없음 생각게 하네.
甘棠矧在此[11]	감당 하물며 이곳에 있으니,

臣願爲中郎, 出入禁闈, 補過拾遺. 臣之願也) 당나라 두보의 〈삼가 삼삼 보궐이 보내수신 시에 납하다(奉答岑參補闕見贈)〉「맑은 궁궐 아름다운데, 조회 마치고 돌아감 같지 않네.」(窈窕淸禁闥, 罷朝歸不同)

5 본자산림인(本自山林人): 송나라 소식의 〈천선장관께 화답하여 부침(和寄天選長官)〉「예로부터 산림의 사람이었으니, 어찌 일찍이 잔꾀 부릴 줄 알았으리.」(自古山林人, 何曾識機巧)

6 신교(神交): 마음속으로 정신적인 교유를 하여 육신의 사귐을 잊은 것을 말한다. 《진서·혜강전(晉書·嵇康傳)》「더불어 정신으로 사귀는 사람이라고는 진류의 완적과 하내의 산도 뿐이었다.」(所與神交者, 惟陳留阮籍河內山濤)

막하인(邈何因): 진나라 도연명의 〈주속지와 조기, 사경이 세 젊은이에게 보이다(示周續之祖企謝景夷三郎)〉「서로간의 거리 가깝지 않아, 길 아득하니 내왕할 방법 없다네.」(相去不尋常, 道路邈何因)

7 후래(後來): 후진(後進), 후생(後生) 곧 후배(後輩)와 같은 말이다. 《진서·사만전(謝萬傳)》「왕희지가 환온에게 편지를 써서 말하였다. 『사만의 재주는 시인(時人)들 가운데 경세(經世)에 통달하였으니 낭묘(조정)에 두고 풍간과 논의의 일에 참여하게 하면 실로 후생 가운데 한 그릇이 될 것입니다.』」(王羲之與桓溫箋曰, 謝萬才流經通, 處廊廟, 參諷議, 故是後來一器)

8 취미(臭味): 《좌전·양공(襄公) 8년》「계무자가 말하였다. 『누가 감히 그러겠습니까! 지금 초목에 비유하자면 과군은 임금님께 있어 임금님의 향기입니다.』」(季武子曰, 誰敢哉! 今譬於草木, 寡君在君, 君之臭味也) 진나라 두예(杜預)는 「동류임을 말한다.」(言同類)라 하였고, 양백준(楊伯峻)은 일심동체라는 말이라고 하였다.

9 갱사(賡詞): 갱은 잇는다는 뜻이다. 오불이 도연명의 시에 화답한 것을 말한다.

10 사무린(思無隣): 당나라 두보의 〈이씨네 스무째 백에게 스무 운으로 지어서 부침(寄李十二白二十韻)〉「재주 높으나 마음 펴지 못하니, 도 굽혀도 좋은 이웃 없다네.」(才高心不展, 道屈善無鄰)

11 감당(甘棠): 후덕한 관리[循吏]의 훌륭한 정치와 백성을 사랑함을 칭송하는 것을 말한다. 《시경·소남·감당(召南·甘棠)》「무성한 감당나무, 자르지 말고 베지 말라. 소백이 초막으로 삼으셨던 곳이니. 무성한 감당나무, 자르지 말고 꺾지 말라. 소백이 쉬어가신 곳이니. 무성한 감당나무, 자르지 말고 휘지 말라. 소백이 머무

躑躅晴湖濱　　맑게 갠 호숫가 머뭇거린다네.

[참고] 오불의 원운시

和陶示周續之祖企謝景夷韻, 寄朱元晦

도연명의 〈주속지와 조기, 사경이 세 젊은이에게 보이다〉 시의 운자를 써서 지어 주원회에게 부치다

我愛朱夫子　　내 주부자 사랑하니,
處世無戚欣　　세상살이에 슬픔과 기쁨 없다네.
淵明不可見　　도연명 볼 수 없으나,
幸哉有斯人　　다행이라네, 이 사람 있음.
奈何不苟合　　어찌 하리, 실로 때 맞지 않아,
進用苦無因　　뽑아서 쓰고자 하나 실로 방법 없다네.
夫子于此道　　그대 이 도에,
妙處固已臻　　묘한 곳 실로 이미 이르렀다네.
尚欲傳後學　　오히려 후학에게 전하고자 하여,
使聞所不聞　　듣지 못한 것 들리게 하네.
顧我景慕久　　나 돌아보며 우러러 그리워한 지 오래고,
願見亦良勤　　보기 원함 또한 실로 부지런하였다네.
第恨隔千里　　다만 유감스럽기는 천 리나 떨어져 있어,
無由徃卜隣　　이웃 삼을 길 없음이라네.

셨던 곳이니.」(蔽芾甘棠, 勿翦勿伐, 召伯所茇. 蔽芾甘棠, 勿翦勿敗, 召伯所憩. 蔽芾甘棠, 勿翦勿拜, 召伯所說) 주희의 주석 「소백이 남쪽 나라를 순행하면서 문왕의 정사를 펼 때 혹 감당나무 아래에 머물기도 했는데, 그 뒤에 사람들이 그 덕을 그리워하였으므로 그 나무를 사랑하여 차마 상하지 않게 하였다.」(召伯循行南國, 以布文王之政, 或舍甘棠之下, 其後, 人思其德, 故愛其樹而不忍傷也) 오불은 건도(乾道) 2년(1166) 지융흥부(知隆興府)로 강남서로안무사(江南西路按撫使)에 충임되었는데, 그곳이 남강(南康)과는 지척간에 있기 때문에 이렇게 말하였다. 권3 74번 시의 주 14)를 참고하여 보라.

安得縮地杖	어떡하면 축지 지팡이 얻어,
一到建溪濵	일거에 건계의 가에 이르겠는가?

52. 贈于盛二生[1]

우성의 두 선비에게 드림

昔日豐城劍	지난날 풍성의 보검,
寒光射斗牛[2]	차가운 빛 두우간에 쏘았다네.
江山餘秀傑	강산에는 빼어난 인재 넘치고,
人物尙風流	인물들은 풍류 숭상하네.
二妙今安匹[3]	두 신묘한 인재 이제 어디서 필적하리오?
孤帆各倦游[4]	외로운 돛단배 각기 유랑에 지쳤다네.
還家問師友	집으로 돌아가 스승이며 벗들에게 물어보면,
折節慕前修[5]	기절 꺾어 옛 군자 흠모하였다 할 것이라네.

1 우성이생(于盛二生): 우혁(于革)과 성수(盛璲)를 말한다. 우혁은 자가 거비(去非), 호는 죽전(竹田)이며 순희(淳熙) 8년(1181)에 진사가 되었고 관직은 지방주(知房州)까지 지냈다. 한편 명나라 오여필(吳與弼)의 《강재집(康齋集)》 권9 〈풍성 우씨의 족보 서문(豐城于氏族譜序)〉에서는 이 시의 구절인 「折節慕前修」를 인용하고 「이름을 화라 하고 자가 거비인 자는 호가 죽포이다」(曰華字去非者, 號竹圃)라 하였다. 자체가 비슷하여 전사할 때 잘못 베껴 쓴 것 같다.

성수는 자가 온여(溫如)인데 자로 알려졌다. 순희 연간에 향(鄕)의 천거를 받았으며, 산적[山寇]을 평정한 공으로 봉절랑(奉節郎)에 임명되었다. 성가주(盛家洲)에 서원을 창건하였을 때 주희가 들르자 시를 지어 바친 적이 있다. 《태극도해(太極圖解)》를 지었다.

두 사람은 모두 풍성(豐城) 사람으로 당시 남강(南康)에서 주희에게 학문을 배우고 돌아가려던 참이었다.

2 풍성검~사두우(豐城劒~射斗牛): 오(吳)나라가 망하고 진(晉)나라가 흥할 때 두우성(斗牛星) 사이에서 보랏빛 기운이 발했는데 예장(豫章)의 풍성 땅에 있는 용천(龍泉) 및 태아(太阿)라는 두 보검의 정기가 발하여 그런 것이라 하였다. 풍성에서 나온 보검이 두 자루인 것처럼 우혁과 성수도 거기에 버금가는 풍성의 두 인재라는 것을 말한다. 자세한 것은 권5 110번 시의 주 5)를 보라. 송나라 위양(韋驤)의 〈남검주의 연평각에 지어 남김(留題南劍州延平閣)〉 「더욱이 보검 깊은 못 가까이 전하여, 한밤중에 차가운 빛 두우간 쏜다네.」(更傳寶劍深潭近, 半夜寒光射斗牛)

3 이묘(二妙): 《차의》 「당나라의 위유는 호부낭중으로 재판을 잘 했고, 원외랑인 송지문은 시에 뛰어났으므로 호부의 이묘로 일컬어졌다. ○ 또 진나라 때 위관이 상서령이 되었는데 상서랑인 색정과 함께 모두 초서에 뛰어났으므로 『한 부서의 두 신묘한 재주』라 하였다.」(唐韋維爲戶部郎中, 善裁判, 員外郎宋之問善詩, 稱戶部二妙. ○ 晉韋瓘爲尙書令, 與尙書郎索靖俱善草書, 稱一臺二妙)

4 고범각권유(孤帆各倦游): 두 사람이 각기 고향을 떠나 유람하느라 지금은 지쳤을 것이라는 것을 말한다.

5 절절(折節): 평소의 뜻과 행동을 고치고 자신을 꺾어 남의 아래에 두는 것을 말한다. 남들에게 겸손하게 대한다는 것을 비유하는 말이다. 《사기·유협열전(游俠列傳)》 「곽해(郭解)는 나이가 들자 더욱 기절(氣節)을 꺾어 덕으로 원한에 보답하여 베푸는 것은 두터이 하면서 바라는 것은 적었다.」(及解年長, 更折節爲儉, 以德報怨, 厚施而薄望).

전수(前修): 전대의 덕을 닦은 사람들. 권4 69번 시의 주 16)을 보라.

53. 秋日告病齋居, 奉懷黃子厚劉平父及山間諸兄友[1]

가을날 병으로 재계하고 지내면서 삼가 황자후와 유평보 및 산중의 여러 형씨와 벗들을 그리워하다

出山今幾時[2]	산 나선 지 지금 얼마나 되었는가?
忽忽歲再秋	어느덧 세월 흘러 두 번째 가을 맞았다네.
江湖豈不永[3]	강호 어찌 영구하지 않겠는가?
我興終悠悠[4]	나의 흥 또한 근심스럽다네.
況復逢旱魃	하물며 다시 가뭄 만나니,
農畝無餘收	밭에는 충분히 거두어들일 것 없다네.
赤子亦何辜	백성들 또한 무슨 죄인가?
黃屋勞深憂[5]	천자께선 애쓰시어 근심 깊으시네.
而我忝朝寄	그러나 나 조정의 위임 욕되게 하여,

1 황자후(黃子厚): 곡성노인(穀城老人) 황수(黃銖: 1131~1199)의 자. 황수에 대해서는 권1 2번 시의 주 11)을 보라.
유평보(劉平父): 병산(屛山) 유자휘(劉子翬)의 아들인 유평(劉玶: 1138~1185)의 자. 유평에 대해서는 권1 2번 시의 주 13)을 보라.

2 금기시(今幾時): 송나라 유자휘(劉子翬)의 〈우석대시의 각운자를 써서 짓다(次友石臺詩韻)〉「헤어진 지 지금 얼마나 되었는가? 뜬 먼지 아름다운 자리 덮었다네.」(分攜今幾時, 浮埃翳瑶席)

3 강호(江湖): 강하호해(江河湖海)의 준말로, 천지사방이라는 뜻.

4 유유(悠悠): 근심에 마음 아파하는 모양이라는 뜻으로 쓰였다. 주희는 이 해에 지남강군(知南康軍)으로 있었는데 대기근이 발생하여 조정에 봉사(封事)를 올려 상주하였지만 받아들여지지 않았다.

5 황옥(黃屋): 원래는 천자가 타는 수레를 말한다. 천자가 타는 수레는 누런 비단으로 지붕을 덮었기 때문에 그렇게 부른다. 남조 송나라 범엽(范曄)의 〈즐겁게 놀다가 임금님의 명으로 짓다(樂游應詔)〉「산의 들보는 공자의 성품 돕고, 천자의 수레는 요임금의 마음 아니라네.」(山梁協孔性, 黃屋非堯心) 나중에는 천자를 대신 일컫는 말로 쓰이게 되었다. 당나라 두보(杜甫)의 〈오초로 가려하면서 사군인 장득류(章得柳) 및 막부의 여러 공들을 남기고 떠나다(將適吳楚, 留別章使君留後兼幕府諸公)〉「중원의 소식 끊겼는데, 임금님은 지금 편안하신지?」(中原消息斷, 黃屋今安否) 《차의》「황옥은 수레 덮개이다. 감히 천자라고 손가락질하여 말할 수가 없으므로 황옥에다 기탁하여 말했다.」(黃屋, 車上蓋. 不敢斥言天子, 故托言黃屋)

政荒積愆尤　흉년 다스림에 죄만 더욱 쌓이네.
懷痾臥空閣　병들어 텅 빈 집에 누워 있으니,
惻愴增綢繆　비통함만 더욱 얽혀든다네.
東南望故山[6]　동남쪽으로 고향산천 바라보니,
上有玄煙浮[7]　위로는 검은 구름 떠 있다네.
平生采芝侶[8]　평상시 함께 지초 캐던 벗들,
寂寞今焉儔　쓸쓸하구나 이제 어디서 짝하리.
朝遊雲峰巓[9]　아침에는 구름 낀 봉우리 꼭대기서 놀고,
夕宿寒巖幽　저녁에는 그윽한 차가운 바위에서 묵었다네.
爲我泛瑤瑟[10]　내게 구슬 장식한 슬 타주는데,
泠然發淸謳　스르릉 맑은 노래 발하네.
裂牋寄晨風[11]　종이 찢어 편지 써서 새벽 바람에 부치어,
問我君何求　내게 묻는다네. 「그대 무엇 추구하는가?
洪濤捩君柁[12]　큰 물결 그대 키 비틀고,

6 망고산(望故山): 당나라 위응물(韋應物)의 〈고릉에서 마음을 적어 삼원의 노소부에게 부치다(高陵書情寄三原盧少府)〉「아침 저녁으로 스스로 물러날 생각하여, 문 나서면 고향 바라본다네.」(日夕思自退, 出門望故山)

7 현연(玄煙): 연(煙)은 순희본(淳熙本)에는 「구름 운」(雲)자로 되어 있다. 현연은 흑운(黑雲), 곧 먹구름이라는 뜻이다. 진나라 반니(潘尼)의 〈불(火賦)〉「먹구름 사방에서 모여들고, 구름 뭉게뭉게 안개 모여드네.」(玄煙四合, 雲蒸霧萃) 무이산주희연구센터(武夷山朱熹研究中心)의 《주희시사선주(朱熹詩詞選注)》(福建敎育出版社, 1993)에서는 현기(玄氣), 곧 자연의 원기라고 하였다.

8 채지려(采芝侶): 진(秦)나라 말기에 섬서성(陝西省) 상산(商山)에 숨어살던 동원공(東園公)·녹리선생(甪里先生)·기리계(綺里季)·하황공(夏黃公)의 네 백발노인[白晧]은 붉은 지초를 캐면서 〈자지가(紫芝歌)〉를 지어 불렀다. 〈자지가〉는 권2 20번 시의 주 5)에 보인다.

9 조유운봉전(朝遊雲峰巓): 송나라 소식의 〈유신로(劉莘老)〉「아침에 하늘에서 놀고자 하여, 승상의 자리 나누려 하네.」(朝遊雲霄間, 欲分丞相茵) 신로는 승상 유지(劉摯)의 자이다.

10 범요슬(泛瑤瑟): 요슬은 구슬로 장식한 슬을 말한다. 진나라 도연명(陶淵明)의 〈정욕을 가라앉히다(閑情賦)〉「붉은 휘장 걷고 똑바로 앉아, 맑은 슬 타며 스스로 기뻐하네.」(褰朱幃而正坐, 泛淸瑟而自欣) 당나라 유우석(劉禹錫)의 〈소수와 상수의 신(瀟湘神)〉「초나라 나그네 구슬 장식한 슬 원망하는 듯한 소리 듣고자 하는데, 소수와 상수 깊은 밤 달 밝을 때라네.」(楚客欲聽瑤瑟怨, 瀟湘深夜月明時)

11 신풍(晨風): 《차의》에서는 「매」(鸇)라고 하였는데 틀린 것 같다. 한나라 이릉(李陵)이 지었다는 〈소무에게 주다(與蘇武詩)〉「새벽 바람 일려할 때 출발하면서, 천한 몸 그대 떠나보내네.」(欲因晨風發, 送子以賤軀) 새벽 바람에 의탁하여 편지를 부친다는 뜻이다.

12 열군타(捩君柁): 열(捩)은 비튼다는 뜻이다. 또한 꺾는다는 뜻으로도 쓰인다. 당나라 한유(韓愈)의 〈궁귀들

狹硤櫂君輈[13]	좁은 협곡 그대 배 꺾는다네.
君還若不早	그대 돌아감 이르지 않다면,
無乃非良謀[14]	훌륭한 계책 아니지 않겠는가?」
再拜謝故人	옛 벗들에게 두 번 절하며 고마워하고,
低徊更包羞[15]	서성이니 더욱 부끄럽다네.
桂華幸未歇	계수나무 꽃 다행히 아직 다 지지 않았네.
去矣從君游	떠나리라, 그대들 좇아 노닐러.

을 떠나보내다(送窮文)〉「손목을 비틀어 국을 엎게 하고, 목청을 울렸다 하면 꺼리는 것을 저촉케 한다.」(捩手覆羹, 轉喉觸諱) 또한 여(攦)라고도 한다. 《장자·거협(胠篋)》「공수의 손가락을 꺾어버리면 온 세상에서 비로소 사람들이 재주를 갖게 된다.」(攦工倕之指而天下始人有其巧矣) 타(柁)는 배를 바르게 가게끔 조정하는 장치로, 타(舵)라고도 한다. 당나라 두보의 〈청명(清明)〉「금 등자 산 내려오니 붉은 해 저물고, 상아 돛대 키 비트니 청루 멀다네.」(金鐙下山紅日晚, 牙檣捩舵靑樓遠) 두보의 시에 쓰인 열(捩)자의 뜻은 배를 젓기 위해서 키질을 한다는 뜻이다.

13 협(硤): 《윤씨수초》「『협(硤)』은 『협(峽)』과 같다.」(硤, 同峽)

14 군하~양모(君何~良謀): 《차의》「이는 황수와 유평 등 여러 사람이 선생에게 물은 뜻이다.」(此卽黃劉諸人問先生之意也)

15 저회(低徊): 배회(徘徊)와 같은 뜻.
포수(包羞): 《주역·비괘(否卦)》 밑에서 세 번째 음효[六三]의 효사(爻辭)「품은 것이 부끄럽다.」(包羞) 〈상사(象辭)〉에서는「품은 것이 부끄럽다는 것은 자리가 마땅하지 않기 때문이다.」(包羞, 位不當也)라 하였다.

54. 夜坐有感[1]

밤에 앉았노라니 느낌이 있어

秋堂天氣清[2]	가을 대청에 하늘 기운 맑은데,
坐久寒露滴	오래 앉았자니 차가운 이슬 듣네.
幽獨不自憐[3]	그윽이 홀로 있음 가련치 않으나,
玆心竟誰識	이 마음 마침내 누가 알까?
讀書久已懶[4]	책 읽음 오래전에 이미 게을러졌고,
理郡更無術	고을 다스림에 더욱 기술 없네.
獨有憂世心	홀로 세상 근심하는 마음 가지고 있자니,
寒燈共蕭瑟[5]	차가운 등 함께 소슬하네.

1 이 시는 꿔치(郭齊)가 인용한 《주자가문시집(朱子可聞詩集)》(권1)에서는 위응물의 〈추야(秋夜)〉를 모방해서 지었다고 하였다. 위응물의 시는 《위소주집(韋蘇州集)》 권6에 수록되어 있는데 2수로 되어 있다.

2 천(天): 송절본(宋浙本)에는 「밤 야」(夜)로 되어 있다.

3 유독부자련(幽獨不自憐): 당나라 위응물(韋應物)의 〈오공 노허를 찾아 뵙고 《논형》을 빌렸는데 하루 더 묵히고 장난삼아 짓다(謁吴公路許借論衡, 復留一日戲作)〉「그윽이 홀로 자득하지 못하여, 수레 타고 오두막 문 두드렸다네.」(幽獨不自得, 駕言欵齋廬)

4 구이라(久已懶): 당나라 위응물(韋應物)의 〈두 엄씨에게 부치다(寄二嚴)〉「음악 듣는 일 이미 게을러져서, 오늘 그대들 만남 바랐었다네.」(絲竹久已懶, 今日遇君忺)

5 한등소슬(寒燈蕭瑟): 송나라 소식의 〈신축년 11월 19일 이미 자유와 정주의 서문 바깥에서 헤어져 말 위에서 시 한 편을 지어 부치다(辛丑十一月十九日既與子由别於鄭州西門之外馬上賦詩一篇寄之)〉「차가운 등 마주함 옛날인 것 같은데, 밤비 어느 때 쓸쓸하게 들었던가?」(寒燈相對記疇昔, 夜雨何時聽蕭瑟)

55~56. 讀諸友遊山詩卷, 不容盡和, 和首尾兩篇

여러 벗들이 쓴 산을 유람하고 쓴 시축들을 읽고 다 화답하지 못하고 첫머리와 끝의 두 편에만 화답하다

55

去年尋得李家山[1]	지난해 이씨가 살던 집 찾았는데,
考卜眞成屋數間[2]	집터 살펴 실로 집 몇 칸 짓고자 하였다네.
要與青衿時散帙[3]	때로 선비들과 함께 이따금 책 펼치고,
閑臨碧澗共觀瀾[4]	한가로이 푸른 냇가에 이르러 함께 물결 보고자 하였네.
詩書本說人間事	시서는 본래 인간사를 말하고,
勳業休看鏡裏顔[5]	훈업은 거울 속의 얼굴 보지 말게나.

1 이가산(李家山): 《차의》「아마 백록동을 가리킬 것이다.」(蓋指白鹿洞) 이씨는 바로 백록동에서 은거했던 당말의 이발(李潑)을 말한다.

2 고복(考卜): 《시경·대아·문왕유성(大雅·文王有聲)》「점 살피시어 문왕께서, 호경에 자리 잡으셨네.」(考卜維王, 宅是鎬京) 주희는「고는 상고한다는 뜻이다.」(考, 稽也)라 하였다.

3 청금(青衿): 푸른색을 두른 옷깃. 학생을 말한다. 권3 111번 시의 주 1)을 보라.

산질(散帙): 책을 펼치다. 책을 읽는다는 것을 가리키는 말로 쓰이게 되었다. 남조 송나라 사령운(謝靈運)이 〈종제인 혜련에게 답하다(酬從弟惠連)〉「시내 건너 나의 집 찾아와서, 책 펴놓고 알고 싶은 것 묻는다네.」(凌澗尋我室, 散帙問所知) 《문선》에 주를 단 당나라 유량(劉良)은「산질은 책을 펼치는 것을 말한다.」(散帙, 謂開書帙也)라 하였다.

4 관란(觀瀾): 《맹자·진심(盡心) 상》「물을 구경하는 데에는 방법이 있으니 반드시 그 여울목을 보아야 한다. 해와 달의 밝음이 있으니 빛을 받아들이는 곳이라면 반드시 비추인다.」(觀水有術, 必觀其瀾. 日月有明, 容光必照焉)

5 시서~훈업(詩書~勳業): 《차의》「당시에 간서 일파는

誰識寥寥千古意	누가 아득한 천고의 깊은 뜻 알리오?
新詩題罷蘚痕斑[6]	새 시 다 지으니 깎은 흔적으로 얼룩져 있네.

56

向來結友尋名山[7]	지난날 벗 사귀어 이름난 산 찾았는데,
下窮絶壑高危顚	아래로는 깎아지른 골짝 다하였고 위로는 산꼭대기 아득하였다네.
胡爲一旦墮塵網[8]	어쩌다가 하루 아침에 속세의 그물에 떨어졌던가?
五老在望心茫然	오로봉 바라보이는 곳에 있자니 마음 아득하다네.
靑牛底處有行迹[9]	푸른 소 어느 곳에 간 자취 남겼으며,

독서와 궁리를 힘쓰지 않고 오로지 역행을 일삼았으며, 영가 일파는 또한 공업을 주로 하였으므로 이렇게 말하였다.」(當時江西一派, 不以讀書窮理爲務, 而專以力行爲事. 永嘉一派, 又以功業爲主故云) 《윤씨수초》「산속에 거처하며 책을 읽는 것 또한 사업으로 별도로 추구할 필요가 없다.」(山居讀書亦是事業不必別求)

6 신시제파(新詩題罷): 당나라 두보의 〈근심을 풀다(解悶)〉 제7수 「성령을 도야하는 데는 어떤 것이 있는가 하니, 새 시 다 고치고 나면 스스로 길게 읊어 보는 것이라네.」(陶冶性靈存底物, 新詩改罷自長吟)

7 결우심명산(結友尋名山): 송나라 사마광(司馬光)의 〈범경인에게 화답하다(和范景仁)〉 「지난 날 벗 사귀어 이름난 산 찾았는데, 외로이 떠돌며 수석 사이 걸어 다녔다네.」(比時結友尋名山, 伶俜徒步水石間)

8 진망(塵網): 세속의 속박을 말한다. 권1 53번 시의 주 13)을 보라.

9 청우~유행적(靑牛~有行迹): 한(漢)나라 유향(劉向)의 《열선전(列仙傳)》「노자가 서쪽으로 감에 함곡관령인 윤희에게 아득히 보랏빛 기운이 관의 위에 떠있는 것이 보였는데 노자가 과연 푸른 소를 타고 지나가는 것이었다.」(老子西遊, 關令尹喜望見有紫氣浮關, 而老子果乘靑牛而過也) 또 송나라 축목(祝穆)이 《고금사문유취·속집(古今事文類聚·續集)》 권3에서 인용한 〈관중기(關中記)〉「주나라 원년 노자가 함곡관을 지날 때 관령 윤희가 먼저 문을 지키는 관리에게 일러 말하였다. 『늙은 분이 동쪽에서 오면서 푸른 소를 타고 큰 수레로 다가오는 자가 있으면 관문을 통과시키지 말라.』 그 날 과연 늙은이가 푸른 소가 끄는 수레를 타고 오는 것이 보였다. 관문을 지나려는데 관리가 들어가서 알렸다. 윤희가 말하였다. 『그래, 그 분이 지금 오시는구나.

白鹿幾時同正員[10]	흰 사슴 어느 때나 정원 함께 할까?
淸遊帶雨想幽絶	맑은 놀이 비 띠어도 생각 깊고 빼어나니,
妙處只恐詩中傳	묘한 곳 다만 아마 시 속에서만 전하리.

내 성인을 만나 뵙겠다.』 즉시 인끈을 차고 나가 맞아들여 제자의 예를 차렸다.」(周元年, 老子之度關, 令尹喜先勅門吏曰, 若有老公從東来, 乘靑牛薄板車者, 勿聽過關. 其日果見老公乘靑牛車来. 度關, 吏入白之. 喜曰, 諾, 公今来矣. 我見聖人矣. 即帶印綬出迎, 設弟子之禮) 푸른 소를 타고 다닌 사람에 대하여《차의》에서는 「이발을 가리킨다」(指李渤)고 하였으며,《차보》에서는 「유응지를 가리킬 것이다. 유응지는 늘 소를 타고 다녔으며 〈기우가〉를 지어 남겼다.」(恐指劉凝之. 凝之常騎牛, 有騎牛歌)라 하였다. 이발은 흰 사슴[白鹿]과 관련되어 바로 다음 구절에서 언급하였으므로《차보》의 설이 옳은 것 같다. 유응지가 소를 타고 다닌 일과 〈기우가〉를 지어 남긴 사실은 위 5번 시의 주 1)에 보인다.

저처(底處): 하처(何處)와 같은 말이다.

10 동정원(同正員): 정식으로 편제된 인원. 당나라 유종원(柳宗元)의 〈형주자사 여온에게 바치는 제문(祭呂荊州溫文)〉에 「우인 영주태수 사마원외 치동정원 유종원」(友人守永州司馬員外置同正員柳宗元)이라는 말이 있다.《차의》「당시 선생이 백록동주가 되기를 구하였으므로 이렇게 말하였다.」(時先生求爲白鹿洞主故云)

57. 戲贈勝私老友[1]

장난삼아 오랜 벗인 승사에게 드림

槐花黃盡不關渠[2]	홰나무 꽃 누래져서 다 져도 그와는 상관 없고,
老向功名意自疎	늙어서는 공명 향한 뜻 절로 멀리하였다네.
乞得山田三百畝	산의 밭 삼백 무 얻기 구하여,
青燈徹夜課農書[3]	푸른 등불 켜고 밤새도록 《농서》 깊이 연구하였다네.

勝私先侍講, 嘗著農書三卷[4]

승사의 선친은 시강으로 일찍이 《농서》 세 권을 지은 적이 있다

1 승사(勝私): 진극기(陳克己)의 자. 남강(南康) 사람이다. 주희가 남강에 와서 비로소 알게 된 사이이며, 《주문공집》에 가끔 보이는데 주희가 남강군을 다스릴 때 편지를 보내서 비판한 적이 있다. 승사와 극기는 같은 뜻이다.

2 괴화~불관거(槐花~不關渠): 거(渠)는 지시대명사로 「그」라는 뜻이다. 진극기를 가리켜 말하였다. 《차보》 「괴화는 『괴화황, 거자망』의 고사를 썼다. 승사가 과거에 응시하지 않았으므로 이렇게 말하였다.」(槐花, 用槐花黃擧子忙之語. 勝私不應擧故云) 「괴화황, 거자망」은 권6 8번 시의 주 3)을 보라.

3 청등(青燈): 푸른빛을 띤 등불이라는 뜻인데 외롭고 청빈한 생활을 한다는 뜻을 비유하는 말로 쓰인다.
과(課): 연찬(硏鑽)한다는 뜻이다.

4 승사선시강(勝私先侍講): 《차의》 「승사의 부친은 일찍이 시강관이 되었다.」(勝私之父嘗爲侍講官)
농서(農書): 진진손(陳振孫)의 《직재서록해제(直齋書錄解題)》에서는 서산은거(西山隱居) 전진자(全真子) 진부(陳旉)가 지었으며, 홍경선(洪慶善)이 후서(後序)를 지어주었다고 하였다. 《문헌통고(文獻通考)》 등에서는 진방(陳雱), 또는 진우(陳雩)로도 되어 있는데 모두 자체가 비슷하여 그렇게 말한 것 같으며, 진진손은 「원본에는 우(雩)로 잘못되어 있는데 지금 바르게 고쳤다.」(原本誤作雩今改正)라 하였다.

58. 代勝私下一轉語[1]

승사를 대신하여 해명하다

碓下泉鳴溜決渠[2]　물레방아 아래 샘물 소리내며
방울방울 떨어져 시내로 넘쳐흐르고,

屋頭桑樹綠扶疎[3]　집 어귀에는 뽕나무
푸릇푸릇 잎 무성하고 빽빽하네.

朱虛正自知田事[4]　주허후 바로
스스로 농사일 아니,

1 전어(轉語): 이쪽의 말을 저쪽으로 옮긴다는 뜻인데, 이로 인해 해명한다는 뜻으로 인신되었다.

2 유결거(溜決渠): 당나라 두보(杜甫)의 〈백학사의 띠집(柏學士茅屋)〉「갠 구름 문에 가득하니 덮개 둥글게 기울인듯하고, 가을 물 섬돌로 떠올라 시내로 흘러 헤치고 드네.」(晴雲滿戶團傾蓋, 秋水浮階溜決渠」

3 녹부소(綠扶疎): 부소는 잎이 무성하게 흩어진 모양. 당나라 백거이의 〈태화 무신년에 크게 풍년이 들어 조서가 내려 백관들이 성을 나가 농사를 살피고 성한 일을 쓰게 하고는 시가 채택되기를 기다리게 하였다(太和戊申歲大有年, 詔賜, 百寮出城觀稼, 謹書盛事, 以俟采詩)〉「이른 벼 누렇게 섞이어 아래로 처지고, 늦은 벼는 푸른데 잎 무성하고 빽빽하네.」(早禾黃錯落, 晚稻綠扶疎)

4 주허~지전사(朱虛~知田事): 주허는 현 이름으로 한나라 때 설치되었다. 산동성(山東省) 임구현(臨朐縣) 동쪽에 있는데, 여기서는 특별히 한나라 때 주허후(朱虛侯) 유장(劉章)을 가리켜 말하였다. 《사기·제도혜왕세가(齊悼惠王世家)》「주허후(곧 劉章)는 나이가 스무 살로 기력이 있어 유씨들이 관직을 얻지 못하는 것에 대하여 분개하고 있었다. 일찍이 고후가 연회하는 자리에 들어가 모신 적이 있었다. …… 주흥이 오르자 유장이 나아가 음주가무를 하였다. 조금 있다가 말하였다. 『청컨대 태후를 위해서 밭갈이 노래를 불러보겠습니다.』 여후는 그를 아이로 여기고 웃으며 말하였다. 『너의 아비나 농사일을 알 따름이지 너는 왕의 아들로 태어났는데 어찌 농사일을 알겠느냐?』 …… 유장이 말하였다. 『깊이 갈아 빽빽이 심어도 싹은 듬성듬성 나려 하니, 그 씨 아니면 김매어 없애리라.』 여후는 잠자코 있었다.」(朱虛侯年二十, 有氣力, 忿劉氏不得職. 嘗入待高后燕飲……酒酣, 章進飲歌舞. 已而曰, 請爲太后言耕田歌, 高兒子畜之, 笑曰, 顧而父知田耳. 若生而爲王子, 安知田乎?……章曰, 深耕穊種, 立苗欲疏, 非其種者, 鉏而去之. 呂后默然)

5 마복(馬服): 전국시대 조(趙)나라 땅으로 지금의 하북성(河北省) 한단현(邯鄲縣) 서북쪽에 있으며, 조사(趙奢)의 봉지였다. 조사의 아들 조괄(趙括) 또한 마복이라 하였다. 《사기·항우본기(項羽本紀)》「진여 또한 장감에게 서신을 보내어 말하였다. 『백기는 진나라의 장수가 되어 남으로는 언영을 정벌하고 북으로는 마복을 갱형에 처하였습니다.』」(陳餘亦遺章邯書曰, 白起為秦將, 南征鄢郢, 北阬馬服) 같은 책 〈염파인상여열전(廉頗藺相

馬服何妨讀父書[5]　　마복 부친이 전한 책
　　　　　　　　　　읽음 무슨 거리낌 있겠는가?

如列傳)〉「인상여가 말하였다.『……조괄은 한갓 그 애비가 전한 책이나 읽을 수 있을 뿐 융통성 있는 임기응변은 모릅니다.』」(藺相如曰……括徒能讀其父書傳, 不知合變也) 당나라 사마정(司馬貞)의 《색은》에서는「위소는 말하였다.『조사의 아들 조괄인데 대신 마복이라고 불렀다.』 최호는 말하였다.『마복은 조나라의 관직 이름으로 무사에 복무함을 말한다.』(韋昭云, 趙奢子括也, 代號馬服. 崔浩云, 馬服, 趙官名, 言服武事)라 하였다.

59. 和戴主簿韻[1]

대주주의 시에 화운하다

平生本自好樓居[2]　　평소부터 본래
　　다락방에 살기 좋아하였는데,

況接高人永晝餘　　하물며 뜻 높은 사람
　　긴 낮에 만났음에랴.

共喜江山入尊俎　　함께 강산 기뻐하며
　　연석(宴席)에 들고,

從敎幕府省文書[3]　　막부에서 가르침 좇아
　　문서 빠뜨렸다네.

1 대주부(戴主簿): 곧 대사유(戴師愈: ?~1073)이다. 자는 소한(紹韓), 또는 공문(孔文)이라고 하였으며, 호는 옥계자(玉谿子)로 남강군(南康軍) 성자현(星子縣) 사람이다. 융흥(隆興) 원년에 진사가 되어 상음주부(湘陰主簿)가 되었으며 노년은 집에서 보냈다. 여산(廬山)의 예와 지금의 인물들의 행적을 수집하여 열전 13권을 지었다. 그가 지었다고 하는 《마의역설》은 위작인데 이러한 사실은 주희가 《주문공집》 권81의 두 발문(跋文)에서 입증한 바 있다. 이 시는 주희가 군 청사에서 대사유에게 연회를 베풀어줄 때 지어준 것이다.

2 호루거(好樓居): 누거는 다락방에 사는 것을 말한다. 《사기·효무본기(孝武本紀)》「공손경이 말하였다. 『선인을 보실 수 있으니 …… 지금 폐하께서는 누관을 만드시어 구지성처럼 하시고 말린 고기와 대추를 차려놓으시면 신선이 이르게 될 것입니다. 또한 선인은 다락방에 거처하는 것을 좋아할 것입니다.』」(公孫卿曰, 仙人可見……今陛下可爲觀, 如緱氏城, 置脯棗, 神人宜可致. 且仙人好樓居) 같은 내용이 〈봉선서(封禪書)〉에도 나온다. 이 구절은 대사유가 신선 같은 삶을 산다는 것을 말하고 있다. 송나라 유엄(劉弇)의 〈부사의 문루(富沙門樓)〉 제5수「일찍이 신선 다락방에 거처함 좋아한다고 들었는데, 다락방 바깥의 신선 들어가 손으로 가리키며 부르네.」(曾聞仙者好樓居, 樓外仙山入指呼)

3 막부성문서(幕府省文書): 《사기·이장군열전(李將軍列傳)》「오랑캐를 치러 나갈 때 이광은 행군하면서 엄격한 대오나 진형을 갖추지 않았으며 좋은 물이나 풀이 있으면 주둔하여 머물러 쉬게 하여 사람마다 편하게 하였으며, 조두를 쳐서 스스로 지키지도 않았고 막부에서는 문서와 장부 같은 업무는 생략하였다. 그러나 또한 척후를 멀리까지 보내었으므로 피해를 입은 적이 없다.」(及出擊胡, 而廣行無部伍行陳, 就善水草屯, 舍止, 人人自便, 不擊刁斗以自衛, 莫府省約文書籍事, 然亦遠斥候, 未嘗遇害) 《윤씨수초》「고인과 서로 만나므로 문서를 생략하고 살피지 않는 것이다.」(與高人相接, 故省文書而不觀) 송나라 황정견(黃庭堅)의 〈경령과 기보에게 부치다. 신당읍을 지나면서 지었는데 곧 기보가 옛날에 다스리던 곳이다(寄耿令幾父, 過新堂邑作. 迺幾父舊治之地)〉「막부에서는 문서 생략하고, 취하여 돌아와 만나 비스듬하게 얼굴 가리네.」(幕府省文書, 醉歸接䍦斜)

感君肯出新詩句　　그대 새로 지은 싯구 기꺼이
　　꺼내려 함에 감격하였는데,
恨我終思舊草廬　　나 끝내 옛 초가집
　　그리워함 유감스럽네.
擬借韋編訂龍馬[4]　　엮은 책 빌려
　　하도낙서 바로 잡고,
免推納甲話蟾蜍[5]　　납갑 미루어
　　섬여 말함 면했으면 하네.

戴嘗有麻衣易說, 自以爲得之異人云
대주부는 일찍이《마의역설》을 짓고서, 스스로 이인에게서 얻었노라 고 생각하였다 한다

4 위편(韋編): 죽간을 묶는 가죽 끈을 말한다.《사기·공자세가(孔子世家)》「공자는 만년에《주역》을 좋아하여 〈단〉·〈계〉·〈상〉·〈설괘〉·〈문언〉의 차서를 정하였다.《주역》을 읽어 가죽 끈이 세 번이나 끊어졌다.」(孔子晩而喜易, 序彖·繫·象·說卦·文言. 讀易, 韋編三絶) 여기서는 그냥 책이라는 뜻으로 쓰였으며, 곧 대사유가 지은《마의역설》을 가리켜서 말하였다.
정용마(訂龍馬):《차의》「용마가 그림을 지고 황하에서 나와 복희가 마침내 팔괘를 그렸다.」(龍馬負圖出河, 伏羲遂畫八卦)

5 납갑화섬여(納甲話蟾蜍):《차의》「납갑은 건을 갑에 배합하고 태를 정에 배합하는 것 같은 따위로《참동계》의 설이다.」(納甲, 如乾納甲兌納丁之類, 參同契說也) 섬여(蟾蜍)는 하마(蝦蟆) 곧 두꺼비이다. 진(晉)나라 갈홍(葛洪)의《포박자·선약(仙藥)》「육지라는 것은 만 년을 산 두꺼비이다. 머리에 뿔이 있고 턱 아래에는 붉은 글씨로 팔자가 있다.」(肉芝者, 謂萬歲蟾蜍. 頭上有角, 頷下有丹書八字) 당나라 동방규(東方虯)의〈섬여부(蟾蜍賦)〉「그 기이함을 일컫자면 땅을 그으면 내를 이루고, 그 신령함을 말하자면 하늘에 올라 달에 들어간다.」(稱其異則畫地成川, 謂其神則登天入月)《표보》「《참동계》에서는 말하였다.『두꺼비와 토끼의 혼백이니 해와 달 모두 밝지 않네. 두꺼비는 괘의 절기를 보며, 토끼는 생겨나는 빛을 토해낸다.』두꺼비는 달을 말한다. 대체로 달이 햇빛을 받는 것으로 단의 화후에 비유하니 납감이라는 것은 반달과 보름달, 그믐, 초하루 등의 자리이다. 이른바『납갑화섬여』라는 것은 아마 이를 가리켜 말할 것이다.《차의》의 해석은 본뜻이 아닌 것 같다.」(參同契曰, 蟾蜍與兎魄, 日月無雙明. 蟾蜍眂卦節, 兎者吐生光. 蟾蜍, 謂月也. 盖以月受日光, 譬丹之火候而納甲者, 弦望晦朔之位也. 所謂納甲話蟾蜍, 恐指此而言. 箚釋似非本旨)《차보》「섬여는 달의 정령이다.《참동계》에『태는 정을 받고, 진은 경을 받는다』,『두꺼비는 괘의 절기를 본다』라는 문장이 있다.」(蟾蜍, 月精. 參同契有兌受丁, 震受庚, 蟾蜍視卦節之文)《윤씨수초》「섬여는 달의 정령으로 곧 달이다. 납갑은《역》으로 도서를 바로잡는 것을 말하며 반드시 납갑이라 미루어 말할 필요는 없다.《마의역설》은 전적으로 화후만 썼으므로 이렇게 말하였다.」(蟾蜍, 月精, 直月. 納甲, 言以易訂圖書, 不必推說納甲. 麻衣易說全用火候故云)

60~61. 次沈侍郎游楞伽李氏山房韻[1]

심시랑의 능가원의 이씨 산방에서 노닐다라는 시의 각운자를 써서 짓다

60

喜陪後騎陟崔嵬	기쁘게 모시고 말 뒤따르며 높고 험한 산 오르니,
竹裏泉鳴古寺開	대나무 숲속 샘물 울리는 곳에 옛 절 열려 있네.
吟罷蘇仙頭白句[2]	소식 신선 머리 희다는 구절 다 읊조리고 나니,
天風更送好詩來	하늘의 바람 다시 좋은 시 보내오네.

1 심시랑(沈侍郎): 미상(未詳).
능가(楞伽): 곧 능가원(院)으로 군의 서북쪽 수십 리 지점에 있다.
이씨산방(李氏山房): 이씨는 곧 이상(李常: 1027~1090)을 말한다. 송나라 소식의 〈이군의 산방 기문(李君山房記)〉「나의 벗 이공택은 젊을 때 여산의 오로봉 아래에 있는 백석암의 승사에서 공부를 하였는데 공택이 떠나고 나자 산중의 사람들이 그를 그리워하여 그가 거처하던 곳을 가리켜 이씨산방이라고 하였으며 장서가 모두 9천여 권이었다. …… 책을 돌아보면 옛날 그대로로 일찍이 조금도 버린 적이 없이 장차 나중에 오는 자에게 물려주어 무궁한 요구에 공급해서 각기 그 재분의 마땅히 얻을 수 있는 바를 충족하게 하였다.」(余友李公擇, 少時讀書於廬山五老峰下白石菴之僧舍, 公擇旣去, 而山中之人思之, 指其所居, 爲李氏山房, 藏書凡九千餘卷……而書顧自如也, 未嘗少損, 將以遺來者, 供其無窮之求, 而各足其才分之所當得)

2 소선두백구(蘇仙頭白句): 소선은 소식을 말한다. 당나라 두보의 〈만나지 못함(不見)〉「광산의 책 읽던 곳, 머리 희어져 즐거이 돌아오네.」(匡山讀書處, 頭白好歸來) 송나라 소식의 〈이공택의 백석산방에 적다(書李公擇白石山房)〉「만약 귀양 간 신선 말 부침 많았음 봤다면, 광산의 머리 흰 늙은이 일찍 돌아왔으리.」(若見謫仙煩寄語, 匡山頭白早歸來)

61

天聽已許一言悟[3] 천자께서 들으심 이미
　한 마디 깨달음 인정하였고,

年少懸知萬卷開[4] 나이 어려서 미리
　만 권 펼칠 줄 알았다네.

珍重當時讀書處 애석하게도 당시의
　책 읽던 곳에는,

低回空有後人來 배회함 부질없이
　후인들 왔음이라네.

3 천총~일언(天聽~一言): 천총(天聽)은 임금이 듣는 것을 좋게 표현한 말. 《한서·차천추전(車千秋傳)》「차천추는 본래 성이 전씨였는데 그 선조인 제나라의 여러 전씨가 장릉으로 옮겼다. …… 차천추는 별다른 재능이나 학술이 없었으며 또한 경력이나 공로도 없었고, 다만 한 마디 말로 의미를 깨달았으며 열 달만에 재상이 되고 제후에 봉하여졌는데 세상에 일찍이 이런 일이 없었다.」(車千秋, 本姓田氏, 其先齊諸田徙長陵……千秋無他材能術學, 又無伐閱功勞, 特以一言寤意, 旬月取宰相封侯, 世未嘗有也) 《차의》「공택이 간언을 한 것 같다.」(疑公擇有諫語也) 《윤씨수초》「이상은 나중에 우정언이 되어 신법에 대하여 간쟁하였다.」(李後爲右正言爭新法) 이상이 간언한 말은 다음의 64번 시에 보인다.

4 연소~만권(年少~萬卷): 당나라 두보(杜甫)의 〈백학사의 띠집(柏學士茅屋)〉「옛 사람 이미 겨울 석 달로 학문 풍부해졌는데, 나이 어린 자들 이제 만 권여 책 펴네.」(古人已用三冬足, 年少今開萬卷餘)

62~75. 奉同尤延之提擧廬山雜詠十四篇[1]

삼가 우연지 제거의 여산잡영 14편과 같은 운자로 짓다

62 白鹿洞書院	賦梅在郡城東北十五里. 事見記文[2]
백록동서원	군 성의 동북쪽 십 오리 지점에 있다. 기문에 사실이 보인다
昔人讀書地[3]	옛 사람 책 읽던 곳,
町疃白鹿場[4]	집 곁의 빈 터 흰 사슴 노는 마당 되었다네.
世道有升降	세로에 오르막 내리막 있는데,
玆焉更表章	이에 다시 드러나 빛나네.
矧今中興年[5]	하물며 지금 중흥의 시대라,
治具一以張[6]	나라 다스리는 조치 한결같이 펼치네.
絃歌獨不嗣[7]	현가 유독 잇지 못하니,
山水無輝光	산수 광휘 없다네.

1 우연지(尤延之): 우무(尤袤: 1127~1194)의 자. 무석(無錫: 지금의 江蘇) 사람이며, 호는 미헌(美軒) 또는 수초거사(遂初居士)라고 하였다. 소흥 연간에 진사가 되었으며 태흥령(泰興令)을 거쳐 이때는 강동제거상평(江東提擧常平)으로 있었고 예부상서 겸 시독까지 올랐다. 시에 뛰어나 양만리(楊萬里), 범성대(范成大), 육유(陸游)와 더불어 남송사대가(南宋四大家)로 일컬어진다.

2 기문(記文): 《차의》「여조겸(呂祖謙)이 지었다.」(呂東萊所作)

3 석인독서지(昔人讀書地): 송나라 섭적(葉適)의 〈왕씨의 독서실(王氏讀書室)〉「옛 사람 책 읽던 곳, 묘한 이치 궁벽한 집에서 나왔다네.」(古人讀書地, 妙理出窮閭)

4 정탄백록장(町疃白鹿場): 탄(疃)은 「畽」이라고도 하며 짐승이 짓밟고 다니는 곳이다. 정탄(町疃)은 농가 곁의 빈 땅이다. 《시경·빈풍·동산(豳風·東山)》「집 곁의 빈 터 사슴 마당 되었으며, 반짝반짝 반딧불 나네.」(町畽鹿場, 熠燿宵行) 정탄에 대하여 무씨의 주석에서는 「사슴의 자취이다.」(鹿跡也)라 하였고, 주희는 「집 곁의 공터이다. 사람이 없기 때문에 사슴들이 마당으로 삼은 것이다.」(舍旁隙地也. 無人焉, 故鹿以為場也)라 하였다.

5 중흥년(中興年): 당나라 두보의 〈행재소에 이름을 기뻐하다(喜達行在所)〉「오늘 아침 한나라 사직, 새로이 중흥의 해 헤아린다네.」(今朝漢社稷, 新數中興年)

6 치구(治具): 나라를 다스리는 조치. 《장자·천도(天道)》「느닷없이 실제와 명분, 상과 벌을 말하는 것은 다스리는 도구는 안다고 하겠지만 다스리는 도는 알지 못하는 것이다.」(驟而語形名賞罰, 此有知治之具, 非知治之道) 당나라 한유(韓愈)의 〈학문에 나아감에 대하여 해명함(進學解)〉「지금 바야흐로 성군과 현신이 서로 만나 다스리는 도구가 모두 펼쳐져 흉악하고 사악한 무리들을 뽑아버리고 준량들을 등용하였다.」(方今聖賢相逢, 治具畢張, 拔去兇邪, 登崇俊良)

7 현가(絃歌): 음악과 노래로써 다스린다는 뜻으로 태평성세의 다스림을 비유한다. 《논어·양화(陽貨)》편에서 나왔으며, 자세한 것은 권2 124번 시의 주 25)를 보라.

荒榛適剪除[8] 거친 초목 덤불 마침 잘라 없애니,
聖謨已汪洋[9] 성왕의 계책 이미 넓고 깊다네.
亦有皇華使[10] 또한 번쩍번쩍 나라 빛낼 사신 있어,
肯來登此堂 기꺼이 와서 이곳 대청 오른다네.
問俗良懇惻 시속 물으니 실로 간절함 통절하고,
懷賢增慨慷 어진이 품으니 더욱 강개하네.
雅歌有餘韻 아가 남은 운치 있으니,
絶學何能忘[11] 끊어진 학문 어찌 잊을 수 있겠는가?

63 折桂院黃雲觀 절계원황운관

在書院東北五里. 院後作亭, 取李白黃雲萬里動風色之句名之[12]
서원의 동북쪽 5리 지점에 있다. 서원의 뒤에 정자를 짓고 이백의 「누런 구름 만 리나 뻗어 풍광을 움직이네」라는 구절을 취하여 이름으로 삼았다

城中東北望 성에서 동북쪽 바라보니,
五老何蒼蒼 오로봉 얼마나 푸릇푸릇한가!
下有前朝寺 아래에는 전대의 절 있는데,
一原頗深藏 한 원류 자못 깊이 감춰져 있네.
門前林澗幽 문 앞에는 숲의 계곡 깊숙하고,
屋後雲木荒 집 뒤에는 구름에 싸인 나무 거치네.
閑窓亦明潔 한가로운 창문 또한 밝고 깨끗한데,

8 황진(荒榛): 어지러이 섞이어 떨기져 난 초목. 진(晋)나라 손작(孫綽)의 〈천태산에서 놀다(游天臺山賦)〉「무성하게 우거진 숲 헤치고, 높고 가파른 벼랑 기어오른다.」(披荒榛之蒙蘢, 陟峭崿之崢嶸)

9 성모왕양(聖謨汪洋): 《서경·이훈(伊訓)》「아아! 왕위를 이은 사람은 그 몸을 공경히 할진저! 제왕의 계책은 크고 아름다우며, 아름다운 말은 크게 빛난다네.」(嗚呼. 嗣王祇厥身, 念哉. 聖謨洋洋, 嘉言孔彰)

10 황화사(皇華使): 《시경·소아·황황자화(皇皇者華)》의 소서(小序)「〈황황자화〉는 군주가 사신을 보내는 것이니, 예악으로 전송하면서 멀리 나가 국가를 빛냄을 말한 것이다.」(皇皇者華, 君遣使臣也, 送之以禮樂, 言遠而有光華也)《차의》「아마 우연지를 가리킬 것이다.」(蓋指尤延之) 당나라 두보의 〈위유하 낭중에게 부치다(寄韋有夏郎中)〉「만리의 나라 빛내는 사신, 신료 위해 썩은 선비 기록한다네.」(萬里皇華使, 爲僚記腐儒)

11 절학(絶學): 실전(失傳)된 학문. 여기서는 공맹(孔孟)의 학문을 말한다.

12 인용된 이백 시의 구절은 〈여산요. 시어사 노허주에게 부침(廬山謠. 寄盧侍御虛舟)〉이란 시의 구절이다.

著此瑞錦張　　이곳 드러내 상서로운 비단 펼쳐 놓았다네.

僧房有瑞香花[13] 승방에는 서향화가 있다

更能理枯筇　　다시 마른 지팡이 놀릴 수 있어,
步上林北岡[14]　　숲 북쪽 언덕 걸어 오른다네.
仰視天宇闊[15]　　우러러 하늘 넓음 쳐다보고,
俯瞰江流長　　숙여 강물 길게 흐름 내려다보네.

卽黃雲觀 곧 황운관을 말한다

受書彼何人[16]　　책 받은 이 저 어떤 사람인가?
姓字不足詳　　성과 자 밝힐 만하지 못하네.
竹帛有遺臭[17]　　역사에는 더러운 이름 남겼으나,
桂樹徒芬芳　　계수나무 다만 향기롭기만 하다네.

李逢吉嘗讀書此院,[18] 去而登第, 以故得名

이봉길이 일찍이 이 서원에서 공부를 하다가 떠나 과거에 급제하였으므로 이름을 얻게 되었다

13 서향화(瑞香花): 송나라 진순유(陳舜兪)의 《여산기》 권2「지금 산간의 그윽한 방의 작은 헌함 앞에는 왕왕 서향화를 심는데, 태평관과 동림사의 것이 성하다. 그 꽃은 보랏빛에 향기가 진하여 뭇 꽃들과는 비견될 수가 없다. 처음에는 깊은 숲속의 우거진 풀숲에서 야생하였는데 산사람이 그 향기를 맡고 찾아가 얻어서 수년 동안 재배하였더니 크게 무성해졌다. 지금은 옮겨 심어 거의 온 천하에 널리 퍼졌는데 거의 이 산에서 나온 것이라 한다.」(今山間幽房小檻, 往往種瑞香, 太平觀東林寺為盛. 其花紫而香烈, 非羣芳之比. 始野生深林草莽中, 山人聞其香尋而得之, 栽培數年, 則大茂. 今移植幾遍天下, 蓋出此山云)

14 임북강(林北岡): 당나라 두보의 〈또 뒷동산의 산기슭을 오르다(又上後園山脚)〉「근심스레 갑 속의 칼 짚고서, 다시 숲 북쪽 언덕 오른다네.」(憂來杖匣劍, 更上林北岡)

15 천우활(天宇闊): 진나라 도연명의 〈신축년 7월 휴가를 갔다가 강릉으로 돌아가던 도중에 밤에 도구를 지나다(辛丑歲七月, 赴假還江陵, 夜行塗口)〉「밝디 밝게 하늘 넓고, 희디 희게 개울 위 평평하네.」(昭昭天宇濶, 皛皛川上平)

16 수서(受書): 곧 공부를 하였다는 뜻이다.

17 죽백(竹帛): 책, 특히 사서(史書)를 말한다. 옛날에는 죽간과 비단에 글을 썼으므로 이렇게 말한다.

유취(遺臭): 유취만재(遺臭萬載) 곧 더러운 이름을 후세에 길이 남기는 것을 말한다. 《세설신어·우회(尤悔)》「환온(桓溫)이 …… 어느새 벌떡 일어나 앉으며 말하기를『이미 아름다운 명성을 후세에 전할 수 없을 뿐 아니라, 또한 오명을 길이 남기기에도 충분치 못합니다.』라 하였다.」(桓公,……旣而屈起坐曰, 旣不能流芳後世, 亦不足遺臭萬載邪)

18 이봉길(李逢吉): 《차의》「이봉길은 당나라 목종조의 동중서문하평장사로 환관 왕수징과 결탁하여 세력이

64 楞伽院李氏山房	在折桂西十里, 李公擇讀書處.[19] 有東坡記文詩刻枯樹墨跋
능가원의 이씨산방	절계원 서쪽 10리 지점에 있는데 이공택이 공부한 곳이다. 동파의 기문과 시각, 마른 나무에 쓴 발문이 있다
躡石循急磵[20]	바위 밟고 오르며 빠른 냇물 따라,
穿林度重岡	숲 뚫고 겹쳐진 언덕 지나네.
俛入幽谷邃	고개 숙이고 골짜기 먼 곳으로 들어와,
仰見奇峰蒼	기이한 푸른 봉우리 우러러 보네.
李公英妙年[21]	이공 꽃같이 젊은 시절에,
讀書此雲房	이 산방에서 책을 읽었다네.
一去上臺閣	한번 떠나 대각에 오른 후에,
致身何慨慷[22]	몸 바침 얼마나 강개하였는가!
蘇公記藏書	소공이 써서 남긴 글,
文字有耿光	문자마다 빛 번쩍이네.
餘事亦騷雅[23]	그 밖의 일 또한 아름다운 시로,

조야를 기울였으며 우승유를 끌어들여 배도와 이봉, 이신 등을 배척하였다.」(逢吉, 唐穆宗朝同平章事. 結宦者王守澄勢傾朝野, 引牛僧孺等排裴度李絳李紳等) 배도 등이 회서(淮西)를 평정하려 한 일을 반대한 것을 말하며 이봉길의 당파를 팔관십륙자(八關十六子)라 하였다.

19 이공택(李公擇): 이상(李常: 1027~1090)의 자이다. 남강군(南康軍) 건창(建昌) 사람으로 황우 원년(1049)에 진사가 되었다. 정언(正言)으로 있을 때 왕안석의 신법에 대하여 그 불편함을 말하였다. 위 60번 시를 참고하여 보라.

20 섭석순급간(躡石徇急磵): 당나라 위응물(韋應物)의 〈간적관의 폭포를 찾다(尋簡寂觀瀑布)〉「위태하게 기운 바위 밟고 오르며 급한 시냇물 지나, 벼랑 기어오르고 아득히 걸려 있는 샘물 튀기고 노네.」(躡石欹危過急澗, 攀崖迢遞弄懸泉)

21 영묘년(英妙年): 송나라 소식의 〈기오헌(寄傲軒)〉「선생 꽃 같이 젊은 시절에, 붓 천 자루 쓸어버렸다네.」(先生英妙年, 一掃千兔禿)

22 대각~강개(臺閣~慷慨): 《송사》 권344 〈이상전(李常傳)〉「희령 초에 …… 왕안석이 그와 친밀하여 삼사조례검상관으로 삼았으며, 우정언·지간원으로 관직이 바뀌었다. 왕안석이 신법을 세울 때 이상은 논의에 참가하였는데, 청묘법으로 이자를 거두려 하지 않았다. 이에 상소문을 올려 말하기를 『……균수와 청묘법은 흩어진 것을 거두어 이식을 취함에 경전의 뜻을 견강부회하여 사람이 또한 크게 놀라니 왕망의 외람되이 《주관》의 단편적인 말을 분석하여 천하에 독이 된 것과 무엇이 다르겠습니까!』라 하였다. 왕안석은 그것을 보고 친밀한 사람을 보내어 뜻을 알렸으니 이상은 그만두지 않았다.」(熙寧初……王安石與之善, 以為三司條例檢詳官, 改右正言·知諫院. 安石立新法, 常預議, 不欲青苗收息. 至是, 疏言……至於均輸·青苗, 斂散取息, 傅會經義, 人且大駭, 何異王莽猥析周官片言, 以流毒天下! 安石見之, 遣所親密諭意, 常不為止)

23 소아(騷雅): 〈이소〉와 《시경》의〈대·소아〉로 곧 시를 가리키는데 쓰인다.

戱墨仍風霜[24]	마음대로 써둔 글씨 아직 바람서리 같네.
兩公不歸來[25]	두 분 돌아오지 않고,
歲月忽已荒	세월만 홀연히 많이 흘러갔네.
何用建遺烈[26]	남긴 장한 뜻을 어떻게 세우겠는가?
寒泉薦孤芳[27]	찬 샘물 떠서 외로운 꽃에 올리네.

65 棲賢院三峽橋[28] 在楞伽西五里

서현원의 삼협교 능가원의 서쪽 오 리 지점에 있다

兩岸蒼壁對	양쪽 기슭 푸른 벽 마주보는데,
直下成斗絶[29]	곧장 내려와 깎아지른 절벽 되었다네.
一水從中來	한 줄기 물 가운데서 나오는데,
湧潏知幾折[30]	물 용솟음쳐 흘러 몇 번이나 꺾이는가?
石梁據其會	돌다리 물 모이는 곳에 자리 잡았는데,
迎望遠明滅[31]	맞아 바라보니 멀리 반짝이네.
倏至走長蛟[32]	갑자기 이르니 긴 교룡 달리는 듯하고,

24 희묵잉풍상(戱墨仍風霜): 희묵은 마음대로 장난삼아 써놓은 글을 말한다. 한나라 유흠(劉歆)의 《서경잡기(西京雜記)》 권3 「회남왕 유안은 《홍렬》 21편을 지었는데 …… 어떤 사람이 말하기를 『유안자 스스로 이르기를 "글자가 모두 바람서리를 끼고 있다."라 하였다.』라 하였다.」(淮南王安著鴻烈二十一篇……一曰, 劉安子自云, 字中皆挾風霜)

25 양공(兩公): 이상과 소식 두 사람을 말한다.

26 하용(何用): 하이(何以)와 같은 말이다.

27 한천천고방(寒泉薦孤芳): 천(薦)은 희생 제물 없이 제사를 올리는 것을 말한다. 고방(孤芳)은 홀로 빼어난 향기로운 꽃을 말한다. 고결하고 세속을 벗어난 품격을 비유한다. 《차의》 「샘물을 따라 소식과 이상 두 사람에게 향기를 바치는 것을 말한다.」(謂酌泉薦芳於蘇李二公也)

28 삼협교(三峽橋): 북송 상부(祥符) 7년(1014)에 건립되었으며, 현재는 이름이 관음교(觀音橋)로 바뀌었다. 길이는 24.4m, 너비는 4m이다. 다리 아래쪽은 삼협동이라 하고, 위에는 24개의 못[潭]이 있으며 옥연담(玉淵潭)이 가장 뛰어나다. 다리 어귀에는 「천하제육천」(天下第六天)인 초은천(招隱泉)이 있다.

29 두절(斗絶): 《차보》 「『斗』는 『陡』와 같다. 벼랑이 가파르게 끊긴 것이다. 본래는 『阧』라고 하였다.」(斗, 與陡同. 崖壁峭絶也. 本作阧)

30 용휼(湧潏): 《차의》 「휼은 물이 흐르는 모양이다.」(潏, 水流貌)

지기절(知幾折): 이 구절은 《연감유함(淵鑑類函)》 권31에도 수록되어 있는데, 「아홉 번은 꺾인 듯하네」(如九折)로 되어 있다.

31 원명멸(遠明滅): 당나라 유장경(劉長卿)의 〈물을 건너다(渡水)〉 「저 물 흰 구름까지 이어져 있는데, 동남쪽에서 멀리 반짝이네.」(伊水連白雲, 東南遠明滅)

32 지·교(至·蛟): 《고이》에서는 각각 「일어날 기」(起), 「무지개 홍」(虹)자로 되어 있는 판본도 있다고 하였다.

捷來翻素雪[33]	빨리 오니 흰 눈 뒤치는 듯.
聲雄萬霹靂	그 소리 온갖 우레보다 씩씩하고,
勢倒千嵽嵲[34]	기세는 천 봉우리 높은 산도 넘어뜨리네.
足掉不自持[35]	발 흔들려 스스로 버티지 못하고,
魂驚詎堪說	혼 놀라니 어찌 감히 말하리오.
老仙有妙句[36]	늙은 신선 절묘한 시구 지어,
千古擅奇崛[37]	천고에 기이한 언덕 차지하였다네.
尙想化鶴來[38]	오히려 생각하네, 학으로 변한 신선 날아와,

주장교(走長蛟): 물줄기가 멀리서 급하게 흘러오는 것이 마치 긴 교룡이 달리는 것 같다는 말이다.

33 번소설(翻素雪): 급류가 흘러와 바위에 부딪혀 흰 물방울이 튀는 것을 형용한 것이다.

34 절얼(嵽嵲): 첩운 연면어. 높은 산을 말한다.

35 벽력~자지(霹靂~自持): 송나라 소식의 〈서현원의 삼협교(棲賢三峽橋)〉「하물며 온갖 우레며 천둥, 만세토록 바위와 싸운다네.」(況此百雷霆, 萬世與石鬪). 송나라 소철(蘇轍)의 〈여산 서현사의 새로 수축한 승당의 기문(廬山棲賢寺新修僧堂記)〉「원풍 3년(1080) 나는 죄를 지어 고안으로 귀양 갔다. 여름 6월에 여산을 지났는데 그 승경을 알고도 감히 머물 수가 없었다. 그래서 이틀을 머물며 여산의 남쪽을 거닐며 서현곡으로 들어가 보았다. 골짜기에는 큰 돌들이 많았으며 높고 위태로이 서로 기대고 있었다. 물줄기는 돌 사이로 흘러갔는데 그 소리가 마치 우레와 같아 천 승의 수레를 타고 가는 자라 하더라도 마구 떨려 스스로 지탱할 수 없을 것인데 삼협과 같이 험준한 곳이라도 그보다 더하지는 않았을 것이므로 그 다리를 삼협이라고 하였다.」(元豐三年, 余得罪遷高安. 夏六月, 過廬山, 知其勝而不敢留. 留二日, 涉其山之陽, 入棲賢谷. 谷中多大石, 岌嶪相倚. 水行石間, 其聲如雷霆, 如千乘車行者, 震掉不能自持, 雖三峽之嶮不過也, 故其橋曰三峽)

36 노선묘구(老仙妙句): 《차의》「서현은 곧 이발이 책을 읽던 곳이다. 진순유가 지은 시가 있으며, 동파 또한 〈서현원 삼협교〉시가 있는데, 시의 뜻은 아마 이것을 가리킬 것이다.」(棲賢卽李渤讀書處. 陳舜兪有詩, 東坡亦有棲賢院三峽橋詩, 恐詩意指此) 송나라 소식의 〈서현원의 삼협교(棲賢三峽橋)〉에「뛰는 물결에 물속의 고기 뒤치고, 우레 같은 소리에 날다람쥐 떨어지네. 맑고 차가움 산의 바위로 파고들고, 초목은 모두가 굳고 말랐네.」(跳波翻潛魚, 震響落飛狖. 清寒入山骨, 草木盡堅瘦) 같은 구절이 있는데 아마 이런 구절을 말할 것이다.

37 기굴(奇崛): 《차의》「《운회》에서 『崛』은 음이 『굴』이라 하였다. 산이 짧으면서도 높다는 듯이다. 또한 불쑥 일어나는 것을 굴이라고 한다. 기(起)는 굴(掘)로도 통하여 쓴다.」(韻會崛渠勿切. 山短而高也. 又勃起曰崛, 起通作掘) 한나라 양웅(揚雄)의 〈감천궁(甘泉賦)〉「커다란 누대 홀로 우뚝 솟음이여, 북극까지 닿을 듯하네.」(傳洪臺掘其獨出兮, 椒北極之嶟嶟)

38 화학래(化鶴來): 정령위(丁令威)의 고사를 썼다. 정령위에 대해서는 권1 79번 시의 주 6)을 보라. 송나라 축목(祝穆)의 《고금사문유취·후집(古今事文類聚·後集)》 권42에 인용된 《신선전(神仙傳)》「소선공은 이름이 탐으로 계양 사람이다. 수십 마리의 흰 학이 문에 내려오더니 마침내 은하수를 타고 떠났다. 나중에 어떤 사람이 흰 학을 타고 와서 군의 성 동북쪽 누대에 앉았다. 사람 가운데 혹 탄알을 끼고 쏘는 자가 있었는데 학이 손톱으로 누대의 현판을 움켜잡고 칠로 글을 써서 말하기를 『성곽은 괜찮은데 백성들은 아니구나. 3백 갑자 만에 한번 돌아왔고 내가 소선군인데 탄알이 나를 어찌하겠는가?』라 하였다.」(蘇仙公者, 名耽, 桂陽人. 有數十白鶴降于門, 遂昇雲漢而去. 後有騎白鶴來, 止郡城東北樓上. 人或挾彈彈之, 鶴以爪攫樓板, 以漆書云, 城郭是人民非. 三百甲子一來歸, 吾是蘇仙君, 彈我何為?)

乘流弄明月[39] 물결 타고 밝은 달 가지고 놂을.

66 西澗清淨退菴 在棲賢西二里.[40] 劉凝之舊隱, 作亭取黃太史詩語名之[41]

서간의 청정퇴암 서현원 서쪽 2리 지점에 있다. 유응지가 옛날에 은거하던 곳으로 정자를 짓고 황태사의 시어를 취하여 명명하였다

淩兢度三峽[42] 덜덜 떨며 삼협교 건너니,
窈窕復一原 아름답게 다시 한 언덕 나타나네.
絶壁擁蒼翠 절벽 짙푸름 껴안고 있고,
奔流逝潺湲 내닫는 시냇물 졸졸 흘러가네.
聞昔避世人[43] 듣자하니 옛날 세상 피한 사람,
寄此茅三間[44] 이곳 띠집 세 칸에 몸 맡겼다네.
壯節未云遠[45] 씩씩한 절개 멀지 않은데,
高風杳難攀[46] 높은 풍도는 기어오르기 어렵다네.

39 농명월(弄明月): 송나라 구양수(歐陽脩)의 〈팔절탄(八節灘)〉「다시 뜬 구름 흩어지기 기다려, 외로운 비로 밝은 달 가지고 노네.」(更待浮雲散, 孤舟弄明月)

40 이(二): 「三」으로 되어 있는 판본도 있다.

41 황태사시어(黃太史詩語): 황태사는 송나라 황정견(黃庭堅)을 말한다. 황정견은 일찍이 태사로 《신종실록(神宗實錄)》의 편수에 참여한 적이 있다. 황정견의 시 〈유응지의 화상을 참배하다(拜劉凝之畫像)〉의 「누가 능히 40년 동안, 이 맑고 깨끗하게 물러남 지키리?」(誰能四十年, 保此清淨退)라는 구절에서 따온 것이다. 유응지는 위 5번 시의 주 1)에 보인다.

42 능긍(凌兢): 한나라 양웅(揚雄)의 〈감천궁(甘泉賦)〉「연란산에 올라 하늘의 문 어루만지고, 창합의 관문에 달려가 구천의 차가운 경계에 들어서는 듯.」(登椽欒而狃天門兮, 馳閶闔而人凌兢) 《문선》에 주석을 단 이선은 「능긍은 두려워하는 모양이다.」(凌兢, 恐懼貌)라 하였고, 장선(張銑)은 「능긍은 춥고 서늘한 곳이다.」(凌兢, 寒凉處也)라 하였다.

43 피세인(避世人): 위 원주에서 언급한 유응지를 가리킨다.

44 모삼간(茅三間): 송나라 소식(蘇軾)의 〈월화사(月華寺)〉「도인 도 닦는데 어떤 것 필요한가? 깨진 솥에 밥 지을 띠집 세 칸이면 된다네.」(道人修道要底物, 破鐺煮飯茆三間)

45 장절(壯節): 송나라 구양수(歐陽脩)의 〈같은 해 진사가 된 사람 유중윤이 남강으로 돌아감에 「여산은 높고」라는 시를 지어 준다(廬山高贈同年劉中允歸南江)〉「사나이 씩씩한 절개 그대 같은 사람 적으니, 아아 내 말하고자 하나, 어찌 긴 장대 만한 큰 붓 얻을 수 있으리.」(丈夫壯節似君少, 嗟我欲說安得巨筆如長杠) 유중윤은 곧 유환(劉渙: 자는 凝之)이다. 《주문공집》 권80 〈장절정의 기문(壯節亭記)〉「군의 시인 사숙이 구양공의 말을 사용하여 정자의 이름을 『장절』이라 할 것을 청하였는데, 마침 나의 뜻에도 들어맞아, 벗인 황수에게 부탁하여 크게 써서 걸었다.」(郡之詩人史驌請用歐陽公語名其亭以壯節, 適有會於予意, 因屬友人黃銖大書以揭焉)

46 고풍묘난반(高風杳難攀): 당나라 맹교(孟郊)의 〈장난삼아 무본에게 드림(戲贈无本)〉 제2수 「그리워하나 가슴 막히고, 높고 빼어남 기어오르기 어렵다네.」(相思塞心胷, 高逸難攀援)

深尋得遺墟　깊숙이 찾아 남은 터 찾았는데,
縛屋臨淸灣[47]　맑은 물굽이 굽어보고 집 얽었다네.
坐睨寒木杪　문득 추위에 시들지 않는 나무 끝 흘겨보니,
飛泉閟雲關　날리는 샘물 구름 관문 닫는다네.
玆游非昔游　이번 유람 지난 유람 아닌데다가,
累解身復閑[48]　묶인 몸 풀려나니 몸 또 한가하네.
保此淸淨退　이 맑고 깨끗하게 물러남 지키어,
當歌不能諼[49]　노래함 잊을 수 없으리라.

解印後, 與友生遊集, 徘徊久之

관직에서 물러난 후 벗과 더불어 유람집을 내고 오랫동안 배회하였다

67 臥龍庵武侯祠　在西澗西三里

와룡암 무후사　서간의 서쪽 삼 리 지점에 있다

空山龍臥處　빈 산의 용이 누운 곳,
蒼峭神所鑿　푸르고 가파름 신이 뚫었다네.
下有寒潭幽　아래에는 차가운 못 깊숙하고,
上有明河落[50]　위에서는 은하수 떨어진다네.
我來憂佳名[51]　내 와서 아름다운 이름 사랑하여,
小築寄幽壑[52]　작은 집 지어 깊은 골짝에 맡겼다네.

47 박옥림청만(縛屋臨淸灣): 송나라 조정(趙鼎)의 〈자릉탄을 건너다가 승사의 벽에 적다(過子陵灘題僧舍壁)〉「산의 중들은 본래 어떻게 알았을까? 집 맑은 물굽이 굽어보게 얽을 줄을.」(山僧本何知, 結屋臨淸灣)

48 누해(累解): 《차의》「관직에서 풀려남을 말한다.」(謂解官)

49 불능훤(不能諼): 훤(諼)은 망(忘), 곧 잊는다는 뜻이다. 《시경·위풍·기오(衛風·淇奧)》「문채 나는 군자여, 끝내 잊을 수 없도다.」(有匪君子, 終不可諼兮) 주희의 주석「훤은 잊는다는 뜻이다.」(諼, 忘也)

50 명하(明河): 당나라 송지문(宋之問)의 〈은하수(明河篇)〉「팔월이라 서늘한 바람 불고 하늘 기운 맑은데, 만리에 구름 한 점 없고 은하수만 밝기만 하네.」(八月凉風天氣晶, 萬里無雲河漢明) 《차의》「이는 폭포를 가리킨다.」(此指瀑布)

51 우가명(憂佳名): 《차의》「『근심 우』(憂)자는 『사랑 애』(愛)자의 오자인 것 같다.」(疑愛字之誤)

52 소(小): 「점 복」(卜)자로 되어 있는 판본도 있다.

永念千載人[53]　길이 천 년에 한번 나올까 한 사람 생각하니,
丹心豈今昨[54]　붉은 마음 어찌 예와 지금 있겠는가?
英姿儼繪事[55]　영웅의 자태 의젓하게 그리어졌는데,
凜若九原作[56]　늠름하기가 무덤에서 일어난 듯하네.
寒藻薦芳馨　차가운 마름 아름다운 향기 바치고,
飛泉奉明酌[57]　날리는 샘물 맑은 술 삼아 받쳐드네.
公來識此意　공 와서 이 뜻 안다면,

53 천재인(千載人): 천년에 한번 나올 만한 사람이란 뜻으로, 여기서는 제갈량을 가리킨다.

54 기금작(豈今昨): 《차의》「오늘과 어제가 다름이 없음을 말한 것이다.」(言無今昨之異也)

55 회사(繪事): 《논어·팔일(八佾)》「자하가 물었다. 『"예쁜 웃음에 보조개 예쁘고, 아름다운 눈에 눈동자 선명함이여! 흰 비단으로 채색하는도다."라 하였으니 무엇을 이름입니까?』 공자가 말씀하셨다. 『그림을 그리는 일은 흰 비단을 마련한 뒤에 한다는 것이다.』」(子夏問曰, 巧笑倩兮, 美目盼兮, 素以爲絢兮. 何謂也? 子曰, 繪事後素) 주희의 주석「회사는 그림을 그리는 일이다. 후소는 흰 비단을 마련한 것보다 뒤에 한다는 것이다. (《周禮》) 〈고공기〉에서는『그림 그리는 일은 흰 비단을 마련한 후의 일이다.』라 하였으니, 먼저 흰 비단으로 바탕을 삼은 뒤에 오색의 채색을 칠하는 것이니, 마치 사람이 아름다운 자질이 있은 다음에야 아름다운 장식을 더할 수 있음과 같다.」(繪事, 繪畵之事也. 後素, 後於素也. 考工記曰, 繪畵之事後素功, 謂先以粉地爲質, 而後施五采, 猶人有美質然後可加文飾) 《주문공집》 권79의 〈와룡암의 기문(臥龍庵記)〉「이미 또 (와룡이라는) 연못의 이름에 따라 한나라의 승상 제갈공명의 초상을 그려 당에다 걸고, 옛 친구인 장경부가 시를 지어 그 일을 기록했다.」(旣又緣名潭之義, 畫漢丞相諸葛公之象寘之堂中, 而故友張敬夫嘗爲賦詩以紀其事) 남헌(南軒) 장식(張栻)의 〈여산에는 경치가 빼어난 곳이 있는데 와룡이라 하였다. 남강의 주사군이 비로소 띠집을 지었는데 그 안에 제갈무후의 상을 그려놓고 편지로 내게 시를 지어주기를 부탁하여 이 시를 적어서 부친다(廬山有勝處曰臥龍. 南康朱使君始縈茅, 繪諸葛武侯像於其中, 以書屬予賦詩, 寄題此篇)〉「와룡이란 이름 사랑하는데, 영명한 자태 세속을 뛰어넘었네. 그곳서 그림 그린 일 의젓한데, 긴 바람 쓸쓸하게 인다네.」(為愛卧龍名, 英姿慨超軼. 於焉儼繪事, 長風起蕭瑟)

56 구원작(九原作): 죽음에서 다시 살아난 것을 말한다. 《국어·진어(國語·晉語) 8》「조문자가 숙상과 함께 무덤을 거닐면서 말하였다. 『죽은 자가 다시 일어날 수만 있다면 내 누구와 함께 돌아가겠는가?』」(趙文子與叔向遊於九原曰, 死者若可作也, 吾誰與歸?) 당나라 양형(楊炯)의 〈대당 익주대도독부 신도현학에 있는 선성묘당의 비문(大唐益州大都督府新都縣學先聖廟堂碑文)〉「만약 무덤에서 일어날 수만 있다면 임금께서는 조정에서 일할 인재를 얻을 수 있을 것이다.」(若使九原可作, 大君得廊廟之才) 송나라 사과(謝薖)의 〈도연명의 화상을 보고 쓰다(陶淵明寫眞圖)〉「가령 저승에서 지금 일어날 수만 있다면, 공이 탄 남여를 매는 것도 싫지는 않으리!」(假令九原今可作, 擧公籃輿也不惡)

57 명작(明酌): 제사 때 쓰는 청주. 《예기·교특생(郊特牲)》「술을 거르는 데는 띠를 쓰니 제사에 쓰는 청주이기 때문이다.」(縮酌用茅, 明酌也) 한나라 정현(鄭玄)의 주(注)「명작이라는 것은 겨울에 담아 봄에 익는 술 가운데 최상의 것이다. 이름을 명이라 한 것은 신명스럽게 여기기 때문이다.」(明酌者, 事酒之上也. 名曰明者, 神明之也) 당나라 공영달(孔穎達)의 주[疏]「명은 청명함을 이르니 겨울에 담아 봄에 익는 술 가운데 최상의 것은 청명한 것임을 알겠다.」(明謂淸明, 故知是事酒之上淸明者也)

顧步慘不樂[58]	고개 돌리고 걸으면서 슬피 즐거워하지 않으리라.
抱膝一長吟[59]	무릎 안고 한번 길게 읊조리며,
神交付冥漠[60]	정신적 교유 죽은 이에게 부치네.

68 萬杉寺[61]	在臥龍西十里
만삼사	와룡암의 서쪽 십 리 지점에 있다
休沐聊命駕[62]	휴가라 애오라지 멍에 매라 하니,
駕言何所之[63]	수레 타고 어디 가는가?
行尋慶雲寺[64]	경운사 찾아 가면서,
想像昭陵時[65]	인종 때 모습 생각해보네.

58 고보(顧步): 서성이며 뒤를 돌아보는 것, 고개를 돌리고 천천히 걷는 것을 말한다. 당나라 두보의 〈송골매를 그림(畫鶻行)〉「내 지금 뜻 얼마나 상하였는지, 걸어가며 뒤돌아보고 홀로 울적해하네.」(吾今意何傷, 顧步獨紆鬱). 청나라 구조오(仇兆鰲)는 「고보는 걸어가면서 스스로 돌아보는 것이다.」(顧步, 行步自顧也)라 하였다.

59 포슬일장음(抱膝一長吟): 《삼국지·촉지·제갈량전(蜀志·諸葛亮傳)》의 배송지(裴松之) 주에서 인용한 《위략(魏略)》「제갈량은 형주에 있었으며 건안 초에 영천의 석광원과 서원직, 여남의 맹공위 등과 함께 유학하였는데 세 사람은 (학문이) 정통하고 익숙하기에 힘썼으나 제갈량만이 그 대략을 알아냈다. 매일 새벽과 한밤중에 조용히 항상 무릎을 안고 길게 휘파람을 불었다.」(亮在荊州, 以建安初與潁川石廣元·徐元直·汝南孟公威等俱游學, 三人務於精熟, 而亮獨觀其大略. 每晨夜從容, 常抱膝長嘯) 당나라 낙빈왕(駱賓王)의 〈원반천에게 지어 부치다(敘寄員半千)〉「길게 읊조리며 부질없이 무릎 안는데, 짧은 날개 하늘로 날아오른다네.」(長吟空抱膝, 短翮距沖天)

60 신교부명막(神交付冥漠): 신교는 정신적인 교유를 말하며, 위 51번 시의 주 6)을 보라. 명막은 허무(虛無)라는 뜻도 있으나 여기서는 죽은 자를 가리킨다. 여기서는 당연히 위 구절의 천재인(千載人)으로, 곧 제갈량을 말한다. 당나라 두보의 〈곽대공의 옛 집에 들르다(過郭代公故宅)〉「낭랑하게 〈보검편〉 읊조리고, 정신적 교유 죽은 이에게 부치네.」(高詠寶劍篇, 神交付冥漠)

61 만삼사(萬杉寺): 강서성(江西省) 성자현(星子縣) 경운봉(慶雲峯) 아래에 있는 절 이름. 당나라 때까지만 해도 경운원(慶雲院)이라 하였는데, 송나라 때 중 대초(大超)가 삼(杉)나무 만 그루를 심었으므로 이렇게 부르게 되었다.

62 휴목(休沐): 쉬면서 몸을 씻는 것을 말하는데 곧 휴가를 가리킨다. 《초학기(初學記)》 권20「휴가는 또한 휴목이라고도 한다.」(休假亦曰休沐) 이때 주희는 지남강군을 그만 두고 한가로이 이 산으로 놀러왔으므로 이렇게 말하였다.

명가(命駕): 사람을 시켜 수레에 멍에를 지우게 하는 것. 즉시 출발하는 것을 말한다. 권6 2번 시의 주 5를 보라.

63 가언(駕言): 수레에 멍에를 지우다. 길 떠날 채비를 하는 것. 언(言)은 별다른 뜻이 없는 조사로 쓰였다. 권6 80번 시의 주 2)를 보라.

64 경운사(慶雲寺): 《차의》「당나라 때의 이름은 경운원이었는데, 송나라 경덕 연간에 중 대초가 산에다 삼나무 만 그루를 심었으므로 만삼사로 이름을 고쳤다. 삼(杉)자는 아마 원래 송(松)자였을 것이나 선생이 (부친의 이름인 송자를) 피휘하였을 것이다.」(唐名慶雲院, 宋景德中僧太超, 卽山植萬杉, 故改名萬杉. 杉疑本松字而先生諱之也)

65 소릉(昭陵): 송나라 인종(仁宗) 조정(趙禎)의 능이다.

門前杉徑深　　문 앞에 삼나무 오솔길 울창하고,
屋後杉色奇　　집 뒤의 삼나무 색 기이하네.
空山歲年晩[66]　　산 비니 해 저무는데,
鬱鬱凌寒姿　　빽빽하니 추운 뒤에도 변치 않는 자태보다 낫다네.
當年雨露恩[67]　　그해의 비와 이슬 고르게 내린 은혜로,
千載有餘滋　　천년 후에는 더욱 번성하였다네.
匠石不敢睨[68]　　장석도 감히 엿보지 못하고,
孤標儼相持　　고고한 우듬지 의젓하게 서로 지탱하고 있네.

寺前後杉萬本, 皆天聖中植, 有旨禁剪伐者[69]

절 앞뒤의 삼나무 만 그루는 모두 천성 연간에 심은 것인데 벌채하는 것을 금하는 명을 내렸다

更啓石室藏[70]　　다시 석실에 간직해둔 것 열고,

인종을 영소릉(永昭陵)에 장사지냈기 때문에 이렇게 부른다. 주희는 인종을 추숭하여 시국의 진범으로 삼았다.

66 세년만(歲年晩): 송나라 진사도(陳師道)의 〈소공께서 지항주로 가심에 전송하다(送蘇公知杭州)〉「바람 돛 받으니 시력 짧아지고, 강 비니 한 해 저무네.」(風帆目力短, 江空歲年晩)

67 우로은(雨露恩): 우로는 임금의 은택을 비유하는 말이다. 당나라 백거이(白居易)의 〈군 청사에 나무가 있는데 늦게 피었다가 일찍 시들었다. 사람들이 이름을 몰라 이에 그 위에 적는다(郡廳有樹, 晩榮早凋. 人不識名因題其上)〉「어찌 비와 이슬의 은혜 헤아리리오? 적셔줌 고르지 않다네.」(豈量雨露恩, 沾濡不均平)

68 장석불감예(匠石不敢睨): 장석은 옛날의 유명한 장인. 《장자·인간세(人間世)》「장석이 제나라에 가다가 곡원에 이르러 상수리 나무 사당의 나무를 보았는데 그 크기는 수천 마리의 소를 가릴 만했다. 재보니 둘레는 백 아름이나 되었고 높이는 산을 내려다볼 정도였으며 열 길을 올라간 뒤에야 가지가 있었는데 그것으로 배를 만들 만한 것만 해도 거의 수십 개는 되었다. 구경하는 자들이 시장바닥 같았으나 장석은 돌아보지도 않고 마침내 가는 길을 그치지 않았다.」(匠石之齊, 至乎曲轅, 見櫟社樹, 其大蔽數千牛, 絜之百圍, 其高臨山, 十仞而後有枝其可以爲舟者旁十數. 觀者如市, 匠伯不顧, 遂行不輟) 당나라 한유(韓愈)의 〈남을 추천해주기를 바라는 글(爲人求薦書)〉「나무가 산에 있고 말이 마구간에 있을 때 그곳을 지나가면서도 돌아보지 않는 자가 비록 하루에 천만 명에 달한다 하더라도 재목이 되지 않거나 하등급의 말이 되는 것은 아닙니다. 장석이 지나가면서도 흘겨보지 않고 백락이 마주쳐도 돌아보지 않은 다음이라야 그것이 동량의 재목이 아니고 빼어난 준족이 아님을 알게 됩니다.」(木在山, 馬在肆, 過之而不顧者, 雖日累千萬人, 未爲不材與下乘也, 及至匠石過之而不睨, 伯樂遇之而不顧然後, 知其非棟梁之材, 超逸之足也)

69 천성(天聖): 천성은 송나라 인종(仁宗)의 연호로 1022년에서 1031년까지 사용하였다.

70 석실장(石室藏): 석실은 도서를 수장하는 곳. 《사기·태사공자서(太史公自序)》「(태사공: 사마담이) 세상을 떠난 지 3년 만에 나는 태사령이 되어 사관의 기록과 석실 및 금궤의 글을 엮었다.」(卒三歲而遷爲太史令, 紬史記, 石室金匱之書) 사마정의 《색은》에서는「석실과 금궤는 모두 국가의 책을 수장하는 곳이다.」(石室、金匱

仰瞻天像垂[71]	우러러 천자 모습 드리움 보네.
願以淸淨化	바라건대 청정함으로 교화하여,
永爲太平基	영원토록 태평성세의 기틀 되었으면.

寺藏仁祖御飛白書, 有淸淨字

절에는 인조의 어필 비백체를 보관하고 있는데 「청정」이라는 글자가 있다

69 開先漱玉亭[72] 개선 수옥정	在萬杉西二里. 亭舊在橋上, 今廢 만삼사 서쪽 2리 지점에 있다. 정자는 옛날에 다리 어귀에 있었는데 지금은 철폐되었다
奇哉康山陽[73]	기이하구나, 강산의 남쪽에,
雙劒屹對起[74]	쌍검봉 우뚝 마주 솟았네.
上有橫飛雲	위로는 비스듬히 구름 날고,
下有瀑布水	아래로는 폭포수 흐르네.
崩騰復璀璨	무너졌다 솟구치니 다시 찬란하고,

皆國家藏書之處)라 하였다. 《한서·고조 본기(高祖本紀) 하》「(한 고조는) 또한 공신들과 더불어 서로 맹서하는 부호를 나타내는 대나무 쪽을 쪼개어 맹서를 하고, 그 맹서하는 말을 붉은 글씨로 적은 책과 그 내용을 담은 쇠로써 표지를 만든 책을 금으로 봉하고 돌로 방을 만들어 종묘에 보관하게 하였다.」([漢高祖]又與功臣, 剖符作誓, 丹書鐵券, 金匱石室, 藏之祖廟)

71 천상(天像): 《차의》「곧 아래의 원주에서 이른바 인조의 비백체 글씨이다.」(卽下註所謂仁祖飛白書)

72 개선(開先): 명나라 이현(李賢)의 《명일통지(明一統志)》 권52 〈남강부(南康府)〉「개선사는 여산 아래에 있으며 예로부터 (梁나라의) 소명태자[蕭統]가 깃들어 은거한 곳이라고 전하여진다.」(開先寺在廬山下, 舊傳梁昭明太子棲隱之地) 수옥정은 송나라 때 중 약우(若愚)가 창건하였다. 《명일통지》 위와 같음 「수옥정은 부의 서쪽 10리 지점에 있다. 송나라의 중인 약우가 지었다. 폭포에서는 샘물이 용추로 떨어져 이곳을 흘러지나가며 정자를 돌아나가는데 옥으로 양치질하는 듯하다. 개선사의 중 지석이 모두 수십 줄기가 이어져 있는 것을 보고 절 앞으로 끌어왔는데 호수로 유입된다.」(漱玉亭在府西一十里. 宋僧若愚建. 瀑布泉落龍湫, 流經於此, 縈亭而出, 有如漱玉. 開先寺僧支石視凡數十, 接引從寺前, 流入於湖)

73 강산(康山): 여산(廬山)을 말한다. 위 6번 시의 주 2)를 보라.

74 쌍검(雙劒): 《차의》「봉우리 이름으로 폭포 아래에 있다.」(峰名, 在瀑布之下) 《명일통지》 위와 같음 「쌍검봉은 여산에 있는데 향로봉과 마주 대하고 있다. 송나라 주희의 시에서 『쌍검봉 높기가 옥 깎아서 이룬 것 같아, 빛 차갑고 색 순수하여 새벽 서리처럼 맑네. 백내장 눈 눌러 사람 높이 누웠는데, 누가 교만한 오랑캐 베어 태평성세 이루겠는가?』라 하였다.」(雙劍峯在廬山, 與香爐峯相對. 宋朱熹詩, 雙劍峯高削玉成, 芒寒色淬曉霜淸. 腦脂壓眼人高卧, 誰斬天驕致太平)

佳麗更雄偉　　아름답기가 더욱 웅장하네.
勢從三梁外[75]　　산세는 삼량 바깥에서 나와,
影落明湖裏[76]　　그림자 밝은 호수로 떨어지네.
平生兩仙句[77]　　평소에 두 신선의 시구,
永嘆深仰止[78]　　오래도록 탄식하며 깊이 우러렀다네.
三年落星灣[79]　　삼년 동안 낙성호의 물굽이에서,
悵望眼空眯[80]　　슬피 바라보다 눈에 공연히 티 들어갔다네.
今朝隨杖屨　　오늘 되는대로 지팡이 짚고 와서,
得此弄清泚[81]　　이곳 맑은 물 구경하게 되었네.
更誦玉虹篇[82]　　다시 옥무지개 읊은 시 외노라니,
塵襟諒昭洗　　속세의 옷깃 실로 깨끗하게 씻겼네.

75 삼량(三梁): 곧 삼석량(三石梁)을 말한다. 오로봉 아래 왼쪽 곁에 있으며, 개선폭포와는 많이 떨어져 있다. 《명일통지》 권52 〈남강부(南康府)〉「삼석량은 여산에 있다. 길이는 여러 길이며 너비는 한 자가 되지 않는다. 까마득하여 바닥이 보이지 않는다.」(三石梁在廬山上. 長數丈, 廣不盈尺, 杳然無底) 당나라 이백의 〈여산요. 전중시어사(殿中侍御史)이신 노유진(盧幼眞)에게 부침(廬山謠, 寄盧侍御虛舟)〉「금빛 대궐 앞에는 두 봉우리 길게 열려 있고, 은하수 삼석량에 거꾸로 걸리어 있네. 향로봉의 폭포 아득히 서로 바라보는데, 벼랑 돌아 겹겹이 푸릇푸릇함 뛰어넘네.」(金闕前開二峯長, 銀河倒掛三石梁. 香爐瀑布遙相望, 回崖沓嶂凌蒼蒼) 《차보》「길이가 여러 길이며 너비는 한 자가 안 되고 허공에 걸쳐져 있어 건너기가 어렵다.」(長數丈, 廣不盈尺, 跨虛空難度也)

76 영락명호(影落明湖): 수옥정 서쪽에는 욕선지(浴僊池)와 용담(龍潭) 등이 있는데 이를 말하는 것 같다. 당나라 이백 위의 시「병풍 아홉 겹 구름 같은 비단 펼쳤고, 그림자 밝은 호수로 떨어지니 푸른 눈썹먹 같이 빛나네.」(屛風九疊雲錦張, 影落明湖靑黛光)

77 양선구(兩仙句): 《주문공집》 권79 〈와룡암 기문(臥龍庵記)〉「대체로 개선의 폭포가 있는데 서응과 이백의 시에 보인다.」(蓋有開先之瀑布見於徐凝李白之詩) 《표보》「서응의 시는 동파가 이른바 못 지은 시이므로 이백과 나란히 일컬을 수 없다. 두 신선은 위 2편(6번 시)의 〈동역와룡시〉에서『귀양온 신선의 시구 길게 읊조리고, 옥국의 글로 화답하네.』라 하였는데 바로 이 뜻이다. 두 신선은 이백과 소식을 가리킨다.」(徐凝詩, 東坡所謂惡詩, 與不可與李白并稱. 兩仙, 上二板董役臥龍詩云, 長吟謫仙句, 和以玉局章, 政是此意. 兩仙指李蘇) 상세한 것은 위 6번 시의 주 12)와 13)을 보라.

78 앙지(仰止): 「향하여 가다」, 「우러르다」라는 뜻이며, 여기서 「지」는 아무 의미가 없는 어조사이다. 권2 12번 시의 주 8)을 보라.

79 낙성만(落星灣): 파양호(鄱陽湖) 서쪽 성자현(星子縣) 연안 일대를 말한다. 파양호 안에 낙성석(落星石)이 있기 때문에 이렇게 부른다. 주희는 남강군에서 2년을 근무하였으나 햇수로는 3년(1178~1181)이었으므로 이렇게 말하였다.

80 미(眯): 《차의》「사물이 눈에 들어간 것이다.」(物入目也) 《장자·천운(天運)》「노담이 말하였다.『대체로 겨를 날려 눈에 들어가(서 못 보)게 하면 천지사방이 방향이 바뀌게 되오.』」(老聃曰, 夫播穅眯目, 則天地四方易位矣)

81 청체(淸泚): 맑은 샘물을 말한다. 권6 1번 시의 주 6)을 보라.

82 옥홍편(玉虹篇): 옥홍은 흰 무지개라는 뜻인데, 여

70 簡寂觀[83]	在開先西五里, 陸修靜所居
간적관	개선의 서쪽 오 리 지점에 있으며, 육수정이 거처하던 곳이다
高士昔遺世	뜻 높은 선비 옛날에 세상 버리고,
築室蒼崖陰	푸른 벼랑 그늘에 집 지었다네.
朝眞石壇峻[84]	조진하던 돌로 만든 단 높고,
煉藥古井深	단약 달이던 옛 우물 깊다네.
結交五柳翁[85]	오류옹과 교유 맺어서,
屢賞無絃琴[86]	자주 현 없는 거문고 감상하였다네.
相携白蓮渚[87]	백련사의 물가에서 서로 이끌며,
一笑傾夙心	한번 웃고 평소의 마음 기울였다네.
晩歲更市朝[88]	만년에 다시 조정에 나가니,
故山鎖雲岑	옛 산 구름 봉우리 잠겼다네.

기서는 폭포를 말한다. 송나라 소식(蘇軾)의 〈울고대(鬱孤臺)〉「산은 푸른 물결 되어 용솟음치고, 물은 옥 같은 무지개 되어 흐르네.」(山爲翠浪湧, 水作玉虹流) 옥홍편은 곧 폭포를 읊은 시를 가리킨다.

83 간적관(簡寂觀): 《명일통지(明一統志)》 권52 〈남강부(南康府)〉「부의 서쪽 23리 지점에 있다. 옛 이름은 태허관인데 유송 때 육수정이 단원진인에 봉하여져 이곳에서 수양하였다. 죽어서 시호를 간적이라 하였기 때문에 그대로 관의 이름으로 삼았다.」(在府西二十三里, 舊名太虛觀. 劉宋陸脩靜封丹元真人, 脩養於此, 卒謚簡寂, 因以名觀)

84 조진(朝眞): 도가에서 수련하고 양성(養性)하는 방법으로 불가의 좌선과 같다. 송나라 황정견의 〈자첨과 함께 조백충 단련에게 화답하다(同子瞻韻和趙伯充團練)〉「금옥당의 적막한 사람, 신선의 반열에서 이따금 함께 도가의 수련하였다네.」(金玉堂中寂寞人, 仙班時得共朝真)

85 오류옹(五柳翁): 도연명을 말한다. 《진서·도잠전(陶潛傳)》「일찍이 〈오류선생전〉을 지어서 스스로 비겨 말하였다. 『선생은 어디 사람인지 모르며 성씨와 자도 분명치 않은데 집 주위에 버드나무 다섯 그루라 있었으므로 이 때문에 호로 삼았다.』」(嘗著五柳先生傳以自況曰, 先生不知何許人, 不詳姓字, 宅邊有五柳樹, 因以為號焉) 송나라 황정견의 〈병인일에 지은 14수. 위응물을 본받아(丙寅十四首. 效韋蘇州)〉「내 오류옹 생각하노니, 일생의 일 풀어서 지었다네.」(我思五栁翁, 解作一生事)

86 무현금(無絃琴): 곧 소금(素琴)을 말한다. 《진서·도잠전》「성품이 음악을 잘 알지는 못했지만 소금 하나를 가지고 있었는데 현과 안족(雁足)도 갖추지 않았으며 벗들과 모여서 마실 때만 되면 어루만지면서 장단을 맞추며 말하기를 『거문고의 의취만 알면 되지 어찌 수고롭게 현에서 나는 소리를 듣겠는가?』라 하였다.」(性不解音, 而畜素琴一張, 絃徽不具, 每朋酒之會, 則撫而和之, 曰, 但識琴中趣, 何勞絃上聲)

87 백련저(白蓮渚): 《차보》「혜원법사는 백련사를 결성했다. 손님을 전송하는데 호계를 지나기만하면 울부짖었다. 도원량(곧 도연명)과 육수정이 혜원과 만났는데 불각 중에 전송하면서 호계를 넘어 크게 웃었다. 세상에 〈삼소도〉가 전한다.」(惠遠法師結白蓮社. 送客過虎溪, 輒鳴號. 陶元亮陸修靜與遠會, 不覺送過虎溪, 因大笑. 世傳三笑圖)

88 시조(市朝): 조정. 조(朝)자에만 뜻이 있는 편의복사.

柴車竟不返[89] 누추한 수레 끝내 돌아오지 않고,
鸞鶴空遺音 난새와 학 부질없이 소리만 남았다네.

修靜晩爲宋明帝召至建康, 卒于崇虛館

육수정은 만년에 송 명제에 의해 건강으로 불리어와 숭허관에서 죽었다

我來千載餘 내 천여 년 만에 오니,
舊事不可尋 옛 일 찾을 수 없다네.
四顧但絶壁 사방 둘러보니 다만 절벽뿐,
苦竹寒蕭槮[90] 고죽만 추운데 쓸쓸하네.

相傳竹是脩靜所植, 其萌卽所謂甛苦筍者[91]

대나무는 육수정이 심은 것이라 전하여지는데 그 싹은 이른바 달고 쓴 죽순이라는 것이다

71 歸宗寺[92] 在簡寂西十里

귀종사 간적관의 서쪽 십 리 지점에 있다

진나라 도연명의 〈세모에 장상시께 화답하다(歲暮和張常侍)〉「조정에서는 옛 사람 슬퍼지고, 천리마 내닫는 듯하니 비천에 감개 자아내네.」(市朝悽舊人, 驟驥感悲泉) 육수정은 만년에 남조 송나라 명제의 부름을 받아 도경(道經)을 정리하고 분류하는 일을 맡았으며, 경계(經戒), 방약(方藥), 부도(符圖) 등 1228권을 정리하고 《삼동경서목록(三洞經書目錄)》을 지은 적이 있는데, 중국에서 가장 오래된 도가의 장서목록이다.

89 시거(柴車): 간루(簡陋)하여 전혀 꾸밈이 없는 수레. 진나라 도연명의 〈돌아가자꾸나(歸去來辭)〉「보잘 것 없는 수레에 차양 치게도 하고 조각배 노 젓기도 하며, 아득히 골짜기 찾기도 하여 울퉁불퉁 언덕길을 지나기도 하네.」(或巾柴車, 或棹扁舟, 旣窈窕以窮壑, 亦崎嶇而輕丘) 남조 양(梁)나라 강엄(江淹)의 〈잡체시·도징군 잠(雜體詩·陶徵君潛)〉「해 저물면 보잘 것 없는 수레에 차양 치는데, 길 어둡고 해 이미 졌다네.」(日暮巾柴車, 路闇光已夕) 《한시외전(韓詩外傳)》「국자인 고자가 말하였다. 『그러나 신하는 임금이 내려준 것에 의지하여 거친 음식 나쁜 고기도 얻을 수 있으면 먹고 둔한 말 보잘 것 없는 수레라도 얻을 수 있으면 타면서 또한 오히려 죽으려하지 않거늘 하물며 임금이겠습니까!』」(國子高子曰, 然臣賴君之賜, 疏食惡肉可得而食也, 駑馬柴車可得而乘也, 且猶不欲死, 況君乎)

90 소삼(蕭槮): 곧 소삼(蕭森)과 같다. 쓸쓸한 모양을 나타내는 의태어.

91 첨고순(甛苦筍): 송나라 황정견(黃庭堅)의 〈빈로에게 고순을 청하다(從斌老乞苦筍)〉「남쪽 동산의 고죽 죽순 맛 고기보다 나은데, 죽순 원통해하니 채록하지 말게나.」(南園苦筍味勝肉, 籜龍稱寃莫采録) 권6 76번 시의 자주(自註)에「간적관에는 달고 쓴 죽순이 있는데 지금 보내온 것은 단 죽순이다.」(觀有甛苦筍, 今者所惠, 乃甛筍也)라는 말이 있다.

92 《명일통지》 권52 〈남강부〉「귀종사는 여산의 서쪽에 있다. 진나라 왕희지의 고택이다. 당시 승려인 불견

金輪紫霄上[93]	금빛 바퀴 자소봉 위에 있고,
寶界鸞溪邊[94]	보계는 난계 곁에 있네.
往昔王內史[95]	옛날 왕내사,
願香有餘煙[96]	향기에 남은 연기 있기 바랐다네.

相傳寺是王右軍故宅 전하는 바에 따르면 절은 왕우군의 고택이라 한다

千年今一歸[97]	천년 만에 이제 한번 돌아왔는데,
景物還依然	경치 아직도 여전하구나.
澗水旣蕩潏[98]	시냇물 용솟음쳐 오르는데다,
山花亦淸姸	산의 꽃 또한 맑고 곱네.
不辭原隰勞[99]	습한 언덕 수고 마다 않고,
樂此賓從賢[100]	이곳에서 손님 현인 따름 즐기네.
訪古共紆鬱	옛 집 찾아 함께 근심하였고,
勞農獨勤拳[101]	농부 위로함 정성스러웠다네.

야가 서쪽에서 와서 왕희지가 집을 주었는데 절로 삼았다.」(歸宗寺在廬山西. 晉王羲之故宅. 時僧佛馱耶自西來, 羲之施宅爲寺) 위 41번 시의 주 2)를 참고하여 보라.

93 금륜(金輪): 《차보》「이는 1판(6번 시의 5번 주)의 금륜과는 같지 않다. 아마 불가의 말을 쓴 것일 것이며 다음 구절의 보계와 같다.」(此與一板金輪不同. 盖用佛家語與, 下句寶界同)

94 보계란계(寶界鸞溪): 보계는 불교어로 곧 정토(淨土)를 말한다. 겁탁(劫濁), 견탁(見濁), 번뇌탁(煩惱濁), 중생탁(衆生濁), 명탁(命濁)으로 오염되지 않은 깨끗한 세계를 말하는데, 여기서는 바로 귀종사를 가리켜 말하였다. 《차의》「보계는 남강부 서쪽에 있다. 상소봉에서 발원한다. 이 산에 나는 난새가 날개를 펼친 듯한 형세가 있으므로 시내의 이름으로 삼았다.」(寶界在南康府西. 源出上霄峰. 以是山有翔鸞展翼之勢, 因以名溪)

95 왕내사(王內史): 《차의》「왕희지는 회계내사가 되었다.」(王羲之爲會稽內史) 위 41번 시의 주 2)를 보라.

96 원향유여연(願香有餘煙): 《차의》「권2 23판 삼생의 아래에 보인다.」(見二卷卄三板三生下) 곧 110번 시의 주 6)을 말한다. 《윤씨수초》「마음 속의 향기가 발원한다는 뜻이다.」(心香發願之意)

97 천년금일귀(千年今一歸): 《차보》「아마 우연지를 왕내사의 후생으로 생각한 것일 것이다.」(蓋以尤延之爲王內史後生也)

98 간수기탕휼(澗水旣蕩潏): 당나라 두보의 〈북으로 가다(北征)〉「빈주의 교외 땅 낮은 곳으로 드니, 경수 그 곳에서 용솟음치네.」(邠郊入地底, 涇水中蕩潏)

99 원습(原隰): 넓고 평평하며 낮고 습한 지대. 《상서·우공(禹貢)》「낮고 습한 넓은 평지에서도 일을 잘하여 저야호에까지 이르렀다.」(原隰底績, 至于豬野)

100 빈종현(賓從賢): 송나라 섭몽득(葉夢得)의 〈돈립과 함께 장산을 노닐면서 보공탑과 왕형공의 무덤을 찾아뵙다. 저물녘에는 초당사에 들렀는데 주옹의 고택이다(同惇立游蔣山謁寶公塔王荆公墓. 晩過草堂寺, 周顒故宅也)〉「오늘 새벽 우연히 흥 탄 김에, 마침 이렇게 손님 현자 따랐다네.」(今晨偶乘興, 適此賓從賢)

101 근권(勤拳): 《차의》「《운회》에서는 『권권은 근심하는 것이다. 또 받들어 지닌 모양이다.』라 하였다.」(韻會, 拳拳, 憂也. 又捧持貌)

憐我乖勝踐[102] 내 빼어난 놀이 어긋남 안타까워,

裂牋寄眞詮[103] 종이 찢어 진리 써서 부쳤다네.

逃禪公勿遽[104] 선으로 도피함 그대 서두르지 마오,

且畢區中緣[105] 잠시 속세의 인연 마쳐야 하리니.

是日熹以事不得陪杖屨 이날 나는 일 때문에 함께 다닐 수가 없었다

72 陶公醉石歸去來館[106] 在歸宗西五里

도공취석귀거래관 귀종사의 서쪽 오 리 지점에 있다

予生千載後[107] 내 천 년 뒤에 태어나,

尙友千載前[108] 위로 천 년 전의 사람 벗하였네.

每尋高士傳[109] 매번 〈고사전〉 찾아 읽을 때마다,

---

102 괴승천(乖勝踐): 승천은 승유(勝遊)와 같은 말이다. 《윤씨수초》「함께 유람하지 못하게 되어 빼어난 유람이 엇나갔기 때문에 종이를 찢어 시를 지어 부치는 것이다.」(不得同遊, 以乖勝蹟, 故裂幅爲詩寄之)

103 진전(眞詮): 당나라 두보의 〈가을날 기부에서 속마음을 읊어 삼가 정감 심과 이빈객 지방에게 100개의 운자를 써서 지어 부치다(秋日夔府詠懷, 奉寄鄭監審李賓客之芳一百韻)〉「돛 내리고 지난 날 쫓으며, 포의(布衣)로 진리 향하여 가네.」(落帆追宿昔, 衣褐向眞詮) 왕수(王洙)는 진전(眞詮)에 대해 불법(佛法)이라고 주석을 달았다. 《차의》「전은 《운회》에서 사리를 갖추어 말해주는 것이라고 하였다. 일설에는 풀이하여 깨우쳐주는 것이라 하였다.」(詮, 韻會, 具說事理也. 一曰, 解喩也)

104 도선(逃禪): 당나라 두보의 〈술 취한 여덟 신선(飮中八僊歌)〉「소진은 수놓은 불상 앞에서 오래도록 재계하였네, 취하기만 하면 종종 선에서 도피하기 좋아하였네.」(蘇晉長齋繡佛前, 醉中往往愛逃禪) 송나라 조언재(趙彦材)의 주석「도선은 도피하여 떠나 좌선을 하는 것을 말할 따름이다.」(逃禪, 言逃去而禪坐耳)

105 구중연(區中緣): 한나라 장형(張衡)의 〈오묘함을 생각함(思玄賦)〉「중원 땅의 협소하고 비루함에 핍박되어, 북방으로 건너가서 두루두루 유람하네.」(逼區中之隘陋兮, 將北度而宣遊) 남조 송나라 사령운(謝靈雲)의 〈강의 외로운 섬에 오르다(登江中孤嶼)〉「곤륜산 자태 연상케 하고, 속세의 인연과는 아득히 멀구나.」(想像崑山姿, 緬邈區中緣) 《차의》「《전등록》에서는 『속세의 인연 아직 다하지 않았으니 부디 서로 가까지 하지 말라.』라 하였다.」(傳燈錄, 俗緣未盡, 愼勿相近)

106 《주자어류(朱子語類)》 권138 〈잡류(雜類)〉에 보이는데, 위 15번 시의 주 1)에 상세히 보인다.

107 천재후(千載後): 송나라 여본중(呂本中)의 〈여적의 만랑재(余迪漫浪齋)〉「그대 천년 후에 태어났어도, 이 뜻 오히려 찾을 수 있겠네.」(子生千載後, 此意尙能尋)

108 상우(尙友): 《맹자·만장(萬章) 하》「천하의 훌륭한 선비와 벗하는 것을 만족스럽지 못하게 여겨, 또다시 위로 올라가서 옛 사람을 논하나니, 그 시를 외우고 그 글을 읽으면서도 그 사람을 알지 못하면 되겠는가? 이 때문에 그 당세를 논하는 것이니, 이는 위로 올라가서 벗하는 것이다.」(以友天下之善士爲未足, 又尙論古之人. 頌其詩, 讀其書, 不知其人, 可乎? 是以論其世也. 是尙友也) 주희의 주석「상(尙)은 상(上)과 같으니 나아가서 올라감을 말한다.」(尙上同, 言進而上也)

109 매심고사전(每尋高士傳): 진나라 황보밀(皇甫謐)이 지은 《고사전》이 있으나 거기에는 도잠의 사적이 수록되어 있지 않으며, 여기서 말하는 것은 《진서(晉書)》나 《남사(南史)》 같은데 수록된 〈고사전〉이나 〈은일전

獨歎淵明賢[110]	유독 도연명의 현명함에 감탄하였다네.
及此逢醉石	이곳 취석 만났는데,
謂言公所眠	공이 잠든 곳이라 하네.
況復巖壑古	하물며 다시 바위 골짜기 오래된 곳에,
縹緲藏風煙	아득히 바람과 안개 감추이네.
仰看喬木陰	우러러 큰 나무 그늘 드리움 보고,
俯聽橫飛泉	숙이어 나는 듯한 샘소리 듣네.
景物自淸絶	경물 정말 맑고 빼어나니,
優遊可忘年[111]	한가로이 놀면 나이 잊겠네.
結廬依蒼峭[112]	푸르고 가파른 곳에 의지하여 오두막 지어,
擧觴酹潺湲[113]	술잔 들어 졸졸 흐르는 물에 붓네.
臨風一長嘯[114]	바람 맞으며 한번 길게 휘파람 불며,
亂以歸來篇[115]	〈귀거래사〉로 맺는다네.

(隱逸傳)〉 따위를 말할 것이다. 당나라 이백의 〈입에서 나오는 대로 읊어 양징군에게 드림(口號贈楊徵君)〉「도연명 팽택 현령 사직하였고, 양홍은 회계로 들어갔다네. 내 〈고사전〉 찾아 읽어보니, 그대 옛 사람과 나란하다네.」(陶令辭彭澤, 梁鴻入會稽. 我尋高士傳, 君與古人齊)

110 연명현(淵明賢): 송나라 소식의 〈도연명의 시에 화답한 시·원시를 초조로 지어 방주부와 등치중에게 보이다(和陶詩·怨詩楚調示龐主簿鄧治中)〉「다만 한스럽기는 일찍 깨닫지 못하고, 오히려 도연명 현명함 받드는 것이라네.」(但恨不早悟, 猶推淵明賢)

111 우유가망년(優游可忘年): 송나라 이복(李復)의 〈휼수에 배를 띄웠는데 군유가 한유의 「남계에 배를 띄우다」라는 시의 운자를 써서 시 세 수를 지어 마침내 화답하다(泛舟潏水, 君俞用韓泛南溪韻作詩三首, 遂和)〉「한가로이 노니 나이 잊을 만한데, 이 곳 떠나면 모두 헛된 일이라네.」(優游可忘年, 去此皆妄役)

112 결려(結廬): 진나라 도연명의 〈술을 마심(飮酒)〉 제20수「띠집 이어 사람들 사는 곳에 있으나, 수레나 말 달리는 시끄러움 없네.」(結廬在人境, 而無車馬喧)

113 거상(擧觴): 당나라 이백의 〈산사람이 술을 권하다(山人勸酒)〉「술잔 들어 소보와 허유에게 붓고, 귀 씻으니 어찌 그렇게 맑은가?」(擧觴酹巢由, 洗耳何獨淸)

114 임풍일장소(臨風一長嘯): 송나라 소식의 〈부풍의 천화사(扶風天和寺)〉「바람 맞으며 길게 휘파람 불지 마오, 눈물 떨어짐 넓어서 거두기 어렵다네.」(臨風莫長嘯, 遺涕浩難收) 또 권1 〈옛 시체를 본떠서 지음(擬古)〉 제8수에「바람 맞으며 한 번 길게 탄식한다」(臨風一長嘆)라는 구절이 있다.

115 난이귀래편(亂以歸來篇): 난은 음악의 마지막 장[卒章]으로 위 41번 시의 주 8)에 보인다.《차의》「귀래편은 곧 〈귀거래사〉이다.」(歸來篇, 卽歸去來辭)

73 溫湯[116]	在醉石南二里
온탕	취석의 남쪽 2리 지점에 있다
連山西南來	이어진 산 서남쪽에서 와,
中斷還崛起	중간에서 끊어졌다가 다시 솟았다네.
十霄幾千仞	하늘 높이 몇 천 길이나 뚫고 올랐고,
據地三百里[117]	땅은 3백 리나 차지하였네.
飛峰上靈秀	나는 봉우리는 신령하고 빼어난 곳으로 오르고,
衆壑下淸美	뭇 골짜기는 맑고 아름다운 곳으로 내려가네.
逮玆勢力窮	이 세력 다하였는데도,
猶能出奇偉	오히려 기이한 아름다움 낼 수 있다네.
誰燃丹黃燄	누가 단황의 불꽃 태워,
爨此玉池水[118]	이 옥지의 물 끓였던가?
客來爭解帶	나그네 와서 다투어 띠 풀어,
萬劫付一洗[119]	만겁의 세월 부쳐 한꺼번에 씻었다네.
當年謝康樂[120]	그 해에는 사령운 있었는데,

116《명일통지》 권52 〈남강부〉「온천은 건창부 서쪽 80리 지점에 있는데 사철 (물이) 따뜻하고 창질을 앓는 자가 거기서 씻으면 거의 낫는다.」(温泉在建昌縣西八十里, 四時温煖, 患瘡疾者洗之多愈)《차보》에서는 일명「양천」(陽泉)이라고도 한다라 하였다.

117 거(據):《고이》에서는「고리 환」(環)자로 된 판본도 있다고 하였다.

118 수연~옥지수(誰燃~玉池水):《표보》「단은 단사이다. 황은 유황이다.」(丹, 丹砂. 黃, 硫黃). 후주(後周) 왕포(王褒)의 〈온탕비(溫湯碑)〉「빼어난 이 온천 골, 여산 남쪽에 있다네. 백반 위로 통하고, 단사 아래로 가라앉네.」(挺此溫谷, 驪岳之陰. 白礬上徹, 丹砂下沈) 당나라 서견(徐堅)의《초학기(初學記)》권7 〈지부(地部) 하〉「《박물지》에서는 말하기를『무릇 수원에는 석류황이 있는데 그 샘물은 따뜻하다.』라 하였다.」(博物志云, 凡水源有石流黃, 其泉則温) 명나라 당순지(唐順之)의《패편(稗編)》권60에서는 주밀(周密)의 〈온천의 찬 불에 대하여(論温泉寒火)〉라는 글을 수록하였는데 이 두 구절을 인용하고 그 밑에서「대체로 아마 온천 아래에는 반드시 유황이 있다는 말일 것이다.」(蓋或謂温泉之下, 必有硫黄)라 하였다.

찬(爨):《고금운회거요(古今韻會擧要)》권21「그 들어가는 불을 취하는 것을 찬이라 하고, 그 불기운의 위를 취하는 것을 취라고 한다.」(取其進火謂之爨, 取其氣上謂之炊)

119 만겁부일세(萬劫付一洗): 송나라 소식(蘇軾)의 〈정거사에서 놀다(游淨居寺)〉「원컨대 두 성인 따라 가서, 천겁의 잘못 한꺼번에 씻었으면 하네.」(願從二聖往, 一洗千刼非) 역시 소식의 〈구슬 몇 개를 구하다. 남선식로께 드림(乞數珠. 贈南禪湜老)〉「내 늙었으니 어찌 할 수 있을까? 만겁의 세월 한 숨에 부치네.」(我老安能爲, 萬刼付一喘) 주희의 부친인 위재(韋齋) 주송(朱松)의 〈각스님께 드림(贈覺師)〉「다행히 조계의 물 나누어, 만겁의 세월 부쳐 일거에 씻는다네.」(幸分曹溪水, 萬刼付一澡)

120 사강락(謝康樂): 남조 송나라의 사령운(謝靈雲: 386-433)이다. 진군(陳郡) 양하(陽夏: 지금의 河南 太

絃絶今已矣[121]	알아주는 이 없어서 지금은 그쳤다네.
水碧復流溫	수벽 물 따뜻한 곳에 다시 흐르니,
相思五湖裏[122]	오호에서 그리워하리.

康樂湖中詩云, 水碧輟流溫. 豈未見此水也耶[123]

사령운의 호중시에서는 「수벽 물 따뜻한 곳에서 그치네」라 하였으니 어찌 이 물을 보지 못했겠는가?

74 康王谷水簾[124] 강왕 곡수렴	谷口景德觀, 在溫湯西十五里. 入谷又十五里至簾下 계곡의 입구는 경덕관이며, 온탕의 서쪽 십 오 리 지점에 있다. 계곡을 들어가 다시 십 오 리를 더 가면 곡수렴의 아래에 이른다

康) 사람으로 어릴 때는 외가에서 양육되어 객아(客兒)라 하였으며, 진나라 때 강락공(康樂公)에 이어서 봉하여졌으므로 이렇게 불린다. 그의 시는 대부분 회계(會稽)와 영가(永嘉), 그리고 여산 등지의 산수를 읊은 것이다. 송나라 화진(華鎭)의 〈시내를 건너다(過澗)〉「오히려 그 해의 사령운 생각해보니, 얽매임 가볍게 보았는데도 제후에 봉하여졌다네.」(却憶當年謝康樂, 等閒羈束爲封侯)

121 현절(絃絶): 《여씨춘추·본미(本味)》「백아가 거문고를 타면 종자기가 그것을 들었다. …… 종자기가 죽자 백아는 거문고를 부숴버리고 줄은 끊어버리고 종신토록 다시는 거문고를 타지 않았다.」(伯牙鼓瑟, 鍾子期聽之……鍾子期死, 伯牙破琴絶絃, 終身不復鼓琴)

122 수벽~오호리(水碧~五湖裏): 수벽(水碧)은 옥의 일종으로 수정 따위의 광물이다. 남조 송나라 사령운(謝靈運)의 〈팽려호 어귀로 들다(入彭蠡湖口)〉「금고는 빛 반짝반짝 내고, 수벽은 물 따뜻한 곳에서 그치네.」(金膏滅明光, 水碧輟流溫) 철(輟)은 철(綴)로 된 판본도 있다. 뜻은 같다. 《문선》의 주석가인 이선(李善)은 「수벽은 곽박이 말하기를 『벽 또한 옥이다』라 하였다.」(水碧, 郭璞曰碧亦玉也. 流溫, 言水玉溫潤也) 또 다른 주석가인 여향(呂向)은 「수벽은 수옥이다. 이것은 강 속에 있다. 그러나 그 밝은 빛이 모두 사라져 그 따뜻한 윤기가 그쳐 보이지 않게 되었다.」(水碧, 水玉也. 此江中有之. 然皆滅其明光, 止其溫潤而不見)라 하였다. 역시 사령운의 〈조부의 공덕을 노래함(述祖德詩)〉 제2수 「공손히 사양하고 칠주 밖으로 나가, 옷 털고 오호 밖으로 나갔다네.」(高揖七州外, 拂衣五湖裏) 《차의》「『철류온』은 물이 끊기어 흐르지 않는 것이다. 지금은 이렇게 따뜻함이 흐르므로 사령운의 시를 인용하여 그 말을 반대로 썼다. 사령운이 놀았던 호중은 곧 팽려호인데, 위소의 설로 보건대 팽려호는 오호의 하나이며 이 시의 뜻은 아마 이것을 가리켜 말하였을 것이다.」(輟流溫, 謂水絶不流也. 今則流溫如此, 故引康樂詩而反其辭也. 康樂所遊湖中卽彭蠡湖, 以韋昭說觀之, 蠡湖爲五湖之一, 恐詩意指此而言)

123 강락~철류온(康樂~輟流溫): 바로 위의 주를 보라.

124 《차의》「수렴폭포이다.」(水簾瀑布) 《차보》「강왕곡은 진시황 때 초나라 강왕이 이곳으로 난리를 피하였으므로 수렴의 이름으로 삼았다.」(康王谷, 秦始皇時楚康王避亂于此, 因以爲名水簾) 《명일통지》 권52 〈남강부〉「곡렴천은 부의 서쪽 11리 지점에 있다. 그 물이 발과 같이 바위를 덮고 내려오는 것이 30여 줄기나 된다. 당나라의 육우는 《다경》에서 그 물을 품평하여 천하 제일

循山西北騖[125]　산 따라 서북쪽으로 달리며,
崎嶇幾經丘[126]　험한 언덕 몇 개나 지났던가?
前行荒蹊斷　앞으로 가니 거친 지름길 끊겼고,
豁見淸溪流　맑은 시내 흐름 환히 보이네.
一涉臺殿古　한 번 건너니 대전 예스럽고,
再涉川原幽[127]　두 번 건너니 내와 언덕 그윽하네.
縈紆復屢渡[128]　이리저리 두르고 돌아 다시 몇 번을 더 건너,
乃得寒巖陬　이에 차가운 바위 모퉁이 얻었네.
飛泉天上來[129]　나는 듯한 샘 하늘에서 내려와,
一落散不收[130]　한번 떨어지니 흩어져 거두지 못하네.
披崖日璀璨　벼랑 열리더니 해 찬란히 빛나고,
噴壑風颼飀[131]　계곡으로 바람 쏴쏴 뿜어대네.
追薪爨絶品[132]　땔나무 찾아 최고 품질 물 끓여,

이라고 하였다.」(谷簾泉在府西一十里. 其水如簾布巗而下者三十餘派. 唐陸羽茶經品其水為天下第一)

125 순산서북무(循山西北騖): 송나라 유창(劉敞)의 〈비가 개어 망의 백성들과 서북쪽 누대에 오르다(雨霽同望民登西北樓)〉「산의 형세 서북쪽으로 달리고, 강의 형세는 동남쪽에서 오네.」(山形西北騖, 江勢東南來)

126 기구기경구(崎嶇幾經丘): 진나라 도연명의 〈돌아가자꾸나(歸去來辭)〉「이미 깊숙이 골짜기 찾고, 또 울퉁불퉁 언덕길 지나기도 하네.」(旣窈窕以尋壑, 亦崎嶇而經丘) 《차의》「기구는 산길이다. 또한 산이 험준한 것이다.」(崎嶇, 山路也. 又山峻也)

127 천원유(川原幽): 송나라 유자휘(劉子翬)의 〈우연한 산보(偶步)〉「구름 개니 하늘 곱고, 녹음 짙어지니 시내와 언덕 그윽해지네.」(雲晴霄宇麗, 綠暗川原幽)

128 누도(屢渡): 당나라 두보의 〈서지촌에서 초당을 둘 곳을 찾아 찬공의 토실에서 묵다(西枝村尋置草堂地夜宿贊公土室)〉「시내에 한 줄기 물 흘러가는데, 굽고 꺾이어 바야흐로 여러 번 건넜다네.」(溪行一流水, 曲折方屢渡)

129 비천천상래(飛泉天上來): 당나라 이백의 〈난리를 겪은 후 천은에서 야랑으로 떠돌나가 옛날 놀던 때를 생각하고 마음 속의 감회를 써서 위 현관(賢官)께 드림(經亂離後, 天恩流夜郎, 憶舊遊, 書懷贈江夏韋太守良宰)〉「오색 구름 사이의 까치, 날며 우는 소리 하늘에서 내려오네.」(五色雲間鵲, 飛鳴天上來)

130 일락산불수(一落散不收): 당나라 위응물(韋應物)의 〈옛 시체를 본받아(擬古詩)〉 제12수「나이 들어 점차 가는 눈물, 한번 떨어지더니 모두 거두지 못하네.」(年華逐絲淚, 一落俱不收)

131 풍수류(風颼飀): 송나라 소순흠(蘇舜欽)의 〈정산과 파산(頂破二山詩)〉「밤의 선당(禪堂)에 사람들 추위에 움츠리고, 어두운 벽에는 쏴쏴 바람 몰아치네.」(夜堂人襟滲, 陰壁風颼飀)

132 추신(追薪): 《차의》「추는 따라가며 취하는 것이다.」(追, 隨而取之也)

절품(絶品): 《윤씨수초》「물의 품질이 제일이므로 이렇게 말하였다.」(水品第一故云) 송나라 소식(蘇軾)의 〈서강월·다사(西江月·茶詞)〉「용배 올해의 특등품이고, 곡렴은 예로부터 진귀한 샘이라네.」(龍焙今年絶品, 谷簾自古珍泉)

淪茗澆窮愁　　차 달이니 시름 다 사라지네.
敬酹古陸子　　삼가 옛 육자에게 술 부으니,
何年復來游　　어느 해에나 다시 와서 놀겠는가?

陸鴻漸茶經第此水爲天下第一[133]

육홍점의《다경》에서는 이곳의 물을 천하 제일로 매겼다

75 落星寺　　在郡城南湖中

낙성사　　군 성의 남쪽 호수에 있다

浩浩長江水　　넓디넓은 장강의 물,
東逝無停波　　동으로 가면서 물결 멈추지 않네.
及此一回薄[134]　　이곳에 이르러 한번 빙 돌아나가니,
湖平烟浪多　　물길 넓고 안개 물결 자욱하네.
孤嶼屹中川　　외로운 섬 물 가운데 우뚝 솟았는데,
層臺起周阿[135]　　층진 높은 누대 사방 모퉁이에서 솟았네.
晨望愛明滅　　새벽에 바라보니 깜빡거림 사랑스럽고,
夕遊驚蕩磨　　저녁에 노니니 물결 스쳐 놀라네.
極目青冥茫　　눈길 다하여 아득한 푸른 하늘 바라보고,
回瞻碧嵯峨　　돌아보니 푸른 산 우뚝하구나.
不復車馬迹[136]　　더 이상 거마의 흔적 없고,

133 육홍점(陸鴻漸): 《차의》「이름은 우로 〈와룡암기〉에 보인다.」(名羽, 見臥龍庵記)

134 회박(回薄): 한나라 가의(賈誼)의 〈복조(鵩鳥賦)〉「물 치면 거세짐이여, 화살은 치면 멀리 나간다네. 만물 돌고돌아 변화함이여, 서로 동요하며 순환한다네.」(水激則旱兮, 矢激則遠, 萬物回薄兮, 振蕩相轉) 당나라 이선(李善)의 주석 「《갈관자》(〈世兵〉)에서는『물은 치면 사나워지고 화살은 치면 멀리 가며, 정신은 돌고돌아 변화하고 서로 동요하며 순환한다.』라 하였다.」(鶡冠子曰, 水激則悍, 矢激則遠. 精神迴薄, 振蕩相轉)

135 주아(周阿): 한나라 반고(班固)의 〈서쪽 서울(西都賦)〉「산호수(珊瑚樹)와 푸른 옥으로 만든 나무가, (궁전의) 뜰 사방 모퉁이에 심겨져 있는데 살아 있는 것 같습니다.」(珊瑚碧樹, 周阿而生) 당나라 이선의 주석「아는 뜰의 모퉁이이다.」(阿, 庭之曲也)

136 불부거마적(不復車馬迹): 남조 송나라 포조(鮑照)의 〈변방에 거처하며라는 시체를 본떠서(代邊居行)〉「수레며 마차 자취 보이지 않고, 다만 사슴 노는 터 보이네.」(不覩車馬迹, 但見麋鹿場)

唯聞榜人歌[137]	다만 노 젓는 사람의 노래 소리만 들리네.
我願辭世紛	내 어지러운 세상 하직하고,
玆焉老漁蓑	이곳에서 도롱이 쓴 늙은 어부이고 싶구나.
會有滄浪子[138]	마침 어떤 뱃사공,
鳴舷夜相過	뱃전 울리며 밤에 지나가네.

137 방인가(傍人歌): 한나라 사마상여(司馬相如)의 〈자허부(子虛賦)〉「쇠북을 쳐서 울리고 맑게 울리는 풍소를 부니, 선장이 노래하는데 그 소리가 슬프고 애처롭습니다.」(摐金鼓, 吹鳴籟, 榜人歌, 聲流喝) 이선의 주「장읍이 말하기를『방은 배이다』라 하였다. 〈월령〉에서 말하기를『방인에게 명하였다』하였는데, 방인은 선장이다.」(張楫曰, 榜, 船也. 月令曰, 命榜人. 榜人船長也) 진(晉)나라 장협(張協)의 〈칠명(七命)〉「어부는 〈회남〉의 곡조 부르고, 뱃사람은 〈채릉〉의 노래 연주하네.」(淵客唱淮南之曲, 榜人奏采菱之歌)《문선》유량(劉良)의 주「연객과 방인은 모두 배를 운행하는 사람이다.」(淵客榜人, 並行舟人也)

138 창랑(滄浪):《초사·어부사(漁父辭)》「어부가 빙그레 웃더니 노를 두드리면서 떠나며 노래하였다.『창랑의 물 맑음이여, 나의 갓끈 씻을 만하고, 창랑의 물 흐림이여, 나의 발 씻을 만하네.』」(漁夫莞爾而笑, 鼓枻而去, 乃歌曰, 滄浪之水淸兮, 可以濯我纓. 滄浪之水濁兮, 可以濯我足) 이 말은《맹자·이루(離婁) 상》에도 나오는데 이 시의 전체적인 뜻이 〈어부사〉의 뜻에 더 가깝다.

76. 閏月十一日中，坐彭蠡門，喚船，與諸人共載汎湖，至隄首，回棹入西灣還，分韻賦詩，約來晚復集詩，不至者浮以太白[1] 簽判渺，教授空，知縣望，吳學錄桂，掌儀明，大彭兄蘭，判官擊，南公一，小彭兄遡，彥忠人，直卿予，公度槳，敬直懷，衛父天，埜流，晦翁光，泰兒美棹方[2]

윤11월에 팽려문에 앉아 배를 불러 여러 사람이 함께 타고 호수에 나가 둑가에까지 갔다가 배를 돌려 서쪽 굽이까지 갔다가 돌아와 운자를 나누어 시를 짓는데 저녁에 다시 시를 모으기로 하고 이루지 못한 사람은 태백의 벌주를 주기로 하다 첨판은「묘」자, 교수는「공」자, 지현은「망」자, 오학록은「계」자, 장의는「명」자, 대팽 형은「란」자, 판관은「격」자, 남공은「일」자, 소팽 형은「소」자, 언충은「인」자, 직경은「여」자, 공도는「장」자, 경직은「회」자, 위부는「천」자, 야는「류」자, 나는「광」자, 태아는「미」,「도」,「방」자를 썼다

1 이 시는 순희본(淳熙本)에는 〈배를 띄우고「격공명소류광」으로 운을 나누었는데 광자를 얻었다(泛舟以擊空明泝流光分韻得光字)〉로 되어 있다.

팽려문(彭蠡門):《節疑》「팽려호는 남강부의 동남쪽에 있는데 일명 파양호라고도 한다. 호수로 들어가 330리를 가면 초문에서 끝이 난다.」(彭蠡湖在南康府東南，一名鄱陽湖. 自入湖三百三十里，窮於招門) 당나라 이백의 〈팽려호로 들어가면서 송문을 거쳐 석경을 구경하며 아득히 사령운을 생각하고 시를 지어 유람하는 뜻을 쓰다(入彭蠡，經松門觀石鏡，緬懷謝康樂，題詩書遊覽之志)〉「사공 팽려호 가는데, 이곳 통해서 송문서 놀았다네.」(謝公之彭蠡，因此遊松門)《차보》「윤월은 신축년(1181)의 윤3월이다.」(閏月，辛丑閏三月)

부이태백(浮以太白): 부(浮)는 벌로 술을 내리는 것이다.《설원·선설(說苑·善說)》「위문후가 대부들과 술을 마셨는데 공승불인으로 하여금 주령(酒令)이 되게 하여 말하기를『다 마시지 않는 자는 태백의 벌주를 내려라.』라 하였다. 문후가 마실 때 잔을 비우지 못하자 공승불인이 술잔을 들어 임금에게 벌주를 내렸다. 임금이 보고 응하지 않았다. 시자가 말하기를『불인은 물러나게, 임금께선 이미 취하셨다.』라 하였다. 공승불인이 말하였다.『《주서》에서는 말하기를 "앞의 수레가 넘어지면 뒤의 수레가 경계한다."라 하였으니 이는 대체로 그 위급함이 신하도 바꿀 수 없고 임금도 바꿀 수 없음을 말한 것일 것이오. 이제 임금께서 이미 영을 내렸는데 영이 행하여지지 않으면 되겠소!』임금이 말하였다.『훌륭하도다!』술잔을 들어 마셨는데 다 마시고는『공승불인을 상객으로 삼으라.』라 하였다.」(魏文侯與大夫飮酒，使公乘不仁爲觴政曰，飮不釂者浮以大白. 文侯飮而不盡釂，公乘不仁擧白浮君. 君視而不應，侍者曰，不仁退，君已醉矣. 公乘不仁曰，周書曰，前車覆，後車戒. 蓋言其危，爲人臣者不易，爲君亦不易. 今君已設令，令不行，可乎! 君曰，善. 擧白而飮，飮畢曰，以公勝不仁爲上客)

2《차의》「《별집》과《남강집》으로 고찰해보건대 첨판은 지첨서 양자미(이름은 王休: 1130~1195)이고, 교수는 양원범이며, 지현은 성자 현령 왕중걸이고, 오학록은 아마 곧 오당경일 것이다. 대팽과 소팽은 아마 곧 팽루와 팽봉일 것이다. 언충은 진사직의 자이다. 직경은 곧 면재(黃榦)이며, 야는 선생의 둘째 아들이고. 태아는 선생의 막내 재의 어렸을 적의 자이다. 공도는 아마 곧 유공도일 것인데 이름은 맹용이다. 장의와 판관 그리고 남공, 경직, 위보는 모두 고찰을 해보아야 한다.

解組無多日[3]	관직에서 물러날 날 많이 남지 않았으니,
歸哉喜欲狂	돌아가리라! 기쁨에 미칠 듯하구나.
臨風成邂逅	바람 맞으며 우연히 서로 만나게 되어,
載月下滄浪	달 싣고 창랑 따라 내려가네.
酌酒傳清影[4]	술 따르며 맑은 그림자 전하자니,
鳴橈擊素光[5]	노 울리며 흰 달빛을 치네.
它年隔千里	훗날 천리 멀리 떨어져 있더라도,
此夜莫相忘	이 밤 부디 잊지 말게나.

『아득할 묘』(渺)에서 『모 방』(方)자까지는 (소식의) 〈적벽부〉에 나오는 말로, 『계수나무 노와 목란 상앗대로, 물에 비친 달 그림자를 치며 달빛 흐르는 강물 거슬러 올라가네. 아득한 내 마음, 미인 바람이여 하늘 한쪽에 있도다.』라는 문장이다.」(以别集南康集考之, 簽判, 知簽書楊子美, 教授, 楊元範, 知縣, 星子縣令王仲傑, 吳學錄, 疑卽吳唐卿. 大彭小彭, 疑卽彭樓彭鳳. 彦忠, 陳士直字. 直卿卽勉齋, 埜, 先生之仲子. 泰兒, 先生季子在之小字. 公度, 疑卽劉公度, 名孟容. 掌儀判官, 南公, 敬直, 衛父, 幷當考. 渺止方, 赤壁賦, 桂棹兮蘭槳, 擊空明兮溯流光. 渺渺兮余懷, 望美人兮天一方) 《표보》「남공은 회계의 승려 지남이다. 아래의 〈북산기행〉시의 본주에 보인다.」(南公, 會稽僧, 志南也. 見下山北紀行詩本註) 꿔치(郭齊)는 교수는 장양경(張揚卿)이고, 오학록은 오겸선(吳兼善), 대팽과 소팽은 각각 팽려(彭蠡)와 팽심(彭尋), 경직은 금거위(金去僞)라 하였다. 《윤씨수초》「태아의 운자는 2개가 남으므로 모두 세 수를 지었다.」(泰兒韻餘二故幷賦三韻)

3 해조(解組): 해수(解綬), 곧 해인수(解印綬)와 같다. 인끈을 푼다는 말로 관직을 그만 둔다는 것을 말한다.

4 전청영(傳淸影): 《차의》「달 아래에서 술잔을 돌린다는 뜻이다.」(月下傳杯之意)

5 격소광(擊素光): 당나라 이백의 시에 부기(附記)된 좌사낭중(左司郎中) 최종지(崔宗之)의 〈이씨네 열두째에게 드림(贈李十二)〉「밝은 달 높은 봉우리 위로 나오니, 맑은 시내에 흰 빛 맑구나.」(明月出高岑, 淸溪澄素光) 또 주 2)에 인용된 〈적벽부〉를 보라.

77. 和林擇之黃雲之句, 兼簡同遊諸兄

임택지의 황운의 구절에 화답하고 아울러 함께 온 여러 형들에게 부친다

登覽日云晏[1]	올라 둘러 볼 때는 날 저물더니,
歸車眇重岡	돌아오는 수레에선 겹쳐진 언덕 아득하네.
天風振余旟[2]	하늘의 바람 내 수레 깃발처럼 떨치고,
夕露沾我裳[3]	저녁 이슬은 아랫도리를 적시네.
數子情未厭	여러 사람 마음 아직 싫증나지 않았는데,
春山杳茫茫[4]	봄 산은 아득히 멀어지네.
還瞻長江白	다시 흰 장강을 보고,
迥眺飛雲黃	멀리 나는 누런 구름 보네.
當念塵中友	세속의 벗 생각할 때,
心期邈相望	마음속 기약 아득히 바라네.
無爲跨鴻鵠	공연히 홍곡 타지 말게나,
決起凌青蒼[5]	날개 떨치어 창공 뚫고 오른다네.

1 일운안(日云晏): 운(云)은 아무런 의미 없이 쓰인 조사이다. 안(晏)은 모(暮)와 같은 뜻이다.

2 천풍진여여(天風振余旟): 한나라 장형(張衡)의 〈오묘함을 생각함((思玄賦)〉「구름 뭉게뭉게 몰려와 내 수레바퀴 둘러싸고, 바람은 아득히 불어 수레 깃발 휘날리네.」(雲菲菲兮繞余輪, 風眇眇兮震余旟)

3 석로첨아상(夕露沾我裳): 위문제(魏文帝) 조비(曹丕)의 〈잡시(雜詩)〉 첫째 시「방황한 지 어느덧 이미 오랜데, 맑은 이슬 내 아랫도리 적시네.」(彷徨忽已久, 白露霑我裳) 진나라 도연명(陶淵明)의 〈농촌의 집으로 돌아오다(歸園田居)〉「길 좁은데 초목 길게 자라, 저녁 이슬 내 옷 적시네. 옷 젖는 것 아깝지 않으나, 다만 바람 어긋나지 않기를.」(道狹草木長, 夕露沾我衣. 衣沾不足惜, 但使願無違)

4 춘산묘(春山杳): 당나라 이군옥(李羣玉)의 〈은자가 나부산으로 돌아감에 전송하다(送隱者歸羅浮)〉「봄 산 아득하고 해 뉘엿뉘엿 지는데, 길 구름 봉우리로 드니 흰 개 따르네.」(春山杳杳日遲遲, 路入雲峯白犬隨)

5 팽려(彭蠡: 1146~1200): 곧 위 76번 시의 원주에 보이는 대팽(大彭)이다. 자는 사범(師范)이며 이름을 봉(鳳)으로 고쳤는데 자로 알려졌다. 매파선생(梅坡先生)이라 불리며 남강(南康) 도창(都昌) 사람이다. 주희가 지남강군으로 있을 때 백록동서원으로 초빙하여 경(經)을 강론하게 하였다. 나중에는 매파에 집을 짓고 후진 양성과 학업에 힘썼다. 사적이 《창곡집(昌谷集)》 권20 〈매파선생팽공묘지명〉에 보인다.

78. 和彭蠡月夜汎舟落星湖[1]

팽려의 달밤에 낙성호에 배를 띄우다라는 시에 화답하다

長占烟波弄明月[2] 길이 안개 물결에서
밝은 달 가지고 노는데,
此心久矣從誰說 이 마음 오래 되었으니
누구의 말 따르겠는가?
只今一舸漾中流 지금 배 한척
물 한가운데서 흔들리는데,
上下天光兩奇絶[3] 아래 위의 하늘 빛
둘 다 기이하고 빼어나네.
回頭忽見西郭門[4] 고개 돌려 문득
서쪽 성곽의 문 보니,
尙喜蘇仙有遺烈[5] 아직도 기쁘네, 소후호 신선
남긴 공적 있음이.
問予何事却回船 내게 묻기를「무슨 일로 (그 분은)
다시 배를 돌리셨을까?」라 하여,
塵土涴君頭上雪[6] 「흙먼지가 그 분의 눈 같은
흰 머리 더럽혀서였지.」라 하였네.

1 팽려(彭蠡: 1146~1200): 곧 위 76번 시의 원주에 보이는 대팽(大彭)이다. 자는 사범(師范)이며 이름을 봉(鳳)으로 고쳤는데 자로 알려졌다. 매파선생(梅坡先生)이라 불리며 남강(南康) 도창(都昌) 사람이다. 주희가 지남강군으로 있을 때 백록동서원으로 초빙하여 경(經)을 강론하게 하였다. 나중에는 매파에 집을 짓고 후진 양성과 학업에 힘썼다. 사적이《창곡집(昌谷集)》권20 〈매파선생팽공묘지명〉에 보인다.

2 장점~롱명월(長占~弄明月): 아래 원주의 주석을 보라.

3 상하천광(上下天光): 하늘의 달과 물위에 비친 달을 말한다.

4 서곽문(西郭門): 곧 군 성의 서문이다.

5 소선(蘇仙): 곧 소상을 말한다.

6 진토~상설(塵土~上雪): 완(涴)은 곧 오(汚)와 같다. 당나라 한유의 〈합강정(合江亭)〉「바위의 돌에 쓰고자

首句全用蘇養直詩.[7] 蘇舊居水西門外, 舟行望見其處

첫 구는 소상(蘇庠)의 시구를 온전히 사용하였다. 소상의 옛 거처는 수서문 밖에 있는데 배를 타고 지나가면서 그곳을 바라보았다

하니, 진흙으로 더럽히지 말게나.」(願書巖上石, 勿使泥塵涴) 주희의 주석 「진흙이 물건에 묻은 것이다.」(泥着物也) 《차의》 「두상설은 백발을 이른다. 『하사』에서 여기까지는 소선이 선생에게 물은 뜻이다.」(頭上雪, 謂白髮也. 自何事至此, 蘇仙問先生之意)

7 소양직(蘇養直): 송나라 소상(蘇庠: 1065~1147)의 자. 호는 생옹(眚翁)이라 하였으며 전주(澶州: 지금의 河南省 濮陽) 사람인데 단양(丹陽)으로 옮겨 살았다. 단양의 후호(後湖)에 터를 잡아 산 적이 있어서 또한 호를 후호병민(後湖病民)이라고도 하였다. 소흥(紹興) 연간에 여산에 은거하였으며 조정에서 누차 불렀으나 나가지 않았다. 소식이 그가 지은 〈청강곡(淸江曲)〉을 보고 크게 아껴 이로부터 유명해졌다. 첫 구절은 바로 이 〈청강곡〉의 마지막 구절이다.

79. 烹罷官, 觀康王谷水簾, 夜飮山月軒, 分韻得主字, 奉別送行諸君

내 관직을 마치고 강왕곡 수렴동을 유람하고 밤에 산월헌에서 술을 마시며 운자를 나누어 시를 짓는데 「주」자를 얻어 송별 나온 제군에게 바친다

嗟余老不才	아! 나는 늙고 재주도 없는데,
記憶謝明主	지난 일 생각하면 현명하신 임금께 감사드리네.
畀茲山水郡	이 산수 아름다운 고을 내려주시어,
北邇通玄府[1]	북으로 현부 통하는 곳 가까이 하게 했네.
一官再溫凉[2]	한번 관직에 나서 두 해 지났는데,
十日九塵土	열흘에 아흐레는 흙먼지 속이었다네.
迨茲解章紱[3]	여기 이르러 인끈(官印) 풀어 놓고,
絶境方快覩	빼어난 경계 바야흐로 기쁘게 구경하네.
殷勤故人厚[4]	벗들 정의 얼마나 두터운지,

1 현부(玄府): 천궁(天宮)이나 신선이 거처하는 곳을 말하는데, 여기서는 여산의 선경(仙境)을 가리킨다. 송나라 장효상(張孝祥)의 〈진성(眞性)을 기르며 남강의 전 태수에게 부치다(棲真寄南康錢守)〉「내 현부 통하는 곳 거느리게 되었는데, 곧 여산 북쪽에 있다네.」(我領通玄府, 乃在廬山北)

2 온량(溫凉): 따뜻하고 추움. 주로 기후를 가리키는데 여기서는 사철, 곧 한 해를 가리켜서 말한 것 같다. 진(晉)나라 도연명(陶淵明)의 〈정욕을 가라앉히다(閑情賦)〉「아, 따뜻하고 추움 기후 달리하여, 혹 옛것 벗고 새것 입기도 하네.」(嗟溫涼之異氣, 或脫故而服新)

3 장불(章紱): 《차의》「《운회》에서 장은 인장이라고 하였다. 불은 도장 끈이다. 『紼』이라고도 하고 『綍』과도 통하여 쓰며, 또한 『韍』이라고도 한다.」(韻會, 章, 印章也. 紱, 印組也. 或作紼, 通作綍, 亦作韍) 《한관의(漢官儀)》「관리의 봉록이 2천 석 이상이면 은 인장에 거북 모양의 인뉴를 하며 글자는 장이라 쓰고 『모관의 장』이라 새긴다. 2백 석 이상이면 구리 인장에 비뉴를 하며 글자는 인이라 쓰고 『모관의 인』이라 새긴다.」(吏秩比二千石以上, 銀印龜紐, 其文曰章, 刻曰某官之章. 二百石以上, 銅印鼻紐, 其文曰印, 刻曰某官之印) 《연산재잡기(硯山齋雜記)》 권1에서 재인용.

4 은근고인후(殷勤故人厚): 당나라 권덕여(權德輿)의 〈육씨네 서른 둘 째 참 절동이 부쳐온 시에 답하다(酬陸三十二參浙東見寄)〉「벗의 뜻 은근한데, 숲 가운데 정 슬프네.」(殷勤故人意, 惆悵中林情)

追送崖寺古[5]　　벼랑의 오래된 절까지 좇아와 전송하네.
把酒聽鳴泉[6]　　술잔 잡고 울리는 샘 소리 들으며,
相看淚如雨[7]　　서로 바라보니 눈물 비 오듯 하네.

5 애사고(崖寺古): 당나라 두보의 〈법경사(法鏡寺)〉「정신 산길 깊음 슬퍼하는데, 근심 벼랑의 오래된 절에서 풀리네.」(神傷山行深, 愁破崖寺古)

6 청명천(聽鳴泉): 송나라 정해(鄭獬)의 〈진주의 원양관에 부쳐 지음(寄題辰州沅陽館)〉「술통 들고 울리는 샘 소리 듣자니, 맛있는 술 기울일 만하네.」(攜樽聽鳴泉, 便可傾佳釀)

7 상간루여우(相看淚如雨): 당나라 유장경(劉長卿)의 〈계저로 들어가 사우석혈에서 머물다(入桂渚次砂牛石穴)〉「이 가운데 근심 감당하지 못할 곳 없어, 강의 나그네 서로 보며 눈물 비처럼 흘리네.」(此中無處不堪愁, 江客相看淚如雨) 같은 사람의 〈상중에서 돌아갈 생각을 하다(湘中憶歸)〉「조각배 정박한 곳에 이 소리 들리니, 강의 나그네 서로 보며 눈물 비처럼 흘리네.」(扁舟泊處聞此聲, 江客相看淚如雨)

80. 遊天池[1]

천지에 노닐다

三年落星渚[2]	삼 년 동안 낙성호의 물가에서,
北望天池山	북으로 천지 있는 산 바라보았다네.
臨風幾浩歎[3]	바람 맞으며 몇 번이나 크게 탄식했던가?
欲往無飛翰[4]	가고 싶었으나 나는 새 없었다네.
今朝復何朝[5]	오늘 아침 또 무슨 아침인가?
陟此青雲端[6]	이 푸른 구름 끝까지 오르네.
高尋已奇絶[7]	높이 찾으니 이미 매우 기이하고,
俯瞰何其寬	내려다 보니 그 얼마나 넓던지.
西窮濂溪原[8]	서쪽은 염계의 근원에 이르고,

1 천지(天池): 봉우리 이름으로 구강부(九江府)애 있는 여산(廬山) 꼭대기의 고령(牯嶺) 서쪽과 용수애(龍首崖)의 북쪽에 있다. 이곳에는 절이 있는데 이 이름 때문에 천지사라고 한다.

2 삼년락성저(三年落星渚): 남강군의 치소는 성자현에 있는데 현 남쪽의 호수에 낙성석이 있으므로 낙성의 물가라고 하였다. 주희는 순희 5년(1178) 8월에 조정의 명으로 지강서남강군이 되었으며 순희 8년 3월에 이임하였으므로 이렇게 말하였다.

3 임풍탄(臨風歎): 당나라 백거이의 〈새벽에 바라보다라는 시에 화답하다(和曉望)〉「무슨 말로 종일 즐거워하는가? 홀로 일어나 바람 맞으며 탄식한다네.」(何言終日樂, 獨起臨風歎)

4 비한(飛翰): 한(翰)은 날개이다. 비한은 곧 나는 새를 가리킨다. 곧 아래의 구절에 나오는 경홍(輕鴻) 따위를 말한다. 진(晉)나라 육기(陸機)가 고체시를 본떠 지은 시 가운데 열 번째인 〈서북쪽에 높은 누대 있고라는 시를 본떠서 짓다(擬西北有高樓)〉「돌아가는 기러기 타고, 날개 나란히 함께 높이 날았으면 하네.」(思駕歸鴻羽, 比翼雙飛翰)

5 금조부하조(今朝復何朝): 송나라 장효상(張孝祥)의 〈다시 소정에 들어가 12운을 써서 짓다(重入昭亭賦十二韻)〉「오늘 아침 또 무슨 아침인가? 오히려 산속의 운무 바라보네.」(今朝復何朝, 却望山中煙)

6 청운단(青雲端): 당나라 이백의 〈참료자에게 드림(贈參寥子)〉「그리운 이 어디 있는가? 계수나무 푸른 구름 끝이라네.」(相思在何處, 桂樹青雲端)

7 기절(奇絶): 매우 빼어난 것을 말한다. 진(晋)나라 도연명의 〈곽주부에게 화답하다(和郭主簿)〉 제2수「높은 뫼 뿌리에 빼어난 봉우리 치솟아 있어, 멀리 바라보니 모두 기묘하기 짝이 없다네.」(陵岑聳逸峰, 遙瞻皆奇絶)

8 염계원(濂溪原): 염계는 시내의 이름. 주돈이(周敦頤)는 여산에서 거처하였는데 연화봉 아래로 분강(湓江)과 합류하는 시내가 있어서 이에 호남성의 옛 거처 곁에 있던 염계라는 이름을 취하여 명명하고 아울러 자호로 삼았다.

東盡湓城關[9]　　동으로는 분성의 관문 가하네.
渺然滄波外[10]　　아득히 푸른 물결 바깥까지,
淮山碧連環[11]　　회산 짙푸르게 고리 이어놓은 듯하네.
我意殊未極　　내 뜻 특히 아직 다하지 않았으니,
更思出塵寰　　다시 속세를 벗어나고자 하네.
何當駕輕鴻[12]　　어쩌면 가벼운 기러기 타고,
八表須臾間[13]　　잠깐 만에 팔방의 끝까지 가볼까.
視此長江水　　이 장강의 물 바라보니,
滔滔儻西還[14]　　도도히 거침없이 서쪽으로 돌아흐르네.

9 분성관(湓城關): 옛 분구(湓口)로 일명 심양(潯陽)이라고도 하며 지금의 강서(江西) 구강시(九江市)이다. 《차의》「구강부 서쪽에 분포가 있는데 (瑞昌의) 청분산에서 발원하여 나온다.」(九江府西有湓浦, 源出清湓山) 당나라 한유(韓愈)의 〈관직에 임명되어 대궐로 가다가 강주에 이르러 악악의 이대부(程)에게 부치다(除官赴闕至江州, 寄鄂岳李大夫)〉「분성에서 악저로 가는데, 바람만 불어주면 하루면 족하다네.」(湓城去鄂渚, 風便一日耳)

10 묘연창파(渺然滄波): 당나라 이상은의 〈하청에서 조씨 형제와 함께 연회를 열고 두보를 본뜬 시를 얻다((河清與趙氏昆季讌集得擬杜工部)〉「나그네 귀밑머리 이렇게 되었는데, 푸른 물결 갑자기 아득해졌네.」(客鬢行如此, 滄波坐渺然)

11 회산(淮山): 장강 이북의 산을 가리킨다. 여산에 올라 북으로 바라보이는 하남(河南)과 안휘(安徽)의 회하(淮河) 유역의 경계이다.

벽연환(碧連環): 《차의》「산의 모양이 빙 돌아 합쳐진 것이 마치 고리를 이어놓은 형상 같다는 것이다.」(山形回合如連環狀也) 송나라 소식(蘇軾)의 〈다른 사람의 가산에 화답하다(和人假山)〉「상당 하늘 찌르며 짙푸른 옥가락지 같은데, 빼어난 강 천리에 상안[商山] 안고 있네.」(上黨攙天碧玉環, 絶河千里抱商顔)

12 가경홍(駕輕鴻): 당나라 이백의 〈옛 시체로 짓다(古風)〉 제28수「미치지 못 하리, 광성자처럼, 구름 오르고 가벼운 기러가 탐.」(不及廣成子, 乘雲駕輕鴻) 송나라 황정견의 〈문하후성을 그만두고 고향으로 돌아와 포지사에서 노홍의 초당도를 구경하다(自門下後省歸卧, 酺池寺觀盧鴻草堂圖)〉「수놓은 안장에 만 사람 서 있는 것 모르니, 노랑 나는 기러기 탔음 어떻겠는가?」(不知繡鞍萬人立, 何如盧郎駕飛鴻)

13 팔표(八表): 팔방(八方) 바깥쪽의 아득한 경계. 진나라 도연명의 〈먹구름(停雲)〉「온 세상 다 어두워지고, 평탄한 뭍 강 되어버렸네.」(八表同昏, 平陸成江) 같은 사람의 〈계속 비가 내려 홀로 마시다(連雨獨飮)〉「구름 위 나는 학 기이한 날개 있어, 팔방의 끝까지 순식간에 돌아오네.」(雲鶴有奇翼, 八表須臾還)

14 당(儻): 척당(倜儻), 곧 쇄탈(灑脫)하여 얽매이지 않는 모양이다.

81. 觀野燈[1]

귀신불을 구경하다

飛螢腐草尋常事[2]　　반딧불이 썩은 풀에는 낢
　　보통 있는 일인데,
作低茲山獨耀芒[3]　　어찌하여 이 산만
　　유독 빛 번쩍이는가?
須信地靈資物化[4]　　모름지기 믿어야 하리, 지령
　　물화에 힘입어,
金膏隨處發明光[5]　　금고 곳에 따라
　　밝은 빛 발한다는 것.

1《차의》「야등은 아래의『지령』조에 보인다.」(野燈, 見下地靈條)

2 비형부초(飛螢腐草):《예기·월령(月令)》「【음력 6월】매는 나는 것을 익히고, 썩은 풀은 반딧불이가 된다.」(鷹乃學習, 腐草爲螢) 주희의 주석「썩은 풀이 반딧불이가 되는 것은 햇빛이 극에 달한 것이므로 어두운 무리가 밝은 무리가 되는 것이다.」(腐草爲螢, 離明之極, 故幽類化為明類也)

3 작저(作底): 저(底)는「어찌 하」(何)자와 같은 뜻이다. 작저는 작심(作甚)과 같다.《차의》「여하와 같은 말이다.」(猶言如何)《표보》「『作』은 신판에는『怪』로 되어 있다.」(作, 新板作怪)

4 지령(地靈):《명일통지·남강부(明一統志·南康府)》「【천지봉】부 성의 서남쪽 60리 지점에 있는데 일찍이 신령한 등불의 이적이 있었다.」(天池峯. 在府城西南六十里, 嘗有神燈之異)《차의》「25판(86번 시)『어찌 본래 땅 신령함 알겠는가?』의 주에서『어찌 땅의 기운이 왕성하여서 그렇게 된 것이겠는가?』라 하였는데, 이곳의『지령』두 자도 그 뜻이 아마 어쩌면 다르지 않을 것이다. 동파의〈여산 성등암〉시에『석실에 금단 있는데, 산신 비밀 알지 못하네. 하필이면 빛줄기 드러내어, 한밤중에 아이들 놀라게 하는가?』라는 구절이 있는데, 이 시의『금고발명광』이나『작저독요망』등의 말과 같은 뜻이다.」(卄五板, 安知本地靈. 註豈地氣之盛而然耶. 此地靈二字, 其意亦或無異也. 東坡廬山聖燈庵詩 石室有金丹, 山神不知秘. 何必露光芒, 夜半驚童稺, 與此詩金膏發明光, 作底獨耀芒等語同一意)

82~93. 山北紀行. 十二章, 章八句[1]

북산 기행. 12장이며 1장은 8구이다.

82

祇役廬山陽[2]	이번 여산 남쪽 유람하면서,
矯首廬山陰	여산 북쪽에서 고개 바로 들었다네.
雲峰不可覿	구름 낀 봉우리 볼 수 없으니,
碧澗何由尋	푸른 시내 어떻게 찾을 길 있겠는가?
昨朝解印章	어제 아침에 인장 풀어놓고,
結友同窺臨[3]	벗 맺어 함께 유람하네.
盡彼巖壑勝	저 바위 골짜기의 승경 다하니,
滿玆仁知心[4]	이 어질고 지혜로운 마음 만족하네.

予以閏月二十七日罷郡, 是夕出城, 宿羅漢. 二十八日, 宿白鹿. 二十九日, 登黃雲觀, 度三峽, 窺玉淵, 憩西澗, 飮西原, 宿臥龍. 四月一日, 過開先, 宿歸宗. 二日浴湯天, 入康王谷, 觀水簾, 宿景德觀. 三日, 與淸江劉淸之子澄·永嘉張揚卿淸叟·潯陽王阮南卿[5]·周頤龜父·長樂林用中擇之·洛陽趙希漢南紀·會稽陳祖永慶長·武當祁眞卿師忠·溫陵吳兼善仲達·廬陵許子春景陽·新安胡莘尹仲·建安王朝春卿·長樂

1 《차의》「산북은 여산의 북쪽으로 곧 강주이다.」(山北, 廬山之北, 卽江州)

2 지역(祇役): 지(祇)는 여기서 「이 시」(是)자의 뜻으로 쓰였다. 시역은 이번 여행이라는 뜻이다.

3 규림(窺臨): 유람(遊覽)과 같은 말이다.

4 인지심(仁知心): 《차의》에서는 「심지는 당본에는 『지심』으로 되어 있다.」(心知, 唐本作知心)라 한 것으로 보아 심지(心知)로 된 판본도 있는 것 같다. 지(知)는 「智」와 같다. 《논어·옹야(雍也)》「공자께서 말씀하셨다. 『지혜로운 자는 물을 좋아하고, 어진 자는 산을 좋아한다. 지혜로운 자는 동적이고 어진 자는 정적이다. 지혜로운 자는 낙천적이고 어진 자는 장수한다.』」(知者樂水, 仁者樂山. 知者動, 仁者靜. 知者樂, 仁者壽)

5 심양(潯陽): 심(潯)은 심(尋)으로 된 판본도 있다.

6 유청지(劉淸之: 1139~1189)는 위 8번 시의 주 1)을 보라.

余隅占之·陳士直彥忠·黃幹季直·臨淮張彥先致遠·會稽僧指南明老俱行[6]

나는 윤달 27일 군수직을 그만두고 이날 저녁 성을 나서 나한에서 묵었다. 28일에는 백록에서 묵었다. 29일에는 황운관에 올랐다가 삼협을 건너 옥연을 훑어보고 서간에서 쉬다가 서원에서 술을 마신 후 와룡에서 묵었다. 4월 1일에는 개선을 지나 귀종에서 묵었다. 2일에는 탕천에서 목욕을 하고 강왕곡에 들었다가 수렴을 보고 경덕관에서 묵었다. 3일에는 청강 사람 유청지 자징·영가 사람 장양경 청수·심양 사람 왕완남 경·주이 귀보·장락 사람 임용중 택지·낙양 사람 조희한 남기·회계 사람 진조영 경장·무당 사람 기진경 사충·온릉 사람 오겸선 중달·경릉 사람 허자춘 경양·신안 사람 호신 윤호중·건안 사람 왕조 춘경·장락 사람 여우 점지·진사직 언충·황간 계직·임회 사람 장언선 치원·회계의 승려 지남 명로가 함께 갔다

83

窺臨事若何	유람하는 일 어떠한가?
請從圓通說[7]	청컨대 원통사에서부터 말 꺼내리다.
逶迤山門路	산문의 길 구불구불한데,
悄蒨修篁列[8]	긴 대나무 줄지어 우거졌다네.
溪仍侯家名	시내는 후씨 따라 이름 지었으며,

장양경(張揚卿), 오겸선(吳兼善), 진사직(陳士直), 지남(指南)은 위 76번 시의 원주에 보인다.
임용중(林用中)은 권5 26번 시의 주 1)에 보인다.
황간계직(黃幹季直): 《차의》「윤11월에 팽려문에 앉아 운자를 나누어 시를 지은 것(곧 위 76번 시)에 의하면 이는 면재이다. 여기서 말한 계직이 어찌 면재로 자가 둘이겠는가? 아마 달리 또 황간이 있을 것이다.」(按閏月十一日彭蠡門直卿分韻賦詩, 此則勉齋也. 此云季直豈勉齋以兩字耶. 抑別有一黃幹也)
나머지는 미상이다.

7 원통(圓通): 곧 밑의 원주에 나오는 원통사이다.

8 초천(悄蒨): 「悄」는 「峭」라고도 한다. 초목이 무성하고도 아름다우며, 선명한 모양. 진(晉)나라 좌사(左思)의 〈은사를 부르다(招隱詩)〉 제2수 「선명하고 아름다운 풍경 속에서, 대나무와 잣나무만 참됨 얻었다네.」(悄蒨青蔥間, 竹柏得其真) 《문선》에 주석을 단 이선(李善)은 「선명한 모양」(鮮明貌)이라고 하였고, 여연제(呂延濟)는 「무성하고 아름다운 모양」(茂盛美貌)이라고 하였다.
수황(修篁): 수죽(脩竹), 곧 키가 큰 대나무이다.

屋是孱王設[9]	집은 약해빠진 왕이 지었다네.
何救黍離歌[10]	어찌 〈서리〉의 노래 이해하겠는가?
喟焉傷覆轍[11]	아아, 수레 엎어짐 슬퍼한다네.

圓通寺地名侯溪, 本侯氏所居, 李後主取以爲寺.[12] 無它奇, 但門徑竹木深茂可觀耳

원통사가 있는 곳의 지명은 후계로 본래는 후씨가 살던 곳이었는데 이후주가 취하여 절로 만들었다. 달리 특기할 만한 것은 없고 다만 문의 오솔길에 대나무와 나무가 매우 무성하여 볼만하였다

84

行逢石門雨	가는 길에 석문에서 비 만나,
解驂寒澗東	차가운 시내 동쪽에서 곁말 풀었다네.
朝隮錦繡谷[13]	아침에 금수곡 올라,

9 잔왕(孱王): 잔약, 나약한 임금이라는 뜻. 《사기·장이열전(張耳列傳)》「조나라의 재상인 관고와 조오 등은 나이가 60여 세로 오래전부터 장이의 빈객이었다. 평소에 기개가 있던 사람으로 이에 노하여 말하기를 『우리 왕은 나약한 임금이구나!』라 하였다.」(趙相貫高趙午等年六十餘, 故張耳客也. 生平爲氣, 乃怒曰, 吾王孱王也!) 여기서 잔왕은 오대십국의 남당(南唐) 임금인 이욱(李煜)을 말하는데 보통 후주(後主)라고 일컫는다. 개보(開寶) 8년(975) 송나라가 금릉(金陵: 지금의 南京)을 격파하자 항복하였으며, 나중에 송태조 조광윤(趙匡胤)에 의해 독살 당하였다. 이욱은 왕으로서 통치에는 힘쓰지 않고 평생 서화(書畵)에 많은 관심을 가졌으며 특히 사(詞)를 잘 지었다.

10 서리가(黍離歌): 《시경·왕풍(王風)》의 편명으로 「저 기장 축축 늘어졌는데, 저 피는 싹이 났구나.」(彼黍離離, 彼稷之苗)라는 구절이 있다. 〈시소서(詩小序)〉「〈서리〉는 종주의 멸망을 안타깝게 여긴 것이다. 주나라의 대부가 부역을 가면서 종주에 이르러 옛 종묘와 궁실에 들렀는데 모두 기장밭이 되어 있었다. 그러므로 주나라 왕실이 전복되었음을 안타깝게 여겨 방황하면서 차마 떠나지를 못하고 이 시를 지은 것이다.」(黍離, 閔宗周也. 周大夫行役, 至于宗周, 過故宗廟宮室, 盡爲禾黍. 閔周室之顚覆, 彷徨不忍去而作是詩也) 여기서는 이욱의 후당이 멸망당한 것을 떠올려서 말한 것이다.

11 복철(覆轍): 곧 전거지감(前車之鑒)으로, 지난날의 실패를 오늘의 교훈으로 삼을 수 있음을 비유한다. 한나라 유향(劉向)의 《설원·선설(說苑·善說)》「《주서》에서는 『앞서가던 수레가 뒤집어지면 뒤에 가는 수레의 경계가 된다.』라 하였는데 아마 그 위급함을 말한 것일 것이다.」(周書曰, 前車覆, 後車戒. 蓋言其危) 한나라 가의(賈誼)의 〈치안책(治安策)〉에서도 인용하였다.

12 이후주(李後主): 《차의》「남당왕 이욱이다.」(南唐王李煜)

13 금수곡(錦繡谷): 《명일통지》 권52 〈남강부〉「여산에 있다. 봄 석달 동안 꽃이 피면 붉은색과 자주색이 땅

俯仰春冥濛　봄 깊고 어둑함 잠시 쳐다보네.
懸泉忽淙琤[14]　바위에 걸린 샘물 불현듯 옥이 부딪치는 듯한 소리 내고,
雜樹紛靑紅　여러 나무 푸르고 붉은 색 어지럽네.
屢憩小亭古　오래된 작은 정자에서 몇 번이나 쉬어가며,
幽探思無窮　깊숙이 찾아다니자니 생각 끝이 없다네.

石門澗正在天地山下, 有小菴三四. 是夕宿所謂廣福菴者. 來日登山, 道錦繡谷, 再過小橋. 橋皆有亭, 下又有亭基二,[15] 小亭一

석문간은 바로 천지산의 아래에 있는데 작은 암자 서너 개가 있었다. 이날 저녁에는 이른바 광복암이란 곳에서 묵었다. 내일의 등산은 금수곡의 길을 가게 되는데 다시 작은 다리를 건넌다. 다리마다 모두 정자가 있으며 아래로는 또한 정자 터가 둘, 작은 정자가 하나 있다

85

竦身長林端[16]　넓은 숲 끝에서 몸 쑥 빼어,
策足層崖表[17]　층진 벼랑 밖에서 말 채찍질하네.
仰瞻空界闊　우러러 우주 넓음 쳐다보고,
俯歎塵寰小　숙이어 속세 작음 탄식하네.

을 둘러 비단에 수를 놓은 것 같다.」(在廬山. 三春花開, 紅紫匝地, 如錦繡然) 《차의》에서는 천지봉(天池峯) 아래에 있다고 하였다.

14 현천홀종쟁(懸泉忽淙琤): 종쟁(淙琤)은 「琮琤」이라고도 하며, 옥이 부딪칠 때 나는 소리이다. 또한 물결이 서로 부딪쳐 내는 소리를 형용하기도 한다. 당나라 한유(韓愈)와 맹교(孟郊)의 〈성남에서 몇 구절씩 이어 쓴 시(城南聯句)〉「대나무 그림자 금 잘게 부서진 것 같고, 샘 소리는 옥이 부딪치는 것 같네.」(竹影金瑣碎, 泉音玉淙琤)

15 하(下): 상(上)으로 된 판본도 있다.

16 송신(竦身): 송(竦)은 용(聳)과 뜻이 통한다. 몸을 위로 빼는 것이다.

17 책족(策足): 《고시십구수·금일양연회(今日良宴會)》「어찌하여 준마에 채찍질하여, 요로 먼저 차지하지 않는가?」(何不策高足, 先據要路津)

天池西嶔崟[18]　　천지원 서쪽으로 높고 험하며,
佛手東窈窕[19]　　불수암 동쪽 깊숙한 곳에 있다네.
杖屨往復來　　지팡이 짚고 갔다가 다시 와서,
憑軒瞰歸鳥　　헌함에 기대어 돌아가는 새 내려다보네.

盡錦繡谷, 登山稍高, 無復林木. 坡陀而上, 至天池院, 在小峰絶頂, 乃有石池, 泉水不竭. 東過佛手巖, 石室嵌空, 中有井泉, 僧緣崖結架以居. 下臨錦繡谷, 又有石榻, 名遠公講經臺

금수곡을 다 지나 산을 조금 더 높이 올라가니 더 이상 나무숲이 없었다. 언덕의 비탈을 올라 천지원에 이르렀는데 작은 봉우리의 꼭대기에 있었으며, 그곳에는 석지가 있었고 샘물이 마르지 않았다. 동쪽으로 불수암을 지나니 돌로 지은 집과 굴이 있었으며 그 가운데 우물이 있고 중들이 낭떠러지에 시렁을 엮어서 거처하고 있었다. 내려와 금수곡을 마주하니 또한 석탑이 있는데 이름이 원공강경대라 하였다

86

斯須暮雲合[20]　　잠깐 만에 저녁 구름 모여들더니,
白日無餘暉[21]　　한낮에 남은 빛 없어졌다네.

18 금음(嶔崟): 금음(嶔崯)이라고도 하며 산이 높고 험한 모양을 말한다. 《문선》 권5 좌사(左思)의 〈오나라의 서울(吳都賦)〉「몇 주에 걸쳐 험준하게 높이 솟아, 천하의 반을 흐르고 있습니다.」(嶔崯乎數州之間, 灌注乎天下之半) 당나라 두보의 〈바람이 빨라 배안에서 베개에 엎드려 36개의 운자를 써서 마음을 써내어 삼가 호남의 친구들에게 드린다(風疾, 舟中伏枕, 書懷三十六韻, 奉呈湖南親友)〉「물결 받아들여 아득히 질펀한데, 높은 터 험하고 높다네.」(納流迷浩汗, 峻址得嶔崟) 《고이》에서는 금음(嶔崟)이 차아(嵯峨)로 된 판본도 있다고 하였다.

19 불수(佛手): 곧 불수암인데, 지금의 선인동(仙人洞)이다.

20 사수(斯須): 수유(須臾), 편각(片刻), 곧 매우 짧은 시간을 말한다. 잠깐 동안, 잠시. 《예기·제의(禮記·祭義)》「예의와 음악은 잠시라도 몸에서 떼어 놓아서는 안 된다.」(禮樂不可斯須去身)

21 백일무여휘(白日無餘暉): 송나라 육유(陸游)의 〈초가을에 고향 꿈을 꾸었는데 깨서 짓다(初秋夢故山覺而有作)〉「목동 피리 소리 한번 내고, 해 떨어지니 남은 빛 없다네.」(牧童一聲笛, 落日無餘暉)

22 금파(金波): 달빛 또는 달을 말한다. 《한서·예악지(禮樂志)》「달은 화창하게 금빛으로 물결치고, 해는 밝

金波從地湧[22] 금물결 땅에서 용솟음치더니,
寶餤穿林飛[23] 보배로운 불꽃 숲 뚫고 나르네.
僧言自雄誇 중의 말 실로 뽐시 자랑스러운데,
俗駭無因依[24] 속인들 아무 까닭도 없음 놀란다네.
安知本地靈 이찌 본래 땅 신령함 알겠는가?
發見隨天機[25] 발현 천기 따름을.

天池院西數步, 有小佛閣, 下臨絶壑, 是遊人請燈處. 僧云, 燈非禱不見. 是日不禱而光景明滅, 頃刻異狀. 諸生或疑其妄. 予謂僧言則妄, 而此光不可誣, 豈地氣之盛而然耶

천지원의 서쪽으로 몇 발짝을 가면 작은 불각이 있다. 아래로는 깎아지른 골짝을 굽어보고 있는데 나그네들이 등불을 청하는 곳이다. 중이 말하기를 『등은 기도드릴 때가 아니면 볼 수 없습니다.』라 하였다. 이날은 기노를 드리지 않았는데도 불빛이 깜빡거렸으며, 조

게 비쳐 두루 빛나네.」(月穆穆以金波, 日華燿以宣明) 당나라 안사고(顔師古)의 주석 「달빛이 화창하여 금물결과 같다는 말이다.」(言月光穆穆, 若金之波流也) 남조 제(齊)나라 사조(謝朓)의 〈잠시 하도에서 밤에 신림을 떠나 서울에 이르러 서부에 있는 동료에게 주다(暫謝下都, 夜發新林至京邑, 贈西府同僚)〉 「금빛 물결에 지작새 아름답고, 옥승별은 건장궁에 와닿았네.」(金波麗鳷鵲, 玉繩低建章) 당나라 두보의 〈강변의 별과 달(江邊星月)〉 「소낙비 가을 밤을 맑게 하고, 금물결에 옥승별 빛나네.」(驟雨淸秋夜, 金波耿玉繩)

23 보염(寶餤): 《주자어류(朱子語類)》 권138 〈잡류(雜類)〉 「물었다. 『여산의 괴이한 현상은 아마 그 아래에 보물이 있기 때문에 빛의 기운이 이렇게 나타나는 것이겠지요.』 『일찍이 소무의 장주의 설을 보니 악양에서 벼슬을 한 적이 있는데 강 위에 빛의 기운이 있는 것이 보였고 나중에 어부가 그곳에서 그물로 동종 하나를 얻었다. 또한 소설에서 말하기를 아무 군 아무 곳에 일찍이 빛이 있는 곳이 있었는데 사람을 시켜 파보게 했더니 구리 인장 하나를 얻었다고 하였다.』 선생이 또 스스로 말씀하셨다. 『저번에 개선에서 송장할 때 두 산 사이에 들불 같은 빛이 있는 것이 바라보였는데 땅에서 발하여 높아졌다가는 또 낮아졌다. 물었더니 그 산에는 옛날에 구리 광산이 있었다고 하였다.』」(問, 廬山光怪恐其下有寶, 故光氣發見如此. 嘗見邵武張鑄說, 曾官岳陽, 見江上有光氣, 其後漁人於其處網得銅鐘一枚. 又一小說云, 某郡某處嘗有光處, 令人掘得銅印一顆. 先生又自云, 向送葬開善, 望見兩山之間有光如野燒, 從地而發, 高而復下. 問云, 其山舊有銅坑也)

24 속해무인의(俗駭無因依): 인의(因依)는 원인, 까닭이다. 《차의》 「해는 놀라 이상하게 여기는 것이다. 속인들이 아무 까닭도 없이 불꽃이 있는 것을 보고 놀라는 것을 말한다.」(駭, 驚怪也. 謂俗人駭其無因依而有光餤也)

25 이 시는 주돈이의 문집인 《주원공집(周元公集)》에도 〈천지(天池)〉라는 제목으로 수록되어 있다. 또한 《석창역대시선(石倉歷代詩選)》 권133에도 주돈이가 지은 시로 수록되어 있는데 마지막 구절이 「날짐승 와서 지저귀며 묵는데, 화살 가진 자 잔꾀 잊었다네.」(禽鳥來吟宿, 相忘矢者機)로 되어 있는 것만 다르다.

금 있자니 형태가 달라졌다. 여러 사람들이 더러 헛것이 아닌가 의심하였다. 나는 중의 말이 틀렸다 하였으며, 이 빛은 꾸며낼 수 없는 것이니 어찌 땅의 기운이 왕성하여서 그렇게 된 것이겠는가?

87

深尋兩林間	두 절 사이에서 깊이 찾으니,
淸波貫華屋	맑은 물결 화려한 집 뚫었다네.
蓮社有遺蹤[26]	백련사는 자취만 남아 있고,
草堂非舊築[27]	초당은 옛날에 지은 것 아니라네.
修廊餘故刻	긴 회랑에는 옛날 새긴 것 남았는데,
好醜雜珉玉[28]	좋고 나쁨 옥과 돌에 섞였다네.
亦復記經行	또한 다시 거쳐 온 길 기억해보니,
深慙後人讀	후인들 읽을까 매우 부끄럽네.

五日下山, 至東·西林.[29] 兩寺相去不百步, 一溪淸駛, 橫貫其間, 皆自方

26 연사(蓮社): 《여부잡기(廬阜雜記)》「원사가 백련사를 결성하고 편지를 써서 도연명을 불렀다. 도연명이 말하기를 『저는 성미가 술을 좋아하니 술 마시는 것을 허락해주면 가겠습니다.』라 하였다. 원사가 이를 허락하자 마침내 그곳으로 갔다. 내친 김에 억지로 백련사에 들게 하였더니 도연명은 눈썹을 찌푸리며 떠났다.」(遠師結白蓮社, 以書招淵明. 陶曰, 弟子性嗜酒, 若許飮即往矣. 遠許之, 遂造焉. 因勉令入社, 陶攢眉而去)《고금사문유취(古今事文類)》 권35에서 재인용.

27 초당(草堂): 《명일통지》 권52 〈남강부〉 명환(名宦)의 백거이(白居易) 조(條)「원화 연간에 강주사마로 폄적되었다. 기뻐하며 말하기를 『광려산을 마음 속에 둔 지가 오래 되었는데 이제 푸른 산과 푸른 물을 얻어 그 속에서 바람과 달의 주인이 되었다.』라 하였다. 이에 향로봉 북쪽에 초당을 짓고 유유자적하게 지냈다.」(元和中, 貶江州司馬. 喜曰, 匡廬在念久矣, 今得青山緑水, 中為風月主人. 乃築草堂於香爐峯北以自適)

28 호추(好醜): 《열자·양주(楊朱)》「복희 이래 삼십여 만 년 동안 현명한 자와 어리석은 자·잘난 자와 못난 자가 있었고 성패와 시비도 있었지만 소멸하지 않은 것이 없다. 다만 더딘가와 빠른가의 사이일 따름이다.」(伏羲已來三十余萬歲, 賢愚·好醜·成敗·是非, 無不消滅, 但遲速之閒耳)

민옥(珉玉): 민은 옥과 비슷한 좋은 돌. 《예기·빙의(聘義)》「자공이 공자에게 물었다. 『감히 여쭙건대 군자가 옥은 귀하게 여기면서 옥돌은 천하게 여기는 것은 어째서입니까?』 공자께서 말씀하셨다. 『…… 《시》에서 말하기를 『군자 생각하니, 따뜻하기가 옥과 같네.』라 하였으므로 군자가 귀하게 여기는 것이다.』라 하였다.』」(子貢問於孔子曰, 敢問君子貴玉而賤珉者, 何也? 孔子曰…… 詩云, 言念君子, 溫其如玉, 故君子貴之也)

29 동서림(東西林): 《차의》「진나라의 혜원은 동문인 혜영과 서쪽 숲에 거처하였는데 학도가 날로 많아지자 따로 숲의 동쪽에 거처하였다.」(晉惠遠與同門惠永居西

丈前廊廡下過, 他處所無有也.[30] 白蓮池在東林法堂前,[31] 白公草堂基在寺東,[32] 久廢. 近歲復刱數椽, 制殊狹陋, 然亦非其正處矣. 是日題名, 屬寺僧刻於咸通莊田記石[33]

5일에 산을 내려와 동림사와 서림사에 이르렀다. 두 절 간의 거리는 백 보가 되지 않으며, 맑은 시내 하나가 흘러 그 사이를 가로로 관통하고 있는데 모두 방장 앞의 회랑에서 아래로 지나가며 다른 곳에는 없는 것이다. 백련지는 동림사의 법당 앞에 있으며, 백공의 초당 터는 절의 동쪽에 있는데 오래 전에 없어졌다. 근년에 다시 몇 칸으로 창건하였는데 규모가 다르고 좁고 누추하였지만 또한 올바른 곳이 아니었다. 이날 이름을 적어 절의 중에게 함통 연간의 장전에 새긴 기문의 돌에 새기게 하였다

88

行軒復東騖[34]	고귀한 자의 수레 다시 동쪽으로 달려,
祠城當晩遊[35]	사성에서 저녁 놀이 만났네.

林, 學徒日衆, 別居林之東)

30 개유(皆有): 《차의》「『있을 유』자는 당본에는 『스스로 자』자로 되어 있다.」(有, 唐本作自)

31 백련지(白蓮池): 《문곡수첨(文谷手籤)》「혜원은 동림에 거처하였는데 사령운이 못을 파고 흰 연꽃을 심어주어 연사라 하였다.」(惠遠居東林, 謝靈運爲鑿池種白蓮, 號蓮社) 《차보》「위 17판(70번 시)에 또한 『백련사의 물가에서 서로 이끌며』라는 구절이 있다. 아마 백련사의 옛 땅인 것 같은데 혹 후인이 못을 만들고 옛 이름을 그대로 쓴 것일 것이다.」(上十七板又有相携白蓮渚之句. 疑白蓮社舊地, 或後人作池, 冒以舊名也)

32 백공(白公): 《차의》「백낙천이다.」(樂天) 《문곡수첨》「백거이는 강주사마가 되어 향로봉 아래에 초당을 세웠다. 시를 지어 말하기를 『향로봉 북쪽, 유애사 서쪽이라네. 이때 은거하는 이 있으니, 성은 백이요 자는 낙천이라네.』라 하였다.」(白居易爲江州司馬, 建草堂於香爐峰下. 有詩云, 香爐峰北面, 遺愛寺西偏. 時有沈冥子, 姓白字樂天) 인용된 시의 제목은 〈향로봉 아래에 새로 초당을 짓고 즉석에서 속마음을 읊어 돌 위에 적다(香鑪峯下新置草堂, 即事, 詠懷題於石上)〉이며 1~2, 13~14 구절이다.

33 함통장전기(咸通莊田記): 《관보》「함통은 당나라 의종의 연호(860~873)이다. 선생이 함통 때의 장원의 각석 옆에 써서 돌에 새긴 것을 말한다.」(咸通, 唐懿宗年號. 謂先生題石刻於咸通時莊田刻石之傍) 《차보》「절에 함통 연간의 기문이 있다. 그 장원의 비이므로 비석의 빈 곳에 돌에다 새기게 한 것이다. 금석첩에 이른 예가 많다.」(寺有咸通中記. 其莊田之碑, 故使之刻石於碑之空處也. 金石帖中多此例)

34 행헌(行軒): 옛날 고귀한 자들이 타고 다니던 수레. 또한 귀한 손님을 일컫는데 쓰이기도 한다.

35 사성(祠城): 신을 제사지내는 곳.

胡然冠蓋集[36]	갑자기 고관들 모여들어,
不盡心期幽	그윽한 기약 맘껏 다하지 못했네.
夜厭百谷喧	밤에는 온 골짜기 떠들썩함 싫어하고,
旦失千峰稠	아침에는 온갖 봉우리 빽빽함 잃었다네.
出門有遺恨	문 나서니 남은 유감 있어,
回首空綢繆[37]	고개 돌리어 봄 공연히 간절하다네.

晩至太平興國宮,[38] 唐九天使者祠也. 江州教授翁名卿載酒肴與鄕人遊應和·歐景文及其諸生二十餘人皆至

저녁에 태평흥국궁에 이르렀는데, 당나라 구천사자의 사당이다. 강주 교수 옹명경이 술과 안주를 싣고 고을 사람인 유응화, 구경문 및 여러 학생 20여 명과 함께 이르렀다

89

山水誠乃奇	산과 물 실로 기이하니,
云誰究終始	누가 처음과 끝 궁구하겠는가?
曇遠亦何人[39]	구담과 혜원 또한 어떤 사람인가?
神君豈其鬼	신군은 어찌 그리 신령한가?

36 호연(胡然): 어찌라는 뜻도 있지만 여기서는 돌연(突然)과 같은 뜻으로 쓰였다.

관개(冠蓋): 관은 예모(禮帽)이고, 개는 수레의 덮개. 관개는 관리의 복색과 수레를 말한다. 나아가 벼슬아치, 고관이라는 뜻으로 인신되었다.

37 주무(綢繆): 정의(情意)가 간절한 것을 말한다.

38 태평흥국궁(太平興國宮): 《명일통지》 권52 〈남강부〉「부의 성 남쪽 30리 지점에 있다. 당현종이 꿈을 꾸어 느낀 바가 있어 구천채방사를 세웠는데 송나라에서 태평흥국궁이라 하였다.」(在府城南三十里. 唐玄宗因夢感建九天採訪祠, 宋名太平興國宮)

39 담원(曇遠): 《차의》「담은 구담으로 석가의 성이다. 원은 혜원이다.」(曇, 瞿曇, 釋迦姓. 遠, 惠遠) 무이산주희연구센터(武夷山朱熹研究中心)에서 나온 《주희시사선주(朱熹詩詞選注)》에서는 담란(曇鸞)과 혜원(慧遠)이라고 하였다. 담란은 후위(後魏) 오대산(五臺山)의 고승(高僧)으로 불성(佛性)을 연구하였으며 내외의 경적(經籍)에 정통하여 위주(魏主)가 중시하여 신란(神鸞)이라 불렀다. 혜원은 동진(東晉)의 고승으로 속세의 성은 가(賈)였으며, 육경을 널리 종합하였고 특히 장로(莊老)에 뛰어났으며 도안(道安)에게서 배웠다. 담란과 혜원이 모두 후세인들에 의해 정토종(淨土宗)의 시조로 추앙되었으므로 이렇게 병칭하였다. 일설에는 담원이 곧 혜원이라고 하는데, 혜원은 동진 불문(佛門)의 비담(毗曇)학파의 주요학자이다.

東西妄采獲[40]　　동에서 서에서 함부로 채집하여 얻어,
誣諂共恢詭[41]　　무고하고 알랑거리며 함께 황탄하고 괴이하였다네.
百世踵謬訛　　백세토록 그릇되고 잘못됨 좇아다녀,
彝倫日頹圮　　떳떳한 윤리 날로 무너지고 허물어졌네.

東林慧遠雜取孔老之言以附佛學, 嘗著沙門不敬王者論. 唐明皇自言親見使者降於殿庭, 因立此宮, 而群臣造爲妖妄以迎合者甚衆. 本朝乃賜宮額神號, 置提擧官云

동림사의 혜원은 공자와 노자의 말을 섞어 취하여 불학에 덧붙여 일찍이 〈사문불경왕자론〉을 지었다. 당명황이 스스로 말하기를 「친히 사자를 만나러 궁전의 뜰로 내려가겠다.」라 하고 내친 김에 이 궁을 세웠는데, 뭇 신하들이 요망한 것을 지어 영합하는 자가 매우 많았다. 본조에서 이에 궁액과 신호를 내리고 제거관을 두었다고 한다

90

以玆遊覽富　　이 정도면 유람 넉넉하다 하겠지만,
翻令懷抱傷　　오히려 회포 상하게 하였다네.
誰哉可告語[42]　　누구런가? 말해줄 수 있는 이,
擧俗昏且狂　　온 세상 다 어둡고 미쳤다고.
乾坤有眞心　　하늘과 땅에 참된 마음 있고,

40 동서채획(東西采獲): 《차의》「곧 주에서 이른바 공자와 노자의 말을 섞어 취하여 불학에 덧붙인 것이다.」(卽註所謂雜取孔老之言以附佛學者也) 《한서·하후승전(夏候勝傳)》「하후승의 종부의 아들인 하후건은 스스로 하후승과 구양고를 사사하여 두 사람의 장점을 골라서 채택하였다.」(勝從父子建字長卿, 自師事勝及歐陽高, 左右采獲)

41 회궤(恢詭): 송나라 소식의 〈신녀의 사당(神女廟)〉「강과 산 자연스레 둘러 감싸 안고, 황탄하고 괴이함 신의 간사함 넉넉하다네.」(江山自環擁, 恢詭富神姦)

42 가고어(可告語): 《사기·귀책열전(龜策列傳)》「몸이 곤경에 빠져 있으나 하소연할 만한 곳이 없습니다. 임금께서는 덕과 의리가 있으시니 와서 하소연하는 것입니다.」(身在患中, 莫可告語. 王有德義, 故來告訴)

日月垂休光	해와 달 아름다운 빛 드리우네.
茫茫宇宙內[43]	망망한 우주 안에서,
此柄孰主張[44]	이 자루 누가 주관하겠는가?

91

北渡石塘橋	북쪽으로 석당교 건너,
西訪濂溪宅[45]	서쪽으로 염계의 집 찾았다네.
喬木無遺株	큰 나무에는 남은 그루터기 없고,
虛堂唯四壁[46]	빈 집에는 사방 벽 뿐이라네.
竦瞻德容睟[47]	몸 세워 덕망과 용모 번지르르함 보고,
跪薦寒流碧	무릎 꿇고 차가운 푸른 시냇물 바치네.
幸矣有斯人	다행이로고, 이 사람 있어,
渾淪再開闢	혼돈 다시 열게 되었음이.

92

平生勞仰止[48]	평소에 힘껏 우러르다가,

43 건곤~휴광(乾坤~休光): 《차의》「온 세상이 비록 아주 어둡고 미쳤어도 하늘과 땅, 해와 달은 의구하다는 것을 말한다. 아래의 염계선생에 대한 복선이다.」(謂擧俗雖甚昏狂, 而乾坤日月則依舊. 爲下文濂溪先生張本也)

44 주장(主張): 《장자·천운(天運)》「하늘은 과연 운행하고 있는가? 땅은 과연 안정되어 있는가? 해와 달은 과연 자리를 다투고 있는가? 누가 이를 주관하고, 누가 이 질서를 유지하고 있는가? 누가 아무 일도 없으면서 이(천지)를 밀고 있는가?」(天其運乎? 地其處乎? 日月其爭於所乎? 孰主張是? 孰維綱是? 孰居无事而推行是?) 주희의 부친인 위재(韋齋) 주송(朱松)의 〈수유와 국화(茱菊)〉「재화와 길상의 이치 참람되지 않으니, 이 자루 누가 주관하는가?」(災祥理不僭, 此柄孰主張)

45 북도~염계택(北渡~濂溪宅): 송나라 진순유(陳舜俞)의 〈여산기(廬山記)〉 권2「연수원을 지나 5리를 가면 석당교에 이르는데, 염계 주낭중의 은거지가 있다. 주낭중은 이름이 돈이이고 자는 무숙으로 도주 사람이다. 관직 생활에 재략이 있었는데 일찍부터 고명을 흠모하고 여산의 경승지를 즐겨 심양을 집으로 삼고 성곽에 별장을 지었는데 스스로 염계라 하였다.」(過延壽院五里至石塘橋, 有濂溪周郎中之隱居. 周名惇頤, 字茂叔, 道州人. 仕宦有才略, 早慕高名, 樂廬山之勝, 因家尋陽, 創別墅于負郭, 自名曰濂溪) 송나라 장식(張栻)의 〈염계선생 첩의 발문(跋濂溪先生帖)〉「염계의 은거지는 석당교 서쪽에 있다.」(濂溪隱居在石塘橋西)

46 유사벽(惟四壁): 《사기·사마사상여열전(司馬相如列傳)》「집에 돌아와 보니 집에는 다만 네 개의 벽만 있을 따름이었다.」(歸家居徒四壁)

47 수(睟): 윤택한 모양을 나타내는 의태어.

48 앙지(仰止): 「향하여 가다」, 「우러르다」라는 뜻이며, 여기서 「지」는 아무 의미가 없는 어조사로 쓰였다. 권2의 12번 시 〈여러 동지에게 보임(示諸同志)〉에 「높은

今日登此堂　오늘에야 이 대청에 올랐다네.
願以圖象意[49]　원컨대 그림과 상의 뜻,
質之巾几傍[50]　그 분의 두건과 책상 곁에서 질정하고자 하였네.
先生寂無言[51]　선생은 고요히 아무 말 없고,
賤子涕泗滂[52]　천한 세사 눈물 콧눌 술줄 흘리네.
神聽儻不遺　신명한 들음 혹 버려두지 않아,
惠我思無疆　내게 끝없는 생각 베풀어주네.

六日, 拜濂溪先生書堂遺像, 子澄請爲諸人說太極圖義.[53] 先生之曾孫彦卿·正卿, 玄孫濤, 爲設食于光風霽月之亭[54]

6일 염계선생 서당의 유상을 참배하였는데 자징이 여러 사람들에게 〈태극도〉의 뜻을 설명해주기를 청하였다. 선생의 증손인 언경과 정경, 현손인 도가 광풍제월정에서 음식을 차려내었다.

산 단지 우러러 볼 뿐, 먼 길 이디로부터 가나.」(高山徒仰止, 遠道何由征)라는 구절이 있는데 그곳의 주석을 참고하여 보라.

49 도상(圖象): 《차의》「태극도이다.」(太極圖) 주희는 〈태극도설해(太極圖說解)〉를 지은 바 있다.

50 건궤(巾几): 두건과 궤안(几案). 일상의 기거용품을 두루 가리키는 말이다. 당나라 두보의 〈지난 놀이(昔游)〉「저물녘에 동북쪽 봉우리 정상에 올랐는데, 두건과 책상 아직 물리지 않았다네.」(暮升艮岑頂, 巾几猶未却)

51 적무언(寂無言): 송나라 소옹(邵雍)의 〈하늘이 들음(天聽吟)〉「하늘이 들음 고요하여 아무 소리 없으니, 푸르고 푸른 하늘 어느 곳에서 찾겠는가?」(天聽寂無音, 蒼蒼何處尋)

52 체사방(涕泗滂): 《시경·진풍·택피(陳風·澤陂)》「자나 깨나 하릴없이, 눈물과 콧물만 줄줄 흘린다네.」(寤寐無爲, 涕泗滂沱) 주희의 주석「눈에서 나오는 것을 체라 하고, 코에서 나오는 것을 사라고 한다.」(自目曰涕, 自鼻曰泗)

53 인(人): 생(生)으로 된 판본도 있다.

54 광풍제월(光風霽月): 《주문공집》 권84 주렴계의 〈광풍제월정에 씀(書濂溪光風霽月亭)〉「순희 8년 신축년(1181) 여름 4월 6일에 후학 주희, 장양경, 왕원, 주이, 임용중, 진조영, 허자춘, 왕한, 여우, 진사직, 장언선, 황간은 염계 선생의 서당 아래에서 삼가 재배를 올렸다. 선생이 천명을 받들고 도통을 이어 단서를 세우고 드리워 우리 후인들을 계발하고 도와준 것이 애초에 이 사당에 있지 않음이 없으니, 모두 감탄하고 사모하여 배회하다가 차마 떠날 수가 없었다. 내가 다시 선생의 〈태극도〉를 꺼내어 읽고, 그 뜻을 풀이하여 여러 사람에게 설명하니, 모두『아름답구나!』라 했다. 물러 나오자, 선생의 증손인 정경과 언경, 현손 도가 광풍제월정에 술자리를 마련하니, 기진경, 오겸선, 스님 남지와 주희가 공경히 써서 기록한다.」(淳熙八年, 歲在辛丑, 夏四月六日, 後學朱熹, 張揚卿, 王沅, 周頤, 林用中, 陳祖永, 許子春, 王翰, 余隅, 陳士直, 張彦先, 黃榦, 敬再拜于濂溪先生書堂下: 惟先生承天畀, 系道統, 所以建端垂緒, 啓佑于我後之人者, 厥初罔不在斯堂, 用咸歎慕低回, 弗忍去. 熹乃復出所誦說先太極圖, 贊其義以曉衆, 咸曰休哉. 退, 先生之曾孫正卿, 彦卿, 玄孫濤設饌光風霽月亭, 祁眞卿, 吳兼善, 僧志南與熹敬書以誌)

93

明晨江磯寺[55]	밝은 새벽 강기사에서,
尊酒聊對設	동이 술 애오라지 마주 차려놓았네.
孰是十日遊[56]	누구런가? 열흘 동안 놀다가,
遽成千里別	갑자기 천리 멀리 이별하게 되었다네.
英僚樹嘉政[57]	영명한 동료들은 아름다운 정치 세웠고,
素友厲孤節[58]	오랜 벗은 고고한 절개 엄숙하다네.
努力莫相忘	힘써 절대 서로 잊지 말고,
清宵共明月	맑은 밤이면 밝은 달 함께 하세나.

七日, 薛洪持志・王仲傑之才携酒自南江來, 飮罷, 與張・陳・趙南還軍. 子澄・許・張歸廬陵, 南卿[59]・龜父還家, 擇之之湖南, 予與王・余・陳・黃東渡湖口而歸[60]

칠일에는 설홍 지지・왕중걸 같은 인재가 술을 가지고 남강에서 왔는데 다 마시고는 장・진・조와 함께 남으로 군으로 돌아갔다. 자징・허・장은 여릉으로 돌아가고, 남경・귀보는 집으로 돌아 갔으며, 택지는 호남으로 가고, 나는 왕・여・진・황과 함께 호수의 입구를 지나서 돌아왔다

55 강기사(江磯寺): 《주문공집》 권87 〈유자징에게 바치는 제문(祭劉子澄文)〉「나는 능력도 없이 일찍부터 그대와 좋은 관계를 맺었는데, 그대와 더불어 절차탁마해가는 유익함으로 인해 해가 갈수록 더욱 친밀감을 갖게 되었나이다. 그러나 강기에서 헤어진 후로 문득 10년이 흘렀구료.」(予以無能, 蚤結交好. 切磋之益, 歲晚益親. 然而解袂江磯, 忽焉十載)

56 숙(孰): 《고이》에서는 「이른 운」(云)으로 된 판본도 있다고 하였다.

57 수가정(樹嘉政): 당나라 두보의 〈삼가 이씨네 여덟째인 판관 이훈 어르신께 드리다(奉贈李八丈曛判官)〉「줄곧 아름다운 정치 세우셨는데, 모두 이미 뭇 사람들 입에 전하여졌다네.」(頃來樹嘉政, 皆已傳衆口)

58 소우(素友): 정의(情誼)가 진솔하고 순수한 오랜 벗.

59 경(卿): 향(鄕)으로 된 판본도 있다.

60 호구(湖口): 현 이름으로, 곧 지금의 강서(江西) 호구현이다.

朱熹 詩 譯註

제8권

1. 買船至演平拜建康劉公墓下, 遂入城假館梅山堂, 感涕有作[1]

배를 사서 연평에 이르러 건강의 유공의 묘를 참배하고 마침내 성으로 들어가 매산당을 빌려 느낀 바가 있어 눈물을 흘리며 짓는다

維舟新歷口[2]	신력의 입구에 배 매어두고,
步上秣陵阡[3]	말릉의 두렁길 걸어 오르네.

1 연평(演平): 《차의》「유공은 구령현 자선향 풍락리의 신력에 장사지냈는데 연평은 아마 이 사이의 지명일 것이다.」(按劉珙葬甌寧縣慈善鄉豐樂里新歷之原, 演平蓋是間地名) 《관보》「〈유소부신도비〉에 의하면 경국 탁부인의 장지가 실재 연평의 언덕에 있는데 공보의 장지가 아마 그 무역에 있는 것 같다.」(劉少傅神道碑, 慶國卓夫人之葬實在演平之原, 共父葬似在其兆次)
건강유공묘(健康劉公墓): 유공(劉公)은 곧 유공(劉珙)을 말한다. 유공에 대해서는 권2 58번 시의 주 1)을 보라. 《차의》「〈유공신도비〉에 의하면 순희 5년에 지건강부가 되었다.」(劉公神道碑, 淳熙五年知建康府) 《차보》「〈신도비〉에 의하면 공은 순희 2년(1175)에 지건강부가 되고 4년에 임지에서 죽었다.」(神道碑, 公淳熙二年知建康府, 四年卒于任)
입성(入城): 《차보》「구령은 건강부에 속하였으며 성은 곧 건령성이다.」(甌寧屬建康府, 城即建寧城也)
매산당(梅山堂): 《차의》「구령과 순령 사이에는 매선산이 있는데 세상에 전하기로는 매복이 단약을 달인 곳이라 한다. 당의 이름은 아마 여기에서 기인하였을 것이다.」(甌寧順寧之間, 有梅仙山, 世傳梅福鍊丹處. 堂之名或以此也) 《차보》「이미 성에 들어가서 객관을 빌렸다고 하였으니 당은 반드시 성안에 있을 것이다. 시에서는 『지난날 당에 있던 사람 생각해보니, 경영한 지 몇 해나 되었던가?』라 하였으니 당은 반드시 유공이 지은 것이다.」(既曰入城假館, 則堂必在城中, 詩云念昔堂中人, 經營幾何年, 則堂必劉公所建也) 송나라 장식(張栻)의 〈건안공의 매산당에 지어부침(寄題建安公梅山堂)〉에 「매공의 산이 경치 정원과 기까운데, 승일에 공공의 궤장만 남아 있네. 천고에 깃들어 있던 자취만 부질없이 전하니, 그 해 누가 뭇 책들 사랑했음 생각하겠는가?」(梅公山色近庭除, 勝日供公几杖餘. 千古謾傳棲迹地, 當年誰憶愛羣書)라는 구절이 있는데, 《표보》에서는 「건안공은 곧 공보이다. 아마 당은 공보가 지은 것일 것이며 명명한 것은 매복에게서 기인할 것이다.」(建安公即共父也. 蓋堂是共父所作, 而命名則因梅福也)라 하였다.

2 유주(維舟): 배를 매어두고 정박하는 것을 말한다. 남조 양(梁)나라 하손(何遜)의 〈호흥안과 밤에 작별하다(與胡興安夜別)〉「이곳에 사는 사람들은 수레 타고 돌아가고, 나그네는 잠시 배 매어두네.」(居人行轉軾, 客子暫維舟)

3 말릉천(秣陵阡): 《차의》「말릉은 곧 건강이다. 제(齊)나라와 양(梁)나라, 진(陳)나라에서는 말릉이라 불렀고, 오(吳)나라와 진(晉)나라, 송(宋)나라에서는 건강이라고 불렀다. 천(阡)은 언덕이다.」(秣陵即建康也. 齊梁陳號秣陵, 吳晉宋號建康. 阡, 隴也) 당나라 두보의 〈가을날 기주에서 속마음을 읊어 정감 심(審)과 이빈객 지방(之芳)에게 1백 운자를 써서 부치다(秋日夔州詠懷寄鄭監李賓客一百韻)〉「누구와 함께 옛 일 논할까? 몇 곳에 새 두렁길 생겼는가?」(共誰論昔事, 幾處有新阡)

高丘忽嵯峨[4]	높은 언덕 갑자기 우뚝 솟아 있고,
宿草迷荒烟[5]	묵은 풀은 황야의 안개에 흐릿하네.
拜起淚再滴[6]	절하고 일어나니 눈물 다시 떨어져,
哀哉不能言[7]	슬프도다, 말 할 수 없다네.
驅車且復東	수레 몰아 다시 동쪽으로 가서,
借此虛堂眠	이곳 빈 집 빌려 잔다네.
念昔堂中人	지난날 매산당에 있던 사람 생각해보니,
經營幾何年	경영한 지 몇 해나 되었던가?
一旦舍之去	하루아침에 버려두고 떠나더니,
千秋不言還[8]	천추에 돌아온다는 말 없다네.
露井益淸潔[9]	덮개 없는 우물 더욱 맑고 깨끗하고,
風林更修鮮[10]	바람 부는 숲 더욱 아름답고 곱네.
思公獨不見	공 생각하나 오직 보이지 않아,
涕下如奔川[11]	눈물 달리는 내처럼 흐른다네.

4 차아(嵯峨): 높은 산, 또는 산이 높이 솟은 모양을 나타내는 의태어.

5 숙초(宿草): 묵은 풀. 《예기·단궁(檀弓) 상》에 나오는 말. 권1 113번 시의 주 14)에 나온다. 당나라 공영달(孔穎達)은 「숙초는 묵은 뿌리로 풀은 1년이 지나면 뿌리가 묵게 된다. 벗은 (죽은 지) 한 해가 되면 서로 울어주는데 풀뿌리는 묵으면 울지 않는다.」(宿草, 陳根也, 草經一年則根陳也, 朋友相為哭一期, 草根陳乃不哭也)라 하였다. 나중에는 주로 망자를 애도하는 말로 쓰이게 되었다.

6 누재적(淚再滴): 당나라 두보의 〈동곡현에서 나서다(發同谷縣)〉「갈림길에서 여러 사람과 헤어지면서, 손 잡으니 눈물 다시 떨어진다네.」(臨岐別數子, 握手淚再滴)

7 애재불능언(哀哉不能言): 《시경·소아·끝없는 비(雨無正)》「슬프도다, 말할 수 없음이여! 혀로 말 꺼내지 못하니, 몸만 병드는구나.」(哀哉不能言, 匪舌是出, 維躬是瘁)

8 당나라 조하(趙嘏)의 〈석석염·한번 떠나 돌아올 뜻 없고(昔昔鹽·一去無還意)〉「낭군 아주 먼 곳으로 가셨는데, 한번 떠나시더니 돌아오신단 말 없네.」(良人征絶域, 一去不言還)

9 노정(露井): 덮개가 없어 뚜껑을 덮지 않은 우물을 말한다. 고악부(古樂府) 〈닭이 우네(雞鳴)〉「복숭아나무 덮개 없는 우물가에서 자라고, 오얏나무는 복숭아나무 곁에서 자란다네.」(桃生露井上, 李樹生桃傍) 당나라 두보의 〈겨울날 낙성 북쪽의 현원황제 사당을 찾다(冬日洛城北謁玄元皇帝廟)〉「풍경 옥 기둥에서 바람에 흔들리고, 덮개 없는 우물 은 침상에서 어네.」(風箏吹玉柱, 露井凍銀床)

10 풍림갱수선(風林更修鮮): 남조 양(梁)나라 무제(武帝) 소연(蕭衍)의 〈칠석(七夕)〉「맑은 이슬 달 아래 둥글고, 가을바람은 가지 위에서 신선하네.」(白露月下圓, 秋風枝上鮮)

11 체하여분천(涕下如奔川): 권7의 15번 시 〈운자를 나누어 「면」자와 「의」자 두 자를 얻어서 취석과 간적이라는 시를 각각 한 편씩 지어 함께 놀러온 여러 형씨들에게 드린다(分韻得眠意二字, 賦醉石簡寂各一篇, 呈同

感慨西州門[12] 서주의 문에서 슬픔 느끼고,
愴恨山陽篇[13] 산양의 글에 슬픈 마음 아파한다네.
晤歎日隱樹[14] 탄식하니 해 나무로 숨고,
悲歌月當軒[15] 슬픈 노래에 달 헌함에 떠오르네.
堂堂忠孝心 당당하도다 충효의 마음,
終古諒弗諼 예로부터 실로 속이지 않았다네.
尙與吳門子[16] 바라건대 오문자 더불어,
歸來故山巓 고향의 산꼭대기로 돌아오게나.

遊諸兄)〉에 「일어나 앉아 세 번 크게 탄식하니, 눈물과 콧물 달리는 내와 같네.」(起坐三太息, 涕泗如奔川)라는 구절이 있다.

12 서주문(西州門): 서주는 옛 성의 이름으로 동진(東晉) 때 설치하였으며, 지금의 강소성(江蘇省) 남경시(南京市)에 있었다. 《진서·사안전(謝安傳)》「사안은 비록 조정의 중시를 받았지만 동산으로 돌아가고자 하는 뜻이 시종 변하지 않아 …… 마침내 병이 위독하여졌다. …… 드디어 서울로 돌아오는데 [자기가 병들어 누워 있는] 수레가 서주문으로 들어가야만 한다는 소리를 듣고서는 스스로 동산으로 돌아가고자 하는 본래의 뜻을 이루지 못할 것이라 여기어 심히 슬퍼하고 망연자실하였다. …… [사안의 생질인] 양담은 태산 사람으로 저명인사인데 사안의 총애를 받았다. 사안이 죽은 후에는 몇 해 동안이나 노래를 듣지 않았고 서주문으로는 다니지 않았다. 일찍이 석두성에서 크게 취하여 길을 따라 노래를 부르며 가다가 자신도 모르는 사이에 서주문에 다다르게 되었다. 곁에서들 말하기를 『여기는 서주문입니다.』라 하니 양담은 비탄한 감을 주체할 수 없어 말채찍으로 닫힌 문을 두드리며 조식(曹植)의 시에 『살아서는 화려한 집에 거처하더니, 죽어서는 산의 언덕으로 돌아갔네.』라 한 구절을 외고는 통곡하며 떠났다.」(安雖受朝寄, 然東山之志始末不渝……遂過疾篤.……遂還都, 聞輿入西州門, 自以本志不遂, 甚自慨失.……羊曇者, 太山人, 知名士也, 爲安所愛重. 安薨後, 輟樂彌年, 行不由西州路. 嘗因石頭大醉, 扶路唱樂, 不覺至州門. 左右白曰, 此西州門. 曇悲感不已, 以馬策扣扉, 誦曹子建詩曰, 生存華屋處, 零落歸山丘. 痛哭而去) 송나라 소식의 〈동서암에서 놀다(遊東西巖)〉「서주문에서 통곡하면서, 수레 몰아가니 어찌 다시 돌아오겠는가?」(慟哭西州門, 往駕那復還)

13 신양편(山陽篇): 산양은 옛 현 이름으로, 옛 성은 지금의 하남(河南) 수무현(修武縣)에 있다. 진나라 상수(向秀)의 〈옛일을 생각하다(思歸賦)〉「나는 혜강 및 여안과 사는 곳이 가까웠다. …… 내 서쪽으로 가는 길에 그들의 옛집을 지나게 되었다. …… 예전에 함께 즐기며 놀던 좋은 때가 생각나 피리소리에 감동하여 탄식하였다. 그래서 부를 지어 말한다. …… 배를 띄워 황하 건넘이여, 산양의 옛 거처를 지나는도다.」(余與嵇康呂安居止接近……余逝將西邁, 經其舊廬……追思曩昔遊宴之好, 感而作賦云……濟黃河以汎舟兮, 經山陽之舊居)

14 오탄(晤歎): 탄식과 같은 말. 진나라 도연명의 〈가난한 선비를 읊다(詠貧士)〉 제7수 「혜손은 한번 탄식하더니, 두터이 보냄 끝내 받지 않았다네.」(惠孫一晤歎, 腆贈竟莫酬)

15 월당헌(月當軒): 당나라 위응물(韋應物)의 〈다섯 현(五弦行)〉「가운데 곡조 또한 시끄럽지 않아, 배회하노라니 밤 길어 달 헌함에 떠오르네.」(中曲又不喧, 徘徊夜長月當軒)

16 오문자(吳門子): 한나라 때 매복(梅福)을 말한다. 권1 132번 시의 마지막 구절에 「신선 오문자, 해 저물면 돌아오리라.」(仙人吳門子, 歲晩當來還)라는 말이 있다. 상세한 것은 그곳의 주를 보라. 제목의 매산(梅山) 또한 매복으로 인해 명명하였으므로 이렇게 말한 것이다.

2~3. 晩雨凉甚, 偶得小詩, 請問遊山之日, 幷請劉平父作主人, 二首[1]

저녁에 비가 매우 시원하게 내려 우연히 짧은 시를 짓게 되어 산에서 놀던 날을 물어보고 아울러 유평보를 주인으로 삼을 것을 청하다. 두 수

2

幾年不踏仙洲路[2]	몇 년이나 밟지 않았던가? 선주산 가는 길.
夢入青藤古木間	꿈에 푸른 등나무 고목 사이로 드네.
好趂新秋一番雨	새 가을 한 차례 비 잘 좇아서,
晝寒亭下弄潺湲[3]	주한정 아래서 졸졸 물 튀기네.

3

廬阜歸來秖短笻	여부에서 돌아오자니 다만 지팡이 짧고,

1 유평보(劉平父): 보(父)는 「甫」라고도 한다. 유평(劉玶: 1138~1185)의 자. 유평에 대해서는 권1 2번 시의 주 13)을 보라.

2 선주(仙洲): 산 이름이다. 권6 38번 시의 주 1)에 상세하다.

3 주한(晝寒): 밀암(密庵) 근처에 있는 정자 이름. 역시 권6 38번 시의 주 1)에 보인다. 농잔원(弄潺湲): 당나라 이백의 〈안주의 응성에 있는 옥녀탕에서 짓다(安州應城玉女湯作)〉 「갓끈 씻느라 맑은 물 움키고, 머리 말리며 맑은 물 튀기고 노네.」(濯纓掬清泚, 晞髮弄潺湲)

4 해포(解包): 당나라 두보(杜甫)의 〈북으로 가다(北征)〉 「분과 연지 또한 보따리 끌러 꺼내고, 천과 옷가지도 조금 풀어 늘어놓았다네.」(粉黛亦解苞, 衾裯稍羅列)

解包茶茗粗能供[4]	차 보따리 푸니 대충이나마 댈 수 있다네.
若須載酒邀賓客[5]	모름지기 술 싣고 빈객 맞이한다면,
付與屛山七者翁[6]	병산의 칠자옹에게 부쳐 주겠네.

포(苞)는 「包」로 된 판본도 있다. 《차보》 「돌아가는 길의 보따리가 쓸쓸하여 차 봉지 뿐이어서 산을 유람할 때 줄 만한 술이 없음을 말한다.」(言歸橐蕭然, 茶包而已, 無酒可供游山也)

5 객(客): 《고이》에서는 「갈 거」(去)자로 된 판본도 있다고 하였다.

6 부여(付與): 《고이》에서는 「분부」(分付)로 된 판본도 있다고 히였디.

4. 宿密菴分韻賦詩得衣字[1]

밀암에서 묵으며 운자를 나누어 시를 짓는데 「옷 의」자를 얻다

不到仙洲歲月移	선주산에 이르지 못하고 세월만 옮겨가,
携壺特地款巖扉	술병 지니고 특히 바위문 두드렸다네.
已驚素雪清人骨[2]	이미 흰 눈 사람의 마음 맑게 함에 놀랐거늘,
更喜蒼烟染客衣	다시 푸른 안개 옷깃 물들임 기쁘다네.
新賞不妨頻徙倚	새로운 감상 자주 왕래함도 괜찮으리니,
舊題何事獨噓嚱[3]	옛날 적은 어떤 일에 유독 탄식하는가?
明朝馹騎黃塵裏[4]	내일 아침에는 누런 먼지 속으로 달려가리니,
莫待迷塗始賦歸[5]	길 잃은 뒤에야 비로소 귀거래사 부르지 말게나!

1 밀암(密菴): 선주산에 있으며 보덕암(報德庵)이라고도 한다. 상세한 것은 권6 43번 시의 주 1)을 보라.

2 청인골(清人骨): 당나라 위응물(韋應物)의 〈휴갓날 왕시어를 찾았으나 만나지 못하다(休假日訪王侍御不遇)〉「설마 시 생각 사람 뼈 맑게 하겠는가? 문에서 차가운 시내 마주하자니 눈 온 산에 가득하다네.」(怪來詩思清人骨, 門對寒流雪滿山)

3 허희(噓嚱): 《차보》「허희는 존몰지감이라고 하는 것과 같다.」(噓嚱, 同謂存沒之感)

4 일기(馹騎): 일(馹)은 역말을 말한다. 《차보》「이때 남강군의 흉년을 다스린 것 때문에 직비각에 임명된 일이 있었으므로 이렇게 말하였다.」(時以南康政荒, 有直秘閣之除, 故云)

5 미도시부귀(迷途始賦歸): 《장자·서무귀(徐无鬼)》「황제가 구자산에서 대외를 만나려고 하였다. …… 양성의 들판에 이르러 일곱 성인이 모두 길을 잃어 길을 물을 곳이 없었다.」(黃帝將見大隗乎具茨之山……至於襄城之野, 七聖皆迷, 无所問塗) 진나라 도연명의 〈돌아가자꾸나(歸去來辭)〉「실로 길 잃어 더 멀어지기 전에, 지금이 옳고 지난날이 그른 것 깨달았네.」(實迷塗其未遠, 覺今是而昨非)

5. 讀子厚步月詩, 時方聞呂伯恭訃後數日, 賦此[1]

자후의 〈보월시〉를 읽는데 때마침 여백공의 부음을 들은 지 며칠 되므로 이 시를 읊는다

晩步曲池上	저녁에 굽은 못가 걷노라니,
西風吹我裳[2]	서풍 나의 옷에 불어오네.
仰觀天宇闊[3]	우주 넓음 우러러 살피며,
愛此明月光[4]	이 밝은 달빛 사랑한다네.
念我素心人[5]	내 마음 소박한 사람 생각해보니,
眇焉天一方	까마득히 하늘 안쪽에 있다네.
沒者永乖隔[6]	죽은 자와는 영원히 헤어지고,
存者爲參商[7]	산 자는 삼성과 상성 된다네.
飄零百歲期	백년 기약 흩어져 없어지고,
寂寞幽鬢霜[8]	짙은 서릿발 같은 귀밑머리만 쓸쓸해지네.

1 자후(子厚): 황수(黃銖)의 자. 황수에 대해서는 권1 2번 시의 주 11)을 보라.
여백공(呂伯恭): 동래(東萊) 여조겸(呂祖謙: 1137~1181)의 자이다. 권6 80번 시의 주 3)을 참조해보라. 《차보》「여백공의 부음을 들은 것은 순희 신축년(1181) 7월이다. 동래 여공의 부음이 이르자 위패를 만들어놓고 곡을 하였다.」(聞呂伯恭訃淳熙辛丑七月. 東萊呂公訃至, 爲位哭之)

2 서풍취아상(西風吹我裳): 송나라 육유(陸游)의 〈가을날 개다(秋霽)〉「서풍 내 옷에 불어오니, 홀연히 만 리의 뜻 생겨나네.」(西風吹我衣, 忽有萬里意)

3 앙관천우활(仰觀天宇闊): 권7 63번 시 〈절계원 황운관(折桂院黃雲觀)〉에 「우러러 하늘 넓음 쳐다보네.」(仰視天宇闊)라는 구절이 있다.

4 명월광(明月光): 당나라 권덕여(權德輿)의 〈남원의 신정의 연회에서 거의 새로 지은 집을 축하하는 시작에 답하다. 당시 빈객에 임명되었다(酬南園新亭宴會璩新第慰慶之作. 時任賓客)〉「노래 읊조림 버릴 수 없어, 이 밝은 달빛 기다린다네.」(歌吟不能去, 待此明月光)

5 소심인(素心人): 마음이 소박한 사람을 말한다. 《차의》「자후와 백공을 이른다.」(謂子厚伯恭)

6 영괴격(永乖隔): 괴격(乖隔)은 헤어진다는 뜻이다. 한(漢)나라 채염(蔡琰)의 〈비분시(悲憤詩)〉「산 자와 죽은 자 영원히 이별하고, 차마 더불어 말도 하지 못한다네.」(存亡永乖隔, 不忍與之辭)

7 참상(參商): 참성과 삼성으로 둘 다 별자리 이름이다. 참성은 서쪽에 있고 상성은 동쪽에 있어서, 이쪽 별이 나오면 저쪽 별이 지고 하여 영원히 서로 보지 못한다. 상세한 것은 권1 7번 시의 주 42)에 보인다.

8 유빈상(幽鬢霜): 당니리 이백(李白)의 〈짧은 노래(短

還坐三太息	다시 앉아 세 번 한숨 쉬니,
高林鬱蒼蒼[9]	높은 숲 울울창창하네.

歌行)〉「마고 양쪽 살쩍머리 늘어뜨렸는데, 절반은 이미 서리 되었다네.」(麻姑垂兩鬢, 一半已成霜)

9 울창창(鬱蒼蒼): 권7 6번 시의 주 4)를 보라.

6. 次子厚秋懷韻

자후의 가을 회포라는 시의 각운자를 써서 짓다

秋風何方來[1]	가을 바람 어디서 불어오는가?
爲我滌殘暑	내게 늦더위 씻어주었다네.
庭梧亦何與	뜰의 오동나무 또한 누구와 함께 할까?
索索終夜雨[2]	쏴쏴 밤새도록 비 내린다네.
冥思感物變	괴로운 생각 사물 변해감 느껴지는데,
念此離索苦[3]	이 무리 떠나 괴로이 삶 생각하네.
浩蕩信莫量	호탕함 실로 헤아릴 수 없으니,
幽紛那得覩[4]	어둡고 어지러움 어떻게 볼 수 있겠는가?
丁年舍我去[5]	한창 때에 나 버리고 떠나서,

---

1 추풍하방래(秋風何方來): 송나라 장효상(張孝祥)의 〈조·이 두 동년과 함께 밤에 술을 마시다가 석사군 혜숙이 생각나다(與趙李二同年夜飮有懷石使君惠叔)〉「맑은 바람 어디서 불어오는가? 우리 고죽군 스쳐지나가네.」(淸風何方來, 過我孤竹君)

2 삭삭(索索): 잘게 부서지는 소리를 형용하는 의성어. 당나라 백거이의 〈벗을 깨우침(諭友)〉「마른 잎 누렇게 됨 기다리지 않고, 사삭사삭 날아 내려오네.」(乾葉不待黃, 索索飛下來) 송나라 황정견의 〈장난삼아 유청 도인의 추운 밤이란 시에 답하다(戲答俞淸老道人寒夜)〉「사삭사삭 잎 비 오니 떨어지고, 달 차가운데 아득한 밤 끝나가네.」(索索葉自雨, 月寒遥夜闌)

3 이삭(離索): 곧 이군삭거(離群索居)를 말한다. 헤어져 삶, 또는 쓸쓸히 삶을 말한다. 《예기·단궁(檀弓) 상》「자하가 아들을 잃고 …… 말하길……『내가 무리를 떠나 흩어져 쓸쓸히 산 지가 또한 이미 오래되었다.』」(子夏喪其子……曰,……吾離群而索居亦已久矣) 삭(索)자에 대하여 한나라 정현(鄭玄)은 주석을 달고「흩어진다는 것과 같다.」(猶散也)라 하였다.

4 유분(幽紛): 혼란하여 밝지 않음을 말한다. 당나라 유종원(柳宗元)의 〈하늘의 대답(天對)〉「홍몽하여 밝지 않으니 어찌 말할 수 있겠는가?」(鴻靈幽紛, 曷可言焉)

5 정년사아거(丁年舍我去):《차의》「《당지》에서는 남자의 나이가 스무 살이면 정이라고 하였다. 일설에 의하면 스무 살 이하를 정이라고 하였다.」(唐志男子二十爲丁. 一說二十以上爲丁) 한나라 이릉(李陵)의 〈소무에게 보내는 답장(答蘇武書)〉「한창 때에 사신의 일을 받들어나갔다가 흰 머리가 되어서야 돌아왔습니다.」(丁年奉使, 皓首而歸)《문선》당나라 이선(李善)의 주석「정년은 건장한 나이를 이른다.《한서》에서는『소무가 흉노에 억류된 것은 모두 19년이다. 처음에는 건장할 때 나갔다가 돌아올 때는 머리카락이 모두 희었다.』라 하였다.」(丁年, 謂丁壯之年也. 漢書曰, 武留匈奴凡十九歲. 始以强壯出, 及還, 鬢髮並白) 여조겸은 한창 때인 45세에 죽었으므로 이렇게 말하였다.

憔悴故其所	옛 그곳 초췌하기만 하다네.
廓落濟時心	때 구하고자 하는 마음 넓었는데,
頹然復安取[6]	스르르 스러지니 다시 어디서 취하겠는가?
永懷平生友	영원히 평생의 벗 그리워하니,
夢想見眉宇[7]	꿈에도 미간에 보임 생각나네.
今晨枉秀句	오늘 새벽 헛되이 빼어난 구절,
爛若朝霞擧[8]	아침놀 떠오르듯 찬란하다네.
去去同采芝	가고가서 함께 지초 캐었는데,
高軒坐凝佇	높은 헌함에서 우두커니 앉아 응시하네.

6 퇴연(頹然): 쓰러지는 모양을 나타내는 의태어. 송나라 구양수(歐陽脩)의 〈취옹정의 기문(醉翁亭記)〉「창백한 얼굴에 흰 머리로 그 사이에서 스르르 쓰러지는 것은 태수가 취한 것이다.」(蒼顏白髮, 頹然乎其間者, 太守醉也)

7 미우(眉宇): 눈썹과 이마 사이를 말한다. 얼굴에 눈썹과 이마가 있는 것이 집에 처마와 지붕이 있는 것과 같으므로 이렇게 말한다. 당나라 두보의 〈태자태사 여양군왕 진에게 드림(贈太子太師汝陽郡王璡)〉「여양의 양황제의 아드님, 미간 실로 하늘이 낸 사람이라네.」(汝陽讓帝子, 眉宇真天人)

8 조하거(朝霞擧): 남조 송나라 유의경(劉義慶)의 《세설신어·용지(容止)》「해서공(이 아직 제위에 있을) 때 제공들이 조회에 참석할 때마다 조당은 아직 어두웠는데 오직 회계왕이 올 때만은 아침놀이 떠오르는 것처럼 환했다.」(海西時, 諸公每朝, 朝堂猶暗, 唯會稽王來, 軒軒如朝霞擧)

7. 黎嶺西南水石佳處不減廬阜, 戲呈子厚[1]

여령 서남쪽의 수석의 아름다운 곳은 여부에 못지 않다. 장난삼아 자후께 드린다

谷深石瘦水潺潺[2]	골짜기 깊고 바위는 여위었는데 물 졸졸 흐르니,
便是楞伽折桂間[3]	이곳 곧 능가원과 절계원 사이라네.
珍重下邳圯上客[4]	진중하게나 하비의 흙다리 위의 나그네,
一年幾度到廬山	1년에 몇 차례나 여산에 이르겠는가?

1 《차의》「여령은 연평 장락현 서북쪽에 있다.」(黎嶺在延平將樂縣西北)

2 곡심~수잔잔(谷深~水潺潺): 송나라 소식의 〈매화(梅花)〉「봄 되니 깊은 골짝에 물 졸졸 흐르고, 반짝반짝 매화 풀과 가시 사이에 있네.」(春來幽谷水潺潺, 的皪梅花草棘間)

3 능가절계(楞伽折桂): 곧 여산의 능가원과 절계원을 말한다. 《차의》「여산에 있다. 여령의 수석이 그곳과 비슷하므로 이렇게 말하였다.」(在廬山. 黎嶺水石似之, 故云) 권7 63번 시와 64번 시에 보인다.

4 하비비상객(下邳圯上客): 《차의》「자후의 성이 황이므로 황석공에다 비겼다.」(子厚姓黃故以比黃石公) 황석공이 하비(下邳)의 흙다리에서 유후(留侯) 장량(張良)에게 병서 《태공병법(太公兵法)》을 전해 준 것을 가리킨다. 《사기·유후세가》에는 다음과 같은 이야기가 있다. 「장량이 한번은 한가하게 하비의 흙다리를 걸어서 지나는데, 베옷을 입은 한 늙은이가 장량이 있는 곳에 이르더니, …… 책을 한 권 꺼내더니 말했다. 『이 책을 읽으면 왕이 될 사람의 스승이 될 것이야! 10년이 지나면 흥기할 걸세. ……』 그러고는 마침내 가버렸는데 다시는 보이지 않았다. 다음날이 밝자 그 책을 보니 바로 《태공병법》이었다.」(良嘗閒從容步遊下邳圯上, 有一老, 衣褐, 至良所……出一篇書曰, 讀此則爲王者師矣. 後十年興……遂去, 無他言, 不復見. 旦日視其書, 乃太公兵法也)

8. 讀子厚詩卷, 用其卒章晨起之韻作詩寄之

자후의 시권을 읽고 그 마지막 장인 「새벽에 일어나다」라는 시의 운자를 써서 시를 지어 부치다

晝永倦殘暑	낮 길어 늦더위에 지치는데,
宵分喜新涼[1]	한 밤중의 새로운 시원함 반갑네.
天鷄一振翼[2]	천계 한번 날개 떨치니,
爛爛曉月光	새벽 달빛 환하네.
病榻感虛徐[3]	병자 침상에서 느긋함 느끼며,
中庭起翱翔	뜰 가운데서 일어나 날아오르네.
懷哉轂城子[4]	그리워라 곡성자여,
物外久不忙	세상 바깥에서 오래도록 바쁘지 않다네.
掩抑琴調希[5]	소리 낮아지며 거문고 음조 드물어지는가 싶더니,
激烈歌聲長	격렬한 노래 소리 길어진다네.
契闊恨淸賞[6]	멀리 떨어져 맑은 감상 유감스러운데,

1 소분(宵分): 야반(夜半)과 같은 뜻.

2 천계(天鷄): 전설상의 천상에 있다는 신계(神雞). 남조 양나라 임방(任昉)의 《술이기(述異記)》 권하 「동남쪽에 도도산이 있고 그 위에는 큰 나무가 있는데 이름을 도도라고 하며 가지는 서로간의 거리가 3천 리이다. 그 위에는 천계가 있는데 해가 막 떠올라 이 나무를 비추어 천계가 울면 천하의 닭들이 모두 따라서 운다.」(東南有桃都山, 上有大樹, 名曰桃都, 枝相去三千里. 上有天雞, 日初出, 照此木, 天雞則鳴, 天下雞皆隨之鳴)

3 감허서(感虛徐): 《시경·패풍·북풍(邶風·北風)》「여유 있고 느리게 하겠는가? 이미 급박하게 되었도다.」(其虛其邪, 既亟只且) 주희의 주석 「허는 여유 있는 모양이다. 사(邪)는 어떤 판본에는 서(徐)로 되어 있는데 느린 것이다.」(虛, 寬貌. 邪一作徐, 緩也)

4 곡성자(轂城子): 《차의》「곧 자후이다.」(卽子厚) 황수(黃銖)의 호가 곡성옹이다. 자세한 것은 권1 2번 시 서문의 주 11)을 보라.

5 엄억(掩抑): 소리가 낮게 가라앉는 것을 형용한다. 당나라 백거이(白居易)의 〈비파(琵琶行)〉「현마다 낮게 가라앉으니 소리 소리 생각 담겨 있어, 흡사 평생 동안 뜻 얻지 못함 하소연하는 듯하네.」(絃絃掩抑聲聲思, 似訴平生不得意)

금조희(琴調希): 희(希)자는 「드물 희」(稀)자와 같은 뜻으로 쓰였다. 《논어·선진(先進)》「슬을 타는 소리가 드문드문해지더니 쨍그렁 하고 슬을 놓고서는 일어나 대답하였다.」(鼓瑟希, 鏗爾, 舍瑟而作, 對曰)

6 결활(契闊): 고생한다는 뜻과 오랫동안 헤어져 있음이란 뜻이 있는데 여기서는 후자의 뜻으로 쓰였다. 《시

佳期未渠央　　아름다운 기약 아직 한창때 되지 않았다네.
緘詞託歸鳥　　글 봉하여 돌아가는 새에게 맡기고,
側佇何能忘[7]　　몸 기울여 우두커니 기다리니 어찌 잊을 수 있겠는가?

경·패풍·북을 치다(邶風·擊鼓)》에서 나온 말로 권2 1번 시의 주 4)를 보라.

한청상(恨淸賞): 《차보》「한(恨)은 아마 (限)자일 것이다. 한은 사이가 뜬 것이다.」(恨, 疑限. 限, 阻隔也)

7 측저(側佇): 몸을 비스듬히 기울이고 우두커니 기다리는 것이다. 갈망(渴望)함을 이른다. 당나라 두보의 〈씩씩한 놀이(壯游)〉「뭇 흉악한 무리들 거슬러 아직 평정되지 않아, 몸 비스듬히 기울여 영웅과 준걸 날아오르기 기다리네.」(群凶逆未定, 側佇英俊翔)

9~10. 登廬峰, 二首

여봉에 오르다, 두 수

9

循磵躋危磴	시내 따라 위태로운 돌 비탈길 올라,
披雲得勝遊[1]	구름 헤치고 빼어난 놀이 얻었다네.
蓬茅增舊葺	쑥대며 띠 옛 지붕에 더 났고,
竹樹喜新稠	대나무는 새로 빽빽해져 기쁘다네.
夢想三秋別	꿈에서 이별 생각해보고,
徘徊十日留	머뭇머뭇 열흘간 배회한다네.
餘年端可料[2]	남은 생애 정말 헤아릴 수만 있다면,
此地欲長休	이 땅에서 길이 쉬고 싶다네.

10

佳友紛來集	아름다운 벗들 분연히 와서 모여,
欣然會宿心	기꺼이 옛 마음 만나게 되었네.
風泉陪徙倚[3]	바람 부는 샘에서는 모시고 이리저리 거닐고,
雲月共窺臨	구름 낀 달 함께 몰래 내려다 본다네.
雅唱情俱勝	우아한 노래 정 모두 빼어나고,
微言思獨深	미묘한 말 생각 홀로 깊다네.

1 피운득승유(披雲得勝遊): 송나라 진사도(陳師道)의 〈피운루에 지어부침(寄題披雲樓)〉「사군의 격조 높은 모임 맑은 가을에 답하고, 피운루 더 꾸며서 빼어난 놀이 하였다네.」(使君高會答淸秋, 增飾披雲作勝遊)

2 단(端): 시에서 단(端)은 준(準)·진(眞)·구(究) 또한 응(應)·수(須) 등의 뜻으로 쓰이는데 여기서는 진(眞)의 뜻으로 보고 해석하였다.

3 사의(徙倚): 준순(逡巡)·배회(徘徊)·방황(彷徨) 등과 비슷한 뜻이다. 권1 38번 시의 주 2)를 보라.

玆遊非逸豫[4]	이 놀이 편안하고 즐거운 것 아닌데,
邂逅得良箴	우연한 만남에 좋은 경계 얻었다네.

4 일예(逸豫): 《시경·소아·흰 망아지(白駒)》「그대 공으로 삼고 그대 후루 삼아, 편안하고 즐거움 무한히 하리라.」(爾公爾侯, 逸豫無期) 여관영(余冠英)은 「일례는 편안하고 즐거운 것이다.」(逸豫, 安樂也)라 하였다.

11. 蘆峰次韻

노봉 시의 각운자를 써서 짓다

澗水流千仞	시냇물 천 길이나 흐르고,
巖姿起萬般[1]	바위 만 가지 모습 생겨나네.
扶藜雖有興	청려장 짚음 비록 홍취 있지만,
駐屐諒難安[2]	걸음 멈춤 실로 편안하지 않다네.
好客能同趣	좋은 손님 취미 함께 할 수 있고,
群峰肯縱觀	뭇 봉우리는 마음껏 구경할만하다네.
蒼茫却無際[3]	푸르스럼하게 도리어 끝 없으니,
誰與話愁端	누구 더불어 근심의 단서 말하리오.

1 반(般): 양(樣)고 같은 뜻이며, 여기서는 단위사로 쓰였다. 종류라는 뜻이다.

2 주극(駐屐): 걸음을 멈추는 것을 말한다. 당나라 두보의 〈가을 들판(秋野)〉 제3수「작은 홍취 같은 산새 드물고, 걸음 멈추니 약한 향기 가까워지네.」(稀疏小紅翠, 駐屐近微香)

3 창망각무제(蒼茫却無際): 권1 49번 시 〈비를 대하다(對雨)〉에「안개와 놀 숲 끝에 모이니, 푸르스럼하게 끝이 없을 것 같네.」(烟靄集林端, 蒼茫欲無際)라는 구절이 있다.

12. 次瑞泉詩韻[1]

서천 시의 각운자를 써서 짓다

興懷來賞趣[2]	감회 일어 와서 운치 감상하는데,
對景却忘言[3]	경치 마주하니 오히려 말 잊었다네.
偶與同遊客	어쩌다가 나그네와 함께 하게 되었는데,
行逢幽澗原	가는 길에 깊은 시내의 근원 만나게 되었다네.
淺泓排積腐	얕은 웅덩이 쌓인 썩은 물 밀어내니,
暗竇溢流渾[4]	어두운 도랑에는 흐르는 흐린 물 넘치네.
終待寒泉食[5]	끝내 차가운 샘물 마심 기다리는데,
無憂水鏡昏[6]	거울 같은 물 어둑해질 걱정 없다네.

1 서천(瑞泉): 운곡에 있는 암자 이름. 권7에 〈운곡의 서천암 주인에게 부치다(寄雲谷瑞泉菴)〉(4번 시)가 있다.

2 흥회(興懷): 감회를 불러일으키다. 진(晉)나라 왕희지(王羲之)의 〈난정집의 서문(蘭亭集序)〉「고개를 한번 숙였다 쳐들었다 하는 짧은 시간에 이미 묵은 자취가 되었으나 오히려 감회를 불러일으키지 않을 수 없다.」(俯仰之間, 已為陳跡, 猶不能不以之興懷)

3 각망언(却忘言): 당나라 유우석(劉禹錫)의 〈화주를 떠나면서 장시어를 남기고 떠나다(發華州留別張侍御)〉「갈림길 굽어보니 뜻 무한한데, 서로 보니 오히려 말 잊었다네.」(臨岐無限意, 相視却忘言)

4 암두(暗竇): 암구(暗溝)와 같은 말.

5 한천식(寒泉食): 《주역·정괘(井卦)》의 밑에서 다섯째 양효[九五]의 풀이「우물이 맑으니 찬 샘물을 먹는다.」(井冽, 寒泉食) 진(晉)나라 좌사(左思)의 〈은사를 찾다(招隱)〉「앞에 차가운 샘물 있어, 애오라지 마음과 정신 닦을 만하네.」(前有寒泉井, 聊可瑩心神)

6 수경혼(水鏡昏): 《차의》「수경은 서천을 가리킨다.」(水鏡指瑞泉)

13~17. 五禽言和王仲衡尙書[1]

다섯 금언체 시로 왕중형 상서께 화답하다

13

提胡蘆[2]	제호로,
沽美酒[3]	맛있는 술 사니,
春風浩蕩吹花柳	봄바람 호탕하게 꽃버들에 불어오네.
不用沙頭雙玉瓶[4]	모래 여울 가의 두 옥 술병 필요 없으니,

1 금언(禽言): 시체(詩體)의 이름. 새가 우는 소리를 시구에 넣어서 비슷한 소리로 뜻을 취하여 가슴 속의 뜻을 펴내는 것이다. 매요신과 소식 등이 이 시체의 시를 지은 적이 있다. 《차의》「매요신에게 〈오금언〉시가 있는데 〈이골골〉, 〈제호로〉, 〈불여귀거〉 등의 제목이 있다. 소자첨에게 〈오금언〉이 있는데 〈탈고〉와 〈맥숙〉 등의 제목이 있다.」(梅堯臣有五禽言詩, 有泥滑滑提胡蘆不如歸去等名. 蘇子瞻有五禽言, 有脫袴麥熟等名) 《차보》「매요신은 〈사금언〉시를 지었다.」(梅堯臣作四禽言詩)

왕중형(王仲衡): 왕희려(王希呂)의 자이다. 달리 자를 중항(仲行)이라고도 하였으며, 숙주(宿州) 사람으로 가흥(嘉興)에서 거주하였다. 건도(乾道) 5년(1169)에 진사가 되었으며, 효종 때 정언(正言)으로 관직생활을 시작하여 이부상서까지 올랐다. 《송사》 권388에 전기가 수록되어 있다. 《차보》「선생이 제거절동으로 있을 때 안무사자였다.」(先生提擧浙東時爲安撫使者) 《관보》「선생이 제거절동으로 있을 때 왕중형은 지소흥이었는데 서로 주선을 하였다.」(先生提擧浙東時, 王爲知紹興, 相與周旋)

2 제호로(提胡蘆): 호는 호(壺)라고도 하며, 사다새 곧 펠리칸이다. 시의 뜻으로 보면 호(胡)는 호(壺)로 쓰는 것이 더 어울린다. 새의 울음 소리가 술을 담는 호리병을 들고 있다는 뜻의 제호로(提壺蘆)로 들리는 듯하다고 하여 이렇게 불렀다. 송나라 소식의 〈기악을 데리고 장산인의 동산에서 놀다(攜妓樂遊張山人園)〉「(술병 들었다는 소리를 내면서 우는 것 같은) 제호가 술 권하는 뜻 비록 중하기는 하지만, 두견새 돌아가는 것 재촉하는 소리 더욱 빠르네.」(提壺勸酒意雖重, 杜鵑催歸聲更速) 조차공의 주석「제호는 새 이름인데 제호라는 소리를 세속에서 그렇게 모방한 것 같다고 한다.」(提壺鳥名, 提壺之聲, 俗倣之如云)

이 시는 황상(皇上)의 은혜를 송양(頌揚)하는 내용을 담고 있다.

3 제호로고미주(提胡蘆沽美酒): 송나라 매요신의 〈지저귀는 새(啼鳥)〉「제호로, 제호로, 너는 늙은이에게 맛좋은 술 사라 권하지 말라.」(提胡蘆, 提胡蘆, 爾莫勸翁沽美酒) 송나라 대병(戴昺)의 〈오금언(五禽言)〉 제1수「제호로, 맛있는 술 사네. …… 술 사야지 술 사야지 술 있으면 사야지, 살아생전 마시지 않음 실로 어리석은 사내라네.」(提葫蘆, 沽美酒……沽酒沽酒有酒沽, 生前不飮眞愚夫)

4 사두쌍옥병(沙頭雙玉瓶): 사두(沙頭)는 모래톱이 있는 여울의 가를 말한다. 당나라 두보(杜甫)의 〈취하여

鳥歌蝶舞爲君壽	새 노래 나비 춤 그대 축수해주네.
祗今一醉是君恩[5]	지금 한번 취함 임금님 은혜인데,
昨日之愁愁殺人	지난날의 근심 근심스러워 사람 죽이네.

14

不如歸去[6]	불여귀거,
孤城越絶三春暮[7]	외로운 월나라 변경의 성에 석 달 봄 저물어가네.
故山只在白雲間	고향 산천 다만 흰 구름 사이에 있는데,
望極雲深不知處[8]	구름 깊은 곳 끝까지 바라보아도 어디인지 모른다네.

부르는 노래(醉歌行)〉「술 다 마시니 모래 가에 두 옥술병 있는데, 여러 손님 모두 취했거늘 나만 홀로 깨어 있네.」(酒盡沙頭雙玉瓶, 衆賓皆醉我獨醒)

5 일(一): 문연각(文淵閣) 《사고전서》에는 「문드러질 란」(爛)자로 되어 있다.

6 불여귀거(不如歸去): 촉나라 망제(望帝)가 신하 별영(鱉靈)의 아내를 간음한 뒤 왕위를 버리고 도망갈 때 울던 두견새의 소리가 「불여귀거」처럼 들렸다 하여 두견새의 별칭으로 쓰인다. 줄여서 그냥 불여귀(不如歸)라고 쓰기도 한다. 송나라 도악(陶嶽)이 지은 영주(永州)의 지리지인 〈영릉기(零陵記)〉「사귀악조는 모양이 비둘기와 같은데 참혹한 빛을 띠고 있다. 3월이 되면 우는데 그 소리가 불여귀거(돌아감만 못하다)라고 한다. 혹자는 곧 자규라고 한다.」(思歸樂鳥, 狀如鳩而慘色. 三月則鳴, 其音曰不如歸去. 或曰即子規也) 《아송 주(雅頌註)》「두견새다」(杜鵑) 이 시는 스스로 돌아가 은거하겠다는 뜻을 말한 것이다.

7 고성월절(孤城越絶): 당나라 유종원(柳宗元)의 〈유주에서 장인 주소주에게 부침(柳州寄丈人周韶州)〉「월절의 외로운 성 천만 봉우리인데, 빈방에서 말하지 않았으나 문득 해질녘이라네.」(越絶孤城千萬峰, 空齋不語坐高春) 《월절서·외전본사(越絶書·外傳本事)》「물었다. 『무엇을 일러 《월절》이라 합니까?』 『월이라는 것은 나라의 씨이다. …… 절이라는 것은 떨어져 있는 것이다.』」(問曰, 何謂越絶? 越者國之氏也……絶者絶也)
불여귀거~삼춘모(不如歸去~三春暮): 송나라 매요신의 〈금언·자규(禽言·子規)〉「돌아감만 못하리, 봄산 저물었다네.」(不如歸去, 春山云暮)

8 운심부지처(雲深不知處): 당나라 가도(賈島)의 〈은자를 찾았으나 만나지 못하다(尋隱者不遇)〉「다만 이 산중에 있기는 하나, 구름이 깊어 있는 곳을 알지 못하겠습니다.」(只在此山中, 雲深不知處)

不如歸去不如歸
돌아감만 같지 못하리 돌아감만 못하리,

千仞岡頭一振衣[9]
천 길 언덕 어귀에서 한번 옷 떨친다네.

15

泥滑滑[10]
이활활,

泥滑滑
이활활,

秦望雲荒鏡湖闊[11]
진망산 구름 질펀하고 경호 넓다네.

綠秧刺水水拍堤[12]
푸른 모 물에 박혀 있고 물은 제방 치는데,

牙旗畵舸凌風發[13]
상아로 꾸민 기 꽂은 그림 장식 배 바람 뚫고 나서네.

---

9 일진의(一振衣): 진(晉)나라 좌사(左思)의 〈역사를 읊음(詠史)〉 제5수 「천 길 언덕에서 옷깃 떨치고, 만리 흐르는 물에 발 씻는다네.」(振衣千仞岡, 濯足萬里流) 송나라 진여의(陳與義)의 〈유수재가 소장하고 있는 강참산수횡의 시축에다 적음(題兪秀才所藏江參山水橫軸)〉 제2수 「이 가운데 다만 진거사만 없으니, 천 길 언덕 어귀에서 한번 옷 떨친다네.」(此中只欠陳居士, 千仞岡頭一振衣)

10 이활활(泥滑滑): 자고(鷓鴣)의 이칭. 죽계(竹雞)라고도 한다. 송나라 이석(李石)의 《속박물지(續博物志)》 권2 「흰개미는 자고의 소리를 들으면 물로 변한다. 자고가 스스로 이활활(질고 미끄럽다는 듯)하며 우는 것이 이 때문이다. 자고의 수컷 또한 흰개미로 변할 수 있다.」(白蟻聞竹雞之聲化為水. 竹雞自呼泥滑滑是也. 或曰, 白雞之雄亦能化白蟻) 송나라 왕안석(王安石)의 〈항판관을 전송하다(送項判官)〉 「산새 제각각 질고 미끄럽다 울어대는데, 길 가는 사람 서로 바라보고 말은 히힝거리네.」(山鳥自呼泥滑滑, 行人相對馬蕭蕭) 송나라 소식의 〈우미리를 서사군에게 보내드리다(送牛尾狸與徐使君)〉 「질고 깊다 자고새 울음 질리도록 듣는데, 술 얕아 기꺼이 우미리 맛보네.」(泥深厭聽鷄頭鶻, 酒淺欣嘗牛尾狸) 소식 자신의 주석 「촉땅의 사람들은 이활활을 계두골이라고 부른다.」(蜀人謂泥滑滑為鷄頭鶻)
이 시는 왕희려의 정치를 찬미하는 내용이다.

11 진망(秦望): 《차의》 「산 이름으로 항주성 남쪽에 있다. 진시황이 동쪽을 유람하면서 이곳에 올라 동해를 바라보았기 때문에 이렇게 부른다.」(山名, 在杭州城南. 秦始皇東遊登此以望東海故名)
경호(鏡湖): 소흥부(紹興府)에 있으며, 동한 때 태수 마진(馬臻)이 지었는데 물이 평평하여 거울 같으므로 이렇게 부른다.

12 녹앙(綠秧): 《차의》 「벼를 옮겨 심는 것을 앙이라고 한다. 고시에 『밭두둑 가득 또한 푸른 모라네.』라는 구절이 있다.」(蒔禾謂之秧. 古詩盈疇又綠秧)

13 아기(牙旗): 깃대 위에 상아로 장식한 큰 깃발. 주로 주장(主將)의 깃발로 쓰이며 의장 때 쓰인다.

使君行樂三江頭[14]　사군 삼강 어귀에서
행락 즐기는데,
泥滑水深君莫憂　질고 미끄러우며 물 깊음일랑
그대 근심하지 말게나.

16

脫袴脫袴[15]　탈고탈고,
桑葉陰陰墻下路　뽕나무 잎 그늘 짙게
담 아래 길에 드리웠네.
回頭忽憶舍中妻　고개 돌려 별안간
집의 아내 생각해 보았더니,
去年已逐它人去　지난해에 이미
다른 사람 좇아 떠났다네.
舊袴脫了却不辭　오래된 바지 벗는 것쯤이야
오히려 사양치 않지만,
新袴知敎阿誰做　새 바지 누구에게
짓게 할 줄 알겠는가?

17

麥熟吟[16]　맥숙음,

14 삼강(三江): 회계의 전청강(錢淸江)과 조아강(曹娥江), 완사강(浣紗江)을 말한다.

15 탈고(脫袴): 송나라 소식(蘇軾)의 〈다섯 금언체 시(五禽言)〉 제2수 「어젯밤 남산에 비 내리더니, 서쪽 시내 건널 수 없다네. 시냇가의 뻐꾸기 새끼, 나보고 찢어진 바지 벗으라 하네. 바지 벗음 사양치 않으나 냇물 차갑고, 물속에 세금 재촉하던 흉터 비치어 보이네.」(昨夜南山雨, 西溪不可渡. 溪邊布穀兒, 勸我脫破袴. 不辭脫袴溪水寒, 水中照見催租瘢) 소식 자신의 주석 「토착민들은 뻐꾸기를 탈각파고라고 한다.」(土人謂布穀為脫却破袴) 이 말은 뻐꾸기 울음소리가 현지인들에게는 「곡식을 깔아달라」라는 뜻의 포곡(布穀)이란 소리로 들리지 않고 헤진 바지를 벗으라는 뜻의 탈각파고(脫却破袴)처럼 들린다는 것이다.
이 시는 이재민의 고통을 불쌍히 여기는 내용이다.

16 맥숙음(麥熟吟): 송나라 소식의 〈다섯 금언체 시(五禽言)〉 제3수 「지난해에는 보리 익지 않아, 탄환 끼고 내 고기 노렸었지. 올해는 보리 마딩에 올라, 곳곳에 남

去年種麥有德音[17] 지난해 보리 심었을 때
덕음 있었는데,
祇今種熟誰快活[18] 지금 심은 것 익으니
누가 쾌활해 하는가?
種者已臥官墻陰[19] 심은 자는 이미
관가의 그늘에 누워 있다네.
仁公有政惠存歿[20] 어지신 공 다스리심에
살았거나 죽었거나 은혜 베푸니,
肯使催租更隳突[21] 조세 재촉하게 하여
더욱 시끌벅적하게 하려하겠는가?

은 곡식 있다네. 풍년들어 모습 없으니 어디서 찾을꼬? 숲 사이에서 쾌활하게 지저귐 듣는다네.」(去年麥不熟, 挾彈規我肉. 今年麥上場, 處處有殘粟. 豐年無象何處尋, 聽取林間快活吟) 소식 자신의 주석「이 새의 소리는 보리밥이 익으면 쾌활하다.」(此鳥聲云, 麥飯熟即快活) 어떤 판본에는 이 위에「맥숙음」(麥熟吟) 세 자가 더 있는 것도 있다.

이 시는 주희가 왕희려에게 이재민을 구휼할 것을 권하는 내용이다.

17 유덕음(有德音): 《차의》「이때 위에서 농사를 권유하는 조칙이 있었으므로 이렇게 말하였다.」(時自上有勸農之詔故云)

18 쾌활(快活): 송나라 소옹(邵雍)의 〈안락음(安樂吟)〉「쾌활한 사람이니, 예순 다섯 살이라네.」(爲快活人, 六十五歲)

19 이와관장음(已臥官墻陰): 《차의》「보리를 심은 사람이 이미 죽어 관가의 담 그늘에 묻혀 있음을 이른다.」(謂種麥者已死, 埋於官墻之陰也)

20 유정(有政): 정사(政事), 정치와 같은 말. 유(有)는 의미가 없는 조사로 쓰였다. 《서경·군진(君陳)》「효성스러워야 형제간에 우애가 있으며 정치를 베풀 수 있다.」(惟孝, 友于兄弟, 克施有政)

존몰(存歿): 생자(生者)와 사자(死者)를 가리킨다.

21 휴돌(隳突): 횡행하는 것, 소요를 일으키는 것을 말한다. 당나라 유종원(柳宗元)의 〈뱀 잡는 사람에 대하여(捕蛇者說)〉「사나운 관리가 우리 고을에 와서는 동쪽과 서쪽에서 떠들썩하게 고함을 지르고 남쪽과 북쪽에서는 소동을 일으킵니다.」(悍吏之來吾鄉, 叫囂乎東西, 隳突于南北)

18. 酬黃子厚見訪歸途惠詩韻

황자후가 찾아왔다가 돌아가는 길에 지어준 시의 운자를 써서 답하다

櫪驥倦千里[1]	구유의 천리마 천리에 지치고,
籠鶴思九皐[2]	새장 속의 학 깊은 구덩이 생각한다네.
念昔田舍日	지난날 농가에 있을 때 생각해보니,
不知山林高	산림 높은 줄 몰랐다네.
一朝逢世紛	하루아침에 어지러운 세상 만나고보니,
故丘得潛逃[3]	고향의 언덕으로 달아나 숨게 되었네.
平生棲遁志[4]	평생 은거하고자 한 뜻,
玆焉始堅牢	이에 비로소 견고하게 되었네.
故人穀城翁[5]	옛 벗 곡성옹은,
高情北窓陶[6]	높은 뜻 북쪽 창 아래의 도연명이리네.

1 역기권천리(櫪驥倦千里): 역기(櫪驥)는 말구유에 엎드려 있는 준마. 포부를 펼칠 수 없는 사람을 비유하는 말로 쓰인다. 삼국 위나라 조조(曹操)의 〈보출동서문행·귀수수(步出東西門行·龜雖壽)〉「늙은 천리마 구유에 엎드려 있어도, 뜻은 천리를 달리는 데 있다네. 열사 늘그막에도, 씩씩한 마음 그치지 않는다네.」(老驥伏櫪, 志在千里. 烈士暮年, 壯心不已)

2 구고(九皐): 《시경·소아·학의 울음(鶴鳴)》「학이 깊은 구덩이에서 우니, 그 소리 하늘까지 퍼지네.」(鶴鳴于九皐, 聲聞于天) 주희의 주석「고는 못에서 물이 넘쳐 나와서 생긴 구덩이인데, 밖에서 아홉까지 센다는 것은 깊고 아득함을 비유한 것이다.」(皐, 澤中水溢出所爲坎, 從外數至九, 喩深遠也) 그러나 이 구절의 뜻은 진나라 도연명의 〈전원으로 돌아와서 살다(歸園田居)〉 첫째 시의「갇힌 새는 옛날 (자유롭게 놀던) 숲을 그리워하고, 양어장의 물고기는 옛 연못을 생각한다네.」(羈鳥戀舊林, 池魚思故淵)라는 구절에서 따온 것 같다.

3 잠도(潛逃): 몰래 달아나는 것을 말한다. 《시경·소아·사월(四月)》「전어와 유어, 연못 속으로 몸 숨기어 달아나네.」(匪鱣匪鮪, 潛逃于淵)

4 서둔(棲遁): 「栖遯」이라고도 하며 은거하는 것을 말한다. 당나라 왕유(王維)의 〈태을관의 가생의 방을 들르다(過太乙觀賈生房)〉「지난 날 내 은둔할 때, 그대는 연하를 이웃하였다네.」(昔余棲遁日, 之子烟霞鄰) 당나라 위응물(韋應物)의 〈노숭이 밤에 부쳐온 시에 답하다(詶盧嵩秋夜見寄)〉「평소부터 은거하려는 뜻 가졌으니, 하물며 은사 찾는 시 주겠는가? 」(素秉棲遁志, 況貽招隱詩)

5 곡성옹(穀城翁): 황수(黃銖)의 호. 위 8번 시에 보인다.

6 북창도(北窓陶): 진나라 도연명의 〈아들 엄 등에게 주는 글(與子儼等疏)〉에 나오는 말. 권7 37번 시의 주 16)을 보라.

亦復喜我歸[7]	또한 다시 나 돌아옴 기뻐하여,
巾車款林巢[8]	휘장 친 수레 숲의 둥지 같은 거처 찾았다네.
申旦更離闊[9]	아침 되니 더욱 멀리 헤어져,
中情重忉忉[10]	마음속 매우 근심스럽다네.

7 희아귀(喜我歸): 《차의》「남강에서 돌아온 것이다.」(自南康歸也) 《관보》「시에 『잠도』『세분』 같은 말이 있으니 당중우의 일을 당한 것을 가리킬 것이다. 또한 〈화왕중형〉 시의 아래에 있으니 절동에서 돌아왔음이 분명하다. 《차의》의 주는 검증을 놓친 것 같다.」(詩中有潛逃世紛之語, 似指遭唐仲友事. 且在和王仲衡詩之下, 明是自浙東歸也. 箚註恐失檢) 당나라 두보의 〈초당(草堂)〉「옛 개는 나 돌아옴 기뻐하여, 왔다갔다 하다가 옷섶으로 드네. 이웃에서는 나 돌아옴 기뻐하여, 호리병 들고 술 사온다네.」(舊犬喜我歸, 低徊入衣裾. 隣舍喜我歸, 沽酒携胡蘆)

8 건거관림소(巾車款林巢): 《차의》「건은 옷과 같다. 옷으로 수레를 꾸민 것을 건이라고 한다. 관은 두드리는 것, 이른 것이다.」(巾, 猶衣也. 以衣飾車曰巾. 款, 扣也, 至也) 진나라 도연명의 〈돌아가자꾸나(歸去來辭)〉「휘장 친 수레 타기도 하고 조각배 노 젓기도 하네.」(或命巾車, 或棹扁舟)

9 신단(申旦): 초나라 송옥(宋玉)의 《초사·구변(九辯)》 제1수「오로지 다시 아침 되었으나 잠 이루지 못함이여, 귀뚜라미 밤에 (침상 밑으로) 감 슬프다네.」(獨申旦而不寐兮哀蟋蟀之宵征) 한나라 왕일(王逸)의 《장구(章句)》와 송나라 홍흥조(洪興祖)의 《보주(補注)》에서는 각각 달(達), 지(至)라 하여 이르다라는 뜻으로 보았고, 주희의 《집주(集注)》에서는 신(申)으로 보았는데, 여기서는 뜻을 두루 취하여 해석하였다.

10 도도(忉忉): 《시경·제풍·보전(齊風·甫田)》「멀리 있는 사람 생각 말게나, 마음 수고롭히며 근심한다네.」(無思遠人, 勞心忉忉) 주희의 주석「도도는 근심하고 수고로워한다는 뜻이다.」(忉忉, 憂勞也)

19. 游密菴分韻賦詩得淸字

밀암에서 운자를 나누어 시를 짓는데 「맑을 청」자를 얻다

誤落塵中歲序驚[1]	잘못 속세로 떨어져 세월 지남에 놀랐다가,
歸來猶幸此身輕	돌아오니 오히려 이 몸 가벼움 다행스럽다네.
便將舊友尋山去	곧 옛 친구 데리고 산 찾아 가,
更喜新詩取意成	다시 새 시 뜻 취하여 이룸 더욱 기쁘네.
暖翠乍看渾欲滴[2]	따뜻하고 푸르름 언뜻 보니 온통 듣는 듯하고,
寒流重聽不勝淸	차가운 시내 흐름 거듭 들으니 맑음 이기지 못하네.
箇中有趣無人會	그 가운데 취미 있으나 이해해주는 사람 없어,
琴罷尊空月四更[3]	거문고 연주 끝나고 잔 비니 달만 사경에 떠오르네.

1 오락진중(誤落塵中): 진나라 도연명(陶淵明)의 〈전원으로 돌아와 살다(歸園田居)〉 첫째 시 「잘못 속세의 그물로 떨어져, 한번 떠나서 30년이나 되었다네.」(誤落塵網中, 一去三十年)

2 난취욕적(暖翠欲滴): 난취는 날씨가 개어 따뜻할 때 푸른색을 띤 산의 경치를 말한다. 송나라 구양수(歐陽脩)의 〈여산은 높고(廬山高)〉 「떠다니는 이내 희미한 푸른 빛 천만 가지 모양 짓게 하여, 앉아서나 누워서나 항상 헌함의 창으로 마주하려하리.」(欲令浮嵐曖翠千萬狀, 坐臥常對乎軒窗) 송나라 승(僧) 보향(寶薌)의 〈여관의 벽에 적다(題逆旅壁)〉 「온 뜰의 가을빛 짙어서 들을 듯한데, 늙은 중 지팡이 짚고 푸른 소나무 곁에 있다네.」(滿院秋光濃欲滴, 老僧倚杖靑松側)

3 월사경(月四更): 당나라 두보의 〈달(月)〉 「사경에 산 달 토해내니, 밤은 다 되어가고 물에서 누대 비춘다네.」(四更山吐月, 殘夜水明樓)

20. 游密菴得空字

밀암에서 놀다가 「빌 공」자 운을 얻다

欲覓仙洲路[1]	선주산 가는 길 찾고자 하여,
須乘萬里風	모름지기 만 리의 바람 탔다네.
飮泉雲出岫[2]	샘물 마시니 구름 산의 굴에서 나오고,
臥嶺月流空	고개에 누우니 달 하늘로 흘러간다네.
永夜渾無寐	긴 밤 도무지 잠 못 이루는데,
悲歌莫與同	슬픈 노래 함께할 이 아무도 없네.
起來殘樹影	일어나니 남은 나무의 그림자.
淸絶小樓東	작은 누대 동쪽에서 맑고 빼어나네.

1 선주(仙洲): 산 이름이다. 권6의 38번 시의 주 1)에 상세하다.

2 운출수(雲出岫): 진나라 도연명의 〈돌아가자꾸나(歸去來辭)〉「구름은 무심결에 산의 굴에서 나오고, 새는 날다가 지치면 돌아올 줄 안다네.」(雲無心以出岫, 鳥倦飛而知還)

21. 昨爲許進之書胎仙字, 因以名其室, 或疑欠舞字者, 故作此以解之[1]

어제 허진지에게 「태선」이란 글자를 써주고 아예 집의 이름으로 삼았는데 혹자가 「춤출 무」자가 빠졌다고 의심을 하므로 이 시를 지어서 해명한다

寒山寒月冷颼颼[2]　　추운 산 차가운 달에
　　차가운 바람 쏴쏴 불어대는데,

隻影孤桐萬里遊[3]　　외 그림자 외로운 오동
　　만리에 노네.

帝樂夢回三疊遠[4]　　임금의 음악 꿈에 맴돌며
　　세 곡조 멀리 퍼지는데,

胎仙舞罷一簾秋　　학 춤 끝나니
　　온 주렴 가을빛 띤다네.

未愁悄寂無人會　　쓸쓸하고 고요하여 만날
　　사람 없음은 근심되지 않는데,

1 허진지(許進之): 이름은 허굉(許閎)이며, 복주(福州) 사람으로 황수에게서 시를 배웠고 주희에게서는 도(道)에 대해서 물은 적이 있다. 권64에는 그에게 보낸 편지가 수록되어 있다.
태선(胎仙): 《차의》「《황정경》에 『거문고 소리 세 곡조 거듭되니 학이 춤추네.』라는 말이 있다. 태선은 학이다.」(黃庭經語琴心三疊舞胎僊. 胎僊, 鶴也) 남조 송나라 포조(鮑照)의 〈춤추는 학(舞鶴賦)〉「《유경》(곧 《相鶴經》) 펼쳐 이 것 찾아보니, 태생(胎生)의 신선 새 위대하디네.」(散幽經以驗物, 偉胎化之仙禽)

2 한산한월(寒山寒月): 순희본에는 「빈 집 밤에 고요하고」(虛堂夜靜)로 되어 있다.
수수(颼颼): 바람이 부는 소리를 나타내는 의성어.

3 척영고동(隻影孤桐): 《차의》「외 그림자는 학을 이른다. 외로운 오동은 거문고이다. 권1 〈초은조〉의 제사에 『허굉이 거문고를 끼고 내 서당에 들렀다』라는 말이 있다.」(隻影謂鶴. 孤桐謂琴. 一卷招隱操題辭有曰, 許進之挾琴過予書堂)

4 제악~삼첩(帝樂~三疊): 《차의》「제악은 균천첩을 말하며 금곡이다.」(帝樂謂勻天疊, 琴曲)

只恐蹁躚不自休[5] 다만 너울너울 춤추며
스스로 쉬지 못할까 두렵다네.

却笑蕊珠何處所[6] 예주궁 있는 곳 어디인가
오히려 웃는데,

兩忘蝴蝶與莊周[7] 나비와 장주
둘 다 잊어버렸다네.

5 편선(蹁躚): 편(蹁)은 편(翩)이라고도 하는데, 빙빙 돌며 가는 모양 또는 춤추는 모양을 나타내는 첩운(疊韻) 연면어(聯緜語)이다. 송나라 소식의 〈후적벽부(後赤壁賦)〉「잠깐 만에 객이 떠나고 나도 곧 잠들게 되었는데, 꿈에 한 도사가 깃옷을 입고 너울너울 춤을 추면서 언덕을 내려다보는 아래를 지나면서 내게 읍을 하면서 말하기를 『적벽의 놀이는 즐거웠는가?』 한다.」(須臾客去, 予亦就睡, 夢一道士羽衣翩躚, 過臨皐之下, 揖予而言曰, 赤壁之遊樂乎」

이 두 구절은 「춤출 무」(舞)자를 추가하지 않은 이유를 밝혔다. 학문은 위기지학(爲己之學)이 되어서 남들은 몰라도 상관이 없는데, 소기(小伎) 곧 작은 재주에 빠져서 돌아올 줄 모르니 이를 근심할만하다는 것이다.

6 각소예주(却笑蕊珠): 순희본에는 「예궁 탄식할 만한」(堪嘆蕊宮)으로 되어 있다.

예주(蕊珠): 곧 예주궁(蕊珠宮)을 말한다. 도가의 전설상의 선궁이다. 당나라 원진(元稹)의 〈청도의 밤 경계(清都夜境)〉「한가로이 예주궁 열고, 몰래 금 글자로 쓴 불경 본다네.」(閒開蘂珠殿, 暗閱金字經) 당나라 포용(鮑溶)의 〈아미산의 양련 도사에게 부침(寄峩嵋山楊煉師)〉「도사 밤중에 예주경 외니, 흰 학 내려와 향불 연기 두르고 돌며 듣는다네. 한밤중에 경전 다 외어 사람 학에 올라타니, 하늘의 바람 불려와 가을 아득하다네.」(道士夜誦蘂珠經, 白鶴下繞香煙聽. 夜移經盡人上鶴, 仙風吹入秋冥冥)

7 호접장주(胡蝶莊周): 《장자·제물론(齊物論)》「언제인가 나 장주는 꿈에서 나비가 되었는데 훨훨 날아 다니는 나비로 유쾌하게 즐기면서도 장주임을 깨닫지 못했다. 조금 있다가 문득 깨어보니 분명히 장주였다. 내가 꿈에 나비가 된 것인지 나비가 꿈에 장주가 된 것인지 알지 못했다. 나와 나비는 반드시 구분이 있다.」(昔者, 莊周夢爲胡蝶, 栩栩然胡蝶也. 自喩適志與, 不知周也. 俄然覺, 則蘧蘧然周也, 不知周之夢爲胡蝶, 胡蝶之夢爲周與? 周與胡蝶, 則必有分矣) 북주(北周) 유신(庾信)의 〈영회시의 시체를 본떠서 짓다(擬詠懷)〉 제16수 「비록 나비 꿈 말하나, 정녕코 분명히 장주는 아니리라.」(雖言夢蝴蝶, 定自非莊周)

22. 正月五日, 欲用斜川故事結客, 載酒過伯休新居, 風雨不果, 二月五日始克踐約, 坐間以陶公卒章二十字分韻, 熹得中字賦呈諸同遊者[1]

정월 5일에 사천의 고사를 써서 손님과 사귀고자 하여 술을 싣고 백휴의 새 집을 들르고자 하였는데 비바람이 쳐서 실행하지 못하였다. 2월 5일에야 비로소 약속을 실천할 수 있었다. 좌중에서 도공의 마지막 스무 자로 운자를 나누었는데 나는 「가운데 중」자를 얻어서 시를 지어 여러 함께 노닌 사람들에게 드린다

玄景彫暮節[2]	검은 그림자 섣달 꾸미고,
青陽變暄風[3]	봄날은 따뜻한 바람으로 변하였네.

1 《차의》「사천고사는 도연명의 〈사천에서 놀다〉 시에서 『새해 들어 어느덧 닷새 지났으니, 내 생애도 돌아가 끝날 것이라네. 이 일 생각하니 마음속 울렁거려, 때맞춰 이 놀이 한다네.』라 한 것이다. 백휴는 방백휴이다. 마지막 장 스무 자는 〈사천시〉의 끝 네 구절로 『술 마시는 중에 초탈한 마음 멋대로 풀어놓고, 저 천년의 근심 잊는다네. 잠시 오늘 아침 즐거움 맘껏 누리는 것이니, 내일이야 원하는 것 아니라네.』라 하였다.」(斜川故事, 陶淵明遊斜川詩. 開歲倏五日, 吾生行歸休. 念之動中懷, 及辰爲玆遊. 伯休, 方伯休. 卒章二十字, 斜川詩末四句. 中觴縱遙情, 忘彼千載憂. 且極今朝樂, 明日非所求)
백휴(伯休): 방사요(方士繇: 1148~1199)의 자. 달리 자를 백모(伯謨)라고 하였고, 호는 원암(遠庵)이며, 보전(莆田) 사람이다. 주희가 지어준 제문이 《주문공집》 권87에 수록되어 있다.

2 현영(玄景): 「景」자는 그림자라는 뜻으로 쓰일 때는 「영」(影)으로 읽는다. 진(晉)나라 부현(傅玄)의 〈잡시(雜詩)〉「(기러기의) 검은 그림자 형체 따라 움직이고, 흐르는 소리 빈 방으로 돌아오네.」(玄景隨形運, 流響歸空房) 당나라 여향(呂向)의 주석 「『景』은 『그림자』(影)라는 뜻이다. 기러기 그림자가 달빛에 비쳐 색이 검음을 말한다.」(景, 影也. 謂鴈影映於月光而色玄也)
모절(暮節): 중양절이라는 뜻도 있지만 여기서는 섣달, 곧 음력 12월이라는 뜻으로 쓰였다. 《초학기(初學記)》 권3에서 인용한 남조(南朝) 양(梁)나라 원제(元帝)의 《찬요(纂要)》「(음력) 12월 늦겨울은 또한 모동이라고도 하고 …… 모절이라고도 한다.」(十二月季冬, 亦曰暮冬……暮節)

3 청양변훤풍(青陽變暄風): 봄을 말한다. 《시자·인의(尸子·仁意)》「봄은 청양이고 여름은 주명이다.」(春為青陽, 夏為朱明) 역시 《초학기》 권3에서 인용한 남조 양나라 원제의 《찬요》「봄을 청양이라고 하며 또한 발생·방춘·청춘·양춘·삼춘·구춘이라고도 한다. …… 바람은 양풍·춘풍·훤풍·유풍이라고 한다.」(春曰, 青陽, 亦曰, 發生·芳春·青春·陽春·三春·九春……風曰, 陽風·春風·暄風·柔風)

忽尋斜川句	홀연히 사천의 구절 찾아,
感此勝日逢	이 빼어난 날 만남 감탄하네.
駕言當出遊[4]	수레 탔으면 나가서 유람해야 하리니,
一寫浩蕩胸[5]	한번 호탕한 가슴 써낸다네.
雲物疑異候	구름 이상한 징후인 듯한데,
淒迷久連空[6]	처량하고 아득하게 오래도록 하늘에 이어져 있네.
今朝復何朝[7]	오늘 아침 또 어떤 아침인가?
頓覺芳景融	갑자기 아름다운 경치 화락함 느껴지네.
疇曩庶復踐	지난 날 다시 오기 바랐는데,
隣曲歡來同	이웃 함께 옴 기뻐한다네.
伊雅一籃輿[8]	덜컥덜컥 대나무 가마 한 대에,
連翩數枝笻[9]	지팡이 몇 개나 줄줄이 이어지네.
綠野生遠思	푸른 들에서 먼 생각 일으키는데,
淸川照衰容	맑은 내 쇠한 모습 비추네.
遙瞻西山足[10]	아득히 서산의 기슭 쳐다보니,
突兀彌畝宮[11]	큰 집 우뚝 솟아 있네.

4 가언당출유(駕言當出遊): 가언(駕言)은 수레에 멍에를 지우는 것을 말한다. 길 떠날 채비를 하는 것을 가리킨다. 언(言)은 별다른 뜻이 없는 조사로 쓰였다. 《시경·패풍·천림(邶風·泉林)》「수레 타고 나가 놀아, 내 근심 푼다네.」(駕言出遊, 以寫我憂)

5 호탕흉(浩蕩胸): 송나라 유자휘(劉子翬)의 〈유원에서 폭포를 구경하다가 명중을 놀리다(柳源觀瀑戲明仲)〉「평소의 호탕한 마음, 이것 마주하고 애오라지 한번 펴낸다네.」(平生浩蕩胸, 對此聊一舒)

6 연공(連空): 멀리 바라보니 하늘까지 서로 이어져 있는 것을 말한다. 당나라 한유(韓愈)와 이정봉(李正封)의 〈늦가을 언성에서의 밤 모임에서 몇 구절씩 이어서 쓰다(晩秋郾城夜會聯句)〉「하늘까지 이어진 곳 성가퀴 무너졌고, 밤 불빛은 성곽을 태우는 듯하네.」(連空隳雉堞, 照夜焚城郭)

7 금조부하조(今朝復何朝): 송나라 장효상(張孝祥)의 〈다시 소정에 들어가 12개의 운자를 써서 짓다(重入昭亭賦十二韻)〉「오늘 아침 또한 어떤 아침인가? 오히려 산 속의 안개 바라보네.」(今朝復何朝? 却望山中煙)

8 이아일남여(伊雅一籃輿): 이아(伊雅)는 곧 이아(咿啞)와 같으며, 물체가 요동할 때 나는 소리를 나타내는 의성어이다. 송나라 진여의(陳與義)의 〈성에 들다(入城)〉「대나무 가마 덜커덕거리는 소리 내며, 길 돌아 옛 언덕 오른다네.」(竹輿聲咿啞, 路轉登古原)

9 연편(連翩): 연속되어 끊이지 않는 것을 말한다.

10 서산(西山): 숭안현 서쪽에 있는 산 이름.

11 돌올미무궁(突兀彌畝宮): 돌올은 하늘 위로 우뚝 솟은 모양을 말한다. 당나라 두보의 〈초가집이 가을 바람에 부서지다(茅屋爲秋風所破歌)〉「아아, 어느 때나 눈앞에 우뚝한 이 집 나타나리? 내 움막 유독 부서지고

庭宇豁清曠[12]	뜰과 집 트여 맑고 높으며,
林園鬱青葱	숲과 동산 빽빽이 푸르고 우거졌네.
於焉一逍遙	그곳 한번 자유롭게 거닐자니,
芳樽間鳴桐[13]	향기로운 술잔에 이따금 거문고 울리네.
旣爵日樹隱[14]	술 다 마시니 해 나무로 숨고,
班荊汀草豊[15]	거친 풀 깔고 앉으니 물가에 풀 무성하다네.
纖鱗動微波[16]	작은 물고기는 잔물결 일으키고,
新荑冠幽叢	새로 난 띠풀은 그윽한 떨기 덮고 있네.
惆悵景易晏	해 쉬 저묾 슬퍼하여,
徘徊思無窮	왔다갔다 하니 생각 끝이 없다네.
願書今日懷	원컨대 오늘의 감회 써서,

얼어 죽어도 그만이리.」(嗚呼! 何時眼前突兀見此屋, 吾廬獨破受凍死亦足) 《예기·유행(儒行)》「선비에게는 사방 1무인 집과 사방이 1도인 방이 있다.」(儒有一畝之宮, 環堵之室) 《진서·은일전·색습(索襲)》「음담(陰澹)이 말하였다. 집은 사방 1무도 되지 않으나 뜻은 구주를 하찮게 여기고 몸은 속세에 거처하나 마음은 하늘 바깥에 있으니, 비록 검루의 고원함이나 장주의 원하지 않음도 더 뛰어날 수는 없을 것이다.」(宅不彌畝而志忽九州, 形居塵俗而棲心天外, 雖黔婁之高遠, 莊生之不願, 蔑以過也)

12 정우활청광(庭宇豁清曠): 당나라 위응물(韋應物)의 〈다시 서재를 정리하고 구원외에게 부침(復理西齋寄丘員外)〉「뜰과 집 또 맑고 높으니, 괴로운 회포 또한 트인다네.」(庭宇還清曠, 煩抱亦舒通)

13 명동(鳴桐): 거문고를 만드는 오동나무를 말하나 거문고를 가리키는 말로 쓰인다. 송나라 매요신(梅堯臣)의 〈한씨네 셋째 자화와 한씨네 다섯째 지국, 한씨네 여섯째 옥여가 보내와 말한 시에 답하다(答韓三子華韓五持國韓六玉汝見贈述詩)〉「마침내 세상 사람들로 하여금, 한 가지 재주는 채웠다 하게 하네. 교묘함은 바둑에 비하고, 소리는 거문고에 비유하네.」(遂使世上人, 只曰一藝充. 以巧比戲弈, 以聲喻鳴桐)

14 기작(旣爵): 《차의》「졸작이라는 말과 같다.」(猶言卒爵) 졸작은 마지막 잔이라는 뜻도 있고 술을 다 마셨다는 뜻도 있다.

일수은(日樹隱): 당나라 이백(李白)의 〈안륙의 백조산 도화암에서 시어사이신 유관에게 부침(安陸白兆山桃花巖寄劉侍御綰)〉「나무 많으니 해 쉬 숨고, 벼랑 기울어져 있으니 해 둥글기 어렵네.」(樹雜日易隱, 崖傾月難圓)

15 반형(班荊): 《좌전·양공(襄公) 26년》「오거는 정나라로 달아났다가 결국 진나라로 달아나려 했다. 성자가 진나라로 가려다가 정나라 교외에서 그와 마주쳤다. 풀을 깔고 함께 밥을 먹으며 돌아갈 일을 말하였다.」(伍擧奔鄭, 將遂奔晉. 聲子將如晉, 遇之於鄭郊, 班荊相與食, 而言復故) 양백준(楊伯峻)의 주석「형(荊)은 풀 이름이며, 반형은 풀을 베어 땅에다 깔고 임시로 자리를 대신하여 깔고 앉는 것이다. 반(班)은 까는 것이다.」남조 양나라 강엄(江淹)의 〈이별(別賦)〉「거친 풀 깔고 앉아 있음이여 원한 주고 받으며, 술잔 들어 권함이여 슬픔 풀어 놓는다네.」(可班荊兮贈恨, 唯樽酒兮敘悲)

16 섬린(纖鱗): 곧 물고기[魚]와 같은 뜻.

遠寄柴桑翁[17]	멀리 시상의 늙은이에게 부치려네.
仰止固窮節[18]	본래 궁한 절개 우러르니,
愧茲百年中	이 백 년에 부끄럽네.

17 추창~시상옹(惆悵~柴桑翁): 시상옹(柴桑翁)은 곧 진나라 도연명을 말한다. 이 구절은 도연명의 〈돌아가자꾸나(歸去來辭)〉의 「해는 뉘엿뉘엿 지려하는데 외로운 소나무 어루만지며 서성이네.」(景翳翳其將入, 撫孤松而盤桓)라는 구절을 연상하여 지은 것 같다. 반환(盤還)은 배회(徘徊)와 같은 뜻으로 쓰인다.

18 앙지(仰止): 「앙지」는 「향하여 가다」, 「우러르다」라는 뜻이며, 여기서 「지」는 의미없는 어조사로 쓰였다. 《시경·소아·수레바퀴 굴대(小雅·車舝)》의 「높은 산 우러르고, 큰 길 가네.」(高山仰止, 景行行止)라는 구절에서 나왔다.

고궁절(固窮節): 《논어·위령공(衛靈公)》「자로가 노기를 품고 (공자를) 뵙고 『군자도 궁한 때가 있습니까?』라 하자, 공자께서 말씀하시기를 『군자는 원래부터 궁한 것이니 소인은 궁하게 되면 넘치게 된다.』라 하셨다.」(子路慍見曰, 君子亦有窮乎. 子曰, 君子固窮, 小人, 窮斯濫矣) 진나라 도연명의 〈술을 마시다(飮酒)〉 제16수 「끝내 군자의 실로 궁한 절개 안고, 주림과 추위만 실컷 겪었네.」(竟抱固窮節, 飢寒飽所更)

23~31. 次呂季克東堂九詠[1]

여계극의 동당구영 시의 각운자를 써서 짓다

23 野塘小隱　　야당소은

傳得希夷九卦圖[2]　　전하여 지기로 진희이는
〈구괘도〉 그리고,

歸來不復夢榮途　　돌아와서는 다시는
영리의 길 꿈꾸지 않았다네.

野塘竟日無人到　　들의 연못가에 종일토록
이르는 사람 없어,

1 여계극(呂季克): 여승기(呂勝己)의 사이나. 호는 위천(渭川)이며 소무(邵武) 사람이다. 장식 및 주희를 좇아 강학하였다. 관직은 쉬강주(倅江州)와 지항주(知杭州)를 역임하고 조청대부(朝請大夫)에까지 이르렀다. 관직에서 물러난 후 복건 소무 서향(西鄕)의 초강신암(樵崗新庵)에 은거하면서 집을 짓고 동당(東堂)이라 하였다. 이곳에는 아홉 개의 볼만한 경치가 있어서 여승기가 〈동당사주구경시(東堂四周九景詩)〉를 지었는데, 이 시는 주희가 그 시에 화답한 것이다.

2 희이구괘도(希夷九卦圖): 희이는 송나라의 도사인 진단의 호이다. 구괘도는 진단이 화산에 은거하면서 그린 〈태극도(太極圖)〉를 말한다. 이 그림은 원래 도교에서 나온 것인데, 진단이 충방(种放)에게 전하고, 충방은 목수(穆修)에게, 목수는 다시 주돈이(周敦頤)에게 전하여, 주돈이가 〈태극도설〉을 짓게 되었다. 이 〈도설〉은 도교의 〈태극도〉와 유가의 《주역》에 관한 이론이 결합되어 송나라 정주이학(程朱理學)의 우주생성이론의 근거가 되었다. 《송사·진단의 전기(陳摶傳)》「진단(?~989: 호는 希夷)은 자가 도남이며 박주 진원 사람이다. …… 후당 장흥 연간에 진사시에 천거되었으나 급제하지 못하자 마침내 녹봉이며 벼슬을 구하지 않고 산수를 낙으로 삼았다. 손오방, 장피처사가 진단에게 말하기를『무당산 구실암이 은거할 만하다』라 하여 진단은 그곳으로 가 깃들었다. …… 화산의 운대관으로 옮기어 거처하였는데 …… 진단이 화산에 거처한지 이미 40여 년이나 된지라 그해를 지나니 100세에 가까웠다. …… 단은 《주역》을 즐겨 읽었는데 손에서 책권을 놓지 않았다.」(陳摶字圖南, 亳州眞源人……後唐長興中, 擧進士不第, 遂不求祿仕, 以山水爲樂. 孫吾仿覊皮處士語陳摶曰, 武當山九室巖可以隱居. 摶住棲焉……移居華山雲臺觀……摶居華山已四十餘年, 度其年近百歲……摶好讀易, 手不釋卷) 《차의》「《주역》의 계사는 이는 덕의 터이고, 겸은 덕의 자루이며, 복은 덕의 뿌리, 항은 덕의 굳음, 손은 덕을 닦음, 익은 덕의 넉넉함, 곤은 덕의 변별, 정은 덕의 땅, 손은 덕의 제도이다. 희이가 어찌 이 구괘의 그림을 지었겠는가?」(易繫辭, 履德之基也, 謙德之柄也, 復德之本也, 恒德之固也, 巽德之修也, 益德之裕也, 困德之辨也, 井德之地也, 巽德之制也. 希夷豈作此九卦圖耶)

讀盡床頭種樹書[3] 침상 어귀의 나무 심는 책 다 읽었다네.

24 敬義堂 경의당

高臺巨牓意何如[4] 높은 대의 큰 패방 뜻 어떠한가?

住此知非小丈夫[5] 이곳에 사니 소장부 아님 알겠네.

浩氣擴充無內外 호연지기 확충함에는 안팎 없으니,

肯誇心月夜同孤[6] 마음과 달 밤에 함께 외로움 자랑할 만하네.

3 종수서(種樹書): 《사기·진시황본기(秦始皇本紀)》「(태워서) 없애버리지 않을 책은 의약과 복서, 나무를 심는 (것을 기록한) 책입니다.」(所不去者, 醫藥卜筮種樹之書) 당나라 한유(韓愈)의 〈석처사가 하양의 막부로 부임함에 전송하다(送石處士赴河陽幕)〉「늘 나무 심는 책 들고 있으니, 사람들 세상 피한 선비라 한다네.」(長把種樹書, 人云避世士) 주희의 부친인 위재(韋齋) 주송(朱松)의 〈나는 서후와 촌락에 터를 잡고 살자는 약속을 하였다……(某與徐侯有卜居村落之約……)〉「한낮의 비둘기 꿈 불러 서서히 깨게 하여, 침상 어귀의 나무 심는 책 꼼꼼히 읽어보았다네.」(午鳩呼夢覺徐徐, 細讀牀頭種樹書)

4 고당거방(高堂巨牓): 《차의》에서는 「『승』자는 『방』자의 잘못인 것 같다.」(勝, 疑牓字之誤)라 한 것으로 보아 「이길 승」(勝)자로 된 판본도 있는 것 같다.

5 소장부(小丈夫): 《맹자·공손추(公孫丑) 상》「내 어찌 이 소장부와 같겠는가? 임금에게 간하다 받아주지 않으면 노하여 성을 내며 얼굴에 (노기를) 드러내며, 떠나면 하루에 갈 수 있는 힘을 다한 뒤에야 묵겠는가? 윤사가 듣고는 말하였다. 『나는 실로 소인이다.』」(予豈若是小丈夫然哉? 諫於其君而不受, 則怒, 悻悻然見於其面, 去則窮日之力而後宿哉? 尹士聞之, 曰, 士誠小人也)

6 호기~동고(浩氣~同孤): 《차의》「호기는 그 반드시 일이 있는 것을 가리키니 의가 모여서 생기는 것이다. 반드시 일이 있다는 것은 경이다. 그 기운은 하늘과 땅 사이에 가득 차 있는 것이니 어찌 다만 마음과 달만 밤에 함께 외로울 따름이겠는가? 《주역》에 『경으로 안을 곧게 하고 의로 바깥을 반듯하게 하며 경과 의가 서면 덕이 외롭지 않다.』는 문장이 있으므로 안팎이 없다고 말하고서는 또 외로울 고자를 써서 그것을 반증하였다.」(浩氣指必有事焉而集義所生者也. 必有事焉是敬也. 其爲氣也, 塞乎天地之間, 則豈但心月夜同孤而已哉? 易有敬以直內, 義以方外, 敬義立而德不孤之文, 故旣曰無內外而又用孤字以反之) 인용된 《주역》은 〈곤괘〉의 문언전이다. 당나라 두보(杜甫)의 〈장강과 한수(江漢)〉「조각구름 하늘과 함께 멀고, 긴 밤은 달과 함께 외롭네.」(片雲天共遠, 永夜月同孤)

25 方拙寮[7] 방졸료

一室歸來萬事新 한 집으로 돌아오니
만사 새롭기만 한데,

窓間橫竹掛朝紳[8] 창 사이로 보이는 가로로 누운 대나무에는
조복 매는 띠 걸려 있네.

九流未讓圜機士[9] 온갖 무리 시비
초탈한 선비에게 양보하지 않으니,

四海寧慙巧宦人[10] 천지가 어찌 교묘하게
관직을 얻는 사람에게 부끄럽겠는가?

26 吟哦室 음아실

蒲團竹几睡瞢騰[11] 부들 자리 대나무 궤안에서
잠결에 몽롱한데,

---

7 방졸(方拙): 반듯하고 졸박하여 총명함이 겉으로 드러나지 않는 것을 말한다.

8 조신(朝紳): 옥대(玉帶), 곧 옥 장식을 한 허리띠를 말한다. 남조 양나라 강엄(江淹)의 〈부채 위의 비단 그림(扇上綵畫賦)〉「명 다행히 얻어 비단 부채 그림이여, 옥띠와 비단 허리띠에 드나드네.」(命幸得為綵扇兮, 出入玉帶與綺紳)

9 구류원기사(九流圜機士): 구류는 구류십가(九流十家)와 같은 말이다. 여기서는 잡다한 무리를 가리키는 말로 쓰였다. 「圜」은 두르다는 뜻으로 쓰일 때는 환으로 읽지만, 둥글다는 뜻으로 읽을 때는 원으로 읽는다. 곧 「원」(圓)과 같은 뜻이다. 원기(圜機)는 환중(環中) 곧 둥근 고리의 가운데라는 뜻이다. 시비가 없는 경지라는 뜻을 비유하는데 쓰인다. 《장자·제물론(齊物論)》에 「저것과 이것이 그 (대립하는) 짝을 없앤 것을 도추라고 한다. 지도리는 비로소 그 둥근 고리의 가운데를 얻어서 무궁함에 대응하게 된다.」(彼是莫得其偶, 謂之道樞. 樞始得其環中, 以應無窮) 나아가 시비의 견해를 초탈하여 원통(圓通)하여 임기응변하는 것을 가리키게 되었다. 수(隋)나라 왕통(干通)의 《중설·주공(中說·周公)》「어찌 초탈한 선비를 얻어 그와 더불어 구류를 말할 수 있겠는가!」(安得圓機之士, 與之共言九流哉!)

10 해(海): 순희본에는 「이를 지」(至)자로 되어 있다.
교환인(巧宦人): 아첨을 잘하는 관리를 말한다. 교환은 벼슬길에 나아가는데 뛰어나 교묘하게 관직을 얻는 것을 비유하는 말로 쓰인다. 진(晉)나라 반악(潘岳)의 〈한가로이 거처하다(閑居賦)〉「내 일찍이 (《한서》) 〈급암전〉을 읽다가 사마안(급암의 생질)이 네 번이나 구경의 벼슬에 이르렀으며 이에 대해 훌륭한 사관이 그것을 기록하고 교묘하게 관직을 얻었다는 명칭을 붙여준 대목에 이르러 일찍이 슬퍼하며 책을 덮고 탄식하지 않은 적이 없었다.」(岳嘗讀汲黯傳, 至司馬安四至九卿, 而良史書之, 題以巧宦之目, 未嘗不慨然廢書而嘆)

11 포단죽궤(蒲團竹几): 부들로 짠 둥근 자리와 대나무 안석. 상세한 것은 권3 63번 시의 주 38을 보라.
수몽등(睡瞢騰): 수(睡)자는 순희본에는 「꿈 몽」(夢)자로 되어 있다. 몽등(瞢騰)은 몽롱(朦朧)이라는 말과 같다. 《차의》「왕건의 〈궁사〉에 『향기로운 이불 따뜻한 곳 꿈결에 몽롱하네.』라는 구절이 있다.」(王建宮詞, 香衾暖處睡瞢騰)

客問君今幾折肱[12] 객이 묻기를 그대 지금
　팔뚝 몇 번 부러뜨렸나 하네.
身世兩忘無可答[13] 몸과 세상 둘 다 잊어
　답할 수 없어서,
起尋詩句遶階行[14] 일어나 시구 찾으며
　섬돌 돌며 다니네.

27 愛蓮 연을 사랑하다

聞道移根玉井旁 듣자하니 뿌리
　옥정 곁으로 옮겼다는데,
開花十丈是尋常[15] 열 길 짜리 꽃 피우는 것
　예사로운 일이라네.
月明露冷無人見 달 밝고 이슬 찬데
　보는 사람 없어,
獨爲先生引興長[16] 홀로 선생 위해
　흥취 길게 끌어보네.

12 절굉(折肱): 《좌전·정공(定公) 13년》「(晉나라의 范氏와 仲行氏) 두 사람이 공을 치려고 하였다. 제나라 고강이 말하였다. 『세 번 팔뚝을 부러뜨려야 훌륭한 의원이 됨을 압니다. 유독 임금을 치는 것만 할 수 없는 것은 백성들이 동참하지 않았기 때문입니다. 나는 임금을 쳤기 때문에 여기 있게 되었습니다.』」(二子將伐公. 齊高彊曰, 三折肱知爲良醫. 唯伐君爲不可, 民弗與也. 我以伐君在此矣)

13 신세양망(身世兩忘): 량(兩)자는 순희본과 《고이》에서 「서로 상」(相)자도 된 판본도 있다고 하였다. 당나라 백거이(白居易)의 〈분사인 낙중에서 겨를이 많아 자주 여러 손님들과 연회하며 놀다가 취한 후에 미친 듯 읊어 우연히 10개의 운자를 써서 짓다……(分司洛中多暇, 數與諸客宴遊, 醉後狂吟, 偶成十韻……)〉「성품과 시속 서로 멀어, 몸 세상과 둘 다 잊었다네.」(性與時相遠, 身將世兩忘)

14 요계행(遶階行): 당나라 장적(張籍)의 〈겨울 저녁(冬夕)〉「베개 높이 편안한 잠 이루지 못하여, 다시 섬돌 돌아다니네.」(不成高枕夢, 復作遶堦行)

15 옥정~십장(玉井~十丈): 당나라 한유(韓愈)의 〈옛뜻(古意)〉「태화산 꼭대기 옥정의 연꽃, 열 길 짜리 꽃 피우고 연근은 배만 하다네.」(太華峯頭玉井蓮, 開花十丈藕如船)

16 선생인흥장(先生引興長): 《차의》「선생은 염계(주돈이)를 가리킨다.」(先生指濂溪) 《관보》「아마 꼭 염계를 가리키지는 않을 것이다.」(恐未必指濂溪) 《차보》「일설에는 계극을 가리킨다고도 한다.」(一說指季克)

28 月臺　　월대

臺上無人伴苦吟　　누대 위에 함께
　　고심하며 시 읊을 사람 없고,
歸鴉過盡日西沈[17]　　돌아가는 까마귀 다 지나가니
　　해 서쪽으로 가라앉네.
須臾玉匣開塵鏡[18]　　잠깐 만에 옥갑에서
　　먼지 낀 거울 여니,
却有孤光共此心　　오히려 외로운 빛
　　이 마음 함께 한다네.

29 菜畦　　나물밭 두둑

兩餘菜甲翠光勻[19]　　두 개 남짓한 나물의 새싹
　　푸른 빛 고른데,
杞菊成畦亦自春　　구기자와 국화 두둑 이루니
　　또한 분명 봄이라네.
骨相定知非食肉[20]　　골상 정녕코 고기
　　먹을 상 아님 알겠으니,

17 귀아~일서침(歸鴉~日西沈): 송나라 진여의(陳與義)의 〈시월(十月)〉「까치 돌아가고 해 지니 하늘의 조화에 따라 꾸며지는 기밀 무르익고, 늙은 기러기 긴 구름에 갈 길 험난하기만 하네.」(歸鴉落日天機熟, 老雁長雲行路難)

18 옥갑개진경(玉匣開塵鏡): 당나라 두보(杜甫)의 〈달(月)〉「먼지 낀 갑에서 처음 거울 여니, 바람 맞은 발 절로 위로 말리어 올라가네.」(塵匣元開鏡, 風簾自上鉤)

19 채갑(菜甲): 나물의 막 돋아난 새싹. 당나라 두보의 〈어떤 손님(有客)〉「직접 드문 나물 새싹 호미질 하여, 친한 사람 위해 조금 땄다네.」(自鋤稀菜甲, 小摘為情親) 취광윤(醉光勻): 《차보》「『勻』은 음이 윤이며 두루라는 뜻이다.」(勻俞倫切, 徧也) 당나라 양거원(楊巨源)의 〈성동의 이른 봄(城東早春)〉「시인의 맑은 경치 새 봄에 있는데, 푸른 버들 겨우 노래져 반도 되지 않았네.」(詩家清景在新春, 綠柳纔黃半未勻) 송나라 황정견(黃庭堅)의 〈봄이 가까워지다. 절 구 네 수(春近, 四絶句)〉 제4수「매화 꽃잎 지려하니 향기 의지할 곳 없고, 풀 빛 겨우 살아나는가 싶은데 푸른색 반도 되지 않는다네.」(梅英欲盡香無賴, 草色才蘇綠未勻)

20 골상비육식(骨相非肉食): 육식(肉食)은 고기를 먹는 사람이란 뜻으로 고위 관직에 있는 사람을 가리킨다. 《좌전·장공(莊公) 10년》「제나라 군사가 우리 노나라를 침에 장공이 나아가 싸우려 하였다. 조귀가 뵙기를 청하니 그 마을 사람들이 말했다. 『고기를 먹는 사람들이 도모할 것인데 또 어찌하여 간여하려 하오?』 그러자 조귀가 말하기를 『고기를 먹는 자들은 비루해서 원대한 도모를 할 수 없소.』라 하였다.」(齊師伐我, 公將戰.

可能長伴箇中人[21] 아마 길이 이 사람
함께 할 수 있으리라.

30 海棠屛 해당 병풍

蜀樹成行翠作圍[22] 촉땅의 나무 줄 이루고
푸른 색 울타리 되었는데,
花開時節更芳菲[23] 꽃 피는 시절이면
더욱 향기롭다네.
主人夢亦尋春去 주인 꿈 또한
봄 찾아 떠나니,
栩栩深穿錦障飛[24] 훨훨 깊숙이 뚫고서
비단 가리개 날아다니네.

31 橘堤 귤나무 제방

君家池上幾時栽[25] 그대 집 못 가에
언제 심었던가?

曹劌請見, 其鄕人曰, 肉食者謀之, 又何間焉?』劌曰, 肉食者鄙, 未能遠謀)《후한서·반초전(後漢書·班超傳)》「관상쟁이에게 갔는데 관상쟁이가 말했다.『그대는 지금 이름 없는 서생(書生)에 불과하나, 나중에 마땅히 만리타향에 나가서 큰 공로를 세워 공작 · 백작과 같은 작위를 얻게 될 것이오.』반초가 그 상을 물으니 관상쟁이가 (반초의) 얼굴을 가리키면서 말하였다.『제비와 같은 턱, 호랑이와 같은 목을 타고 났으니, 날아다니며 고기를 먹게 될 팔자라, 이것이 바로 만 리 밖에 나가서 공을 세워 후작이 될 상이라오.』」(行詣相者, 曰, 祭酒布衣諸生耳, 而當封侯萬里之外. 超問其狀. 相者指曰, 生燕頷虎頸, 飛而食肉, 此萬里侯相也)

21 반(伴): 순희본에는「지을 작」(作)자로 되어 있다.

개중인(箇中人):《차의》「계극을 이른다」(謂季克)

22 촉수(蜀樹):《차의》「해당화로 색이 있고 향이 있는 것은 촉땅의 창주의 품종만이 그러하다.」(海棠有色有香, 惟蜀昌州種爲然)

23 화개시절(花開時節): 당나라 유우석(劉禹錫)의〈모란을 감상하다(賞牡丹)〉「오직 모란만이 실로 나라의 색이라, 꽃 피우는 시절에 서울의 성에서 움직인다네.」(唯有牡丹眞國色, 花開時節動京城)

24 허허(栩栩):《차의》「음은 허[火羽切]이다.《장자》의 주에서는 나비가 나는 모양이라고 했다.」(火羽切. 莊子註, 蝶飛之貌) 위 21번 시의 주 7)을 참조하라.

25 기시(幾時): 시간적으로 얼마, 그리 길지 않은 시간을 나타내기도 하나 여기서는 언제라는 뜻으로 쓰였다.

千樹玲瓏亦富哉[26]	천 그루 영롱함 또한 부유하기도 하구나.
荷盡菊殘秋欲老	연꽃 다 지고 국화 스러져 가을도 시들어 가는데,
一年佳處眼中來[27]	한 해 중에서 아름다운 곳 눈으로 들어오네.

26 천수(千樹): 《사기·화식전(貨植傳)》「연과 진의 천 그루 밤나무와 촉과 한, 강릉의 천 그루 귤나무이다.」(燕、秦千樹栗, 蜀、漢、江陵千樹橘)

27 하진~중래(荷盡~中來): 송나라 소식의 〈유경문에게 드림(贈劉景文)〉「연꽃 다 져서 이미 비 가려주는 덮개 없는데, 국화 시들어도 오히려 오만한 서리 맞은 가지 있다네. 한 해의 좋은 경치 그대 모름지기 적게나, 바로 탱자 노랗고 귤 푸른 때라네.」(荷盡已無擎雨蓋, 菊殘猶有傲霜枝. 一年好景君須記, 正是橙黄橘緑時)

32~34. 挽吳給事, 三首[1]

오급사를 애도하다, 세 수

32

臺省傾群望[2]	중앙관서에서는 뭇 사람들의 명망 기울었는데,
江湖去一麾[3]	강호에 한번 깃발 잡고 나갔다네.
語聞三諫切[4]	내 세 번 간절히 간한다는 말 들었으며,

1 오급사(吳給事): 오불(吳芾: 1104~1183)을 말한다. 자는 명가(明可)이며 호는 호산거사(湖山居士)로 선거(仙居) 사람이다. 일찍이 소흥(紹興) 2년(1132)에 진사가 되었으며, 급사중(給事中)을 지낸 적이 있으므로 이렇게 불렀다. 시호는 강숙(康肅)이다. 오불이 죽었을 때 그의 차자인 오홍(吳洪)이 천리 길을 와서 입문하여 주희에게 신도비를 지어줄 것을 청하였다. 《주문공집》 권88에 주희가 지어준 신도비가 실려 있다.

2 대성(臺省): 원래는 한나라의 상서대(尚書臺)와 삼국시대 위나라의 중서성(中書省) 같은 조정의 중앙 관서를 가리키는 말로, 모두 황제가 정령을 발포하는 중추기관을 대표한다. 이로 인해 나중에는 대성(臺省)이 정부의 중앙기구를 가리키게 되었다. 남북조 이래 상서대는 이미 상서성(尚書省)으로 명칭이 바뀌어 더 이상 쓰이지 않았지만 대성이란 명칭은 계속하여 그대로 쓰였다. 여기서는 대성에 출입하는 고관을 가리키는 말로 쓰였다. 당나라 두보의 〈취하였을 때 부르는 노래(醉時歌)〉「고관들 줄줄이 좋은 자리에 오르는데, 광문 선생 벼슬자리 홀로 싸늘하다네.」(諸袞省袞登臺省, 廣文先生官獨冷)

3 강호거일휘(江湖去一麾): 일휘는 원래 「배척되다」라는 뜻이었으나, 나중에는 깃발의 의미로도 쓰이어 한 고을의 수령이 되어나가는 것도 함께 이르게 되었다. 남조 송나라 안연지(顔延之)의 〈다섯 군자를 읊음·완적(五君詠·阮始平: 시평은 阮籍의 字임)〉에서 「여러 차례 천거하여도 벼슬길 들지 않더니, 한번 배척받아 수령으로 나가게 되었네.」(屢薦不入官, 一麾乃出守)는 곧 일휘라는 말이 처음 쓰인 시로 원래의 뜻을 지니고 있으며, 당나라 두목(杜牧)의 〈오흥에 부임하여 낙유원에 오르려 하다(將赴吳興登樂游原)〉의 「한 번 깃발 잡고 강해로 나가, 낙유원 위에서 소릉을 바라보고 싶네.」(欲把一麾江海去, 樂游原上望昭陵)는 깃발의 의미로 이를 잘못 썼다. 이후로 두목이 잘못 쓴 이 일휘의 뜻 또한 일반적으로 쓰이게 되었는데, 이를테면 소식의 〈북쪽 동산(北園)〉의 「한수와 파산엔 즐거움 남음이 있고, 깃발 한 번 흔들어 여기에서 머리 길로 돌리네.」(漢水巴山樂有餘, 一麾從此首歸道) 같은 것이 있다.

4 삼간절(三諫切): 《예기·곡례(曲禮) 하》「신하된 예는 (임금의 잘못을) 드러내놓고 간하지 않으며, 세 번을 간하여도 듣지 않을 때는 그곳에서 물러난다.」(爲人臣之禮, 不顯諫, 三諫而不聽, 則逃之) 《주문공집》 권88 〈용도각직학사 오공의 신도비(龍圖閣直學士吳公神道碑)〉(이하 〈신도비〉) 「당시 금나라의 량이 맹약을 저버리려 하였다. 이에 공은 오로지 덕을 닦는데 힘을 써서 오랑캐를 복종시킬 것을 주상께 권면하였다. …… 이에 상께서는 공의 말을 옳다고 여기셨다. …… 얼마 후 상께서 건강에 납시자 공은 또 『금릉은 예로부터 영웅들이 제왕의 집이라 여겨왔는데, 하물며 지금은 북쪽 땅에 사는 사람들의 구음이 바뀌지 않은 상태에서 이미 대가가 강에 임했다는 소식을 듣게 되면 반드시 이들은 반드시 목을 빼고 발꿈치를 쳐들면서 진발해주기를 기대할 것입니다. 마땅히 주필하시어 그들의 마음을 붙들어

政有百年思[5]　　정사 행함에 백년 후 생각하였다네.
不盡雲龍會[6]　　구름과 용 만남 다하지 못하였고,
還尋霧豹期[7]　　도리어 안개와 표범 기약 찾았다네.
誰知七休詠[8]　　누가 알았으리오, 일곱 가지 쉰다는 읊음,
翻入八哀詩[9]　　도리어 〈팔애시〉에 들어갈 줄이야.

주어야 합니다.』라 하니 상께서 이를 널리 받아들이셨다. …… 말하기를 『신이 월지방으로부터 이곳에 오면서, 가만히 구천이 와신상담했던 그 뜻에 감동하였습니다. 원컨대 폐하께서는 오랑캐가 필시 우리와 강화하게 되리라는 것만 믿지 마시고, 더욱 자치의 방책을 추구하시되 저 구천이 했던 것과 같이 하시어 때가 오기를 기다린 이후에 도모하신다면 반드시 일이 성사될 것입니다.』라 하였다.」(時金亮將渝盟. 公勸上專務修德以服之……上韙其言……旣上至建康, 公又言, 金陵自古英雄以爲帝王之宅, 矧今北土之人謳吟未改, 旣聞大駕臨江, 此必延頸擧踵以望振拔. 宜遂駐蹕, 以繫其心. 上已開納……言, 臣自越來, 竊感勾踐臥薪嘗膽之意, 願陛下毋恃虜之必和, 而益求所以自治, 如勾踐之爲者, 以俟時至而後圖之)

5 백년사(百年思): 송나라 소식(蘇軾)의 〈사마온공의 신도비(司馬温公神道碑)〉「정사에 종사하심에 1년 동안, 반은 질병에 시달리셨네. 공 많으시니, 백년 후 생각하셨다네.」(爲政一年, 疾病半之. 功則多矣, 百年之思)

6 운룡회(雲龍會): 《주역·건괘·문언전(乾卦·文言傳)》「구름은 용을 좇고 바람은 호랑이를 좇는다. 성인이 일어나면 만물이 바라본다.」(雲從龍, 風從虎, 聖人作而萬物覩) 군신이 물고기가 물을 얻는 것 같음을 비유한다.

7 무표기(霧豹期): 《열녀전(列女傳)》 권2 〈도답자의 처(陶荅子妻)〉「저는 듣기를 남산에 검은 표범이 있는데 안개비가 내리는 7일 동안은 내려와 먹지를 않는다고 하였는데 그것은 무슨 까닭일까요? 그 몸의 털을 윤택하게 하여 무늬를 이루고자 하기 때문입니다. 그러므로 몸을 숨겨 해를 피하는 것입니다.」(妾聞南山有玄豹, 霧雨七日而不下食者, 何也, 欲以澤其毛而成文章也. 故藏而遠害) 송나라 육유(陸游)의 〈낮잠(晝睡)〉「조용하기는 표범이 안개 속에 몸 숨긴 것 같고, 맑기는 구슬 깊은 못 속에 숨긴 것 같네.」(靜如豹隱霧, 湛若珠藏淵)

8 칠휴영(七休詠): 〈신도비〉「일찍이 그의 향리인 석정 서쪽에 거처할 곳을 정해 두었는데, 그 곳은 산을 등지고 호수에 임한 곳이다. 여기에 아름다운 대나무를 많이 심고 그 사이에 정관을 축조하니 사방 수 리나 되었다. 이에 『호산』이라는 방패를 붙였는데, 그 맑고 넓으며 깊숙하고 그윽한 것이 동중에서 으뜸이었다. 그러던 중 (册府로부터) 돌아왔을 때 드디어 이곳에서 생을 마칠 결심을 하게 되었다. 이에 『휴휴』라는 이름의 당을 짓고 시를 지어 스스로 『마땅히 쉬어야만 하는 일곱 가지 이유』를 노래하였다. 연이어 글을 올려 늙었음을 알리고 물러나려 하였으나 물러날 수 없었다.」(嘗卜居其鄕石井之西, 負山臨湖, 雜蒔華竹, 築亭館其間, 延袤數里, 牓曰湖山, 淸曠窈窕, 甲於東中. 至是來歸, 遂決終焉之計. 乃作休休之堂而賦詩焉, 自謂有七宜休者. 連上章告老, 不得謝)

9 팔애시(八哀詩): 시가(詩歌)의 편명으로, 당나라 두보가 왕사례(王思禮)와 이광필(李光弼), 엄무(嚴武), 여양왕(汝陽王) 이진(李璡), 이옹(李邕), 소원명(蘇源明), 정건(鄭虔), 장구령(張九齡) 등 8명이 죽은 것을 슬퍼한 5언 고시 8수이다. 나중에는 그냥 일반적으로 죽은 사람을 애도하는 시를 가리키는 말로 쓰였다. 송나라 소식의 〈돌아가신 대제 이성지 여섯째 어르신을 애도하는 시(故李誠之待制六丈輓詞)〉「처량하도다 〈오군영〉에 들 만함이여, 침통하도다 〈팔애시〉에 들 만함.」(凄涼五君詠, 沈痛八哀詩)

33

粤自辭神武[10]	신무문 사직한 이래로,
超然絶世紛[11]	초연히 세상의 번잡함 끊었다네.
前身疏太傅[12]	전신은 태부 소광이요,
今日范忠文[13]	오늘날의 범충문공이라네.
圃樹寒留月[14]	동산의 나무 싸늘하게 달 아래 그대로 있고,
湖波冷浸雲	호수의 물결은 싸늘하게 구름으로 스미네.
懸知千載下	아득히 알겠네, 천년 뒤에는,
此地想遺芬	이곳에서 아름다운 향기 남김 생각하리라는 것.

10 월(粤): 별다른 의미가 없는 문장의 첫머리에 쓰이는 조사.

신무(神武): 남조 양(梁)나라 도홍경(陶弘景)이 관모를 벗어 신무문에 걸어놓고 벼슬에서 물러난 것을 말한다. 자세한 것은 권3 71번 시의 주7)을 보라.

11 초연절세분(超然絶世紛): 송나라 한기(韓琦)의 〈서경 치정 장낭중의 정거원에 지어 부침(寄題西京致政張郎中靜居院)〉「깨끗하게 세상의 번잡함 끊어버리고, 날로 도로 자신을 이기네.」(蕭然絶世紛, 日以道自勝)

12 전신(前身): 《진서·양호전(晉書·羊祜傳)》「양호가 다섯 살 때 유모에게 가지고 놀던 금가락지를 가져오게 했다. 말하기를 『너는 전에는 이것이 없었다.』라 하였다. 양호는 곧 이웃 사람 이씨네 동쪽 담의 뽕나무로 가더니 그것을 찾아가지고 왔다. 주인이 놀라서 말하기를 『이것은 나의 죽은 애가 잃어버린 것인데 어째서 가져간단 말인가!』라 하였다. 유모가 그대로 말하였더니 이씨가 슬피 탄식하였다. 당시 사람들이 기이하게 여기면서 이씨의 아들은 곧 양호의 전신이라고 말하였다.」(祜年五歲, 時令乳母取所弄金環. 乳母曰, 汝先無此物. 祜即詣鄰人李氏東垣桑樹中探得之. 主人驚曰, 此吾亡兒所失物也, 云何持去! 乳母具言之, 李氏悲惋. 時人異之, 謂李氏子則祜之前身也)

소태부(疏太傅): 한나라의 소광(疏廣)을 말한다. 소광은 난릉 사람으로 자는 중옹(仲翁)이다. 학자로서 조카인 소수와 함께 각각 태자의 스승인 태자태부와 태자소부라는 명예로운 자리에 올랐으나 높은 자리에 너무 오래 있는 것을 꺼려 함께 사퇴하였다고 한다. 《한서·소광전(疏廣傳)》「소광이 태부로 옮기고, 소광의 형의 아들인 소수는 …… 소부에 임명되었다. …… 소광이 소수에게 일러 말했다. 『내가 듣기에 「스스로 만족할 줄을 알면 욕되지 않으며, 또한 그칠 줄을 알면 위태롭지가 않다」고 했고, 또한 「공이 이루어지면 물러나는 것이 하늘의 도이다」라고 했다.』 …… 소광은 마침내 (소수와 함께) 병이 위독함을 아뢰고 소장을 올려 벼슬에서 물러날 것을 청하였다.」(廣徙爲太傅, 廣兄子受……拜受爲少傅.……廣謂受曰. 吾聞, 知足不辱, 知止不殆. 功遂身退, 天之道也.……廣遂稱篤, 上疏乞骸骨) 여기서는 오불이 높은 벼슬을 하다가 사퇴한 것을 가지고 비유하였다.

13 범충문(范忠文): 범진(范鎭: 1008~1088)의 시호이다. 범진은 자가 경인(景仁)으로 화양(華陽) 사람이다. 보원(寶元) 원년(1038)에 회시(會試)에 1등으로 합격하였다. 나중에 한림학사가 되었는데 신법을 논할 때 왕안석과 뜻이 맞지 않아 치사하였다. 철종이 즉위하자 단명전학사(端明殿學士)로 부름을 받았으나 나아가지 않았으며, 누차 벼슬이 올라 촉군공(蜀郡公)까지 이르렀으며, 금자광록대부(金紫光祿大夫)에 추증되었다. 《송사》 권337에 전기가 수록되어 있다. 《차보》「범공은 신법의 불합리한 점을 논하면서 호부시랑으로 치사하였다.」(范公論新法不合, 以戶部侍郎致仕)

14 포(圃): 여기서는 원포(園圃)라는 뜻으로 쓰였다.

월(月): 「날 일」(日)자로 된 판본도 있다.

34

憶昔觀風寄[15]	지난날 생각해보니 풍속 살피는 일에 기탁한 적이 있는데,
登堂識老成	대청에 오르심에 연치와 덕 있음 알았다네.
忘年見交態[16]	나이 잊고 사귀는 모습 보였고,
把酒話詩情	술잔 잡고 시정 말하였다네.
別去如三歲	헤어져 떠나온 지 3년이나 되었나?
書來忽九京[17]	편지 와서 별안간 구원에 누우셨다 하네.
却思憑檻語[18]	오히려 헌함에 기대어 한 말 생각하거늘,

---

15 관풍기(觀風寄): 《차의》「선생은 일찍이 제거절동이 된 적이 있는데 이는 풍속을 살핌을 기탁한 것이다.」(先生常提擧浙東, 是觀風察俗之所寄也) 〈신도비〉「뒤돌아 생각건대 지난 날 사신의 임무를 띤 일로 공의 이문을 지난 적이 있다. 그 때 공은 사람이 온다는 소식을 듣고 야복에 편여를 타고 나오셔서 나를 호수 가로 맞아들이고 오랜 동안 함께 앉이 술을 마시며 평소의 일를 논하여 말씀하셨다. 이 때 공은 천지를 부앙하며 감개하셨고 드디어 죽고 난 후의 전을 내게 부탁하셨다. 그 당시는 공이 다만 농담 삼아 말한 것일 뿐이라고 생각했기 때문에, 감히 승낙하지도 않았고 그렇다고 사양하지도 않았다.」(顧念往以使事過公里門, 公聞其來, 野服以便輿出見, 邀於湖上, 延坐與飮, 論說平生, 俯仰感慨, 遂以身後之傳爲託. 於時謂公特戲語耳, 不敢承亦不敢辭)

16 망년(忘年): 곧 나이를 잊은 교유라는 뜻의 망년지교(忘年之交)를 말한다. 《남사·하손전(何遜傳)》「약관의 나이에 수재로 천거되었는데 남향의 범운이 그가 지은 대책을 보고 크게 칭찬하고는 이에 망년지교를 맺었다.」(弱冠州擧秀才, 南鄕范雲見其對策, 大相稱賞, 因結忘年交) 《산당사고(山堂肆考)》 권105「예형은 젊어서 공융과 너니 나니 하는 교유를 하였는데, 당시 예형은 스무 살도 되지 않았고 공융은 이미 쉰 살이었다. 예형을 공경하여 나이를 잊은 것이다.」(禰衡少與孔融作爾汝交, 時衡未滿二十, 而融已五十. 每敬衡而忘其年也) 《후한서·예형전(禰衡)》「오직 노국의 공융 및 홍농의 양수하고만 친하였다. …… 예형이 막 20살이 되었을 때 공융은 40살이었는데 마침내 더불어 사귀는 벗이 되었다.」(唯善魯國孔融及弘農楊脩……衡始弱冠, 而融年四十, 遂與為交友) 《산당사고》 같은 권「맹교는 성품이 강개하여 마음에 맞는 사람이 적었는데 한유는 한번 보고 망년지우가 되었다.」(孟郊性介少合, 韓愈一見為忘年友) 《구당서·맹교전》에서는「망형지계」(忘形之契)라 하였다.

17 구경(九京): 곧 구원(九原)을 말한다. 구원은 원래 춘추시대 진나라 경대부들의 묘지였으나, 나중에는 황천의 의미로 쓰이게 되었다. 권2 111번 시의 주 5)를 보라. 《예기·단궁(檀弓) 하》「문자가 말하였다. 『무가 여기에서 노래하고 여기에서 곡하고 여기에서 국빈과 종족을 모은다면 실로 천수를 다한 후에 선대부가 묻힌 구경에 있게 될 것이다.』」(文子曰, 武也得歌於斯, 哭於斯, 聚國族於斯, 是全要領以從, 先大夫於九京也) 한나라 정현(鄭玄)은「진나라 경대부들의 묘지가 구원에 있다. 경(京)자는 아마 (原자의) 오자일 것이다.」(晉卿大夫之墓地在九原. 京蓋字之誤) 송나라 황정견(黃庭堅)의 〈범덕수가 지경주로 감에 전송하다(送范德孺知慶州)〉「평생토록 실로 나라 살릴 계책만 가졌지, 백에 한 번도 구경에 묻힘 시험해보지 않았다네.」(平生端有活國計, 百不一試薶九京) 매(薶)자는 곧「묻을 매」(埋)자와 같은 뜻이다.

18 빙함어(憑檻語): 《차의》「곧 비문에서 이른바 몸이 죽고 난 뒤의 부탁이다.」(卽碑文所謂身後之托)

忍遽勒公銘[19]　　　　차마 갑자기 공의 명문 새기겠는가?

19 인거륵공명(忍遽勒公銘): 《차의》「늑은 새긴다는 뜻이다.」(勒, 刻也) 당나라 한유(韓愈)의 〈정요선생 맹교(孟郊)의 묘지(貞曜先生墓誌)〉「아아! 내 오히려 차마 내 벗의 명을 짓는단 말인가!」(嗚呼! 吾尙忍銘吾友也夫)

35. 伏讀雲臺壁間秘閣郎中盤谷傅丈題詩, 齒及賤名, 追懷曩昔, 不勝感涕, 輒次元韻, 呈諸同遊, 計亦同此歎也[1]

엎드려 운대의 벽 사이에 있는 비각낭중 반곡 부 어르신이 지은 시를 읽어보았더니 보잘것없는 이름을 나란히 언급하였다. 지난날을 쫓아 생각하여 보니 감격의 눈물을 이기지 못하여 문득 원운을 차운하여 함께 논 여러 사람들에게 드리고 또한 이 감탄을 함께 하려고 한다

提携當日忝忘年　　잡아주고 끌어주던 그날
　외람되이 망년지교 맺어,

曾向瑕丘獨請前[2]　　일찍이 하구 향하여
　홀로 앞장섬 청하였었다네.

喜看玄雲生素壁[3]　　검은 구름 흰 벽에서
　생겨남 기쁘게 바라보았는데,

1《차의》「반곡 부장은 이름이 자득이다.」(盤谷傅丈名自得) 부자득(傅自得: 1116~1183)에 대하여서는 권23번 시의 주 1)을 보라.《차보》「부공은 천주 사람이다. 선생이 동안주부였을 때 부자득과 함께 놀면서 이곳에 이르렀다. 선생이 다시 왔을 때 부공은 막 죽었다. 운대는 천주에 있다.」 선생의 〈진휴재에게 올리는 제문〉에 『연화와 구일·양봉·봉황·운대에서 쫓아 노닐었다』는 말이 있는데, 휴재는 곧 천주 사람이다.」(傅公泉州人. 先生同安主簿時, 與傅游至是. 先生復來而傅公新卒. 雲臺在泉州. 先生祭陳休齋文有追遊蓮花九日凉峯鳳凰雲坮之語, 休齋卽泉州人)

2 하구청전(瑕丘請前): 하구(瑕丘)는 노(魯)나라의 읍(邑)으로, 춘추시대에는 부하(負瑕)라 하였다.《예기·단궁(檀弓) 상》「공숙문자가 하구에 올랐는데 거백옥이 수행하였다. 문자가 말하였다.『즐겁구나! 이 언덕은! 죽으면 내 이곳에서 장사를 지내야겠다.』 거백옥이 말하였다.『그대가 그것을 즐기면 제가 앞장서기를 청합니다.』」(公叔文子升於瑕丘, 蘧伯玉從, 文子曰, 樂哉! 斯丘也! 死則我欲葬焉. 蘧伯玉曰, 吾子樂之, 則瑗請前)

3 현운생소벽(玄雲生素壁): 송나라 소식(蘇軾)의 〈내 근자에 월석연병을 자공 중서공에게 바치고 다시 함성연을 순보시강에게 바쳤다. 자공은 시를 지었는데 순보는 그러지 못했다. 다시 월석풍림연병을 드리고 삼가 자공의 시에 화답하고 아울러 순보에게 여러 구절을 구한다(軾近以月石硯屛獻子功中書公, 復以涵星硯獻純父侍講. 子功有詩, 純父未也. 復以月石風林硯屛贈之, 謹和

恍疑後學厠先賢[4]	흡사 후학들 선현에 엇섞인 듯하였네.
公遊汗漫今何許[5]	공 아득한 곳에 노니니 지금 어디쯤 계신가?
我病摧頹久自憐[6]	나는 병들어 꺾이고 무너져 오래도록 스스로 가엽게 여긴다네.
只有空山無歲月	다만 빈 산만 있고 세월은 없으니,
倚天寒木但蒼然[7]	하늘에 기댄 차가운 나무만 다만 푸르게 우거졌다네.

是日景仁景初二兄行規卜宅, 亦宿山間, 謹幷錄呈, 尤劇悲愴矣[8]

이날 경인과 경초 두 형이 묘터를 찾아보고 또한 산간에서 묵어 삼가 아울러 기록하여 드리니 더욱 슬픔이 더하다

子功詩, 并求純父數句)〉「자줏빛 못에서 검은 구름 나더니, 나의 못 속의 별 가렸다네.」(紫潭出玄雲, 翳我潭中星) 조차공(趙次公)의 주석「자줏빛 못은 벼루를 말하고, 검은 구름은 먹을 말한다.」(紫潭言硯, 玄雲言墨也) 당나라 두보의 〈장난삼아 왕재의 산수도에 적다(戲題王宰畫山水圖歌)〉「장엄하도다! 곤륜산과 방호 그린 그림이여! 그대 집 높은 대청 흰 벽에 걸어 놓았네.」(壯哉崐崙方壺圖, 挂君高堂之素壁)

4 황의(恍疑): 방불(仿佛)과 같은 뜻이다.

5 한만(汗漫): 까마득하여 알 수가 없는 것을 말한다. 《회남자·응도훈(應道訓)》「약사가 노오에게 말했다. 『나와 더불어 저 멀리 구천(九天)의 바깥까지 노닙시다.』」(若士謂盧敖曰, 吾與汗漫游於九垓之外) 송나라 소식의 〈왕유에게 화답하다(和王斿)〉「듣건대 고래타고 아득한 곳에서 논다고 하는데, 생각해보니 일찍이 이 잡으며 슬프고 힘든 일 말하였다네.」(聞道騎鯨遊汗漫, 憶曾捫蝨話悲辛) 이 구절은 부자득이 이미 죽은 것을 말하였다.

6 최퇴(摧頹): 원래는 초목 따위가 꺾이거나 건물 등이 허물어지는 것을 말하나 여기서는 실의하였다는 뜻으로 쓰였다.

7 의천(倚天): 하늘에 기댄다는 뜻인데, 매우 높음을 형용하는 말로 쓰인다.

8 경인경초(景仁景初): 《차의》「부백수와 부백성으로 부장의 아들이다. 이때 부장이 이미 죽었으므로 이렇게 말하였다.」(伯壽伯成也, 傅丈之子. 時傅丈已沒, 故云) 복택(卜宅): 묘를 쓸 자리를 찾는 것을 말한다. 《효경·상친(孝經·喪親)》「묘 자리를 정하여 그곳에 안치한다.」(卜其宅兆而安措之) 당현종(唐玄宗)의 주「택은 묘혈이다. 조는 무덤의 영역이다.」(宅, 墓穴也. 兆, 塋域也)

36. 次韻寄題萬頃寒光, 奉呈休齋先生[1]

같은 각운자를 써서 지어 만경한광에 부치고 삼가 휴재선생에게 드린다

閑將歲月老煙汀[2] 한가로이 세월 가지고
안개 핀 물가에서 늙고,
更遣詩情到杳冥[3] 다시금 시정
아득한 곳에 보내네.
遊子故應悲舊國[4] 나그네 짐짓 고향
그리워해야 하리니,
壯懷那肯泣新亭[5] 씩씩한 회포 어찌 기꺼이
새 정자에서 눈물 흘리겠는가?

1 《차의》「만경과 한광은 모두 정자의 이름일 것이다.」(萬頃寒光疑皆亭榭名) 《차보》「만경한광은 아마 4자의 정자 이름일 것이다.」(萬頃寒光恐是四字亭名)
휴재선생(休齋先生): 진지유(陳知柔: ?~1184)의 호. 자는 체인(體仁)이며 온릉(溫陵) 사람이다. 소흥(紹興) 12년(1142)에 진사가 되었으며 지순주(知循州)와 지하주(知賀州)를 역임하였다. 진회(秦檜)의 아들인 진희(秦熺)와 같은 해에 급제하였으며, 진회가 당권을 장악하자 진희의 동기생들은 모두 아부하여 드러나게 되었는데, 진지유만은 아부를 하지 않아 해직되어 주관충우관(主管沖祐觀)에 임명되었으며 이에 호를 휴재라고 하였다. 《역본지(易本旨)》, 《춘추의례(春秋義例)》, 《논어후전(論語後傳)》 등의 저서를 남겼다. 주희가 보낸 편지가 문집 권37에 보이며, 권81에는 주희가 지어준 제문이 보인다.

2 한장세월(閑將歲月): 송나라 소옹(邵雍)의 〈부상공께서 보여주신 새 시 한 축에 감사드리며(謝富相公見示新詩一軸)〉 제2수 「한가로이 세월 보내며 성쇠 살피고, 조용하게 건곤 가지고 유무 비추네.」(閑將歲月觀消長, 靜把乾坤照有無)
연정(煙汀): 안개가 피어올라 뒤덮인 물가를 말한다.

3 묘명(杳冥): 묘망(渺茫)과 같은 뜻. 아득히 멀어 까마득한 곳을 가리킨다.

4 유자비구국(遊子悲舊國): 《사기·고조본기(高祖本紀)》「고조는 이에 일어나 춤을 추면서 강개한 마음과 감상에 젖어서 눈물을 줄줄 흘렸다. 패현의 부형들에게 이르기를 『나그네는 고향을 그리워하기 마련이오. 내 비록 관중에 도읍을 정하였지만 만세 후에도 나의 혼백은 패현을 좋아하고 그리워할 것이오.』라 하였다.」(高祖乃起舞, 慷慨傷懷, 泣數行下. 謂沛父兄曰, 游子悲故鄕. 吾雖都關中, 萬歲後吾魂魄猶樂思沛) 비(悲)에 대하여 《한서》에 주석을 단 안사고는 「그리워하는」(顧念) 뜻이라고 하였다.

5 읍신정(泣新亭): 《세설신어·언어(言語)》「강을 넘어온 여러 인사들이 좋은 날이 이르기만 하면 문득 신정으로 나가 화초를 자리삼아 주연을 벌였다. 주후가 좌중에서

一官避世今頭白[6]　　한번 벼슬길 나섰다 세상 피하여
　지금은 머리 하얗게 되었고,
萬卷收功久汗靑[7]　　만 권 공 거두어들여
　책 완성한지 오래라네.
但見潮生與潮落[8]　　다만 밀물 들었다가
　썰물 빠지는 것만 보일 뿐,
不知沈醉又還醒[9]　　깊이 취하였다가 또
　다시 깸 알지 못하겠네.

탄식하여 말하기를『풍경은 다르지 않으나 눈을 들어 보니 산하의 다름이 있도다!』라고 하자 개탄하며 서로 바라보면서 눈물을 흘렸다.」(過江諸人, 每至暇日, 輒相要出新亭, 藉卉飮宴. 周侯中坐而歎曰, 風景不殊, 擧目有江河之異! 愾相視流淚) 같은 기사가《진서(晉書)》권 65〈왕도전(王導傳)〉에도 보인다.

6 일관피세(一官避世): 진회에게 아부를 하지 않아 관직에서 물러난 것을 말한다.

7 만권수공(萬卷收功): 수공(收功)은 일을 끝낸 것을 말한다.《신당서·이옹전(李邕傳)》「성년이 되어 특진 이교를 찾아보고 스스로 말하기를『아직 책을 두루 읽지 못하였으니 원컨대 비각의 서적을 한번 보았으면 합니다.』라 하였다. 이교가 말하였다.『비각에 있는 만권의 책을 어느 세월에 익힐 수 있겠는가?』이옹은 그래도 굳이 청하여 이에 비서에서 임시로 근무를 하게 하였다. 얼마 되지 않아 사직하고 떠나려 하자 이교가 놀라서 심오한 책과 숨은 권질을 가지고 물어보았더니 마치 메아리가 울리듯 환히 알았으므로 이교가 탄식을 하면서 말하기를『그대는 장차 명가가 될 것이네!』라 하였다.」(既冠, 見特進李嶠, 自言讀書未徧, 願一見祕書. 嶠曰, 祕閣萬卷, 豈時日能習邪? 邕固請, 乃假直祕書. 未幾辭去, 嶠驚, 試問奧篇隱帙, 了辯如響, 嶠歎曰, 子且名家) 송나라 조사수(趙師秀)의〈가을밤에 우연히 쓰다(秋夜偶書)〉「이 삶 한갓 좀벌레와 같아, 흰 머리 되도록 종이의 공 거두기 어렵네.」(此生謾與蠹魚同, 白髮難收紙上功)
구한청(久汗靑): 한청은 한간(汗簡) 또는 살청(殺靑)이라고도 한다. 옛날 종이가 없었을 때에는 대나무나 나무를 쪼개어 글을 썼는데 글자를 쓰기 용이하게 할 뿐만 아니라 좀이나 벌레가 파먹는 것을 방지하기 위하여 대나무의 푸른 진[汗]을 불에 구워 빼내는 가공작업을 말한다.《후한서·오우전(吳祐傳)》「(오우의 아버지인) 오희는 대나무쪽의 푸른 진을 빼내고 경서를 베끼려 하였다.」(恢欲殺靑簡以寫經書) 당나라 이현(李賢)의 주석「살청이라는 것은 불로 대쪽을 구워 진이 나오게 하여 푸른색을 취하여 글을 쓰기 쉽게 하고 또한 좀이 슬지 않게 하였으므로, 살청이라 하였으며 또한 한간이라고도 하였다.」(殺靑者, 以火炙簡令汗, 取其靑易書, 復不蠹, 謂之殺靑, 亦謂汗簡) 나중에는 주로 저술이 완성되는 것을 가리키게 되었다. 당나라 유지기(劉知幾)의《사통·오시(史通·忤時)》「머리가 세어 하얗게 되는 것은 기약할 수 있지만 책이 완성되는 것은 (기약할) 날이 없다.」(頭白可期, 而汗靑無日)

8 조생여조락(潮生與潮落): 밀물이 들어왔다 썰물이 빠져나가듯 세월의 무상함을 말한다. 송나라 유일지(劉一止)의〈절강의 하구에 조수가 들 때를 기다려 좌여언 대부와 섭원량 학사에게 부치고 아울러 오사지에게도 부친다(待潮浙江口, 寄左與言大夫葉元亮學士, 兼簡吳似之)〉「인간만사 고개 숙였다 쳐들었다 하는 사이 예와 지금 변해가니, 모두가 밀물 들었다가 썰물 빠졌다 하는 것이라네.」(人間俯仰變古今, 總是潮生與潮落)

9 침취견환성(沈醉見還醒): 당나라 요합(姚合)의〈즐겁게 경주의 노시어의 시권을 훑어보다(喜覽涇州盧侍御詩卷)〉「막 시름겨워지다가 다시 기뻐함 들리고, 깊이 취하였다가는 다시 깨어남 보이네.」(正愁聞更喜, 沈醉見還醒)

37~38. 熹伏蒙休齋先生惠詩見留, 謹次高韻, 二首[1]

희가 휴재선생이 시를 보내어 만류함을 입어 삼가 그 시의 각운자를 써서 짓다. 두 수

37

忽驚蕭颯鬢毛秋[2]	귀밑 털 가을서리처럼 처량해짐 흠칫 놀라,
起向泉山覓舊遊[3]	지난날 찾아 노닐던 천산 향해 몸 일으키네.
盤谷門前淚沾臆[4]	반곡의 문 앞에서는 눈물 가슴 적시고,
雲臺溪上雪蒙頭[5]	운대의 냇가에서는 눈이 머리 덮었다네.

1 휴재(休齋: ?~1184): 진지유(陳知柔)의 호. 바로 위의 시에 보인다.

2 홀경소삽(忽驚蕭颯): 《고이》에서는 「집으로 돌아가면서 느끼지 못하고」(還家不覺)로 된 판본도 있다고 하였다.

소삽빈모추(蕭颯鬢毛秋): 소삽은 드물고 드문드문함, 또는 처량하다는 뜻으로 쓰였다. 당나라 이백의 〈비룡인(飛龍引)〉 제2수 「아래로 요지 내려다보니 서왕모 보이는데, 누에나방 같던 눈썹 가을 서리처럼 처량하다네.」(下視瑤池見王母, 蛾眉蕭颯如秋霜)

3 천산(泉山): 《차의》 「민중의 천주부에도 천산이 있고, 건녕의 포성현에도 천산이 있다.」(閩中泉州府有泉山, 建寧浦城縣亦有泉山) 여기서는 전자의 천산을 말한다. 《차보》 「이때 선생이 막 천주에 이르러 건녕을 다스렸는데 천산은 실로 가까이 할 수가 없었다.」(時先生方到泉州作建寧, 泉山自不相襯)

4 반곡~첨억(盤谷~沾臆): 《차의》 「부장을 가리킨다.」(指傅丈). 부장은 곧 부자득(傅自得)을 말한다. 함께 그곳에서 놀았던 부자득이 이미 죽어 슬픔의 눈물을 흘리는 것을 말한다.

5 운대(雲臺): 진지유와 함께 노닐던 곳이다. 〈진휴재에게 바치는 제문(祭陳休齋文)〉 「서로 더불어 따르며 연화며 구일·양봉·봉황, 그리고 운대의 사이를 노닐었나이다. 낮에는 수레를 나란히 하였고 밤에는 걸상을 마주하였나이다.」(相與追遊蓮華·九日·凉峰·鳳凰·雲臺之間. 晝則聯車, 夜則對榻)

설몽두(雪蒙頭): 송나라 소식의 〈왕자직이 지난해에 자유가 북으로 돌아감에 전송하고 백 리의 숙소로 돌아갔다. 지금은 또 감상에서 상봉하여 장난삼아 옛 시의 운자를 써서 시를 지어 이별을 만류하다(王子直去歲送子由北歸, 往返百舍. 今又相逢贛上, 戲用舊韻作詩留別)〉 「듣건대 요 몇 년 단약 달이느라 불 조절한나하니, 늙어

歸歟吾黨又千里	돌아가리라, 우리 무리 또한 천리밖에 있으니,
老矣心期但一丘[6]	늙었구나, 마음속 기약 다만 언덕 하나 뿐이라네.
珍重休齋書滿屋[7]	진중하게나 휴재여 책 온 집에 꽉 찼으니,
可無三宿爲君留[8]	그대 위해 사흘은 묵지 않겠는가!

38

望望西山日幾回[9]	서산 바라봄 하루에도 몇 번씩이었던가?

가며 눈 머리에 쓸 걱정 않겠네.」(聞道年來丹伏火, 不愁老去雪蒙頭)

6 노의(老矣): 의(矣)자는 《고의》에서 「갈 거」(去)자로 된 판본도 있다고 하였다. 「늙어가면서」라는 뜻이 된다. 일구(一丘): 《한서·서전(敍傳) 상》「저(班固)는 말합니다. 『한 골짜기에서 고기를 낚는 것은 천하의 만물이 그 뜻을 침범하지 않고, 한 언덕에 물러나 쉬는 것은 천하라도 그 즐거움을 바꿀 수 없습니다.』」(班固曰, 漁釣於一壑, 則萬物不奸其志, 棲遲於一丘, 則天下不亦其樂) 「일구」는 이로부터 은퇴하여 재야에 파묻혀 지내면서 산수와 자연을 맘대로 즐기는 것을 비유하는 말이 되었다. 남조 송나라 유의경(劉義慶)의 《세설신어·품조(品藻)》「명제가 사곤에게 물었다. 『그대 스스로 말한다면 유량과는 어떻다고 보는가?』 답하여 말했다. 『종묘에서 예복을 단정히 입고 백관을 법도에 맞게 부리는 것은 신이 유량보다 못하나 언덕이나 골짜기에서 마음먹은 대로하는 것은 제 스스로 낫다고 생각합니다.』」(明帝問謝鯤, 君自謂何如庾良? 答曰, 端委廟堂, 使百僚準則, 臣不如良, 一丘一壑, 自謂過之)

7 진중(珍重): 《고의》에서 「견설」(見說)로 된 판본도 있다고 하였다.

8 삼숙(三宿): 숙(宿)은 《고의》에서 「날 일」(日)자로 된 판본도 있다고 하였다. 《맹자·공손추(公孫丑) 하》「맹자가 제나라를 떠났다. 윤사가 사람들에게 말하였다. 『왕이 탕이나 무왕이 될 수 없음을 알지 못했다면 이는 밝지 못한 것입니다. 그 불가함을 알았으나 구차히 왔다면 이는 은택을 구하는 것입니다. 천리 길을 왕을 보러 왔다가 맞지 않았기 때문에 떠나면서 사흘이나 묵다가 주를 떠나니 어찌 이리 더딘가? 저는 이것이 기쁘지 않소.』 고자가 그대로 일러주었다. 말하였다. 『저 윤사가 어찌 나를 알겠는가? 천리 길을 와서 왕을 보는 것은 내가 하고 싶은 것이고, 맞지 않아 떠나는 것이야 어찌 내가 바라는 것이겠는가? 내 어쩔 수 없어서이다. 내가 사흘을 묵고 주를 떠나는 것은 내 마음에 오히려 빠르다고 생각한다.』」(孟子去齊. 尹士語人曰, 不識王之不可以爲湯武, 則是不明也, 識其不可, 然且至, 則是干澤也. 千里而見王, 不遇故去, 三宿而後出晝, 是何濡滯也? 士則玆不悅. 高子以告. 曰, 夫尹士惡知予哉? 千里而見王, 是予所欲也, 不遇故去, 豈予所欲哉? 予不得已也. 予三宿而出晝, 於予心猶以爲速)

9 망망(望望): 《고의》에서 「창망」(悵望)으로 된 판본도 있다고 하였다.

更憐一雨洗浮埃[10] 한 바탕 비
뜬 먼지 씻음 더욱 사랑스럽네.
遠遊莫說雲門寺[11] 멀리 놀면서 운문사
말하지 말게나,
往事聊尋單父臺[12] 지난 일 애오라지
선보의 대 찾는다네.
鷄犬蕭疎迷洞口[13] 닭과 개 소리 쓸쓸하여
동구에서 길 잃고,
交親零落半巖隈[14] 사귀던 친구 죽어
반은 바위와 물가에 묻혔다네.

10 일우세부애(一雨洗浮埃): 송나라 소식(蘇軾)의 〈변재법사가 다시 상천축사로 돌아갔다는 말을 듣고 시로 장난삼아 묻다(聞辯才法師復歸上天竺以詩戲問)〉「신령스런 빛 보계에서 나오고, 불법의 비 뜬 먼지 씻는다네.」(神光出寶髻, 法雨洗浮埃)

11 원(遠): 《고의》에서 「이길 승」(勝)자로 된 판본도 있다고 하였다.

운문사(雲門寺): 은거하는 곳을 가리키는 말. 《남사·하윤전(何胤傳)》「하윤의 자는 자계이다. …… 하윤은 회계산에 신령하고 기이한 것이 많다고 하여 그곳에 가서 놀고 약야산 운문사에서 거처하였다.」(胤字子季……胤以會稽山多靈異, 往游焉, 居若邪山雲門寺) 당나라 두보의 〈봉선에서 유소부가 그린 산수 병풍을 노래함(奉先劉少府畫山水障歌)〉「약야계와 운문사 있는데, 내 홀로 어찌 진흙 찌끼 속에 있으리오, 푸른 신과 베버선 신고 여기에서 막 나서리라.」(若耶溪雲門寺, 吾獨胡爲在泥滓, 青鞋布襪從此始)

12 선보(單父): 현 이름. 춘추시대 노나라에 있었는데, 지금의 산동성 선현 남쪽이다. 《여씨춘추·찰현(察賢)》「복자천이 선보를 다스리는데, 거문고를 쳐서 울리며 몸은 대청을 내려가지 않아도 선보는 잘 다스려졌다.」(宓子賤治單父, 彈鳴琴, 身不下堂而單父治) 자천은 공자의 제자인 복부제(宓不齊)이다. 《차의》「복자천이 현재가 되어 거문고를 타면서 다스렸는데 후인들이 그곳에 대를 세웠다.」(宓子賤爲宰彈琴而理, 後人卽其地建坮) 《표보》「두보의 〈옛날의 놀이〉에 『지난 날 고적 및 이백과 함께, 저녁에 선보의 대에 올랐었네.』라는 구절이 있는데, 선생은 아마 이 말을 써서 온릉의 옛날 놀던 곳을 기록한 것 같다.」(甫昔遊詩, 昔者與高李, 晩登單父坮. 先生盖用此語以記溫陵舊遊也)

13 소소미(蕭疎迷): 《고의》에서 「황량비」(荒凉悲)로 된 판본도 있다고 하였다.

14 교친영락(交親零落): 영락은 여러 가지 뜻이 있는데 여기서는 죽는다는 뜻으로 쓰였다. 친하던 친구가 죽은 것을 말한다. 한나라 공융(孔融)의 〈성효장을 논하는 글(論盛孝章書)〉「세상에 알고 지내던 사람들은 거의 다 죽고 없어졌습니다.」(海內知識, 零落殆盡) 《문선》에 주석을 단 당나라 장선(張銑)은 「영락은 죽은 것이다.」(零落, 死也)라 하였다. 당나라 백거이의 〈초겨울에 있었던 일을 적어 몽득에게 드리다(初冬即事呈夢得)〉「늙으니 친하던 친구들 다 죽고 없어, 그대 나 용서하여 사람 취함 너그럽기를 바라네.」(臨老交親零落盡, 希君恕我取人寬)

암외(巖隈): 《차의》「죽어서 바위 곁에 장사지낸 것을 말한다.」(謂死葬於巖邊也)

尊前見在君須鬪[15]	술동이 앞에서 지금 그대 애오라지 마시게나,
速上籃輿相逐來[16]	속히 매는 수레 올라 서로 쫓아 온다네.

15 준전~수투(尊前~須鬪): 현재(見在)는 《고의》에서 「유주」(有酒)로 된 판본도 있다고 하였다. 당나라 우승유(牛僧孺)〉의 〈자리에서 유몽득에게 드리다(席上贈劉夢得)〉「세상의 부침하는 일 논하지 말게나, 또한 술동이 앞에서 지금 현재의 몸 다툰다네.」(休論世上昇沈事, 且鬪尊前見在身)

16 속·축(速·逐): 《고의》에서 「좋을 호」(好)와 「좇을 진」(趁)자로 된 판본도 있다고 하였다.
남여(籃輿): 두 사람이 매는 가마 비슷한 탈것. 《남사·도잠전(陶潛傳)》「도잠은 다리에 병이 있어서 문하생 하나와 두 아들에게 대로 엮은 가마를 매게 했다.」(潛有脚疾, 使一門生二兒擧籃輿)

39. 用林擇之韻別陳休齋[1]

임택지가 지은 시의 운자를 써서 진휴재와 이별하다

別離不覺歲時侵	헤어지면서 세월 다가옴 깨닫지 못하고,
兩地相望共此心[2]	양쪽 땅에서 서로 바라며 이 마음 함께 하네.
今日還成一尊酒	오늘은 도리어 한 동이 술 되었으나,
它年應記百篇吟	훗날 백 편 시 기억하리라.
傷情後會無期定	마음 상하여 나중에 만나니 정해진 기한 없고,
握手交情有舊深[3]	손 잡고 정 주고받으니 옛날의 깊음 있다네.
多謝晚風知此意[4]	저녁 바람 이 뜻 앎 많이 고맙고,
不催寒日下疎林	차가운 해 성긴 숲으로 짐 재촉하지 않는다네.

1 임택지(林擇之): 주희의 문인인 임용중(林用中: ?~?)의 자. 권5 26번 시의 주 1)에 보인다.

2 양지~공차심(兩地~共此心): 당나라 이상은(李商隱)의 〈진창정에서 묵으며 새를 놀라게 하는 소리를 듣다(宿晉昌亭聞驚禽)〉「무리 잃고 나무에 걸려 있으니 무슨 끝을 알겠는가? 멀리 하늘 끝에 떨어져서 이 마음 함께 한다네.」(失羣掛木知何限, 遠隔天涯共此心)

3 교정유구심(交情有舊深): 당나라 두보의 〈동곡현에서 출발하다(發同谷縣)〉「정 주고받음에 옛 깊은 뜻 없고, 늙으니 애처롭고 서러움 많다네.」(交情無舊深, 窮老多慘慼)

4 만풍지차의(晚風知此意): 당나라 백거이의 〈한가로이 거처하다(閒居)〉「홀로 저녁 바람 앞에서 휘파람 부니, 누가 이 뜻 알이줄까?」(獨嘯晚風前, 何人知此意)

40. 奉酬九日東峰道人溥公見贈之作[1]

구일산 동봉도인 단공이 보내준 시에 화답함

幾年回首夢雲關　　몇 년 만에 고개 돌려
구름 덮인 관문 꿈꾸었던가?

此日重來兩鬢斑[2]　　이 날 다시 오니
양쪽 귀밑머리가 희끗하다네.

點檢梁間新歲月　　들보 사이 점검해보니
세월 새로운데,

招呼臺上舊溪山　　대 위에서 손짓하여 불러보니
산수 옛날 그대로라네.

三生漫說終無據[3]　　삼생의 터무니없는 설
결국 근거 없고,

萬法由來本自閑[4]　　만법의 유래 본래
스스로 한가하다네.

---

1 동봉도인단공(東峯道人溥公): 《차의》「고찰해 보아야 한다.」(當考) 아마 구일산에 거처하는 중인 것 같다.
구일(九日): 산 이름. 천주(泉州)에 있다. 권2 8번 시의 주 1)에 보인다.

2 양빈반(兩鬢斑): 양쪽 귀밑머리가 세어서 희끗희끗해진 것을 말한다. 주의의 부친 주송(朱松)의 〈서호에 배를 띄우다(西湖泛舟)〉「호수 바라보는 누대 아래서 노쇠해진 얼굴 비추어보니, 속세의 먼지 양쪽 귀밑머리 희끗희끗하게 만듦 부끄럽게 보이네.」(望湖樓下照衰顏, 羞見塵埃兩鬢斑)

3 삼생(三生): 불교어(佛教語)로 전생(前生)과 금생(今生). 내생(來生)을 가리킨다.

4 만법~본자한(萬法~本自閑): 《차의》「불서에 『한 마음이 생기지 않으면 만법에 허물이 없다.』라는 말이 있다.」(佛書, 一心不生萬法無咎) 이 말은 불교 선종의 제3조인 승찬대사(僧璨大師)의 《신심명(信心銘)》에 나오는 말이다. 송나라 한구(韓駒)의 〈지난해 겨울에 수역양에 임명되었는데 부임도 하지 않아 서액으로 불리어 갔다. 올 여름에 응천윤에서 지제안으로 옮겼는데 역양을 경유하게 되어 규로가 찾아와 삼가 한 수를 부친다(去冬除守歷陽, 未上, 召還西掖. 今夏自應天尹移知齊安, 道由歷陽, 珪老相訪, 奉柬一首)〉「뜬 인생 물결에 쓸려 어지러운데, 만법 본래 절로 한가롭다네」(浮生浪擾擾, 萬法本自閒)

一笑支郎又相惱[5] 지도림의 고뇌
한바탕 웃고 보니,
新詩不落語言間[6] 새 시 언어 사이에
떨어지지 않는다네.

5 지랑(支郎): 《차의》「지도림을 이른다.」(謂支道林) 《차보》「단공을 가리킨다.」(指溥公也) 지도림은 동진(東晉) 때의 승려 지둔(支遁: 314~366)의 자이다. 하동(河東) 임려(林慮), 또는 진류(陳留) 사람이라고도 한다. 세칭 임공(林公) 또는 지공(支公)으로 불렸으며, 속성(俗姓)은 관(關)씨다. 초서(草書)와 예서(隸書)에 능했고, 시도 잘 지었다. 매와 말을 잘 길렀으며 스스로 「그 신통하고 당당한 것을 좋아한다」(愛其神駿)고 하였다.

6 신시~언간(新詩~言間): 《차의》「말을 잊었음을 이른다.」(謂忘言也)

41. 和林擇之鳳凰山韻[1]

임택지의 봉황산 시의 각운자를 써서 짓다

木落髻鬟擁[2]　　나뭇잎 지니 쪽진 머리 모여 있는 듯하고,
湖平粧鏡空[3]　　호수 평평하니 화장 거울 빈 듯하네.
荒亡餘舊事[4]　　마음껏 놀던 옛일 남아 있고,
慘澹只悲風[5]　　참담하니 다만 슬픈 바람 뿐이라네.
興發千山裏　　흥 천 봉우리 산속에서 일고,
詩成一笑中　　시 한번 웃는 가운데 이루어지네.
諸君莫惆悵　　제군들 슬퍼하지 말게나,
吾道固當窮[6]　　우리네 도 본래 궁해야 하리니.

1 봉황산(鳳凰山): 《차의》「2권의 29판에 보인다.」(見二卷二十九板) 〈탁국부인의 생신(卓國太生朝)〉을 말한다. 《차보》「천주 덕화현에 있다. 선생의 진휴재 제문에 보이는데 건녕에 있는 것이 아니다.」(在泉州德化縣. 見先生祭陳休齋文, 非在建寧者)

2 계환옹(髻鬟擁): 어지러운 가지가 우뚝이 서 있는 것이 부인의 쪽찐 머리 같음을 비유한 것이다. 송(宋)나라 진여의(陳與義)의 〈요벽헌에서 지어 사군이 잠시 은둔하다가 당시에 부름에 나아가려함에 드리다(遙碧軒作呈使君少隱時欲赴召)〉「서쪽 봉우리 나뭇잎이 지니 부인의 쪽찐 머리가 어지러운 듯하고, 동쪽 고개에 놀 걷히니 긴 눈썹 같은 달이 떠오르네.」(西峯木脱亂鬟擁 東嶺烟破脩眉浮)

3 장경(粧鏡): 「糚鏡」이라고도 하며, 화장할 때 사용하는 거울을 말한다. 당나라 두목(杜牧)의 〈아방궁부(阿房宮賦)〉「별이 반짝이는 것은 경대의 거울을 여는 것이었고 검푸른 구름이 뭉실뭉실 이는 것은 새벽에 머리를 빗는 것이었다.」(明星熒熒, 開粧鏡也, 綠雲擾擾, 梳曉鬟也)

4 황망(荒亡): 《차의》「황량하다는 뜻이다.」(荒凉之意) 《맹자·양혜왕(梁惠王) 하》「유련하고 황망하여 제후들의 근심거리가 되고 있습니다. …… 짐승을 쫓아 만족함이 없는 것을 황이라 하고, 술을 즐겨 만족함이 없는 것을 망이라고 이릅니다.」(流連荒亡, 爲諸侯憂…… 從獸無厭謂之荒, 樂酒無厭謂之亡) 주희의 주석「황은 폐함이다. …… 망은 실과 같으니 때를 폐하고 일을 잃음을 말한다.」(荒, 廢也……亡, 猶失也, 言廢時失事也) 《표보》「또한 윗 구절의 『쪽진 머리』와 『화장 거울』을 이어서 말하였다. 봉황산이 전대의 행락지이므로 이 말을 썼음을 뜻한다.」(且承上句髻鬟粧鏡而言. 意鳳凰山是前代行樂之地, 故用此語)

5 참담지비풍(慘澹知悲風): 참담은「慘憺」이라고도 한다. 가슴이 아플 정도로 비참한 것을 말한다. 〈이존사의 소나무 병풍에 적다(題李尊師松樹障子歌)〉「슬피 바라며 애오라지 자지의 노래 부르니, 시절 위태로워 참담히 슬픈 바람 불어오네.」悵望聊歌紫芝曲, 時危慘淡來悲風)

6 오도고당궁(吾道固當窮): 《논어·위령공(衛靈公)》「자로가 노기를 품고 (공자를) 뵙고 『군자도 궁한 때가 있습니까?』라 하자, 공자께서 말씀하시기를 『군자는 원래부터 궁한 것이니 소인은 궁하게 되면 넘치게 된다.』라 하셨다.」(子路慍見曰, 君子亦有窮乎. 子曰, 君子固窮, 小人, 窮斯濫矣)

42. 次林擇之凉峰韻[1]

임택지의 양봉이란 시의 각운자를 써서 짓다

解轡林間寺	말고삐 숲 사이 절에서 푸니,
歸鴉晩欲盤[2]	돌아가는 까마귀 저녁에 돌려하네.
望中嵐翠合	바라보는 가운데 이내 푸른 빛 합쳐지고,
愁外夕陽殘[3]	근심스런 생각 바깥에 석양빛 남아 있네.
尊酒何妨盡	동이 술 다 비움 무엇 거리끼리오?
羈心且自寬	나그네 마음 잠시 절로 넉넉해지네.
無端滿窓月[4]	무심히 달은 창에 가득한데,
遙夜不勝寒[5]	아득한 밤 추위 이기지 못하네.

1 《차의》「양봉은 마땅히 고찰해보아야 한다」(凉峯, 當考) 《차보》「천주에 있다. 위의 권7의 운대 주에 보인다.」(在泉州, 見上七卷雲臺註)

2 만욕반(晩欲盤): 반(盤)은 반선(盤旋)과 같은 말로, 빙 돌아온다는 뜻이다. 당나라 방간(方干)의 〈길을 가다가 양주에 이르러 학씨의 임정에 우거하다(旅次揚州寓居郝氏林亭)〉「학 먼 기세로 돌며 외로운 섬에 묵으려 하고, 매미는 남은 소리 끌며 다른 가지 지나네.」(鶴盤遠勢投孤嶼, 蟬曳殘聲過別枝)

3 석양잔(夕陽殘): 송나라 황정견(黃庭堅)의 〈등봉의 왕회지가 누대에 올라 부쳐온 시에 화답하다(和答登封王晦之登樓見寄)〉「맑게 한번 앉았자니 봄비 그치고, 천리에 그리워하니 석양 남았네.」(清坐一番春雨歇, 相思千里夕陽殘)

4 무단(無端): 여러 가지 뜻이 있는데 여기서는 무심(無心), 무의(無意)의 뜻으로 풀면 가장 자연스러워 보인다.

5 요야불승한(遙夜不勝寒): 권7의 23번 시 〈한매(寒梅)〉에 똑같은 구절이 있다.

43. 熹去溫陵二十七年, 而復來顯菴益老見候. 七里亭又以佳句見招, 而休齋陳丈·寺丞黃丈皆屬和焉, 因次韻奉酬, 併呈二丈[1]

내 온릉을 떠난 지 27년인데 다시 오니 현암의 익로가 문후하러 왔다. 칠리정이 또한 아름다운 구절로 불러 휴재 진장과 시승 황장이 모두 화답할 것을 부탁하여 이에 같은 운자를 써서 삼가 답하고 아울러 두 어르신에게도 드린다

不因辭吏役[2]	관리 일 사직해서가 아니니,
那得解天刑[3]	어떻게 천형 풀겠는가?
故國重來遠	옛 고을 다시 멀리 왔는데,
寒山依舊青[4]	차가운 산은 여전히 푸르다네.
興懷感陳迹[5]	감회 이니 묵은 자취 느껴지고,

1 온릉(溫陵)은 천주(泉州)의 별칭이다.
《표보》「황장은 곧 황숙장으로 아래에 보인다. 일찍이 대리시승을 지낸 적이 있다.」(黃丈卽黃叔張也, 見下. 嘗爲大理寺丞) 황숙장(黃叔張)은 황유지(黃維之)의 자이다. 황유지는 초명을 위(偉)라 하였으며 호는 죽파거사(竹坡居士)이고 영춘(永春) 사람이다. 소흥(紹興) 27년(1157)에 진사가 되었고 국자감부(國子監簿)를 거쳐 대리시승이 되었다. 강서제거(江西提擧)까지 올랐으며, 79세로 죽었다. 《민중이학연원고(閩中理學淵源考)》에 기사가 보이며, 주희가 쓴 편지가 《주문공집》 권38에 보인다.

2 사리역(辭吏役): 《차의》「《연보》로 고찰해보건대 이는 절동에서 사직하고 돌아올 때이다.」(考之年譜, 此是浙東辭歸時也) 《차보》「이때 강서와 강동 제형봉사를 사직하고 집에 있었기 때문에 이렇게 말하였다.」(時辭江西江東提刑奉祠, 家居故云)

3 해천형(解天刑): 《장자·덕충부(德充符)》「무지가 말하였다. 『하늘이 형벌을 내린 것이니 어찌 풀 수 있겠는가?』」(無趾曰, 天刑之, 安可解) 송나라 임희일(林希逸)의 주석 「천형지는 천벌을 내렸다는 것과 같다.」(天刑之, 猶天罰之)

4 한산의구청(寒山依舊青): 당나라 온정균(溫庭筠)의 〈최공의 못가의 정자의 옛 놀던 곳에 적다(題崔公池亭舊遊)〉「처마 앞에 여전히 산 경치 푸른데, 종일 사람 없어 홀로 누대에 오르네.」(簷前依舊青山色, 盡日無人獨上樓) 당나라 단성식(段成式)의 〈취하여 읊조리다(醉中吟)〉「인간의 영욕 늘 정하여진 것 아닌데, 오직 남산만 여전히 푸르네.」(人間榮辱不常定, 唯有南山依舊青)

5 흥회감진적(興懷感陳迹): 진(晉)나라 왕희지(王羲之)의 〈난정집의 서문(蘭亭集序)〉「고개 한번 숙였다 쳐드는 사이에 이미 묵은 자취 되었거늘 더욱이 이 때문에 감회를 일으키지 않을 수 없다.」(俯仰之間, 已為陳跡, 尤不能不以之興懷)

擧目愴新亭	눈 들어보니 새 정자 슬프다네.
尙喜灣頭老[6]	아직도 물가 어귀에서 늙어감 기뻐하여,
禪房許扣扃	선방 문 두드림 허락하네.

6 만두로(灣頭老): 《차의》「익로를 가리킨다.」(指益老)

44. 答黃叔張[1]

황숙장에게 답하다

日君趨玉陛[2]	지난날 그대 옥 섬돌에서 종종걸음 치며,
抗疏肅邦刑[3]	곧은 말로 나라의 법도 엄숙히 하였네.
便有榮褒衮[4]	이에 영예로이 곤룡포 상으로 내리시니,
無勞涕伏青[5]	청포에 엎드려 눈물 흘리는 수고 하지 않았다네.
衆流爭靡靡	뭇 물줄기 다투어 어지러이 쓸고 가는데,

1 황숙장은 위의 시에 보인다.

2 일군(日君): 일(日)은 지난날 혹은 그날[當日]이란 뜻이다. 《좌전·문공(文公) 7년》「지난 날 위나라는 화목하지 못하였으므로 그 땅을 빼앗았습니다.」(日衛不睦, 故取其地) 진나라 두예(杜預)는「일은 지난날이다.」(日, 往日)라 하였다. 당나라 한유(韓愈)의 〈촉으로 가다. 몇 구절씩 이어 씀(蜀征, 聯句)〉「그날 왕께서 어기어 날뛴 무리에 분노하시어, 명 내리시어 죽여서 뿌리 뽑는 일하라 하셨네.」(日王忿違慠, 有命事誅拔)

추옥계(趨玉陛): 옥계는 궁전의 섬돌을 말하는데, 조정을 가리키는 말로 쓰인다. 당나라 은요번(殷堯藩)의 〈궁인이 길로 들다(宮人入道)〉「한낮에 무정하게 옥 섬돌 종종걸음 치고, 맑은 밤에는 요지 걷는 꿈 꾼다네.」(白晝無情趨玉陛, 淸宵有夢步瑶池)

3 항소(抗疏): 직언(直言)을 말한다.

방형(邦刑): 형은 여기서 법도(法度), 전범(典範)이라는 뜻으로 쓰였다.

4 영포곤(榮褒衮): 곤은 상공(上公)의 복장이다. 옛날에는 천자가 제후에게 곤룡포를 내려주어 총애함을 나타내었다. 아주 두터운 은상(恩賞)을 비유하는 말로 쓰인다. 진(晉)나라 범녕(范甯)의 〈곡량전 서문(穀梁傳序)〉「한 자로 기리어 총애함이 화려한 곤룡포를 주는 것보다 낫고, 한 마디 말로 까고 욕하는 것이 시조에서 매질하는 것보다 낫다.」(一字之褒寵, 踰華衮之贈, 片言之貶辱, 過市朝之撻) 송나라 왕안석(王安石)의 〈범자정에게 감사하는 글(謝范資政啟)〉「곤룡포 내리는 영광을 내리셨고 높은 산 우러르는 노래를 불렀습니다.」(賜逾褒衮之榮, 仰極高山之詠) 송나라 위양(韋驤)의 〈다시 숙강의 전송하는 시의 운자를 써서 화답하다(復用叔康送篇韻和答)〉「말씀 드리니 곤룡포 내리는 영예로운 총애 있고, 비단 자름에 공 이루지 못하였는데 칼 놓음 부끄럽네.」(贈言有寵榮褒衮, 制錦無功愧釋刀) 《표보》「황공이 지소무군이 되어 궁전에서 이별을 하면서 건도를 논하였는데 신서를 깎아서 더는 것은 마땅치 않으며 내시들이 조정의 정사에 간여하지 못하게 해달라고 하니 효종이 훌륭하다고 하면서 다음날 차자를 내리어 구법을 회복하게 하였다. 시어는 아마 이 일을 가리키는 것 같다.」(黃公知邵武軍, 陛辭, 論乾道, 新書不宜刪減, 內侍不得干預朝政, 孝宗稱善, 翌日出箚子復舊法. 詩語似指此事) 이 말은 《민중이학연원고》 권12에 보인다.

5 체복청(涕伏青): 《한서·사단전(史丹傳)》「사단은 곧장 내실로 들어가 머리를 조아리고 청포 위에 엎드려 눈물을 흘리며 말하였다.」(丹直入臥內, 頓首伏青蒲上, 涕泣言) 후한의 응소(應劭)는「푸른색으로 땅에다 원을 그린 것을 청포라 하는데 황후가 아니면 절대 이곳에 이를 수가 없다.」(以靑規地曰靑蒲, 自非皇后不得至此)

一柱獨亭亭[6]　　한 기둥 홀로 꿋꿋하다네.
只恐追鋒急[7]　　다만 걱정스러운 것 추봉거 급히 이르는 것이니,
那容晝揜扃[8]　　어찌 대낮에 빗장 지를 수 있겠는가?

6 정정(亭亭): 《차의》「시내 가운데의 숫돌바위를 이른다.」(謂中流砥柱也)

7 추봉(追鋒): 추봉거(追鋒車)를 말한다. 권2 93번 시의 주 16)에 보인다. 《삼국지·위지·삼소제기·고귀향공 모(魏志·三少帝紀·高貴鄉公髦)》의 주에서 배송지가 인용한 부창(傅暢)의 《진제공찬(晉諸公贊)》「황제는 늘 중호군 사마망·시중 왕침·산기상시 배수·황문시랑 종회 등과 함께 동당에서 담론을 하고 연회도 열면서 아울러 문론을 지었다. 배수를 유림장인이라 하였고 왕침은 문적선생이라 하였으며, 배수와 종회도 각기 부르는 이름이 있었다. 황제는 성미가 급하여 청하여 부름을 빨리 하고자 하였다. 배수 등은 내직에 있어서 때에 맞추어 이르렀지만 사마망은 외직에 있어서 특별히 추봉거와 날랜 군사 5명을 주어 집회가 있으면 즉시 내달아 이르렀다.」(帝常與中護軍司馬望·侍中王沈·散騎常侍裴秀·黃門侍郎鍾會等講宴於東堂, 并屬文論. 名秀為儒林丈人, 沈為文籍先生, 望·會亦各有名號. 帝性急, 請召欲速. 秀等在內職, 到得及時, 以望在外, 特給追鋒車, 虎賁卒五人, 每有集會, 望輒奔馳而至) 《표보》에서는 이 말을 인용하여「이 시는 아마 이 일을 전고로 썼을 것이다. 숙장이 부름을 받아 집에서 빗장을 걸고 있을 수 없음을 말한 것이다.」(此詩盖用此事. 言叔張將被徵召不得在家揜扃也)라 하였다.

8 주엄경(晝揜扃): 송나라 이강(李綱)의 〈산에 살면서 흥을 펴다(山居遣興)〉「하늘 빛 음침하여 반은 정을 머금고 있는데, 작은 뜰의 겹문은 낮에 빗장 걸려 있다네.」(沈陰天色半含情, 小院重門晝掩扃)

45. 次韻陳休齋蓮華峰之作[1]

진휴재의 연화봉이란 시의 각운자를 써서 짓다

八石天開勢絶攀[2]	여덟 바위 하늘로 열려 있어 기어오를 길 끊어졌는데,
算來未似此心頑[3]	생각해 보니 이 마음보다 완고하지는 않은 것 같네.
已呑繚白縈青外[4]	이미 흰 물결 얽힘 삼키고 푸른 하늘 바깥까지 얽혔는데,
依舊箇中雲夢寬	여전히 그 가운데 운몽 너그럽다네.

1 연화봉(蓮花峯): 《명일통지》 권75 〈천주부(泉州府)〉 「【연화봉】남안현 서북쪽에 있다. 그 산은 우뚝 솟아 위로는 여덟 개의 바위가 연꽃과 같다. 주희의 시에서는 ……」(蓮花峯. 在南安縣西北, 其山聳峙, 上八石若蓮花然. 宋朱熹詩……)

2 팔석천개(八石天開): 주 1)을 볼 것.

3 차심완(此心頑): 당나라 한유(韓愈)의 〈눈 온 후에 최씨네 스물여섯째 승공[斯立]에게 부치다(雪後寄崔二十六丞公)〉「아침저녁으로 허! 아! 탄식하며 이해할 수 없는데, 내 마음 어찌 돌처럼 완고하겠는가?」(朝欷暮唶不可解, 我心安得如石頑) 주자의 부친인 위재(韋齋) 주송(朱松)의 〈아호사에서 동행한 균도인에게 화답하다(宿鵝湖寺和同行勻道人)〉「장삼 입은 스님 짝하여 숲 아래서 살려하니, 돌처럼 이 마음 완고하리라.」(欲伴衲僧林下住, 會須石似此心頑)

4 요백영청(繚白縈青): 당나라 유종원(柳宗元)의 〈처음으로 서산에서 연회하고 놀다(始得西山宴游記)〉「(하늘의) 푸른 빛 얽히고 (물의) 흰 빛 감돌아 밖으로 하늘과 이어져 사방을 바라보니 하나인 듯하였다.」(縈青繚白, 外與天際, 四望如一)

46. 次黃叔張宿凉峰韻

황숙장의 양봉에 묵다라는 시의 각운자를 써서 짓다

菡萏含跗天外秀[1]　　연꽃 봉오리 꽃받침 머금어
　　　　　　　　　　　세상 밖에 있는 듯 빼어나고,
婆娑散影月中孤[2]　　어른어른 그림자 흩어져
　　　　　　　　　　　달빛 속에 외롭다네.
惜無畵手追前輩[3]　　애석하게도 화가 없구나
　　　　　　　　　　　선배 좇아서,
寫就凉峰憩寂圖[4]　　양봉에서 한가로이
　　　　　　　　　　　쉬는 그림 그려낸 이.

1 함담함부(菡萏含跗): 《차의》「꽃받침을 부라 한다.」(花下萼曰跗) 당나라 두목(杜牧)의 〈장호호 시(張好好詩)〉「짙푸른 새싹 봉황에 꼬리 난 것 같고, 붉은 잎은 연꽃에 꽃받침 머금고 있는 듯.」(翠茁鳳生尾, 丹葉蓮含跗) 이 구절은 양봉에서 연화봉을 보고 읊은 것으로 보인다.

2 파사(婆娑): 너울너울, 또는 어른어른 하는 모양을 나타내는 첩운연면 의태어이다.
산영월중고(散影月中孤): 송나라 이방(李昉)의 〈신선 손님(仙客)〉「이슬에 놀란 학 가을 소리 구름 바깥 멀리까지 내고, 모래의 새 꼬리 그림자 개니 달 속에 외롭네.」(警露秋聲雲外遠, 翹沙晴影月中孤)

3 화수(畵手): 솜씨가 빼어난 화가. 당나라 두보의 〈겨울날 낙성 북쪽에서 현원황제의 사당을 참배하다(冬日洛城北謁玄元皇帝廟)〉「솜씨 좋은 화가 선배들 보는데, 오생 한참이나 솜씨 월등하다네.」(畫手看前輩, 吳生遠擅場)

4 게적(憩寂): 여유롭게, 또는 한가롭게 쉰다는 뜻이다. 《차의》「동파와 산곡에게 모두 〈게적도〉시가 있다.」(東坡山谷俱有憩寂圖) 당나라 두보의 〈위언이 한 쌍 소나무 그림을 그림에 장난삼아 짓다(戲韋偃爲雙松圖歌)〉「소나무 뿌리에 되 중이 쓸쓸하게 쉬고 있으니, 흰털 섞인 눈썹 흰 머리 집착함이 없다네.」(松根胡僧憩寂寞, 厖眉皓首無住著). 《차보》「〈게적도〉는 곧 이백시가 그렸다.」(憩寂圖卽李伯時所畵)

47. 至鳳凰山再作[1]

봉황산에 이르러 다시 짓다

門前寒水青銅闕[2] 문 앞의 차가운 물
청동 궁궐이고,
林外晴峰紫帽孤[3] 숲 밖의 개인 봉우리
자모산 외롭다네.
記得南垞通柳浪[4] 남타 유랑으로
통함 기억하니,
依稀全是輞川圖[5] 어슴푸레함 완전히
망천의 그림이라네.

1 《월민순시기략(粵閩巡視紀略)》 권4에서도 이 시를 수록하고 있는데, 대봉산이라 하였다. 그곳에서는 「대봉산은 성 북쪽 30리 지점에 있는데 산의 형세가 비껴서 이어져 형태가 봉황의 날개 같으므로 이렇게 부른다.」(大鳳山在城北三十里, 山勢延袤, 形如鳳翅, 故名)라 하였다.

2 청동궐(靑銅闕): 동궐은 《차의》에서 「《고이》에서는 『동활』로 된 판본도 있다고 하였다. 아래 구절의 『자모고』를 가지고 살펴보건대 활자가 옳을 것 같다.」(考異一作銅闊, 以下句紫帽孤觀之, 闊字似是)라 하였다. 청동은 거울 같은 수면을 가지고 말한 것이다.

3 자모고(紫帽孤): 자모는 산 이름이다. 《명일통지》 권75 〈천주부(泉州府)〉 「【자모산】 부성 서남쪽 20리 지점에 있으며 늘 자줏빛 구름이 그 꼭대기를 덮고 있다.」(紫帽山. 在府城西南二十里, 常有紫雲覆其巓)

4 남타·유랑(南垞·柳浪): 모두 당나라 왕유(王維)의 망천(輞川) 별업(別業: 별장)에 있는 경치이다. 왕유의 〈망천집의 서문(輞川集序)〉 「나의 별장은 망천의 산골짜기에 있는데 쉬면서 놀만한 곳으로 맹성요와 화자강·문행관·근죽령·녹시·목란시·수유기·궁괴맥·임호정·남타·기호·유랑·난가뢰·금설천·백석탄·북타·죽리관·신이오·칠원 그리고 초원 등이 있다.」(余別業在輞川山谷, 其遊止有孟城坳·華子岡·文杏館·斤竹嶺·鹿柴·木蘭柴·茱萸沂·宮槐陌·臨湖亭·南垞·攲湖·柳浪·欒家瀨·金屑泉·白石灘·北垞·竹里館·辛夷塢·漆園·椒園等) 북타는 권5 101번 시의 주 5)에서 언급한 적이 있다.

5 망천도(輞川圖): 왕유가 만년에 장안의 남전(藍田)에 있는 망천으로 물러났을 때 청원사(淸源寺)에서 그린 그림으로 전장이 4.8m에 달한다고 한다. 이 그림의 원본은 현재 전하여지지 않는다. 송나라 진관(秦觀)의 〈망천도의 뒤에 쓰다(書輞川圖後)〉 「원우 정묘년(1087)에 나는 여남군 학관이었는데 여름에 복통을 앓아 당직실에 누워 있었다. 친하게 지내는 고부중이 왕마힐의 〈망천도〉를 들고 와 내게 보여주며 말하기를 『이 그림을 보면 병이 나을 걸세.』라 하였다. 나는 본래 강해의 사람이라 그림을 얻어 보고는 매우 기뻐하여 즉시 아이 둘을 시켜 곁에서 당기게 하고 침상에 누워서 보았는데, 멍하기가 마치 마힐과 함께 망천으로 들어간 것 같았다. …… 며칠 만에 병이 많이 나았다.」(元祐丁卯, 余爲汝南郡學官, 夏得腸癖之疾, 卧直舍中. 所善髙符仲携摩詰輞川圖視余曰, 閲此可以愈疾. 余本江海人, 得圖喜甚, 即使二兒從旁引之, 閲於枕上, 恍然若與摩詰入輞川……數日疾良愈) 송나라 호자(胡仔)의 《어은총화(漁隱叢話)》 전집 권15 「소식이 말하였다. 『왕마힐의 시를 음미해보면 시 속에 그림이 있고, 마힐의 그림을 살펴보면 그림 속에 시가 있다.』」(東坡云, 味摩詰之詩, 詩中有畫, 觀摩詰之畫, 畫中有詩)

48. 見梅用攀字韻

매화를 보고 반자 운을 써서

年來羞把玉梅攀[1]	근년 들어 옥매화 잡고 오름 부끄러우니,
萬樹爭春我獨頑	온갖 나무 봄 다투는데 나만 홀로 둔하다네.
只有顚狂無告訴[2]	있느니 미치광이뿐 알려주는 이 없어,
詩腸欲斷酒腸寬	시 짓는 마음 끊어지려는데 술 속은 그래도 넉넉하네.

1 옥매반(玉梅攀): 주희의 부친인 위재(韋齋) 주송(朱松)의 〈오창국에게 드림(贈吳昌國)〉 제2수 「돌아갈 생각 급함 너무나 잘 아니, 다시 옥매 잡고 오르네.」(絶知歸思急, 更覓玉梅攀)

2 전광무고소(顚狂無告訴): 당나라 두보(杜甫)의 〈강가에서 홀로 걸으며 꽃을 찾다(江畔獨步尋花)〉 제1수 「강가 꽃에 덮여 있어 번뇌 그치지 않는데, 알려줄 곳 없으니 다만 미칠 것 같네.」(江上被花惱不徹, 無處告訴只顚狂)

49. 次韻陳休齋懷古堂

진휴재의 회고당 시의 각운자를 써서 짓다

平昔塵編裏[1]	지난날 먼지 앉은 책 속에서,
心期本自幽	마음속 기약 본래 절로 그윽했었다네.
那堪舊泉石[2]	어찌 옛 천석 견디겠는가?
更作此追遊	다시 이 놀이 좇아서 한다네.
好句看猶在	좋은 시구는 보니 아직 그대로 있는데,
遺忠愴已休[3]	남은 충성은 슬프게도 이미 없어졌다네.
亦知今日意	또한 오늘의 뜻 알겠으니,
不逐大江流[4]	대강 쫓아 흐르지 않는다네.

1 진편(塵編): 나온 지가 오래되어 먼지가 쌓인 고서적을 말함.

2 나감구천석(那堪舊泉石): 당나라 제기(齊己)의 〈광려에 있던 날을 그리워하다(憶在匡廬日)〉「옛 천석 어찌 당하리오? 돌아가 마음 씻는다네.」(何當舊泉石, 歸去洗心脾)

3 호구~이휴(好句~已休): 「이미 이」(已)자는 《고이》에서 「아닐 미」(未)자로 된 판본도 있다고 하였다. 《차의》「이는 모두 옛 집의 주인을 그리워하는 일을 가리키는 것이다.」(此皆指懷古堂主人事) 한나라 반고(班固)의 〈전인(典引)〉「사마상여는 깨끗하지 못한 행동으로 절도가 없었으며, 다만 아름다운 글을 짓는 재주가 있어도 쓰임에 적절히 맞지 않다가 병이 들어서야 충성을 남겨서 주상이 그의 글을 얻어 공덕을 찬양할 수 있었으니, 봉선을 말한 일은 충신이 본받을 만한 것이었다.」(司馬相如洿行無節, 但有浮華之詞, 不周於用, 至於疾病而遺忠, 主上求取其書, 竟得頌述功德, 言封禪事, 忠臣效也)

4 불축대강류(不逐大江流): 송나라 구준(寇準)의 〈초강에서 조문하다(楚江有弔)〉「깊은 언덕 절로 뜬 세상 따라 편하고, 남은 혼은 큰 강 쫓아 흐르지 않는다네.」(深岸自隨浮世變, 遺魂不逐大江流)

50. 寄題九日山廓然亭[1]

구일산의 확연정에 지어부치다

昨遊九日山	지난날 구일산에서 놀 때,
散髮巖上石[2]	바위 위 돌에서 머리 흩뜨렸다네.
仰看天宇近[3]	우주 가까움 우러러 보고,
俯歎塵境窄[4]	티끌 세상 좁음 숙이어 탄식하였다네.
歸來今幾時	돌아온 지 지금 얼마인가?
夢想掛蒼壁	꿈속 생각 푸른 벽에 걸려 있네.
聞公結茅地[5]	공이 띠집 이었다는 곳 듣고서,
恍復記疇昔	황홀하게 다시 옛날 생각하였다네.
年隨流水逝[6]	세월 흐르는 물 따라 가버렸고,
事與浮雲失	일은 뜬 구름 더불어 놓쳐버렸다네.
了知廓然處[7]	확연한 곳 잘 아니,
初不從外得	애초에 밖에서 얻지 않았다네.

1 《차의》「구일산은 권2의 2판(8번 시)에 보인다. 확연정은 구일산에 있는데, 송나라 원풍 연간에 세워졌다.」(九日山見二卷二板. 廓然亭在九日山, 宋元豐中建) 《차보》「확연정은 이 시에서 『그대 띠 정자 엮었음 들었으니』라 하였으니 옛날에 지은 것은 이미 허물어지고 당시 사람이 새로 지은 것이다.」(廓然亭, 此詩云, 聞君結茅亭云, 則舊建者已圮, 而時人有改築者)

2 암상석(巖上石): 당나라 한유(韓愈)의 〈합강정(合江亭)〉「바위 위 돌에 글 쓰고자 하니, 진흙으로 더럽히지 않았으면.」(願書巖上石, 勿使泥塵涴)

3 천우(天宇): 서울, 천하라는 뜻도 있지만, 여기서는 시의 제목이나 이 구절에서 앙(仰)자를 쓴 것으로 보아 우주라는 뜻으로 쓰였다.

4 탄(歎): 《고이》에서는 「볼 시」(視)자로 된 판본도 있다고 하였다.

5 결모지(結茅地): 당나라 위응물(韋應物)의 〈소림정사를 지나면서 도읍의 친구에게 부치다(經少林精舍寄都邑親友)〉「바야흐로 띠집 이은 곳 생각하노니, 돌아가 쉬면서 늘그막 기약하리라.」(方思結茅地, 歸息期暮年)

6 연수유수(年隨流水): 당(唐)나라 설봉(薛逢)의 〈육거리의 먼지(六街塵)〉「세월 사물과 함께 흐르는 물 따르고, 세상 일 꽃 같이 새벽 바람에 지네.」(年光與物隨流水, 世事如花落曉風)

7 확연처(廓然處): 《차의》「흉중에 확연한 경계가 절로 있으니 애초에 밖에서 얻은 것이 아니라는 것이다.」(胸中自有廓然之境, 初不由外而得之也)

遙憐植杖翁[8]	아득히 지팡이 꽂은 늙은이 사랑하노니,
鶴骨雙眼碧[9]	학 같은 풍골에 두 눈 파랬다네.
永嘯月明中	밝은 달빛 아래 길게 휘파람 부니,
秋風桂花白	가을바람 부니 계수나무 꽃 희다네.

8 식장옹(植杖翁): 식장은 지팡이를 꽂아놓는 것을 말한다. 《논어·미자(微子)》「자로가 따르다가 뒤쳐져 어른을 만났는데 지팡이를 짚고 대바구니를 매고 있었다. 자로가 묻기를 『그대는 선생님을 보셨는지요!』라 하니 어른이 말하였다. 『사지를 부지런히 놀리지도 않고 오곡도 구분하지 못하면서 누구를 선생이라 하는가?』 지팡이를 꽂아놓고 김을 매었다.」(子路從而後, 遇丈人, 以杖荷蓧. 子路問曰, 子見夫子乎! 丈人曰, 四體不勤, 五穀不分. 孰為夫子? 植其杖而芸) 주희의 주석「식은 (꽂아) 세우는 것이다.」(植, 立之也) 진(晉)나라 도잠(陶潛)의 〈계묘년 초봄에 농가의 옛일을 생각하다(癸卯歲始春懷古田舍)〉 첫째 시「차가운 풀 거친 산길 뒤덮었고, 땅은 드물게 사람 머네. 이 때문에 지팡이 꽂은 늙은이, 느긋하게 다시 돌아가지 않았다네.」(寒草被荒蹊, 地為罕人遠, 是以植杖翁, 悠然不復返)

9 쌍안벽(雙眼碧): 《차의》「《고승전》에서 달마는 눈이 감청색으로 벽안의 호승이라 하였다.」(高僧傳, 達磨眼紺青色, 稱碧眼胡僧)

51. 用林擇之韻, 呈陳福公[1]

임택지가 지은 시의 각운자를 써서 지어 진복공에게 드리다

昔公秉鈞衡[2]	지난날 공 국정 공평하게 잡아 나스리시니,
金玉我王度[3]	우리 임금의 법도 금옥 같이 하셨네.
中年幾湖海[4]	중년에 호수와 바닷가로 물러나신지 얼마셨던가?
偃息安國步[5]	누워 쉬면서도 국운 안정시키셨다네.
巋然九鼎重[6]	우뚝하니 구정처럼 무거웠고,
翩若孤雲去[7]	훨하니 외로운 구름처럼 떠나셨다네.
俯仰天地間[8]	하늘과 땅 우러르고 숙이는 사이,
誰哉此同趣[9]	누구런가? 이 지취 함께할 이.

1 《차의》「진복공은 진준경(1113~1186)이다.」(陳福公俊卿) 신순경은 자가 응구(應球)이며 흥화(興化) 보전(莆田) 사람이다. 소흥(紹興) 8년(1138)에 진사가 되었고 천주관찰추관(泉州觀察推官)에 임면되었다. 임기가 끝났을 때 진회(秦檜)가 집권하였는데 진회에게 아부하지 않아 남외목종원교수(南外睦宗院教授)가 되었다. 진회가 죽자 경안군왕교수(景安君王教授)로 부름을 받았다. 나중에 소사(少師)와 위국공(魏國公)으로 치사하였다. 주희가 지어준 제문이 문집 권87에 수록되어 있고, 그의 아들인 진수([陳守)는 주희의 문인이다.

2 병균형(秉鈞衡): 균(鈞)은 곧 균(均)자의 뜻이다. 《시경·소아·절남산(小雅·節南山)》「나라의 공평함 잡고 있을진댄, 사방 유지하였다네.」(秉國之均, 四方是維) 주희의 주석「균은 공평하다는 뜻이다.」(均, 平也) 균(匀)자와도 통용한다.

3 금옥아왕도(金玉我王度): 권4 52번 시의 주 43)을 보라. 그곳의 《좌전·소공(昭公) 12년》에서 인용한 채공(蔡公) 모보(謀父)가 지었다는 〈기초(祈招)〉시에「우리 주나라 왕의 법도 생각하여, 그 법도 옥과 같이 여기고, 금과 같이 여기네.」(思我王度, 式如玉, 式如金)라는 구절이 있다.

4 중년기호해(中年幾湖海): 《차의》「호수와 바닷가로 물러났음을 이른다.」(謂退居湖海之上也) 진준경이 한창의 나이에 부침을 많이 겪었음을 말한다.

5 언식안국보(偃息安國步): 한나라 반고(班固)의 〈그윽한 뜻에 통달함(幽通賦)〉「단간목(段干木) 누워 쉬면서도 위나라 지켜냈음이여, 신포서는 발바닥에 굳은살이 박이도록 하여 초나라 보손하였다네.」(木偃息而蕃魏兮, 申重繭以存荊) 《시경·대아·상유(大雅·桑柔)》「아아, 슬프도다, 국운 위태롭다네.」(於乎有哀, 國步斯頻) 주희의 주석「보는 운(運)자와 같다. 빈(頻)은 위급하고 쭈그러드는 것이다.」(步猶運也. 頻, 急蹙也)

6 구정중(九鼎重): 《사기·평원군열전(平原君列傳)》「모선생(곧 毛遂)은 초나라에 이르자마자 조나라를 구정이나 대려보다 중하게 하도록 하였다.」(毛先生一至楚, 而使趙重於九鼎大呂) 송나라 구양수(歐陽脩)의 〈초천지 수재를 송별하다(送焦千之秀才)〉「누가 이 한 몸 궁하다고 하는가? 스스로 구정 같이 무거움 기다린다네.」(誰言一身窮, 自待九鼎重)

7 편약(翩若): 이곳의 약(若)자는 위의 구절과 대구가 되므로 또한 부사형 어미로 보아야 한다.

8 부앙천지간(俯仰天地間): 송나라 소옹(邵雍)의 〈떠나지 않음(不去吟)〉「하늘과 땅 한번 우러러보고 숙여서 보는 사이에, 부끄러움 없음 절로 안다네.」(俯仰天地間, 自知無所愧)

9 수(誰): 《고이》에서는「품을 회」(懷)자로 된 판본도 있다고 하였다.

52. 用前韻答方直甫[1]

앞 시의 각운자를 써서 방직보에게 답함

小儒談大方[2]	작은 선비 큰 도 이야기함에,
任意略權度	제멋대로 잣대 다스린다네.
未行要疾走[3]	걷지도 못하면서 빨리 달리려 하니,
踉蹡不成步[4]	비틀비틀 걸음 이루지 못하네.
唯應過量人[5]	재주 남 능가하는 사람하고만 응하여,
不作與麽去[6]	자잘한 사람과 함께 떠나지 말게나.
請君敞書帷[7]	청컨대 그대 서재의 휘장 걷어,
爲我說歸趣	내게 귀착되는 취지 말해주게나.

1 방직보(方直甫): 송나라 방병백(方秉白)의 자이다. 호는 초당(草堂)이며, 보전(莆田) 사람이다. 종제인 방병사(方秉俟)와 함께 은거하여 교수하였으며, 효종(孝宗) 조에 효렴으로 천거되었으나 나아가지 않았다. 《초당문집(草堂文集)》이 있으며, 조산대부(朝散大夫)에 추증되었다.

2 대방(大方): 대도(大道), 곧 큰 도를 말한다. 여기서는 《장자·추수(秋水)》편의 「(황하의 물귀신인) 하백이 비로소 얼굴을 돌려 바다를 바라보고서 (바다의 수호신인) 약을 향하여 탄복해서 말했다. ……『저는 오래 동안 (견문이 좁아서) 큰 도를 가지신 분들의 비웃음을 받아왔습니다.』」(河伯始旋其面目……望洋向若而歎曰, 吾將見笑於大方之家)라 한 고사를 썼다.

3 미행요질주(未行要疾走): 송나라 소식의 〈당씨의 육가서 뒤에 적다(書唐氏六家書後)〉「지금 세상에서 초서깨나 쓴다고 일컫는 자들 가운데 혹 해서와 행서는 못 쓰는 자가 있으니 이는 크게 망령된 것이다. 해서에서 행서가 나오고 행서에서 초서가 나오며, 해서는 선 것과 같고 행서는 걷는 것과 같으며 초서는 달리는 것과 같으니, 걷고 설 수 없으면서 달릴 수 있는 자는 없다.」(今世稱善草書者, 或不能真行, 此大妄也. 真生行, 行生草, 真如立, 行如行, 草如走, 未有未能行立而能走者也)

4 양장(踉蹡): 비틀비틀 걸음걸이가 바르지 않은 모양. 당나라 한유(韓愈)의 〈장적에게 드림(張籍)〉「그대 와서 아이 잘 불러내니, 비틀비틀 문지방 넘는다네.」(君來好呼出, 踉蹡越門限)

5 과량인(過量人): 《차의》「오조가 노능에게 말하기를 『불법을 깨닫지 못하는 사람이 과량인이다.』라 하였다.」(五祖謂盧能, 不會佛法爲過量人)

6 여마(與麽): 《차의》「마(麽)는 자잘한 사람이다.」(麽, 細小之人)

7 창서유(敞書帷): 《사기·유림열전(儒林列傳)》「동중서는 광천 사람으로 《춘추》에 통달하여 효경제 때 박사가 되었다. 휘장을 드리우고 그 안에서 강독하여 제자들이 전하여 오래된 순서대로 전하니 혹자는 그의 얼굴도 보지 못하였다. 대체로 3년 동안이나 동중서는 집의 정원을 구경하지 않았으니 그 정진함이 이러했다.」(董仲舒, 廣川人也. 以治春秋, 孝景帝時爲博士. 下帷講誦, 弟子傳以久次相受業, 或莫見其面. 蓋三年董仲舒不觀於舍園, 其精如此) 당나라 두보의 〈기주의 부에서 20개의 운자를 써서 마음속을 적다(夔府書懷二十韻)〉「전쟁 때 쓰는 병기 녹여서 농기구 만들고, 전각에서 강론하며 서재의 휘장 연다네.」(凶兵鑄農器, 講殿闢書帷)

53. 用前韻答林史君

앞 시의 각운자를 써서 임사군에게 답함

十年劇傾馳	10년 동안이나 아주 향하여 내달렸는데,
此日際風度[1]	오늘에야 그 풍도 만나게 되었다네.
胡然龔黃最[2]	공수와 황패 무엇 때문에 최고인지 모르겠고,
未接夔龍步[3]	기와 용 발걸음 잇지 못하였다네.
詩成肯遽休	시 이루어졌으니 기꺼이 갑작스레 쉬겠으며,
客醉那得去[4]	손님 취하였으니 어찌 떠날 수 있겠는가?
却恐驛書來	오히려 역마 문서 가지고 올까 두려우니,
湖山適成趣[5]	호수와 산 다만 취미 이루었음이라네.

1 풍도(風度): 《신당서·송경전(宋璟傳)》「송경은 풍도가 장중하고 심원하여 아무도 도량을 헤아리지 못하였다.」(璟風度凝遠, 人莫涯其量)

2 공황최(龔黃最): 《차의》「공수와 황패는 모두 한선제 때의 순리(후덕한 관리)이다. ○ 으뜸가는 공을 최라고 한다.」(龔遂黃霸, 皆漢宣帝時循吏. ○ 上功曰最) 송나라 유자휘(劉子翬)의 〈겸도가 오래된 먹을 가지고 왔는데 먹의 표면에는 용 무늬가 있었고 먹의 뒷면에는 글자가 적혀 있었는데……(兼道攜古墨來, 墨面龍紋, 墨背識云……)〉「군사 다스림에는 당나라의 위국공(衛國公) 이정(李靖)과 영국공(英國公) 이적(李勣) 추숭하였고, 백성 다스림에는 한나라의 공수와 황패 으뜸으로 인정하였다네.」(治兵唐推英衛精, 治民漢許龔黃最)

3 기룡보(夔龍步): 《신당서·상관의전(上官儀傳)》「어사는 붉은 댓돌 아래에서 시중이나 들면서 기와 용의 뒤나 잇고 원추와 해오라기처럼 서 있으면 되는데 어찌 옹주판좌와 비견되겠는가?」(御史供奉赤墀下, 接武夔龍, 簉羽鵷鷺, 豈雍州判佐比乎)

4 객취나득거(客醉那得去): 《한서·진준전(陳遵傳)》「진준은 술을 좋아하여 마셨다하면 매번 아주 많이 마셨는데, 손님들이 대청을 가득 채우면 문득 문을 막고는 손님들이 타고 온 수레의 비녀장을 뽑아서 (아무도 못 가게 하려고) 우물 속으로 집어던졌으므로 아무리 급한 일이 있어도 끝내 갈 수가 없었다.」(遵耆酒, 每大飮, 賓客滿堂, 輒關門, 取客車轄投井中, 雖有急, 終不得去)

5 호산적성취(湖山適成趣): 《차의》「적(適)은 다만이라는 뜻이다. 이는 다만 호수와 산에서 취미를 이루어 이미 오래 머무를 수가 없다는 말이다.」(適, 只也. 此言只於湖山成趣而已不能久居也) 진(晉)나라 도연명의 〈돌아가자꾸나(歸去來辭)〉「날로 동산 가로지르니 흥취 생기고, 문은 달아놓았어도 늘 닫혀있다네.」(園日涉而成趣, 門雖設而常關)

54. 題君子亭[1]

군자정에 적다

清晨坐武觀[2]	새벽에 무관에 앉아 있자니,
凉風動高旌[3]	서늘한 바람 높은 깃발 나부끼네.
挾弓一笑起	활 끼고 한번 웃으며 일어나,
屈此四座英	이곳 사방의 자리에 앉은 영명한 이들에게 몸 굽히네.
破的亦已屢[4]	과녁 명중함 또한 이미 자주 있으니,
穿楊詎云精[5]	버들잎 꿰뚫음 어찌 뛰어나다 하리오?
軍吏不敢賀[6]	군리들 감히 축하하지 않고,

1 《차의》「군자정(이란 명칭)은 아마 (《論語·八佾》편의) 『그 다툼이 군자답다』는 뜻을 취하여 명명한 것 같다.」(君子亭, 盖取其爭也君子之義而名之也)

2 무관(武觀): 《차의》「관은 거성이다. 무관은 군사훈련을 살펴보는 누관이다.」(觀, 去聲. 武觀, 閱武之觀) 관(觀)은 거성으로 읽으면 누대(樓臺), 대사(臺榭)라는 뜻으로 쓰인다.

3 양풍동고정(凉風動高旌): 양풍(凉風)은 가을바람이다. 당나라 두보의 〈삼가 화답하다(奉和)〉「가을바람 살랑살랑 높은 깃발 움직이는데, 옥 장식한 장수의 장막에서 활 나누어 오랑캐의 진영으로 쏘네.」(秋風嫋嫋動高旌, 玉帳分弓射虜營)

4 파적(破的): 《시경·소아·빈지초연(小雅·賓之初筵)》「활 쏘아 과녁 맞혀, 그대 술잔 들기 바라네.」(發彼有的, 以祈爾爵) 주희의 주석 「적은 질이다.」(的, 質也) 질은 과녁의 한 가운데 가로세로 4치[寸] 되는 표적을 말한다. 《수서·하약필전(隋書·賀若弼傳)》「(隋文帝 때) 일찍이 돌궐이 입조하게 되었는데 임금이 그에게 활을 쏘게 했더니 돌궐이 한 발만에 과녁을 명중시켰다. 임금이 말하였다. 『하약필이 아니면 이 사람을 당해낼 수 없겠다.』 이에 하약필에게 명하였다. 하약필이 두 번 전하고 기원하여 말하였다. 『신이 충성을 다하고 나라를 받든다면 한 발로 과녁을 명중시킬 것입니다. 그렇지 않다면 쏘아도 맞지 않을 것입니다.』 쏘니 한 발만에 명중하였다. 임금이 크게 기뻐하면서 돌궐을 돌아보며 말하였다. 『이 사람은 하늘이 내게 내렸도다!』」(嘗遇突厥入朝, 上賜之射, 突厥一發中的. 上曰, 非賀若弼無能當此. 於是命弼. 弼再拜祝曰, 臣若赤誠奉國者, 當一發破的. 如其不然, 發不中也. 既射, 一發而中. 上大悅, 顧謂突厥曰, 此人, 天賜我也)

5 천양(穿楊): 《전국책·서주(戰國策·西周) 2》「초나라에 양유기라는 사람이 있었는데 활을 잘 쏘아 버드나무 잎에서 백 보 떨어진 곳에서 쏘아도 백 번을 쏘아 백 번을 맞추었다.」(楚有養由基者, 善射, 去柳葉者, 百步而射之, 百發百中) 당나라 두보의 〈취하여 부르는 노래(醉歌行)〉「옛날 버들잎 뚫었음 진실로 스스로 아나니, 잠깐 서리에 엎어지는 발굽은 잘못 아니라네.」(舊穿楊葉眞自知, 暫蹶霜蹄未爲失)

6 군리불감하(軍吏不敢賀): 당나라 한유의 〈꿩 띠 화살(雉帶箭)〉「장군 우러러 웃으니 뭇 군리들 축하하고, 오색 울긋불긋하게 말 앞으로 떨어지네.」(將軍仰笑軍吏賀, 五色離披馬前墮)

高鳥時相驚	높이 나는 새들은 이따금 서로 놀란다네.
解韝脫決遂[7]	깍지 풀고 결습 벗으며,
緩帶飄華纓[8]	띠 느슨하게 하고 화려한 갓끈 날린다네.
俯仰新亭幽[9]	새로 지은 그윽한 정자에서 숙였다 우러러 살펴보니,
曠然塵慮清[10]	타 트이어 속세의 근심 맑아시네.
內正外自直[11]	안이 바르면 바깥은 절로 곧게 되니,
三揖奚所爭[12]	세 번 읍함 어찌 다툴 것인가?
端居得深玩	평상시 거처하며 깊은 놀이 얻었으니,
君子非虛名	군자 헛된 이름 아니라네.

7 구결수(韝決遂): 《주관의소(周官義疏)》 권48 「결은 코끼리 뼈로 만들고 오른손 엄지손가락에 끼는데 시위를 걸어서 당기는 것이다. …… 수는 사구이다. 가죽으로 만들며 활을 뻗는 것이다. 활을 쏠 때가 아닌 것을 곧 습이라 한다. 습은 거둔다는 것이다. 피부를 덮어 옷을 거두는 것이다.」(決, 以象骨為之, 著於右巨指, 所以鉤弦而開之者也……遂, 射韝也. 以韋為之, 所以遂弦也. 其非射時, 則謂之拾. 拾, 斂也. 所以蔽膚斂衣也)

8 완대(緩帶): 권2 112번 시의 주 3)을 보라.

표화영(飄華纓): 당나라 저광희(儲光羲)의 〈가서 대부의 덕을 칭송함(哥舒大夫頌德)〉「부용궐로 와서 조현하는데, 옥 울리고 화려한 갓끈 휘날린다네.」(來朝芙蓉闕, 鳴玉飄華纓)

9 신정(新亭): 《차의》「새로 지은 정자이다.」(新作之亭)

10 광연진려청(曠然塵慮清): 권5 46번 시 〈상봉사의 여러 원로들에게 드리다(贈上封諸老)〉에 「밤에 상봉사에 묵자니, 초연히 속세의 근심 맑아지네.」(夜宿上封寺, 翛然塵慮清)라는 구절이 있다.

11 내정외자직(內正外自直): 《예기·사의(射義)》「그러므로 활쏘기는 진퇴와 주선이 모두 반드시 예에 맞고 속뜻이 바르고 바깥의 몸이 곧게 된 다음이라야 활과 화살을 잡는 것을 잘 살피고 굳게 된다. 활과 화살을 잡음이 잘 살피고 굳은 다음에라야 맞히는 것을 말할 수 있게 된다.」(故射者, 進退周還必中禮, 內志正, 外體直, 然後持弓矢審固. 持弓矢審固, 然後可以言中)

12 삼읍해소쟁(三揖奚所爭): 《논어·팔일(八佾)》「군자는 다투는 것이 없으나 반드시 활쏘기에는 다툼이 있다. (상대방에게) 읍하고 사양하며 올라갔다가 (활을 다 쏘고) 내려와 술을 마시니 그 다툼이 군자다운 것이다.」(君子無所爭. 必也射乎! 揖讓而升, 下而飮. 其爭也君子) 주희의 주 「읍하고 사양하며 올라간다는 것은 대사의 예에 짝지어 나아가 세 번 읍한 다음에 당에 올라가는 것이다.」(揖讓而升者, 大射之禮, 耦進三揖而後升堂也)

55~56. 伏承侍郎使君垂示所與少傅國公唱酬西湖佳句, 謹次高韻, 聊發一笑[1]

시랑사군이 소부국공과 주고받은 서호의 좋은 시를 보여주심에 삼가 차운하여 한번 웃음을 터뜨린다

55

百年地闢有奇功[2]	백년토록 땅 열어 기이한 공 세웠는데,
創見猶驚鶴髮翁[3]	처음 보고 오히려 학같이 머리 흰 노인에 놀라네.
共喜安車迎國老[4]	편안한 수레 국가의 원로 맞이함 함께 기뻐하고,

1 시랑사군(侍郎使君): 조여우(趙汝愚: 1140~1196, 자는 子直)를 말한다. 조여우에 대해서는 권6 18번 시의 주 1)을 보라.

소부국공(少傅國公): 진준경(陳俊卿: 1113~1186)을 말한다. 진준경은 자가 응구(應求)이고 호는 육회(陸悔)이며, 복건(福建) 흥화군(興化軍) 보전현(莆田縣) 사람이다. 소흥(紹興) 8년(1138)에 진사가 되었으며, 천주감찰추관(泉州觀察推官), 전중시어사(殿中侍御史)를 역임하였다. 진회(秦檜)에게 아부하지 않아 남검주통판(南劍州通判) 등 외직으로 나갔다가 진회가 죽자 교서랑(校書郎)에서 감찰어사(監察御史)로 부름을 받았다. 건도(乾道) 원년(1165) 이부시랑 겸 시독(侍讀)이 되었다. 순희(淳熙) 10년(1183)에 소부(少傅)에 임명되었고 관문전대학사(觀文殿大學士)로 치사하였다. 13년에는 위국공(魏國公)에 봉하여졌고 태사(太師)에 추증되었다.

서호(西湖): 《차보》「서호는 북주부성 3리 지점에 있다.」(西湖在福州府城三里)

2 백년지벽유기공(百年地闢有奇功): 《차보》「《문집》 권27 〈조수에게 보내는 편지〉에서 호수를 연 일을 말하였다. 아마 서호가 오래되어 막히고 허물어졌는데 자직이 바야흐로 준설하여 열었으므로 하편에서 곧 호수를 연 뒤에 백성들에게 미친 이로움과 풍물의 새로움을 말하였다.」(二十七卷與趙帥書言開湖事. 盖西湖歲久湮廢而子直方浚開之, 故下篇卽言開湖後, 及民之利風物之新也)

3 유경학발옹(猶驚鶴髮翁): 북주(北周) 유신(庾信)의 〈대나무 지팡이(竹杖賦)〉「학 같이 흰 머리에 닭 껍질 같이 꺼칠한 살갗, 쑥대머리에 이는 듬성듬성하다네.」(鶴髮鷄皮, 蓬頭歷齒) 송나라 소식의 〈해주의 저자에 오르다(登州海市)〉「층진 누대 푸른 언덕으로 서리 낀 새벽에 모습 드러내고, 기이한 일 백세의 늙은이 놀라 쓰러지네.」(重樓翠阜出霜曉, 異事驚倒百歲翁)

4 안거(安車): 《한서·유림전(儒林傳)》「이에 임금[漢武帝]은 서자를 보내어 비단 한 꾸러미에 벽옥을 더하고 편안한 부들로 수레바퀴를 싼 수레에 말 네 마리를 매어 신공을 맞았으며 제자 두 사람이 수레를 타고 따랐

更傳佳句走郵童[5] 아름다운 시구 다시 전하여
역졸 달리게 하네.
閑來且看潮頭入[6] 한가로이 와서 잠시
물결 끝 들어오는 것 보니,
樂事寧憂酒琖空[7] 즐기운 일 어찌
술잔 빔 걱정하겠는가?
會見台星與卿月[8] 때마침 태성과
경월 보이는데,
交光齊照廣寒宮[9] 빛 교차하면서 가지런히
광한궁 비추는구나.

「다.」(於是上使使束帛加璧, 安車以蒲裹輪, 駕駟迎申公, 弟子兩人乘軺傳從)
국로(國老): 《예기·왕제(王制)》「유우씨는 상상에서 국로를 봉양하였고, 서민의 늙은이를 하상에서 봉양하였다.」(有虞氏養國老於上庠, 養庶老於下庠) 명나라 호광(胡廣) 등의 《예기대전(禮記大全)》 권5「국로에는 관직이 있고 덕이 있는 늙은이가 있다.」(國老有爵有德之老)

5 우동(郵童): 《차의》「역졸이란 말과 같다.」(猶言驛卒)

6 호두(湖頭): 《차의》「호(湖)자는 당본에는 조(潮)자로 되어 있다.」(湖, 唐本作潮)

7 주잔(酒醆): 《차의》「《운회》 잔(醆)은 술잔이다. 잔(琖)이라고도 한다. 하나라에서는 잔(琖)이라 하였고 은나라에서는 가(斝), 주나라에서는 작(爵)이라 하였다.」(韻會. 醆, 爵也. 或作琖. 夏曰琖, 殷曰斝, 周曰爵) 당나라 두보(杜甫)의 〈맹운경에게 답하다(酬孟雲卿)〉「다만 은하수 쏟아짐 두려울 뿐이니, 술잔 빔이야 어찌 사양하겠는가?」(但恐天河落, 寧辭酒盞空)

8 태성(台星): 《차의》「삼태는 별 이름이다. 상태는 태위이고 중태는 사도, 하태는 사공이다.」(三台, 星名. 上台爲太尉, 中台爲司徒, 下台爲司空)
경월(卿月): 《서경·홍범(洪範)》「임금은 해를 살펴야 하고 경사는 달을, (낮은 관리인) 사윤은 날을 살펴야 합니다.」(王省惟歲, 卿士惟月, 師尹惟日) 당나라 두보(杜甫)의 〈늦은 봄 강릉에서 마대경 공이 어명을 받잡고 대궐로 감에 송별하다(暮春江陵送馬大卿公恩命追赴闕下)〉「경 달 승로반의 금경 선인장에 올라, 정월에는 대궐 뜰의 옥 댓돌 지나리.」(卿月昇金掌, 王春度玉墀) 《차의》「태성은 국공을 가리키고 경월은 시랑을 가리킨다.」(台星指國公, 卿月指侍郎)

9 광한궁(廣寒宮): 달을 말한다. 당나라 유종원(柳宗元)의 《용성록·명황이 꿈에 광한궁에 노닐다(龍城錄·明皇夢遊廣寒宮)》「개원 6년 상황이 신천사, 도사 홍도객과 함께 8월 보름날 밤에 …… 달 속을 노닐다가 큰 대문을 하나 지나쳤는데 …… 조금 있다가 큰 궁궐이 하나 보였는데 『광한청허지부』라는 팻말이 걸려 있었다. …… 비취빛의 차가운 빛이 눈을 아찔하게 쏘고 너무 차가워서 들어갈 수가 없었다.」(開元六年, 上皇與申天師道士鴻都客, 八月望日夜……遊月中, 過一大門……頃見一大宮府, 榜曰, 廣寒清虛之府……翠色冷光相射目眩, 極寒不可進)

56

越王城下水融融[10]
월왕의 성 아래는
물 깊고도 깊으니,

此樂從今與衆同
이 즐거움 지금부터
모두 함께 하려네.

滿眼芰荷方永日[11]
온 눈 가득 연꽃 들어오니
바야흐로 긴 여름날인데,

轉頭禾黍便西風[12]
고개 돌릴 사이에 벼이삭엔
가을바람 부는구나.

湖光盡處天容闊
호수 풍경 다한 곳엔
하늘 아득한데,

潮信來時海氣通[13]
조수 소식 밀려오니
바다 기운 통한다네.

酬唱不誇風物好
대답하여 지을 때
풍물 좋다 자랑 말게나,

一心憂國願年豐[14]
온 마음으로 나라일 걱정하며
풍년들기 바란다네.

10 월왕성(越王城): 회계산(會稽山)에 있는 월왕 구천(句踐)이 살던 성을 말한다. 《차의》「〈지지〉에 의하면 회계산에는 월왕의 성이 있는데 구천이 병사를 깃들이게 하던 곳이다.」(按地志會稽山有越王城, 句踐棲兵處也) 《차보》「월왕산은 복주에 있으며 부 성의 산 북쪽에 월나라 왕 무제의 옛 성이 있다.」(越王山在福州, 府城內山北有越王無諸舊城)
수융융(水融融): 《차의》「물은 고소(지금의 蘇州)의 서호이다.」(水卽姑蘇之西湖) 《차보》「고소는 복주가 되어야 한다.」(姑蘇, 當作福州)

11 기하방영일(芰荷方永日): 《차의》「서호에는 10리에 걸친 연꽃이 있다. 영일은 여름날을 말한다. 아래 구절의 『전두화서』는 다만 여름이 변하여 가을이 되었음을 말하였을 따름이다.」(西湖有十里荷花. 永日謂夏日. 下句轉頭禾黍, 只言夏變而爲秋也)

12 전두화서(轉頭禾黍): 《차의》「전두는 고개를 돌릴 만한 사이를 말한다. 기자가 옛 은나라 궁궐터를 지나다가 궁실이 허물어지고 벼와 기장이 난 것을 보았다.」(轉頭, 謂轉頭之頃也. 箕子過故殷墟, 見宮室毁壞, 生禾黍)

13 조신(潮信): 《고려도경(高麗圖經)》「조수가 갔다가 왔다가 하는 것은 천지의 지극한 믿음이다.」(潮汐往來, 爲天地至信) 《천중기(天中記)》 권9에서 재인용. 당나라 이백(李白)의 〈신림포에서 바람에 막혀 벗에게 부치다(新林浦阻風寄友人)〉「조수 정녕코 믿을 만한데, 하늘의 바람 기약하기 어렵다네.」(潮水定可信, 天風難與期)

14 우국원년풍(憂國願年豐): 당나라 두보(杜甫)의 〈우리 종친(吾宗)〉「집에서는 늘 일찍 일어나, 나라일 걱정하며 풍년 들기 바란다네.」(在家常早起, 憂國願年豐)

57. 伏承子直都督侍郎臨餞遠郊, 仍邀嚴州郎中, 及諸名勝, 相與燕集, 分韻賦詩, 熹得時字, 輒成鄙句[1]

삼가 자직 도독시랑께서 전별하는 먼 교외까지 모시고 아울러 엄주낭중을 맞아 명승지에 이르러 함께 연회의 모임을 갖고 운자를 나누어 시를 짓는데 나는「때 시」자를 얻어 문득 시원찮은 구절을 이루었다

芳歲倏云晏[2]	좋았던 한 해 어느덧 저무니,
故山風雪時	고향에는 바람 불고 눈 올 때라네.
胡爲在中路	어찌하여 중도에서,
復此行遲遲	다시 이렇게 느릿느릿 가는가?
爲有賢主人	어진 주인이,
愛客情依依	손님 사랑하는 마음 아른아른 해서라네.
昨夕西門道	어젯밤 서문의 길에서,
終宴不能辭	연회 마치고 작별할 수 없었다네.
今朝復何朝[3]	오늘 아침 또 어떤 아침인가?
祖帳遙相追[4]	전별하는 장막 아득히 서로 따른다네.

1 자직(子直): 조여우(趙汝愚: 1140~1196)의 자. 조여우에 대해서는 권6 18번 시의 주 1)을 보라. 《차의》「엄주낭중은 고찰해보아야 한다.」(嚴州郎中當考) 《차보》「먼 교외의 전별석상에 이르렀다는 것은 아마 자직이 복주에 있을 때 선생이 일찍이 한번 왕래하면서 전별석상에 임했던 일이 있는 것 같다.」(臨餞遠郊, 疑子直在福建時, 先生嘗一往來而有臨餞之事)

2 숙운(倏云): 갑자기, 어느덧. 숙(倏)은 홀(忽)과 같은 뜻이다. 운(云)은 조사로 아무 뜻이 없다. 당나라 위응물(韋應物)의 〈동덕사의 누각에서 바라보다(同德寺閣集眺)〉「아름다운 철 저물려 하는데, 즐거운 놀이에서 즐거이 서로 좇는다네.」(芳節欲云晏, 遊遨樂相從)

3 금조부하조(今朝復何朝): 권7 80번 시 〈천지에 노닐다(遊天池)〉에 같은 구절이 있다.

4 조장(祖帳): 조전(祖餞), 곧 옛날 먼 길을 가는 사람을 전송할 때 교외의 길가에다 치는 천막. 또한 전송할 때의 술자리를 가리키기도 한다.

賓從俱俊賢　　손님들 따르는데 모두 준걸과 현인이요,
車馬有光輝[5]　　수레며 말에는 광휘 가득하다네.
敞扉得華觀[6]　　사립문 열고 화려한 누관 얻어,
俯檻臨淸池　　헌함에서 몸 숙이어 맑은 못 내려다본다네.
南州淑氣多　　남쪽 고을에 맑은 기운 많아,
蕩節佳景隨[7]　　이제 생명 움트는 계절인데도 아름다운 경치 따른다네.
雪樹雖改色[8]　　눈 내린 나무는 비록 색 바뀌었지만,
靑山正含姿　　푸른 산은 바야흐로 자태 머금었다네.

朱氏園外谷中有梅近百株, 是日花落已盡

주씨원 바깥 골짜기에는 매화가 근 1백 그루 있는데 이날 꽃이 이미 다 졌다

開樽酌春醪[9]　　술잔 들어 봄 술 따르고,

5 거마유광휘(車馬有光輝): 송나라 유창(劉敞)의 〈채혁동년을 전송하다(送蔡奕同年)〉「수레며 말에는 광휘 가득하고, 마을의 문에는 누관 높이 솟아 있네.」(車馬有光輝, 里閭有聳觀)

6 창(敞):「열 개」(開)자와 같은 뜻이다.

7 탕절(蕩節): 만물이 이제 막 움트려고 하는 음력 11월을 말한다. 당나라 이밀(李密)의 〈회양에서 감회에 젖어(淮陽感懷)〉「가을 바람 첫 절기 쓸고, 가을 이슬 저녁 숲 시들게 하네.」(金風蕩初節, 玉露凋晩林) 당나라 백거이(白居易)의 《백공육첩(白孔六帖)》 권3에도 이 시의 첫 구절이 인용되어 있는데, 거기서는 초(初)자가 가(佳)자로 되어 있다. 《주례·지관·장절(掌節)》「무릇 제후국의 사절이 쓰는 부절은 …… 그림 장식한 함으로 담는다.」(凡邦國之使節……以英蕩輔之) 《관보》「《차의》에서 인용한 (李密의) 시어는 다만 글자가 우연히 같을 따름이니 어찌 의의가 있겠는가? (《예기》) 〈월령〉 11월 조에 『이 달에는 만물이 생동하기 시작한다.』라는 말이 있다. 선생은 아마 여기에서 뜻을 취하였을 것이다. 남쪽 고을은 땅이 따뜻하므로 (만물이) 생동하기 시작하는 철에도 아름다운 경치가 있다는 것을 말한다. 아래 시의 제목에 『섣달 9일에 늦게 출발하였다』라는 말이 있는데, 아마 또한 수십 일을 머물러 있다가 이때가 되어서야 비로소 출발하여 돌아온 것으로, 의미의 차례가 이와 비슷할 것이다.」(箚引詩語, 只是字偶同耳. 豈有意義哉. 月令十一月, 是月也. 諸生蕩. 先生盖取諸此也. 言南州地煖, 故蕩節亦有佳景也. 下篇有題辭有臘月九日晩發之語, 盖亦留連旬朔至是而始發還也. 意義次第似是如此) 《윤씨수초》「탕은 아마 탕탕일 것이다. 절은 사자가 지니는 것이다. 또한 아마 편안하고 한가한 뜻일 것이다.」(蕩疑蕩蕩. 節, 使者所執. 又或是駘蕩蕩意)

8 설수(雪樹): 당나라 두보(杜甫)의 〈강매(江梅詩)〉「눈 내린 나무 원래 색 같고, 강 바람 또한 스스로 물결 일으키네.」(雪樹元同色, 江風亦自波)

9 개준(開樽): 거배(擧杯)와 같은 뜻으로 술잔을 드는 것이다. 곧 술을 마시는 것을 말한다. 당나라 두보의 〈홀로 따라 마시다(獨酌)〉「깊은 숲 늦게 걸어가, 술잔 들어 홀로 느릿하게 마시네.」(步屧深林晩, 開樽獨酌遲) 춘료(春醪): 춘주(春酒), 또는 동료(凍醪)라고도 한다. 추울 때인 겨울에 담가 봄에 먹는 술을 말한다.

授簡哦新詩[10]　　간찰 주면서 새 시 읊조리게 하네,
但覺四坐驩　　다만 느끼느니 사방의 자리 기뻐하는 것 뿐,
不知寸晷移[11]　　짧은 시간 지나감 모른다네.
流雲暗寒空　　흐르는 구름 차가운 하늘 어둑하게 하고,
蒼煙染人衣　　푸릇한 안개는 사람의 옷 물들인나네.
相看暮色至[12]　　서로 보노라니 저녁 되어,
我去公當歸　　나는 떠나고 공은 돌아가야 한다네.
別袖不忍分　　이별함에 차마 헤어지지 못해,
扣扣陳苦詞[13]　　간절하게 괴로운 말 늘어놓는다네.
願公崇令德[14]　　원컨대 공 아름다운 덕 높이어.
慰我渴與飢[15]　　나의 목마름과 주림 위로하였으면.

10 수간(授簡): 간찰(簡札), 곧 편지를 주는 것을 말한다. 권6 2번 시의 주 6)을 보라.

11 촌구(寸晷): 촌음(寸陰), 곧 짧은 시간을 가리키는 말. 구(晷)는 일영(日影) 곧 해 그림자이다. 송나라 육유(陸游)의 〈일용의 일을 적다(書日用事)〉「늙은 나이에 더욱 힘 써야 하리니, 늘 짧은 시간 옮겨감 근심스럽다네.」(耄齒尤當勉, 常憂寸晷移)

12 모색지(暮色至): 당나라 위응물(韋應物)의 〈군에서 비를 마주하며 원석에게 드리고 아울러 양릉에 부치다(郡中對雨, 贈元錫兼簡楊凌)〉「어둑어둑 저녁 빛 이르고, 쓸쓸하게 서늘한 기운 드네.」(沉沉暮色至, 淒淒涼氣入)

13 구구(扣扣): 구(扣kòu)는 고(叩kòu)와 같다. 후한(後漢) 번흠(繁欽)의 〈마음을 안정시킴(定情篇)〉「어떡하면 간절히 드릴까? 향주머니 팔꿈치 뒤에 묶었다네.」(何以致扣扣, 香囊繫肘後)「扣扣」는「叩叩」로 된 판본도 있다.
진고사(陳苦詞): 당나라 두보의 〈속마음을 읊음(詠懷)〉「이 빠지고 머리숱 성글어짐으로 스스로 헤아려보건대, 뜻 깊어 괴로운 말 늘어놓는다네.」(齒髮以自料, 意深陳苦詞)

14 숭영덕(崇令德): 한나라 소무(蘇武)가 지었다고 하는 〈시(詩)〉 넷째 시「원컨대 그대 아름다운 덕 높이며, 때 맞춰 시간 아끼시기를」(願君崇令德, 隨時愛景光)

15 갈여기(渴與飢): 《시경·소아·수레의 굴대(小雅·車舝)》「굶주려서가 아니고 목말라서도 아니며, 덕음으로 와서 모였으면 한다네.」(非飢非渴, 德音來括)

58. 臘月九日晚發懷安, 公父敎授壽翁知丞載酒爲別, 而元禮·景嵩·子木·擇之·廷老·考叔·舜民諸賢相與同舟. 乘便風頃刻數十里, 江空月明飮酒樂甚, 因以星垂平野濶, 月湧大江流分韻, 熹得星字. 醉中別去, 乃得數語, 略紀一時之勝云[1]

선달 9일 저녁에 회안을 출발하는데 공보 교수와 수옹 지승이 술을 싣고 와 이별하여 원례와 경숭, 자목, 택지, 정노, 고숙, 순민 등 여러분과 함께 배를 탔다. 바람을 타고 순식간에 수십 리를 달리니, 강은 활짝 트이고 달은 밝아 술을 마시며 크게 즐겼다. 이에 「星垂平野闊, 月湧大江流」(성수평야활, 월용대강류)를 운자로 따서 시를 짓는데 나는 성자운으로 짓게 되었다. 취중에 헤어져 가며 이에 몇 마디 그 훌륭한 광경을 대강 적어본다

掛帆望煙渚	돛 걸어놓고 안개 낀 물가 바라보며,
整棹別津亭	노 가지런히 하여 나루터 떠났다네.
風水已云便	바람과 물 이미 순탄하다 하겠는데,
我行安得停[2]	나 가면 어디서 멈추게 되려나.

1 《차의》「회안은 복주의 속현이다.」(懷安, 福州屬縣) 택지는 임용중(林用中)의 자이다. 《표보》「정로는 선생의 문인 중에 요간 정로가 있는데 소무 사람으로 일찍이 회안현 지사를 지낸 적이 있으니 아마 이 사람일 것이다.」(廷老, 先生門人有饒幹廷老, 邵武人, 嘗知懷安縣, 恐是此人) 요간은 순희(淳熙) 2년(1175)에 진사가 되었으며, 장사현(長沙縣) 지사로 있을 때 마침 주희가 태수가 되어 틈틈이 주희에게서 강의를 들었었다. 《차보》「수옹은 편지가 수록된 권에 이춘과 유정춘이 있는데 모두 자가 수옹이며 누구를 가리키는지 모르겠다.」(壽翁, 書卷有李椿兪庭春, 皆字壽翁, 未知指誰) 나머지는 모두 미상이다.

성수~대강류(星垂~大江流): 당나라 두보의 〈여행 중 밤에 속마음을 쓰다(旅夜書懷)〉라는 시의 제3, 4구이다.

2 안득정(安得停): 송나라 정해(鄭獬)의 〈겨울날 중손 및 막부의 동료들과 함께 만수사에서 놀다(冬日同仲巽及府寮遊萬壽寺)〉「잔치 손님 흥 아직 한창 오르지 않았으니, 돌아가는 말 어떡하면 멈추려나?」(燕客未渠央, 歸鞍安得停)

離樽枉群賢　　이별의 술잔 뭇 현인들 굽히게 하였는데,
濁醪愧先傾　　탁주 먼저 기울임 부끄럽네.

二公廚船未至, 先飮舟中餘尊

두 공의 음식을 실은 배가 아직 이르지 않았는데 배안의 남은 술잔을 먼지 마셨다

談笑不知遠　　담소하느라 멂 알지 못하겠고,
但覺江流淸[3]　　다만 강물 맑음만 느껴지네.

江水上流接建劍溪, 潮所不及, 水益淸駛

강물은 위로 건녕(建寧)과 검계에 닿아 있고 조수가 미치지 못하는 곳에는 물이 더욱 맑게 달린다

獵獵甘蔗洲[4]　　감자주 휙휙 지나치고,
茫茫白沙汀　　백사정 아득해졌다네.
斯須復回首　　잠깐 만에 다시 고개 돌려보니,
祇有遙山靑　　다만 푸른 산 아득해질 뿐이라네.

甘蔗白沙兩地名, 相去十許里, 頃刻而過

감자와 백사는 두 지명으로 십여 리쯤 떨어져 있는데 순식간에 지나쳤다

野色一以暝[5]　　들의 경치 어둑해지기 시작하자,
川光皛孤明[6]　　강물만 희게 외로이 빛나네.
中流漾華月　　강 복판에는 밝은 달 출렁이고,

---

3 강(江): 민강(閩江)을 가리킨다. 아래 원주의 건녕(建寧)과 검계(劍溪)는 건녕부와 남검주(南劍州)를 경계로 나뉘어 있으며 북쪽에서 남으로 흘러 민강으로 흘러든다.

4 엽렵(獵獵): 바람 부는 소리를 나타내는 의성어. 남조 송나라 포조(鮑照)의 〈도읍으로 돌아오던 도중에 짓다(還都道中作)〉「뭉게뭉게 저녁 구름 일고, 휙휙 저녁 바람 닥치네.」(鱗鱗夕雲起, 獵獵晚風遒) 당나라 여연제(呂延濟)의 주석「엽렵은 바람 소리이다.」(獵獵, 風聲)
감자주(甘蔗洲): 《청일통지(淸一統志)》 권325 〈복주부(福州府)〉「후관현 서북쪽 25리 지점에 있는데, 강 한복판을 가로질러 거주민들이 모두 감자 심는 것을 업으로 삼고 있다.」(在侯官縣西北二十五里, 橫亘江心, 居民皆種蔗為業)

5 야색일이명(野色一以暝): 송나라 주송(朱松: 주희의 부친)의 〈서봉원에서 놀다가 벗을 남겨두고 헤어지다(遊西峯院留別友人)〉「들의 경치 어둑해지기 시작하자, 돌아가는 배 서로 더불어 섞인다네.」(野色一以暝, 歸舟相與拏)

6 효(皛): 《차의》「음은 효이고, 드러난다는 뜻이다.」(胡了切, 顯也)

極浦涵疎星[7]　아득한 물가는 성근 별 머금고 있네.
酒酣客散歸　술 얼큰해지니 손님들 흩어져 돌아가고,
茫然獨宵征[8]　아득히 홀로 밤길 간다네.
起視天宇闊[9]　우러러 바라보니 하늘은 아득한데,
此身一浮萍[10]　이 몸은 한 가닥 부평초라네.
難追五湖遊[11]　오호 쫓아 놂 어렵지만,
未願三閭醒[12]　삼려대부처럼 깨어있음 원치 않는다네.
且詠招隱作[13]　얼핏 〈초은시〉 읊조리자니,
孤舟轉竛竮[14]　외로운 배 끄떡끄떡 흘러가네.

7 극포(極浦): 아득히 먼 물가. 《초사·구가·상군(九歌·湘君)》「잠양 바라봄이여 물가 아득하고, 장강 가로지름이여 신령 드날린다네.」(望涔陽兮極浦, 橫大江兮揚靈) 한나라 왕일(王逸)의 주석「극은 멀다는 뜻이고, 포는 물가이다.」(極, 遠也. 浦, 水涯也)

8 소정(宵征): 밤길을 가는 것을 말한다. 《시경·소남·소성(召南·小星)》「공손히 밤길을 감이여, 이른 새벽부터 밤늦도록 공소에 있다네.」(肅肅宵征, 夙夜在公) 주희의 주석「소는 밤이고, 정은 길을 가는 것이다.」(宵, 夜. 征, 行也)

9 기시천우활(起視天宇闊): 권7 63번 시 〈삼가 우연지 제거의 여산잡영과 같은 운자로 짓다·절계원 황운관(奉同尤延之提擧廬山雜詠·折桂院黃雲觀)〉에「우러러 하늘 넓음 쳐다본다네」(仰視天宇闊)라는 구절이 있다.

10 일부평(一浮萍): 진(晉)나라 유령(劉伶)의 〈술의 덕을 칭송함(酒德頌)〉「만물 굽어보니 어수선하기가, 마치 장강과 한수의 뜬 부평초 같다네.」(俯觀萬物擾擾焉, 如江漢之浮萍) 한유(韓愈)의 〈장철에게 답하다(答張徹)〉「마음 비추어 봄은 옛 칼과 같고, 물결에 떠다니는 인생 부평초 같다네.」(肝膽一古劍, 波濤兩浮萍)

11 오호유(五湖遊): 《사기·화식열전(貨殖列傳)》「범려는 회계의 치욕을 씻고 나자 …… 이에 편주에 올라 강호를 떠다니며 이름과 성을 바꾸었다.」(范蠡既雪會稽之恥……乃乘扁舟浮於江湖, 變名易姓) 송나라 범순인(范純仁)의 〈한식날(寒食日)〉「평소에 옛 뜻 생각해보니, 오호에서 노닒 가장 부럽다네.」(平生懷古意, 最羨五湖游)

12 삼려성(三閭醒): 삼려는 곧 초나라의 삼려대부(三閭大夫) 굴원(屈原)을 말한다. 삼려대부는 초나라 왕실의 종족인 굴(屈)과 경(景), 소(昭)씨의 제반 업무를 관장하는 벼슬이다. 굴원이 지었다고 전해지는 〈어부사(漁父辭)〉「어부가 말하였다.『그대는 삼려대부가 아닙니까? 무슨 까닭으로 이 지경이 되었습니까?』굴원이 말하였다.『온 세상이 혼탁한데 나만 맑고 뭇 사람들이 다 취하였는데 나만 깨어 있어서 그런 까닭에 쫓겨났습니다.』」(漁父見而問之曰, 子非三閭大夫與. 何故至於斯. 屈原曰, 擧世皆濁, 我獨淸. 衆人皆醉, 我獨醒. 是以見放)

13 초은(招隱): 진(晉)나라 좌사(左思)가 지은 시이다. 권1 66번 시 〈있는 대로 우연히 읊다(卽事偶賦)〉에 같은 구절이 있다. 그곳의 주석을 보라.

14 영병(竛竮): 《차의》「똑바로 걷지 못하는 것이다.」(行不正也)

59~60. 伏蒙制置閣學侍郎示及致政少傅相公送行長句, 并得, 竊窺酬和佳篇. 伏讀之餘, 不勝慰幸, 謹次高韻, 少見愚悃, 以餞車塵, 伏惟采矚[1]

삼가 제지사 각학시랑께서 보여주신 시와 치정소부 상공께서 전송할 때 지어준 장구를 함께 얻어 화답한 아름다운 시편을 가만히 엿보았다. 엎드려 읽던 나머지 위로되고 다행스러움을 이기지 못하여 삼가 격조 높은 운자에 맞추어 어리석은 정성을 조금 드러내어 수레를 전송해드리고 엎드려 봐주시기를 바란다

59

公子威名動海濱[2]	공자의 위엄과 명망 바닷가 움직였는데,
四年相與愧情親	4년간 서로 더불어 하면서 정분 가까웠음 부끄러웠다네.
忽聞黃鉞分全蜀[3]	별안간 황월로 온 촉군 나누셨단 말 들리더니,

1 《차의》「시랑은 조자직이고, 상공은 진복공이다.」(侍郎趙子直, 相公陳福公)

2 공자위명(公子威名): 《한서·준불의전(雋不疑傳)》「준불의가 손을 땅에 짚고 (暴勝之에게) 말하였다. 『가만히 바닷가에서 엎드려 폭 공자님의 위엄과 명망을 들은 지가 오래되었습니다.」(不疑據地曰, 竊伏海瀕, 聞暴公子威名舊矣)

3 황월분전촉(黃鉞分全蜀): 황금으로 자루를 장식한 도끼. 천자의 의장으로 또한 정벌을 할 때 쓴다. 《서경·목서(牧誓)》「왕이 왼손에는 황월을 잡고 오른손에는 흰 깃발을 잡았다.」(王左杖黃鉞, 右秉白旄以麾) 당나라 공영달(孔穎達)의 주석[疏]에서 인용한 《광아(廣雅)》「월은 도끼이다. 도끼를 황월이라 하였으므로 황금으로 도끼를 장식하였음을 알겠다.」(鉞, 斧也. 斧稱黃鉞, 故知以黃金飾斧也)
당나라 두보의 〈가는 길에 염정현을 가서 문득 여덟 구절을 지어 삼가 수주와 봉주 태수인 두 엄씨 사군과 자의대부 여러 형제들에게 부치다(行次鹽亭縣, 聊題四韻, 奉簡嚴遂州蓬州兩使君, 咨議諸昆季)〉「온 촉군에 명사 많은데, 엄씨 가문에 덕성 같은 현사들 모였다네.」(全蜀多名士, 嚴家聚德星) 제치사이기 때문에 황월을 내린 전고를 쓴 것이다.

更祝彤庭列九賓[4]　다시 붉은 조정의 뜰에서
구빈 갖추었음 축하한다네.

公已上章請對[5]　공은 이미 소장을 올려 대면을 청하였다

執手便驚成契闊[6]　손 잡자 곧 놀라네,
멀리 떨어져 있음을,

贈言還喜和陽春[7]　드린 말씀 도리어 기뻐하네,
〈양춘〉곡에 화답함.

政成但祝歸來早[8]　정사 이루어 다만
일찍 돌아오심 빌고,

別恨無端莫重陳　이별의 한 끝 없으니
거듭 늘어놓지 마소서.

60

地兼梁益盛中權[9]　지세는 양주와 익주 겸하여
중군 계책 세워 성하니,

4 동정(彤庭): 한나라 반고(班固)의 〈서쪽 서울(西都賦)〉「이에 궁전 내에는 검붉은 칠을 전당의 지면에 발랐고 금옥을 문지방에 박아 꾸몄으며, 백옥을 쌓아 만든 섬돌과 홍석(紅石)을 깐 정원이 있습니다.」(於是玄墀釦砌, 玉階彤庭)
구빈(九賓): 《사기·자객(刺客) 열전》「진왕은 그 말을 듣고 크게 기뻐하여 이에 조복을 입고 구빈의 예를 갖추어 연나라의 사자를 함양궁에서 만나보았다.」(秦王聞之, 大喜. 乃朝服, 設九賓, 見燕使者咸陽宮) 당나라 장수절(張守節)의 《정의(正義)》에서는 유(劉)씨의 말을 인용하여 「문물을 진열하여 크게 갖추는 것이 곧 구빈이며, 《주례》의 구빈의 뜻으로 해석해서는 안 된다.」라 하였다. 같은 책 〈숙손통열전(叔孫通列傳)〉「대행은 구빈을 설치하여, 황제의 명을 전하였다.」(大行設九賓, 臚傳) 당나라 사마정(司馬貞)의 《색은(索隱)》에서는 위소(韋昭)의 말을 인용하여 「구빈(九賓)은 《주례(周禮)》의 구의(九儀)이며, 공(公), 후(侯), 백(伯), 자(子), 남(男), 고(孤), 경(卿), 대부(大夫), 사(士)이다.」라 하였다.

5 이(已): 「써 이」(以)자로 된 판본도 있다.

6 집수~성결활(執手~成契闊): 《시경·패풍·격고(邶風·擊鼓)》「죽든 살든 멀리 떨어져 있든 그대와의 약속 이루자고 하였노라. 그대의 손잡고 그대와 함께 늙어가자고 하였노라.」(死生契闊, 與子成說. 執子之手, 與子偕老) 주희의 주석 「결활은 멀리 떨어져 있다는 뜻이다.」(契闊, 隔遠之意)

7 양춘(陽春): 옛날의 격조가 높았던 악곡 이름. 권4의 75번 시의 주 14)를 보라.

8 정성~래조(政成~來早): 당나라 한유(韓愈)의 〈상서이신 정권(鄭權)을 전송하는 글(送鄭尚書序)〉「운자를 반드시 『올 래』자로 하는 것은 공이 정사를 이루고 돌아옴이 빠르기를 기원하는 것이다.」(韻必以來字者, 所以祝公成政而來歸疾也)

9 중권(中權): 《좌전·선공(宣公) 12년》「군대가 출병할 때 우군은 거원(車轅)을 따르고 좌군은 풀을 베어 자고

自昔疇咨出萬全[10]　예로부터 두루 찾아 물어
만 번을 성공할 계책 내었다네.
定喜封章來活國[11]　봉사(封事) 올려 와서
나라 살림 정녕코 기쁘고,
故煩伏軾去籌邊[12]　수레에 엎드려 떠나
변방 도모함 번거롭게 하였다네.

公去歲嘗有密疏, 上賜手札褒諭

공은 지난해에 일찍이 비밀 상소를 올린 적이 있는데 임금께서 수찰로 포창의 유지를 내렸다

軍民傳詔歡聲溢　군사와 백성들은 조서 전하며
기쁨의 소리 넘치고,
婦女迎門巧笑妍[13]　부녀자들은 문에서 맞으며
아름다운 웃음 예쁘네.

쉴 때를 대비하며 전군은 기치를 들고 길을 열어 의외의 사태를 막고 중군은 계책을 세우며 후군은 강병으로 뒤를 차단합니다.」(軍行, 右轅, 左追蓐, 前茅慮無, 中權, 後勁) 두예의 주석 「중군은 계책을 제정한다. 뒤는 정병으로 후군을 삼는다.」(中軍制謀, 後以精兵爲殿)

10 주자(疇咨): 《서경·요전(堯典)》「제요(帝堯)가 말씀하기를 『누가 때를 순히 할 사람을 두루 물어서 등용할 수 있는가?』라 하였다.」(帝曰, 疇咨若時登庸) 송나라 채침(蔡沈)의 주석 「『疇』는 『누구』라는 뜻이며, 『咨』는 물어서 찾는 것이다.」(疇誰, 咨訪問也)

만전(萬全): 《사기·회남형산열전(淮南衡山列傳)》「귀가 밝은 자는 소리가 없는 데서 듣고 눈이 밝은 자는 형체를 이루기 전에 본다고 하였으므로 성인은 만 번을 행하면 만 번을 성공하는 것입니다.」聞聽者聽於無聲, 明者見於未形, 故聖人萬舉萬全)

11 활국(活國): 당나라 두보의 〈북쪽으로 가다(北征)〉「그대 아니었더라면 백성들 모두 오늘 없었으리니, 지금까지도 국정 오히려 활발하다네.」(微爾人盡非, 于今國猶活)

12 복식(伏軾): 《사기·회음후열전(淮陰傳列傳)》「범양의 변사 괴통이 한신을 유세하여 말하였다. 『…… 또한 역생은 한낱 서생으로 수레에 엎드려 세 치 혀를 놀려 제나라의 70여 개 성을 떨어뜨렸습니다.」(范陽辯士蒯通說信曰……且酈生一士, 伏軾掉三寸之舌, 下齊七十餘城) 무슨 일을 아주 손쉽게 처리하는 것을 말한다.

주변(籌邊): 《윤씨수초》「(당나라) 이덕유는 촉땅을 진무하면서 주변루를 지었다.」(李德裕鎭蜀作籌邊樓)

13 부녀~소연(婦女~笑妍): 이 구절은 「士女迎門語笑妍」로 된 판본도 있다. 사녀(士女)는 부녀(婦女)라는 뜻도 있고 젊은 남녀, 또는 백성이라는 뜻도 있다. 《시경·위풍·석인(衛風·碩人)》「예쁘게 웃음에 보조개가 보이며, 아름다운 눈에 흑백이 분명하도다.」(巧笑倩兮, 美目盼兮) 당나라 한유의 〈회서를 평정한 것을 기념하는 비석(平淮西碑)〉「채주의 군사들은 갑옷을 던지고 소리치며 춤추었고, 채주의 부녀자들은 문에서 맞이하며 웃고 말하였다.」(蔡人卒夫, 投甲呼舞, 蔡之婦女, 迎門笑語)

要答君恩與人望　　임금의 은혜와 사람들의 바람에 보답코자 한다면,

可無淸敎逮初筵[14]　　맑은 가르침 〈초연〉에 미치지 않을 수 있겠는가?

諸葛武侯初領益州牧, 發敎與群下曰, 夫參署者, 集衆思廣忠益也. 若遠小嫌, 難相違覆,[15] 曠闕損矣. 違覆而得中, 猶棄敝蹻而獲殊玉.[16] 然人心苦不能盡,[17] 惟徐元直處玆不惑.[18] 又董幼宰參署七年,[19] 事有不至, 至于十反, 來相啓告. 苟能慕元直之十一, 幼宰之勤渠, 有忠於國, 則亮可以少過矣. 又曰, 昔初交州平,[20] 屢聞得失. 後交元直, 勤見啓告. 前參事於幼宰, 每言必盡. 後從事於偉度,[21] 數有諫止. 雖資性鄙暗, 不能盡納, 然與四子終始好合, 亦足以明其不疑於直言矣

제갈무후가 막 익주목이 되었을 때 여러 부하들에게 훈계를 내려 말하였다.「참서는 여러 생각을 모아 충성을 다하여 유익함을 넓히는 것이다. 작은 혐의를 멀리 한다면 서로 되풀이하(여 硏鑽하)기가 어려워 직무를 잃고 손해를 끼치게 될 것이다. 되풀이하여 절충점

14 요답~초연(要答~初筵): 《차의》「(《시경》) 〈소아·빈지초연〉이다.」(小雅賓之初筵) 주희의 주석「모씨의 서에서는『위무공이 유왕을 풍자한 시이다.』라 하였고, 한씨의 서에서는『위무공이 술을 마시고 과오를 뉘우친 것이다.』라 하였다. 이제 이 시의 뜻을 상고해 보건대 〈대아·억계〉와 서로 비슷하다. 이는 반드시 무공이 스스로 과오를 뉘우쳐 지은 것일 것이니, 마땅히 한씨의 뜻을 따라야 할 것이다.」(毛詩序曰, 衛武公刺幽王也. 韓氏序曰, 衛武公飮酒悔過也. 今按此詩意, 與大雅抑戒相類, 必武公自悔之作, 當從韓義)《차보》「선생의 〈자직에게 보내는 편지〉에서 매번 자기의 지혜만 오로지하고 남의 말을 받아들이지 않는 것을 경계로 삼는다고 하였으므로 시의 끝에서 특별히 그것을 말하였다.」(先生與子直書, 每以專已智不受人言爲戒, 故詩末特言之)

15 위복(違覆): 반복하여 연구하는 것을 말한다. 위(違)는 회(回)자와 뜻이 통한다.

16 교(蹻): 짚신. 나막신은 기(跂)라고 하고 짚신은 교(蹻)라 한다.

17 고(苦):「같을 약」(若)자로 된 판본도 있다.

18 원직(元直): 서서(徐庶)의 자이다. 삼국시대 영천(穎川)사람으로 유비(劉備)에게 제갈량을 추천하였다. 위(魏)나라에서 벼슬하여 우중랑장과 어사중승이 되었다.

19 유재(幼宰): 동화(董和)의 자이다. 삼국시대 촉(蜀)나라 남군(南郡) 지강(枝江) 사람이다. 한 말에 성도령(成都令)을 지냈으며, 촉나라에서는 중랑장으로 제갈량을 도와 후주(後主)를 보좌하였다.

20 주평(州平): 《차의》「최주평이다.」(崔州平) 동한 때 사람으로 주균(州鈞)의 아우이다. 건안(建安) 초에 제갈량과 교유하여 친밀하였다.

21 위도(偉度): 《차의》「호제(胡濟)의 자이다. 제갈량의 주부가 되었다.」(胡濟字. 爲諸葛亮主簿) 의양(義陽) 사람이다.

을 얻는다면 이는 헤진 신발을 버리고 주옥을 얻는 것과 같을 것이다. 그러나 사람의 마음은 실로 (최선을) 다할 수 없는데 오직 서원직 만이 이곳에 처하여 미혹되지 않았다. 또한 동유재는 참서로 7년 동안 일에 이르지 않음이 있으면 10번이라도 되풀이하여 와서 일러주었다. 실로 원직의 10분의 1과 유재의 은근함을 사모할 수 있어서 나라에 충성을 다할 수만 있다면 내 허물을 적게 할 만하겠다.」또 말하였다.「옛날 처음으로 주평과 사귈 때 자주 득실에 대하여 듣게 되었다. 나중에 원직과 사귀면서 부지런히 일러줌을 입었다. 먼저 유재의 참사를 지냈는데 말을 할 때마다 다하였다. 나중에는 위도를 따라 섬겼는데 여러 번이나 간언이 그쳤다. 비록 천성이 인색하고 어두워 다 받아들일 수는 없었지만 네 사람과 시종 투합하였으니 또한 충분히 그 직언에는 의심할 바가 없음을 밝힐 수 있다.」

61~62. 伏讀致政少傅相公送趙成都佳句兩篇, 不勝慰幸, 已次高韻, 幷餞其行, 而再賦此章以見區區瞻仰之意, 繕錄拜呈, 伏乞采覽, 二首

엎드려 치정소부 상공께서 조성도를 전송한 훌륭한 시 두 편을 읽고 위로와 다행함을 이기지 못하여 이미 격조 높은 시에 차운하고 아울러 떠남에 전송하며 다시 이 시를 읊어 구구히 우러러보는 뜻을 나타내고 손질하여 적어 절하고 바쳐 엎드려 취하여 봐주시기를 바란다. 두 수

61

歸來寂寞臥漳濱[1]	돌아와 쓸쓸하게 장수 가에 병져 누워,
夢想威容阻再親	꿈에서 생각해보네, 위엄 있는 모습 다시 가까워짐 막힘을.
綠野遙聞花欲語[2]	푸른 들판에서는 아득히 들리네, 꽃이 말하려는 듯함,
赤書還喜鴈來賓[3]	한 자 편지 다시 기뻐하네, 기러기 손님으로 옴을.

1 와장빈(臥漳濱): 병져 은거하는 것을 말한다. 권3 72번 시의 주 7)을 보라.

2 녹야(綠野): 《신당서·배도전(裴度傳)》「동도(낙양)의 집현리에 집을 지었는데 못과 바위에 숲이 우거졌으며 봉우리가 감기어 그윽한 경치가 빼어났다. 오교에 별서를 지어 따뜻한 집과 시원한 대를 갖추고 녹야당이라고 불렀는데 그 아래로는 물결이 부딪쳤다. 배도는 평민의 복장을 말쑥하게 차려입고 백거이, 유우석과 문장을 짓고 술잔을 들고 밤낮이 다하도록 서로 즐기면서 세상의 일은 묻지 않았다.」(治第東都集賢里, 沼石林叢, 岑繚幽勝. 午橋作別墅, 具燠館涼臺, 號綠野堂, 激波其下. 度野服蕭散, 與白居易、劉禹錫爲文章把酒, 窮晝夜相歡, 不問人間事)
화욕어(花欲語): 당나라 이백(李白)의 〈녹수곡(淥水曲)〉「연꽃은 아리따워 말하려는 듯하여, 뱃놀이 하는 사람들 매우 근심스럽게 하네.」(荷花嬌欲語, 愁殺蕩舟人) 욕(欲)자는 「더불 여」(與)자로 된 판본도 있다.

3 적서(赤書): 《한서》 권97하 〈외척전·효성조황후(外戚

閑中有句人爭誦	한가한 가운데 구절 지으시니 사람들 다투어 외고
妙處無心物自春[4]	오묘한 곳 무심하니 사물 절로 봄이라네.
行馬不因吾輩設[5]	행마 우리 때문에 설치된 것 아니고,
胸奇猶得話陳陳[6]	흉중의 기이함 오히려 묵은 것 이야기하네.

傳·孝成趙皇后)〉「무가 상자를 열어보니 싼 약 두 알과 붉은 종이에 쓴 글이 있었는데『위능에게 알리다. 부지런히 이 약을 마시고 다시는 들어올 수 없다. 네 스스로 그리 알라!』라 하였다.」(武發篋中有裹藥二枚, 赫蹏書, 口告偉能, 努力飮此藥, 不可復人. 女自知之) 맹강(孟康)의 주석「제(蹏)는 지(地)와 같으며 종이를 물들여 흰색을 붉게 하여 쓰는 것으로 지금의 황지와 같다.」(蹏猶地也, 染紙素令赤而書之, 若今黃紙也) 그러나 안사고(顔師古)는「맹강의 설은 옳지 않다. 지금 책의 판에는 혁자가 혹 격자로 되어 있는 것도 있다.」(孟說非也. 今書本赫字或作擊)라 하였다.《차의》「또한 왕엄주는 말하기를『적은 척과 뜻이 통한다. 한나라 서악석궐의 높이가 2장 2척이다』라 하였기 때문에 적독이라고 하였다. 이에 의하면 적서는 척서와 같다.」(又王弇州云, 赤與尺通. 漢西岳石闕銘高二丈二赤, 所以謂之赤牘也. 據此則赤書猶尺書也)

안래빈(鴈來賓):《예기·월령(月令)》「음력 9월에는 …… 모든 기러기가 빈객으로 온다.」(季秋之月……鴻雁來賓) 명나라 호광(胡廣) 등의《예기대전(禮記大全)》의 주석「기러기는 중추(음력 8월)에 먼저 이르는 것이 주인이 되고, 계추에 나중에 이르는 것이 손님이 된다. 먼저 오르는 것이 주인이 되고, 따라서 오르는 것은 객이 된다.」(鴈以仲秋先至者為主, 季秋後至者為賓. 如先登者為主人, 從之以登者為客也)

4 물자춘(物自春): 당나라 두보(杜甫)의〈뛰어난 그림(能畵)〉「하늘 한번 웃어줌 입을 때마다, 다시 사물 모두 봄 같다네.」(每蒙天一笑, 復似物皆春)

5 행마~배설(行馬~輩設):《자치통감》권69〈위기(魏紀) 1〉「겨울 10월 기해일에 공경이 삭단에 조회하였는데 아울러 양표(楊彪)도 맞이하여 객의 예로 대우하였다. …… 광록대부에 임명하였는데 질 2천석이었다. 조회할 때는 자리가 삼공의 다음이었으며 또한 문에 행마를 시행하게 하고 이졸을 두어 넉넉히 높여주었다.」(冬十月己亥, 公卿朝朔旦, 并引彪待以客禮……拜光祿大夫秩中二千石. 朝見, 位次三公, 又令門施行馬, 置吏卒, 以優崇之) 송나라 호삼성(胡三省)의 주석「정대창이 말하였다.『행마라는 것은 나무 하나를 가로로 중간에 세우고 나무 두 개를 서로 꿰어 사각을 만들어 문에다 설치하는데 통행을 금하게 하는 것이다.』」(程大昌曰, 行馬者, 一木橫中, 兩木互穿以施四角, 施之於門, 以為約禁也) 황종염(黃宗炎)의《주역상사(周易象辭)》권17「황탄한 무리들에게 예법이 어찌 우리를 위해 만들어졌겠는가라는 말이 있다.」(誕之徒有禮豈爲吾輩設之言)

6 흉기(匈奇): 권4 22번 시의 주 7) 흉중기(胸中奇)를 보라.

화진진(和陳陳):《사기·평준서(平準書)》「태창의 곡식은 묵은 곡식이 나날이 늘어나 층층으로 쌓였다.」(太倉之粟陳陳相因)

62

一旦高辭將相權	하루 아침에 격조 높이 장수와 재상의 권세 사양하시어,
身名從此慶雙全	몸과 이름 여기서부터 경사로워 둘 다 온전히 하였네.
人誇迹已風塵外	사람들 자취 이미 속세의 먼지 밖에서 논다고 자랑하거늘,
誰道心遊日月邊[7]	누가 마음 해와 달 가에서 논다고 말하는가?
未許前賢專晚節[8]	전대의 현인 만년에 절조 오로지 함 허락지 않으시고,
更將餘事發春姸[9]	남은 일 봄날 고움 다시 펴게 하네.
君王若要詢黃髮[10]	임금께서 황발의 노인에게 묻고자 하신다면,
便好臨雍促肆筵[11]	벽옹에 임하여 잔치 여심 재촉함이 좋으리라.

7 일월변(日月邊): 《사기·소상국세가(蕭相國世家)》의 찬(贊) 「한나라가 일어나자 (황제의) 여광(餘光)에 의지하였다.」(及漢興依日月之未光)

8 전현만절(前賢晚節): 주희의 《송명신언행록(宋名臣言行錄)》 후집 권1 〈한기(韓琦)〉 「북문에 있을 때 중양절에 시를 지어 말하였다. 『늙은 채마지기 가을 모습 담담함 부끄럽지 않고, 잠시 추운 철에 피는 꽃 늘그막에 향기로움 본다네.』 공은 거처하면서 늘 말하기를 『처음의 절개를 지키기는 쉬우나 만년의 절개를 지키기는 어렵다.』라 하였다.」(在北門, 重陽有詩云, 不羞老圃秋容淡, 且看寒花晚節香. 公居常謂, 保初節易, 保晚節難)

9 여사(餘事): 《차보》 「문장이다.」(文章也)

10 순황발(詢黃髮): 황발(黃髮)은 노인을 말한다. 《서경·주서·진서(周書·秦誓)》 「오히려 거의 황발에게 물을 것을 도모하면 잘못되는 바가 없을 것이다.」(尙猷詢玆黃髮, 則罔所愆)

11 임옹사연(臨雍肆筵): 《중용연의(中庸衍義)》 권3 「호안국은 말하였다. (한나라) 명제는 사부를 높이고 중시하였으며 벽옹에서 노인에게 절하였다.」(胡安國曰, 明帝尊師重傅臨雍拜老) 《시경·대아·행위(大雅·行葦)》 「혹 자리를 펴며, 혹 궤를 주리라」(或肆之筵, 或授之几) 주희의 주석 「사는 펴는 것이다.」(肆, 陳也)

63. 送彦集之官瀏陽[1]

언집이 유양의 관리로 부임해감에 전송하다

急景彫暮節[2] 급작스런 해 세모에 저물어가고,
高風振空林[3] 높은 바람은 빈 숲 흔드네.
病夫掩關臥[4] 병든 지아비 문 걸고 누워,
長謠擁孤衾[5] 노래 길게 끌며 외로이 이불 안고 있네.
聞君千里行[6] 그대 천리 길 떠난다는 소리 듣고,
四牡方駸駸[7] 네 마리 말 바야흐로 빨리 내닫네.
重此別離感 이 이별의 감정 무거워,
青天欲愁陰 푸른 하늘 근심으로 어둑해지려는 듯.

---

1 언집(彦集)은 유자상(劉子翔)의 자. 유자상은 건안 사람으로 유온(劉韞)의 아들이며, 주희의 매제(妹弟)이다. 유양(瀏陽)은 권4 6번 시의 주 1)을 보라.

2 급경(急景): 햇빛이 재촉하여 한해가 다 저물어 감을 말한다. 주로 세모(歲暮)의 경상(景象)을 묘사할 때 쓰는 말이다.

모절(暮節): 계동(季冬), 곧 모동(暮冬)과 같은 뜻. 섣달을 말한다. 위 22번 시의 첫 번째 구절에 「검은 그림자가 섣달을 꾸민다」(玄景彫暮節)라는 구절이 있다.

3 고풍(高風): 여기서는 북풍(北風), 삭풍(朔風)과 같은 뜻으로 쓰였다. 당나라 이백의 〈밤에 황산에서 묵으며 은씨네 14번째의 오음을 듣다(夜泊黃山聞殷十四吳吟)〉「어젯밤 누가 오땅에 모여 읊조렸는가? 바람 온갖 골짝에서 생겨나 빈 숲을 흔들어대네.」(昨夜誰為吳會吟, 風生萬壑振空林) 공림(空林)은 인적이라고는 없는 숲을 나타내기도 하지만, 나뭇잎이 다 져서 앙상한 나무만 있는 숲을 나타내기도 한다. 여기서는 후자의 뜻으로 쓰였다.

4 엄관와(掩關臥): 송나라 소식(蘇軾)의 〈산해경을 읽고라는 시에 화답하다(和讀山海經)〉 제1수 「그윽한 은자 문 닫아걸고 누워 있으니, 밝은 빛 빈 오두막에서 뒤치네.」(幽人掩關卧, 明景翻空廬)

5 장요옹고금(長謠擁孤衾): 진(晉)나라 유곤(劉琨)의 〈노심에게 답함(答盧諶)〉「어떻게 마음 속 뜻 펼까? 목 늘여 길게 읊조리네.」(何以敍懷, 引領長謠) 송나라 왕안석(王安石)의 〈가을밤(秋夜)〉「이 회포 더불어 이야기할 이 없어, 이불 안고 한번 길게 읊조리네.」(此懷無與晤, 擁被一長謠)

6 천리행(千里行): 당나라 위응물(韋應物)의 〈영호수가 은양의 수령이 되어 감에 전송하다(送令狐岫宰恩陽)〉「집에 있으니 오히려 추위 괴로워하는데, 그대 천 리 길 가게 되었다네.」(居家猶苦寒, 子有千里行)

7 사모방침침(四牡方駸駸): 모(牡)는 원래 수컷이라는 뜻인데 여기서는 그냥 말이라는 뜻으로 쓰였다. 《시경·소아·사모(四牡)》「저 네 필의 낙마(駱馬)에 멍에 지워, 달리기 급히 하네.」(駕彼四駱, 載驟駸駸) 주희의 주석 「사모는 수레의 네 마리 말이다. 침침은 급히 달려가는 모양이다.」(四牡, 車之四馬. 駸駸, 驟貌)

君行豈不勞[8]	그대 감 어찌 수고롭지 않겠는가만,
民瘼亦已深[9]	백성들의 고통 또한 이미 깊다네.
催科處處急[10]	조세 독촉 곳곳에서 급박하고,
椎鑿年年侵[11]	몽치와 끌 해마다 파고 드네.
君行寬彼甿[12]	그대 저 백성들에게 관대한 정치 행한다면,
足以慰我心	족히 내 마음 위로되겠네.
薦書會滿篋	추천서 궤짝 채울 것이니,
社酒還同斟[13]	사당에 제사지낸 술 돌아와 함께 마시리.
所念家同產[14]	집의 동기(同氣) 생각해 보니,
與君如瑟琴[15]	그대와 금슬처럼 어울렸었지.
玆焉不竝駕	이제 멍에 나란히 함께하지 못하니,

8 기불로(豈不勞): 진나라 도연명(陶淵明)의 〈기유년 9월 9일(己酉歲九月九日)〉「온갖 변화 뒤이어 나타나니, 인생 어찌 수고롭지 않겠는가?」(萬化相尋繹, 人生豈不勞)

9 민막(民瘼): 《차의》「막은 병이라는 뜻이다.」(瘼, 病也) 《시경·대아·황의(大雅·皇矣)》「세상을 살펴보시고 백성들의 아픔을 알아보셨네.」(監觀四方, 求民之莫) 《후한서·순리전 서문(循吏傳序)》「널리 백성의 고통을 구하고 살펴서 풍속을 받아들인다.」(廣求民瘼, 觀納風謠)

10 최과(催科): 《신당서·양성전(陽城傳)》「도주에 이르자…… 세금을 때에 맞추어 거두지 않았는데 …… 주에서는 공적의 등급을 고과평가하여 위에 올려야 했다. 양성은 스스로 써서 말하기를 『백성들을 어루만지며 사랑하나 마음만 수고롭고 과세를 추징하고 정치는 졸박하니 하등의 하등급을 매긴다.』라 하였다.」(至道州……賦稅不時……州當上考功第, 城自署曰, 撫字心勞, 追科政拙, 考下下)

11 추착(椎鑿): 몽치와 끌. 《장자·천도(天道)》「제환공이 당상에서 책을 읽고 있는데 윤편이 당하에서 수레바퀴를 깎고 있다가 몽치와 끌을 놓고 올라와 환공에게 물었다.」(桓公讀書於堂上. 輪扁斲輪於堂下, 釋椎鑿而上, 問桓公) 여기서는 탐관오리가 백성을 착취하는 수단을 비유하는 말로 쓰였다. 당나라 한유의 〈운주 계당 시서(鄆州谿堂詩序)〉「살을 깎고 골수까지 뚫어보아도 공사간에 땅을 쓸어버린 듯이 아무 것도 남아 있는 것이 없어 새것이든 옛것이든 서로 유지하여 나갈 만한 것이 없었다.」(剝膚椎髓, 公私掃地赤立, 新舊不相保持)

12 맹(甿): 맹(氓)과 같은 뜻. 전민(田民), 농민(農民)을 가리킨다.

13 사주환동짐(社酒還同斟): 당나라 권덕여(權德輿)의 〈소릉에 임명되어 성을 나서며 장비감 각로와 같은 고을에서 이별할 즈음에 사관에서 모시며 돌아가지 않았는데 얼마 후 욕되이 맑은 글을 지어주심에 문득 답하다(拜昭陵出城, 與張秘監閣老同里臨行別, 承在史館未歸, 尋辱淸辭, 輒酬之)〉「돌아올 기한 이제 막 열흘이니, 마을의 사당에서 술 함께 마시리.」(還期纔浹日, 里社酒同斟)

14 가동산(家同產): 주희의 누이를 말한다. 《차의》「선생의 누이는 언집의 아내로 이때 이미 죽었으므로 이렇게 말하였다. 권91 〈유씨매묘지〉에 보인다.」(先生之妹爲彦集之妻, 其時已死, 故云. 見九十一卷劉氏妹墓誌) 〈묘지〉에 의하면 주희의 누이는 소흥(紹興) 9년(1139)에 나서 순희(淳熙) 8년(1181) 2월에 죽었다.

15 슬금(瑟琴): 곧 금슬(琴瑟)을 말한다. 운자를 맞추기 위하여 도치하여 쓴 것이다. 부부관계가 좋은 것을 비유하는 말이다. 《시경·주남·관저(關雎)》「아리따운 아가씨를, 금과 슬로 벗을 삼도다.」(窈窕淑女, 琴瑟友之)

宰木寒蕭槮[16]	무덤의 나무 차갑게 무성하다네.
尙喜吾諸甥[17]	그래도 기쁜 것은 나의 여러 생질들,
男恭女知欽	아들은 공손하고 딸은 공경할 줄 아는 것이라네.
明朝復相憶[18]	내일 아침 다시 그리워지면,
悵望楚山岑[19]	초나라 산봉우리 슬피 바라리.

16 재목(宰木): 무덤 위에 난 나무. 《공양전·희공(僖公) 33년》「진백이 노하여 말하였다. 『너의 나이와 같은 자는 무덤 위의 나무가 한 아름은 되었을 것이다.』」(秦伯怒曰, 若爾之年者, 宰上之木拱矣) 후한 하휴(何休)의 주석「재는 무덤이다.」(宰, 冢也)
소삼(蕭槮): 「蕭森」과 같은 말. 나무가 음침하게 우뚝 서 있는 모양.

17 오제생(吾諸甥): 《차의》「유씨는 아들로 근과 전을 두었으며 딸이 둘이다.」(劉氏男瑾瑱女二人)

18 명조부상억(明朝復相憶): 《차의》「여러 생질이 언집을 따라 떠났으므로 이르는 것이다.」(謂諸甥隨彥集而去故云)

19 초산잠(楚山岑): 이곳의 초산(楚山)은 호남(湖南) 지역을 가리키는 말.

64~66. 次劉正之芙蓉韻, 三首[1]

유정지의 부용 시의 각운자를 써서 짓다. 세 수

64

淺綠深紅出短籬[2]　　열은 녹색 짙은 붉은색
　　낮은 울타리로 솟았는데,
望中都是可憐枝　　바라보니 모두
　　사랑스런 가지라네.
要看亂颭寒塘水[3]　　못 물에 찬 바람
　　어지러이 붊 보고자하여,
更待金風滿意吹[4]　　다시 가을바람 만족스럽게
　　붊 기다린다네.

65

淩波直欲渡橫塘[5]　　물결 밟고 곧장 연못
　　건너려 하는데,

1 유정지(劉正之): 《표보》「이름은 학아이며 유공의 아들로 선생의 문인이다.」(名學雅, 珙之子, 先生門人) 일찍이 사방으로 막객(幕客)이 되었으나 권신의 배척을 받아 그만두고 고향으로 돌아왔다.

2 천록심홍(淺綠深紅): 녹(綠)은 잎을 말하고 홍(紅)은 꽃을 말한다. 송나라 한유(韓維)의 〈여러 날 동안이나 서쪽 동산에 이르지 못하였는데 상서로운 향기가 어느덧 이미 물씬 풍겼다(累日不到西園, 瑞香忽已爛熳)〉「금관성 모양 바꾸어 새로운 생기(生機) 드러내었는데, 얕은 푸른 잎 짙은 붉은 꽃 각자 나름대로 어울리네.」(錦官翻樣出新機, 淺綠深紅各自宜)

3 난점(亂颭): 《차의》「『颭』의 음은 점이며, 바람이 사물을 움직이는 것이다. 《광운》에서는 떨어지는 물이라고 하였다.」(颭職琰切, 風動物也. 廣韻, 落水也) 당나라 유종원(柳宗元)의 〈유주 성루에 올라 장주와 정주, 봉주, 연주의 네 주에 부침(登柳州城樓, 寄漳汀封連四州)〉「놀란 바람 어지러이 물 속의 연꽃 흔들어대고, 빽빽한 비는 비스듬히 벽려 담장에 스며든다네.」(驚風亂颭芙蓉水, 密雨斜侵薜荔牆)

4 금풍(金風): 추풍(秋風), 곧 가을바람을 말한다. 금(金)이 오행(五行)에서 절기상으로 가을을 가리키기 때문에 이렇게 말한다. 당나라 이밀(李密)의 〈회양의 감회(淮陽感懷)〉「가을바람 (가을의) 첫 절기 씻어버리고, 옥 같은 이슬은 저녁 숲 시들게 하네.」(金風蕩初節, 玉露凋晚林)라는 구절이 있다.

5 능파(凌波): 삼국시대 위나라 조식(曹植)의 〈낙신부

却愛無人獨自芳[6] 오히려 사람 없는 곳에서
　홀로 꽃 피움 사랑스럽네.
且倚新漪閑照影 잠시 새 잔물결에 기대어
　한가로이 그림자 비추고,
更憑女伴一扶將[7] 다시 여자 짝이
　한번 부지해 줌에 의지한다네.

66

微吟澤畔幾扶笻[8] 낮게 읊조리며 못 가에서
　몇 번이나 지팡이에 기대었던가?
自笑摧頹一禿翁[9] 스스로 머리 벗어진 한 늙은이
　꺾이고 무너짐 웃는다네.
羞見芙蓉好顏色 부끄러이 부용
　얼굴 고운 것 보고서,
且憑詩律傲西風 잠시 시율에 기대어
　서풍 업신여긴다네.

(洛神賦)〉「물결을 밟는 듯 사뿐히 걸으니, 비단 버선에서 먼지가 일었다.」(凌波微步, 羅襪生塵)

횡당(橫塘): 연못을 두루 가리키는 말.

6 무인독자방(武人獨自芳): 삼국시대 위(魏)나라 왕숙(王肅)의 《공자가어·재액(孔子家語·在厄)》 권3「또한 지초와 난초는 깊은 숲에서 나서 사람이 없다고 하여 꽃을 피우지 않음이 없으며, 군자는 도를 닦고 덕을 세워 곤궁 때문에 절개를 어그러뜨림이 없다.」(且芝蘭生於深林, 不以無人而不芳, 君子修道立德, 不爲窮困而敗節) 송나라 소식의 〈진양(陳襄)의 거상화 시에 화답하다(和陳述古拒霜花)〉「천 그루 누런 빛 한번 쓸어버렸는데, 오직 부용만은 홀로 꽃을 피웠다네.」(千株掃作一番黃, 只有芙蓉獨自芳)

7 여반(女伴): 《차의》「권3 11판의 홍상 아래를 보라.」(見三卷11板紅裳下) 권3 60번 시의 주 41)을 보라. 《차보》「월나라 여인이 연꽃 따는 일을 전고로 쓴 것 같다.」(疑用越女採蓮事)

부장(扶將): 부(扶)자는 《고이》에서 「가지 지」(枝)자로 된 판본도 있다고 하였다. 부장(扶將)은 부지(扶支)와 같은 말이다.

8 미음택반(微吟澤畔): 초나라 굴원(屈原)의 〈어부(漁父)〉「굴원이 이미 쫓겨나 강을 떠돌아다니다가 못가를 읊조리며 가는데 얼굴빛이 핼쑥하고 몸이 바짝 발랐다.」(屈原既放, 游於江潭, 行吟澤畔, 顏色憔悴, 形容枯槁)

9 일독옹(一禿翁): 《사기·관부열전(灌夫列傳)》「무안이 조하(朝賀)를 마치고 지거문을 나가서 한안국(韓安國) 어사대부를 불러 같이 타고 가면서 성내어 말하였다. 『나는 그대와 함께 한 늙어빠진 늙은이를 제거하려고 하였는데 공은 어째서 쥐구멍으로 고개를 내밀 듯 두 가지 태도를 취하였는가?』」(武安已罷朝, 出止車門, 召韓御史大夫載, 怒曰, 與長孺共一老禿翁, 何謂首鼠兩端?)

주석 항목 색인

ㄱ

ㄴ

ㄷ

ㄹ

ㅁ

ㅂ

ㅅ

ㅇ

ㅊ

ㅋ

ㅌ

ㅍ

ㅎ